U0094697

我逃離的帝國

從毛澤東到習近平
橫亙兩代人的覺醒之路

★

AT THE EDGE OF EMPIRE

A FAMILY'S RECKONING WITH CHINA

by

EDWARD WONG

《紐約時報》前北京分社社長·外交記者

黃安偉

——著——

薄文承·王琳茱·黃瑜安

——譯——

目次

第二部 北

國際知名作家、媒體聯合推薦

「黃安偉這本非凡的家族回憶錄登峰造極，唯有美國最頂尖的中國議題記者才能寫出如此人性的刻畫。黃安偉追尋父親足跡，從香港、新疆一路到美國，道盡了現代中國深沉的故事。曾因《鴻：三代中國女人的故事》而感動的讀者，將會同樣陶醉於這本回憶錄中的記憶、歷史與歸屬。」

——歐逸文，《野心時代》、《國之荒原》作者、美國國家圖書獎得主

「《我逃離的帝國》是一段輝煌的旅程，透過一名九十多歲的華裔美國人及其兒子（前《紐約時報》北京分社社長）視角，探索中國過往八十年的歷史。黃安偉對中國了解之深，絕對能滿足讀者對中國的好奇。此外，他將自己極其個人的故事融入其中，在紙上生動地呈現中國，而我未曾於其他中國相關書籍中獲得相同體驗。」

——芭芭拉．德米克，《吃佛》、《我們最幸福：北韓人民的真實生活》作者

「《我逃離的帝國》縱覽中國邊境與人民，包括維吾爾族、哈薩克族、蒙古族與藏族，以精彩個人記述娓娓道來中國的故事，讓讀者一同踏上一對父子的旅程；其中的兒子曾任《紐約時報》北京分社社長，父親則在數十年前駐軍中國邊疆地區。本書洞察深刻且流露出惻隱之心。」

——**法蘭西斯・福山，著有《歷史之終結與最後一人》**

「《我逃離的帝國》是一部輝煌史詩，同時也是不同凡響的報導作品。黃安偉身為兩個帝國之子，卻能以透澈的觀點將個人故事與歷史大事紀交織書寫，令人折服。」

——**陳德平，《強國》作者、《華爾街日報》記者**

「這是一個令人驚奇且引人入勝的中國當代故事，透過一對父子之間的關係鋪展開來。黃安偉從一位年輕人參加毛澤東統治下的革命軍講起，延伸到中國和香港在當代的發展與示威行動，成功地在中國崛起的宏大背景下，講述了一個充滿人情味、感人肺腑的故事。」

——**芮納・米德，《正義之戰：中日戰爭激發中國新民族主義》作者**

「中國在習近平統治下日漸走向專制，黃安偉對此在本書中寫出洞悉中國的報導，並融入了恢宏的家族記憶。本書對中國的了解之深入，其他中國相關書籍難以望其項背。在這個人人是專家的年代，黃安偉證明了自己真的有底子。」

——愛德華．盧斯，《西方自由主義之沒落》（*The Retreat of Western Liberalism*）（暫譯）作者、《金融時報》專欄作家

「黃安偉將父親在香港、中國和美國的生活巧妙地融入他擔任駐華記者時期的所見所聞。書中天衣無縫且引人入勝的混合敘事，提醒了世人，歷史是由人來書寫。」

——夏偉，亞洲協會美中關係中心主任，著有眾多中國相關著作，包含《迪斯可與民主》（*Discos and Democracy*）（暫譯）、《天命》（*Mandate of Heaven*）（暫譯）

「本書扣人心弦且別出心裁，將家族故事與當代中國衝突四起的邊境報導合而為一，呈現了中國近代歷史與現況，讀來銘心刻骨。」

——藍詩玲，《毛主義》、《鴉片戰爭：毒品，夢想與中國建構》作者

「本書精彩卓絕，以個人故事娓娓道來中國的崛起之路。黃安偉與其父都是中國帝國的局外人，書中從他們的觀點出發，生動呈現他們迥異的人生志向與歷程，他們的個人故事一同勾勒出中國政治與社會在當代的演變，讀來饒富興味。」

——**白曉紅，《散落的沙：中國農村移民故事》**（*Scattered Sand: The Story of China's Rural Migrants*）（**暫譯**）**作者**

「曾擔任駐華記者的黃安偉以撰寫報導時的客觀正直口吻，書寫父親所面對的道德兩難。黃安偉在父親薰陶下，對中國、中國文化和中國人民懷抱著不渝的愛。同時他也洞悉中國的缺陷，並將這難能可貴的觀察記錄在本書中。」

——**《華爾街日報》**

「本書闡述了家族記憶、流亡與回鄉等個人故事，同時也記載了中國在二十世紀的大幅演變。」

——**《華盛頓郵報》**

「本書強大之處在於黃安偉對中國歷史脈絡的深刻理解，透過一對父子的兩代人生故事呈現，同時黃安偉也利用他的書寫專長，在宏大敘事與個人情感之間切換自如。」

——**蓋爾．貝克曼，《大西洋》雜誌**

「引人入勝的全新回憶錄……黃安偉透過歷史、地理與家族淵源的三重視角探索中國……書中故事感人肺腑，同時揭露現代中國的種種矛盾。書名中的帝國如影隨形，而副標題『一個家族對中國的省思（A Family's Reckoning with China）』也袒露於書中。」

——**《經濟學人》**

「一位記者將家族歷史與個人在北京的經驗相結合，提出對中國生活與政治的精彩見解……黃安偉以精湛的書寫，巧妙將自己在中國的經歷融入父親與伯父的故事，讀來令人歎為觀止。《我逃離的帝國》中的政治層面與個人視角都彌足珍貴，揭開了中國政治與生活的複雜面紗，大眾讀者必定將為之深深著迷。」

——**《衛報》**

「黃安偉寫出一則宏大複雜的故事，卻保有個人視角，也保留生活在近代中國下的迷人細節。」

——**《外交政策》**

「精彩絕倫、充滿抱負且細膩的敘事……黃安偉純熟地將家中故事與宏觀真相合而為一。本書出眾的書寫以及層層疊疊的敘事，帶出了動人心弦的家庭回憶與個人省思。」

——**《柯克斯書評》星級推薦**

「一部真摯感人且引發共鳴的出道作……本書宛如一篇動人輓歌，哀悼著在移民與世界急遽變遷中分崩離析的傳統與家族團結，揭示了中國上個世紀革命所付出的人性代價。」

——**《出版者周刊》**

「鮮少有書能如此成功地結合過去與現在、國家與個人、公與私，以及中國民族與少數民族的多元面向。作者父親黃沃強出人意料且不平凡的一生，再加上作者身為移民後代的強烈好奇心，以及一流記者所具備的百折不撓決心，方能達到本書成就。」

——本諾・韋納，《洛杉磯書評》

「很少書籍能夠以如此深思熟慮且優雅瀟灑的筆觸，融合過去與現在，並將個人故事交織於一個大國的歷史之中。我向來知道黃安偉的報導能力無出其右，但本書中他透過個人與家族故事，讓他的知識、智慧與經驗又更上一層樓。」

——蓋瑞・施泰因加特，《紐約時報》暢銷書《鄉村友人》（*Our Country Friends*）作者

「黃安偉的報導成就無可匹敵，記述了二十一世紀的種種轉捩點。在這本意趣盎然的書中，他集結跨世代家族成員之力，帶來大中華區的故事，不僅具有高度個人情感，同時也放眼全球。這趟旅程帶有深深的創傷、懷舊，甚至詩意氣息，只有黃安偉出眾的報導天賦得以臻至。」

——伊沙安・塔魯爾，《華盛頓郵報》國際事務專欄記者

「黃安偉的書實屬大師之作，但凡讀者對中國、美中關係，乃至於當代的帝國議題抱有一點點興趣，都萬萬不可錯過。」

——魯樂漢，《顛覆特務：約翰·唐尼的命運與中情局在中國的祕密戰爭》（*Agents of Subversion: The Fate of John T. Downey and the CIA's Covert War in China*）（暫譯）作者

作者說明

在撰寫關於中國的書籍時，很難找到一種固定而一致的方法來音譯人名，而且實務上的困難又因為一些必須考量的棘手因素而加劇：語言與命名的選擇往往是個政治議題，且涉及了權力的行使。

本書中大多數的人名和地名都使用漢語拼音書寫，漢語拼音是中華人民共和國自一九五八年開始採用的官方普通話[1]中文音譯系統，發明者以中國北方使用的普通話為基礎建立此音譯系統。

但書中也有許多例外。針對某些人物和地點，筆者使用了歷史上約定俗成的音譯，而不是用漢語拼音來表示，例如蔣介石（Chiang Kai-shek）和香港（Hong Kong）。

其中一些選擇是我出於個人考量而做的。我使用粵語音譯的形式來表達我一些近親的姓名和那些對他們

1　譯注：也就是現代標準漢語、漢語、華語或國語，是中華人民共和國法定的「國家通用語言」，於臺灣則稱為「國語」。

而言很重要的地方的名稱。在大多數情況下，粵語音譯使用的是一種叫做粵拚的拼音系統，但也有許多人〔像我父親黃沃強（Yook Kearn Wong）〕的名字就直接使用他們正式的英語拼法。

在其他地方，雖然我並不是一貫都這麼做，但我會盡量使用當地人所使用的語言來音譯他們的名稱，這包括維吾爾語和藏語的名稱。至於有些地方的名稱，我同時標註了當地語言的名稱和漢語的名稱，並請教過母語使用者和學者的意見。

我也在行文中加入了中文字，並選擇以繁體中文書寫，繁體中文在香港和臺灣還是相當普遍的書寫字體。這麼做的原因是我的父母親和叔叔、阿姨都使用繁體字，而我也在臺灣學過繁體中文。中國使用簡體字，但繁體字仍然存在。

行路難！行路難！多岐路，今安在？
長風破浪會有時，直掛雲帆濟滄海。
李白（七〇一—七六二年）

少小離家老大回，鄉音無改鬢毛衰。
兒童相見不相識，笑問客從何處來。
賀知章（六五九—七四四年）

他還記得秋光中低掛於樹上的柿子，那些紅銅色的柿子垂掛在他頭頂上的樹枝，看起來飽滿多汁且光滑香醇。他和其他士兵一起坐在卡車敞開的車斗上。道路的兩旁都是樹，空氣清爽而乾燥。他們指著那些柿子，驚嘆不已。如果能嘗上一口，那該有多麼甜呀。卡車繼續沿著泥土路前行，行經之地揚起陣陣塵土。他們正駛入一片廣袤而枯槁的土地，那裡有歷史悠久的道路和城鎮，但現今大多早已不復存在了，那是一片邊疆地帶。在他們之前來到此地的戰士也已然逝去。七十年後，他又想起了那些在夕陽餘暉中泛著金光的柿子。

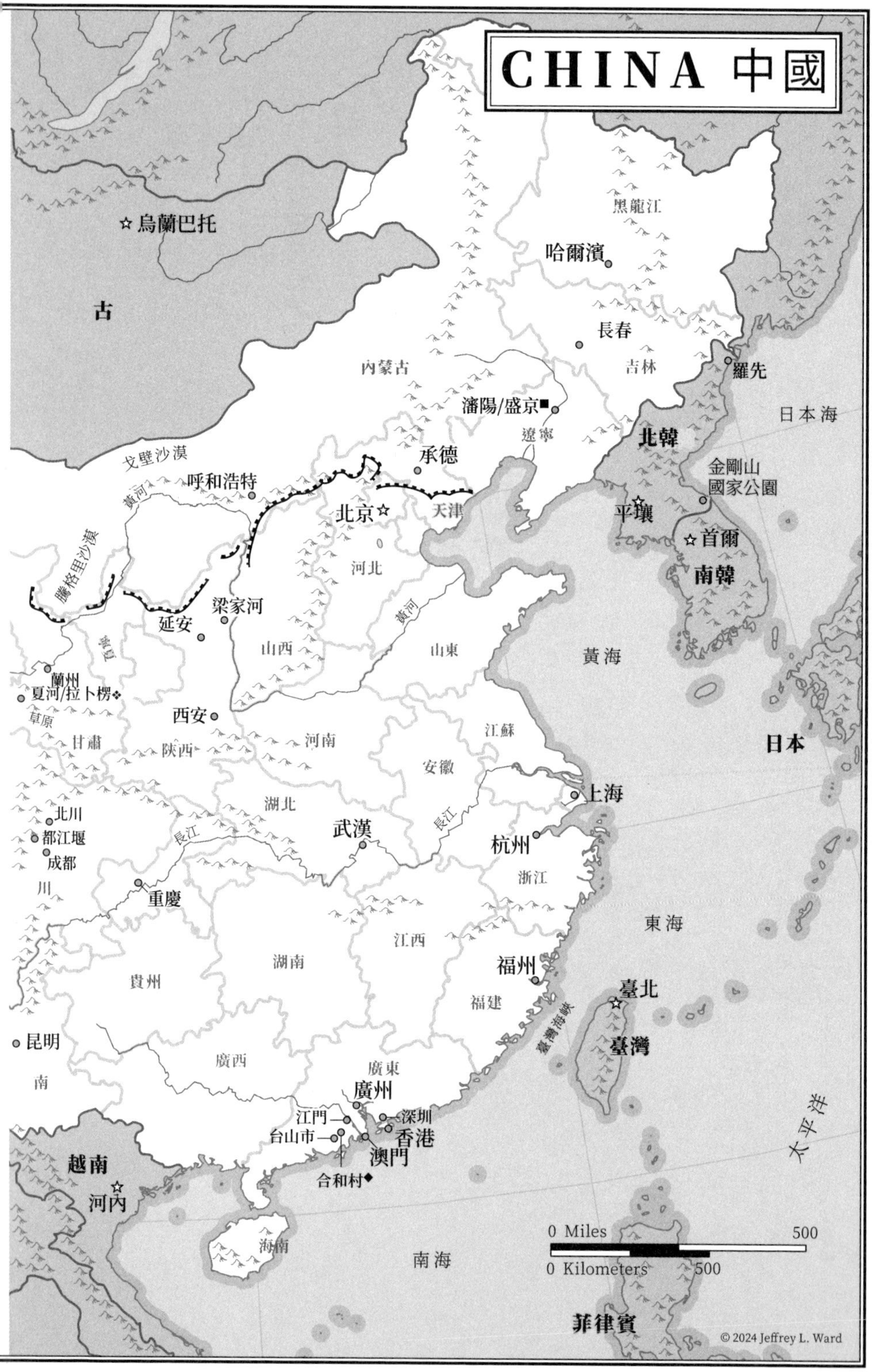
CHINA 中國
烏蘭巴托
古
黑龍江
哈爾濱
長春
吉林
羅先
內蒙古
瀋陽/盛京
遼寧
日本海
北韓
金剛山
國家公園
平壤
首爾
南韓
戈壁沙漠
承德
呼和浩特
黃河
北京
天津
騰格里沙漠
河北
梁家河
延安
黃河
山西
山東
黃海
蘭州
夏河/拉卜楞
草原
西安
甘肅
陝西
河南
江蘇
安徽
日本
上海
湖北
北川
都江堰
成都
長江
武漢
長江
杭州
浙江
川
重慶
東海
江西
湖南
貴州
福州
臺北
福建
臺灣海峽
臺灣
昆明
廣西
廣東
南
廣州
江門
深圳
台山市
香港
澳門
合和村
太平洋
越南
河內
海南
南海
0 Miles 500
0 Kilometers 500
菲律賓
© 2024 Jeffrey L. Ward

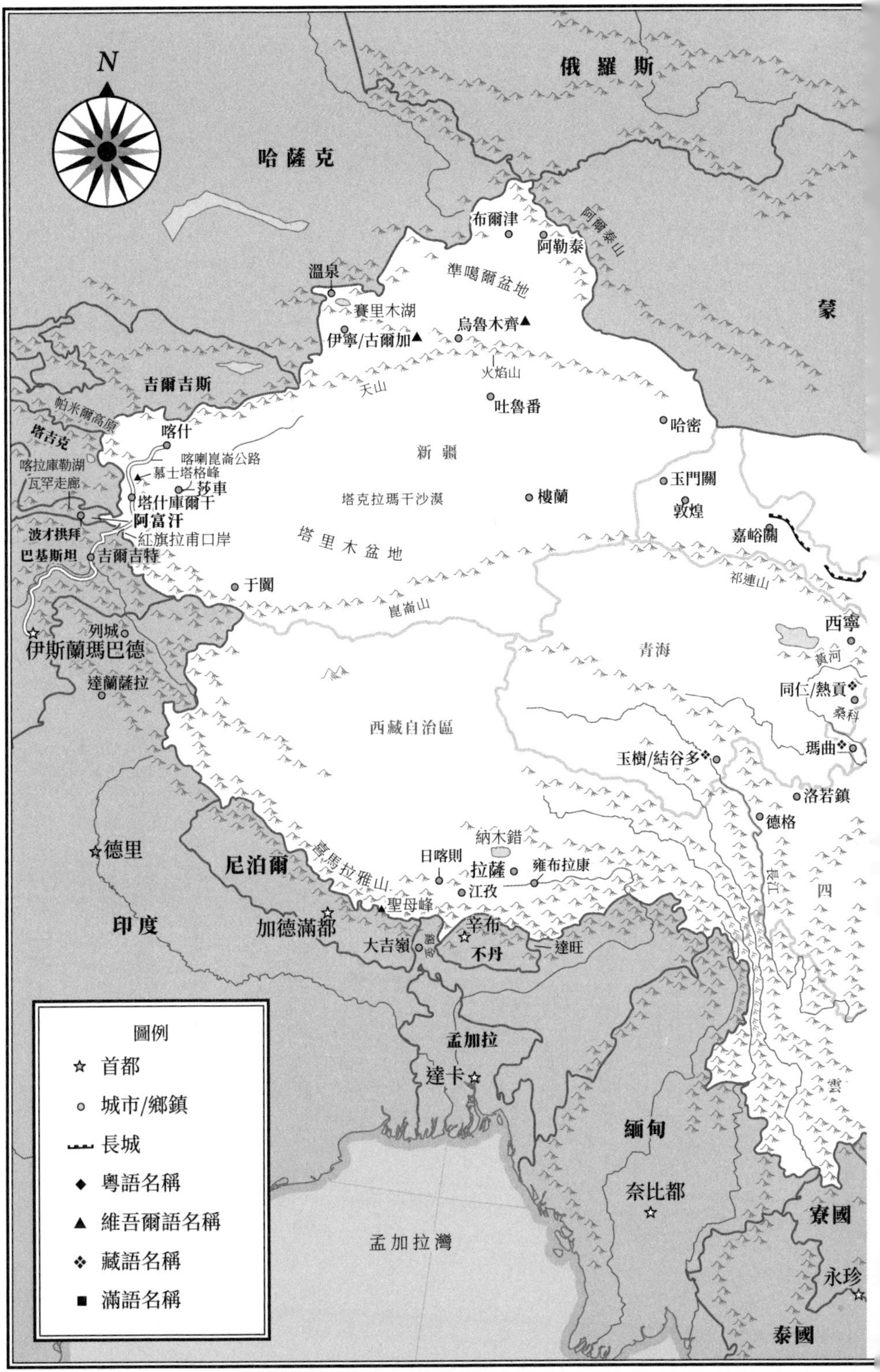
N
俄羅斯
哈薩克
蒙
布爾津
阿勒泰
阿爾泰山
準噶爾盆地
溫泉
賽里木湖
伊寧/古爾加▲
烏魯木齊▲
火焰山
天山
吐魯番
吉爾吉斯
帕米爾高原
塔吉克
喀什
喀喇崑崙公路
喀拉庫勒湖
慕士塔格峰
瓦罕走廊
莎車
塔什庫爾干
阿富汗
波才拱拜
紅旗拉甫口岸
巴基斯坦
吉爾吉特
哈密
新疆
玉門關
塔克拉瑪干沙漠
樓蘭
敦煌
嘉峪關
塔里木盆地
于闐
祁連山
崑崙山
西寧
列城
伊斯蘭瑪巴德
青海
黃河
達蘭薩拉
同仁/熱貢❖
桑科
西藏自治區
瑪曲❖
玉樹/結谷多❖
洛若鎮
德格
納木錯
德里
尼泊爾
喜馬拉雅山
日喀則
拉薩
雍布拉康
江孜
長江
四
印度
聖母峰
加德滿都
辛布
大吉嶺
不丹
達旺
孟加拉
達卡
雲
緬甸
奈比都
寮國
孟加拉灣
永珍
泰國
圖例
☆ 首都
○ 城市/鄉鎮
長城
◆ 粵語名稱
▲ 維吾爾語名稱
❖ 藏語名稱
■ 滿語名稱

前言

在我二十幾歲的時候，父親給我看了一張我從沒看過的黑白小照片，照片中的人是他。我們一起坐在華盛頓特區郊外我兒時住所的客廳時，他把那張照片放在我的手心上。那張照片拍攝於一九五三年的中國，照片裡的他眼睛閃閃發亮，皮膚也見不到一絲歲月的痕跡。他穿著樸素的軍服並戴著軍帽。我用手指劃過軍帽中間的一個黑點，那裡有塊陰影。父親說那位置原本有一顆紅星，也就是中國人民解放軍的標誌。他將那張照片寄給他在英國殖民地香港的父親後，他的父親抹去了那顆星星，生怕英國殖民當局看到照片可能會有所反應。在離開中國並與在香港的父母重聚後，父親拿回了這張照片。他移居美國時，也帶上了這份革命的紀念品。

我是兩個帝國的孩子。我出生於華府，並在維吉尼亞州的亞歷山卓（Alexandria）長大，那裡是波多馬克河（Potomac River）沿岸的郊區。在我成長的過程中，人們談論著冷戰、遏制共產主義和防止核子末日。那段時間是尼克森時代到雷根時代，當時全球政治被兩種意識形態（更確切來說是兩個權力體系）之間的巨大鬥爭所主宰。柏林圍牆（Berlin Wall）在我高中的最後一年倒塌了；廣播電台的主持人播放蠍子樂隊（Scorpions）的〈變遷之風〉（*Wind of Change*）；蘇聯解體了，美國成為獨霸全球的國家。我們在家裡、課堂上和校園中談論這些事件，我也在報紙上讀到這些事件。在我看來，那些報社及其駐點在華盛頓、紐約和世界各國首都的記者就是美國世紀（American century）[2]的編年史家。

世界上還存在一個共產主義強國，這個政權對大多數美國人來說較為陌生，但對我來說卻是再熟悉不過了，也就是我的祖國——中國。在第二次世界大戰期間，中國戮力擊退日本侵略者，當時我的父母是生活在中國南方的鄉村孩子。但日本的投降並沒有帶來和平。執政的國民黨與發起叛亂的共產黨又再度爆發了內戰，毛澤東與其率領的紅軍在內戰中勝出，迫使國民黨撤退到臺灣島。一九五〇年，父親成為他所在高中第一批在中國共產黨統治之下畢業的學生。

2　譯注：美國世紀是對二十世紀的一種概括稱呼，該詞表明了美國在二十世紀對於全球政治、經濟與文化的重大影響力，也意味著二十世紀的世界秩序是由美國所主導。

實現革命與建立人民共和國的熱情在國民的心中熊熊燃起。父親北上前往北京讀大學。一九五〇年十月一日，在中華人民共和國成立一周年之際，父親跟軍人、工人和學生一同在毛澤東面前遊行，毛澤東站在天安門的城樓上向他們揮手致意。他們相信毛澤東會帶領中國重拾昔日的榮光，並挺身抵抗美帝國主義（American imperialism）[3]。同年秋天，美軍向朝鮮半島上的北韓和中國軍隊進軍。中國共產黨號召全體國民一同投入戰事，並警告說美軍可能會進軍中國東北，進而進犯北京。

父親加入了人民解放軍。在接下來的十多年，他大部分的時間都在邊疆地區度過，而他的軍旅生涯也出現了意外的轉折。他去了大多數中國人從未見過的偏遠之地，那些地方有美景，但也有紛爭。他在鄰近朝鮮前線的滿州接受空軍訓練，然後又在新疆度過了數年的時光。位於中國西北地區的新疆是講突厥語的伊斯蘭教徒（維吾爾人和哈薩克人）的故鄉，也是北京政府數百年來一直想要納入其掌控的土地。父親見識到了中國的幅員遼闊，也見證了毛澤東為了重振中國所做的諸多努力。

在我的成長過程中，我對父親人生中的這些片段一無所知。我有時會看著他穿上紅色的西裝外套和黑色長褲，去一間叫做海記（Sampan Café）的中餐館工作。數十年來，

3　譯注：該詞描述美國透過其在政治、經濟、文化和媒體上的影響力，向世界各地的他國擴張，形式包含軍事征服、砲艦外交與經濟滲透等等。

那是我唯一能與他聯想在一起的制服，直到後來他給我看了他在軍中寄給他父親的照片。

他並不是一個會說太多自身事情的人，也不太會特意跟我分享他的過去。在他早回家的那些夜晚，他不會坐在我的床邊說些故事逗我開心，他不談自己的人生故事，更不會說什麼虛構故事。他只有週日休息不上班，但他每隔一週的星期日就會消失，去他跟別人合開的外送餐館欽氏廚房（Chin's Kitchen）記帳。在他空閒的週日，我們會一起看美式足球賽，看華盛頓指揮官隊（Washington Redskins）的比賽，他也會開著一輛藍色的普利茅斯轎車（Plymouth Duster）帶我們全家出門兜兜風。我們一起看著我的數學課本、代數學、幾何學或微積分，他對數字瞭如指掌，後來我才知道他從軍中退伍後，讀的是工程學。

有時候我能瞥見父親不為人知的一面。某個冬天的下午，父親和母親開車載著我和妹妹行經華府，到唐人街去探望我們的奶奶，坐在前座的他們兩人大聲地用粵語討論著什麼。我盯著車窗外門窗被木板封閉起來的排屋。母親轉過頭對我們說：共產主義影響了你父親。他固執己見，已經不會再改變了。

我感覺到了那份痛苦，那是我不想去觸碰的傷口，至少現在還不想。早在我出生之前，他們兩人都有著各自的人生。我後來才知道母親錯了，父親早已做出改變。在一個情勢不穩定的時刻，他決定走上一條不同的人生道路，那是一個關乎信念與夢想、自主性與自由，以及國家與家的選擇。

我的父母在不同的時間點和不同的情境下，向中國和香港告別。但他們從未完全離開。在我所認識的華裔移民中，沒有人真的完全離開了。另外一段回憶是在某個夏夜，我們一起坐在家裡的地下室看一九八四年的洛杉磯夏季奧運會（Los Angeles Summer Olympics）女子排球決賽，決賽的組合是美國對中國。當中國隊贏得金牌時，我的父母歡呼雀躍，跳得就跟明星主攻手「鐵榔頭」郎平和她穿著紅衣的隊友們一樣瘋狂。母親對我說：「我們為中國隊加油，因為中國是我們的祖國。」

透過跟父母和其他家庭成員長時間的交談，以及翻閱舊信件和老照片，我才開始知道這些數十年前的事情，這始於我進入加州大學柏克萊分校（University of California at Berkeley）讀研究所之前，且在那裡讀書的期間也一直持續著。我同時透過兩條不同的途徑深入探究：一條是透過課程以及跟教授的對話，了解中國的歷史、社會與政治；另一條是探索我的家庭歷史。我在華盛頓和舊金山一帶跟我的父母、叔伯和阿姨們共度了一些時光，我特別常跟我父親的哥哥黃沃明（Sam）待在一塊，伯父跟父親在香港和廣東省一起長大，他後來於一九四八年去美國讀大學。從我開始挖掘過去，我每年都會去中國和香港旅行，直到我前往紐約到《紐約時報》（*The New York Times*）工作後才結束。

二〇〇一年九月十一日，恐怖分子駕駛商務客機撞向世貿中心大樓（World Trade Center）和五角大廈（Pentagon），我當時住在曼哈頓的市中心。那場暴力行動以及美國對阿富汗和伊拉克的入侵行動，讓我開始思考帝國的本質與其影響所及的範圍，還有那些反對帝國的力量和帝國試圖打壓的對象。在我三十一歲生日那天，我離開了紐約，去做伊拉克戰爭的報導。

五年後，我來到北京擔任特派記者，就從那時開始，這個國家和我父母親的生命以一種我未曾想像過的方式向我敞開。我現在有時間去拼湊那些一直隱藏於陰影之中的往事，去了解人與人、地方與地方以及時代與時代之間的各種聯繫。除此之外，在一個正處於變革中的國家展開全新的生活也令人相當興奮，這個國家的城市有著明亮的辦公大樓，還有藝術家群體和從鄉村搭火車前來都市努力打拚的工人，他們都希望自己能盡一份力推動二十一世紀上半葉預期將帶來的巨大變革。

對一個初到中國的人來說，中國的領導人和人民似乎都在竭盡全力開創一個嶄新的未來，這般景況與我在伊拉克所看見的絕境形成了鮮明的對比。我數年來一直在那報導著一個國家的崩解，這讓我對於人性和權力行使的本質產生了悲觀的看法。我的兩名伊拉克同事哈立德（Khalid）和法赫爾（Fakher）都死於一場最終導致約三十萬人喪命的暴力事件之中。更令人感到震驚的是這些破壞和屠殺都是美國行動所導致的直接後果。那些破壞與殺戮的暴行都是由一個國家（我的國家）一手造成的，而就在十年之前，這個國家才剛得到了一個千載難逢的機會，能夠利用其不受挑戰的超級大國地位，帶領這個世界走向一個更美好的未來。然而，美國的領導人卻在九一一事件之後，將自己的國家帶往了帝國主義的流血殺戮之路，且美國政界高層人士多年來還一直否認他們的所作所為。

二〇〇八年四月某個溫暖的夜晚，我在北京機場光彩奪目的新航廈下飛機時，我心想：如果有哪個強國代表了這世界另一種未來的願景，那肯定就是中國了。當時，在經歷了毛澤東領導所造成的災難和一九八九年對於抗議遊行活動的暴力鎮壓之後，中國領導人選擇走上的進步之路，似乎表示中國會接受更加開明的思想。

然而，正如許多被人們寄予盲目希望的事物一樣，現實的狀況往往不盡如人意，對父親而言，中國也是如此。我在二〇一六年末離開中國時，就已經清楚明白了這一點：在共產黨統治之下的中國正極力成為一個超越美國的帝國，並且將自己視為大清帝國統治權與領土的繼承者。在這個其他帝國強權（如大英帝國、鄂圖曼帝國和俄羅斯帝國）皆已灰飛煙滅，且帝國統治下的道德敗壞行徑都會被歷史記載下來的時代，中國共產黨仍走上了這條路。而且中國領導人習近平還在其所言所行以及關於中華民族偉大復興的演說中，將帝國夢與他的領導能力畫上等號。

許多中國人民都懷抱著中國夢，它深植於對中國千年歷史的共同描述，從古老的黃河文明開始，經過中國第一個皇帝秦始皇南征北討的征服，並在唐宋時期商業、藝術與知識的繁盛中達到顛峰。這是一個關於漢族人民的祖國神話，他們的文化和文明占據著主導地位，因此即便是擁有強大武力的入侵者也成為了華人。這是我開始研究中國時所學到的歷史。

後來我接觸到了持不同觀點的歷史學家和作家，他們敘事的核心思想是，即便到上個世紀，中國的歷史都是由中國本地人民和亞洲草原、森林地區的遊牧民族或半定居民族之間交替統治的周期所定義，這些民族的社會與華人的社會同樣豐富、複雜且強大。中國好幾個朝代都是由這些來自內亞（Inner Asia）的民族建立，尤為知名的是十三世紀的蒙古人和十七世紀的滿族人。正是滿族人建立了清朝，並在歐亞大陸上其他帝國主義列強崛起之際，對外展開征服行動，建立了一個以中國為中心的龐大帝國。

到了一八〇〇年，定都北京的清廷統治著全世界三分之一的人口和十分之一的土地，大清帝國的版圖從中亞草原到西藏（Tibet）[4]的喜馬拉雅山脈，再到中國沿海的城鎮。後來清朝的領導人接連在鴉片戰爭和其他戰事中失利，將帝國的部分版圖拱手讓給了歐洲列強、美國、俄國和日本。數十年後，清朝被起事的叛亂分子推翻，這些叛軍打著漢族民族主義的旗號，聲稱要復興他們的國家，讓中國躋身世界列強。這些漢人菁英幫忙傳播了一個強而有力的理念，即現在的中國延續了由多民族組成的大清帝國。新的統治者，也就是國民黨人，採納了這個想法，並努力實現此願景，直到他們被毛澤東推翻，而毛澤東同樣也承諾要復興中國。

二十一世紀，在毛澤東的有害政策導致國家崩解的幾十年之後，這世界發現中國共

4　編注：西藏英文原名TIBET，音譯為圖博。考慮到「西藏」一詞在中文語境中較廣泛使用，本書為了保持敘述的流暢與讀者的理解習慣，選擇使用「西藏」作為譯名。

產黨幾乎要實現這個夢想了。時至今日，中國共產黨仍然控制康乾盛世時透過戰爭和外交所統一的大部分領土，而且共產黨的統治版圖還可能再進一步擴張。中國軍隊正在爭議邊界地區擴展據點，範圍從南海到喜馬拉雅山脈。共產黨還試圖將擁有民主體制的臺灣島納入其統治之下。

中國的經濟實力讓共產黨能夠觸及中國歷代皇帝都無法想像的領域。從網路到人工智慧、從高等教育到好萊塢，中國正在重塑這個世界，而人們才剛剛開始明白這背後所代表的意涵。現今全球許多國家都將中國視為重要的強國。在清朝時期，來自遙遠各國的使節會到朝廷朝拜，現在各國又開始這麼做了。和一九五〇年時的父親一樣，我曾經在天安門廣場參與一場閱兵式。我看著來自全球各國（如巴西、俄國和南韓等國）的領導人在看台上跟習近平一起鼓掌致意，他們一同看著下方的戰車、飛彈和一列列行進中的軍隊。

許多中國人民理所當然地以民族復興為榮，而這種自豪感又因共產黨培養愛國主義和民族主義而變得更加強烈。國家透過課堂、電影和新聞文章告訴人民，中國在過去這一百年間是西方列強手下的受害者，但還有一個根本因素支持他們這種看法：認為自身無辜的深刻信念。這與神學家萊因霍爾德．尼布爾（Reinhold Niebuhr）所說的充斥於美國人民族性格中的那種無辜感一樣。這些社會可能受到邪惡的侵害，但他們並不會作惡。正是這種無辜感讓一個帝國能夠在其人民堅定不移的支持下，以行善之名選擇走上黑暗的道路。

我在帝國的首都北京生活了將近十年，我在那所經歷的一切只是讓我如此看待中國的一小部分原因。同樣重要的是我在中國邊疆地區所見證的那些人事物，那些地方包括香港、新疆、西藏和內蒙古，父親在中國時也與這些爭議地區息息相關。每一個帝國在距離其勢力重心遙遠之處行使權力的方式，都能讓人更清楚地看清其本質。我在伊拉克看到了美國的本質，而後也看到了中國的本質。

父親不僅是以軍人的身分前往邊疆，他也出生在邊疆地帶，他的家族來自廣東省，該處被中國舊時統治者視為蠻夷之邦的粵人領土。我到中國南方各地採訪報導時，看見了這些地區與北方的不同之處，這讓我更能理解這片土地的多樣性，就像我在其他地方所看到的一樣。我父母的家庭視為故鄉的粵語地區是個交界地，是中國與外界之間的過渡地帶。那裡的人們早在現今全球化貿易時代之前，就將中國與美國聯繫在一起了。我有一些祖先和親戚看見了海外的機會並為之放手一搏，移居東南亞、巴西和加拿大。他們設法取得了通行證、臨時居所和永遠的住處。那麼，這片南方邊緣地區成為反叛分子和知識分子的發源地，他們質疑帝國北方朝廷的權力，並領導推翻政權的各種運動，這又有什麼好奇怪的呢？

我的父親就是這樣來到北京和華北地區：他既是一個外來者，也是一個來自帝國遙遠邊陲之地的臣民。

我同樣也是以外來者的身分來到這裡，有人會說我是另一個帝國派來的間諜，身負的任務是記錄這個帝國的一切。

我和父親分別踏上了不同的旅程，但我的旅程受到了他的旅程影響。我在此書寫下這些旅程，更確切來說，我寫的是我們各自如何記住那些行旅中的時光。

父親現在已經九十一歲了，他跟我說有些事情他永遠都不會忘記。

有一晚，在一片星空下，他把馬鞍當作枕頭，睡在一片高山的草地上。

有一天，他看著手持步槍的戰友嘗試在下著雪的沙漠中獵鹿。

幾年前，我們吃完晚餐坐在一起時，他告訴我，他還記得〈東方紅〉的歌詞，那是一九六〇年代時幾乎所有中國人民都會背的歌曲。父親已經有幾十年沒有唱那首歌，但他清了清嗓子，便毫不遲疑地用普通話唱了起來。

東方紅，太陽升，
中國出了個毛澤東。
他為人民謀幸福，
（呼兒嗨喲）他是人民的大救星。

他唱完後便坐回沙發上，對我淡淡一笑。在那一刻，他又變回了那個頭戴鑲著一顆紅星的軍帽並身穿黃褐色軍服的年輕人，騎著馬穿過帝國邊陲的西北方高山峽谷。

第一部

南

第一章
殖民地
香港・一九四一年

在十二月某個明亮的清晨，男孩聽到爆炸聲而抬起頭，看見天上的一片黑煙。日本的轟炸機向這個英國的直轄殖民地逼近，負責保衛香港的英國軍隊正在發射高射砲。那天是星期一，當時才九歲的父親正和哥哥及兩個堂兄弟一起，從他們家位於跑馬地（Happy Valley）[5]住宅區的公寓走路去上學。還有一個姨婆陪著他們一起，她用一根竹竿單肩挑著這些小男孩的藤書包。當時父親身材細瘦、行動敏捷且精力充沛，他的名字用英文拼寫是Yook Kearn Wong，中文是黃沃強，意思是肥沃且強壯。

英國的殖民地官員已經進行了數個月的演習，包括停電、警報以及防空洞使用的相關指示。到了一九四一年底，當地居民都已經習慣了這一切。香港和倫敦的官員知道這個殖民地很容易成為被攻擊的目標，對於懷有

5　譯注：舊稱快活谷或愉園，位於香港島灣仔區的南方，因鄰近賽馬場而得名。

征服亞洲野心的日本裕仁天皇來說，這座島嶼及其深水港將成為中國南方沿海的理想軍事基地。四年前，日本軍隊已經攻入中國的心臟地帶，並在一場又一場的戰鬥中逐步擴張其控制範圍。

儘管做了那麼多演習，許多香港市民還是覺得日本不敢攻擊英國的殖民地，因為英國透過主宰海洋，建立了全世界最大的帝國。他們認為即便日軍在中國境內不斷進逼並屠殺平民，但肯定不會來犯香港以及附近的其他英國殖民地，如新加坡和馬來西亞。

男孩們走進銅鑼灣臨港山頂上的嶺英中學時，老師告訴他們，發射高射砲只是另一場演習的內容。他們坐在自己的木椅座位上。父親當時四年級，那是他進入該校的第一年。在另一間教室上課的伯父比父親大四歲。那天早上他的幾何學老師發下批改好的考卷，伯父既開心又意外自己竟然考了九十分。早上的課堂持續可聽見爆炸聲。在課間的休息時間，男孩們和同學一起衝到室外，看著高射砲的彈殼在水面上空炸成碎片。在香港島的對面，與中國接壤的九龍和新界一帶，有什麼事情正在發生，但他們卻無從得知究竟發生了什麼事。

然後父親看見了飛機從港口外的天空俯衝而過，他瞇起眼睛去看，試著看清楚機翼上的日本國旗，也就是一片白底上有個紅色圓圈的旭日旗，但飛機離得太遠了。就他所知，那些飛機可能是英國的戰鬥機，而老師還一直說是演習。

接近中午的時候，老師們告訴全校學生，日本攻打了美國，校長決定要提早放學。老師看起來都憂心忡忡。「快回家去吧，」父親的老師說，「我們會再通知你們復課的時間。」

與日本的戰爭打到了香港。男孩們快步走回家，而外頭依舊陽光明媚，這本該是個一如往常的平凡早晨。他們爬上樓梯回到位於三樓的家，樓上住的就是那兩個跟他們就讀同所學校的堂兄弟。父親和伯父所住公寓的其中一個房間裡堆滿了一袋袋的米和一罐罐的魚罐頭，那些是他們父母儲備的食糧。近年來，來自中國大陸的戰爭難民紛紛湧入這塊英國殖民地，食物短缺的現象頻傳。官員們試圖穩定食物價格並建立配給系統。父親一家人花了好幾個月的時間才收集到這些食物。

在集祥街（Tsap Tseung Street）八號的公寓裡，一家人擠在一起生活著。父親和伯父睡在客廳裡，旁邊就是臨近菜市場的陽台。三間臥室中的其中一間住著一位年輕的阿姨，還有她兩歲大的女兒和一個小男嬰。她在一年多前從中國南部的一個村莊來到這裡，來見她從紐約遠道而來的丈夫丹尼（Danny）。丹尼在這裡開了一間洗衣店，她在他待在這裡的期間有了身孕。但在日本入侵前不久，他就回紐約去了。

男孩們衝回家時，他們的母親就在家裡，但她對日本的侵略行動一無所知。當天傍晚，他們的父親從在香港島西邊開的中藥行回到家，但他並沒有透露任何消息。過了好幾天，男孩們才對這場侵略戰爭的背景有更多的了解。

在日本軍隊進攻香港的八個小時之前，日軍轟炸了美國位於夏威夷珍珠港的海軍基地。十二月八日的清晨，在亞洲這邊，日軍進犯英屬馬來亞（British Malaya）並轟炸新加坡，同時又派大軍攻入香港。香港的英國官員和在倫敦的高層預測錯誤了，他們曾如此確信日本人不會攻打香港，因此當天稍早時才准派兩艘驅逐艦從香港的港口前往新加坡，只留下了另一艘色雷斯人號驅逐艦（HMS Thracian），守在原處保衛這塊殖民地。

那天晚上，父親跟伯父和他們的父母睡在床下的木地板上，而床上則墊著衣物、棉被、行李箱和塞滿東西的紙箱，父親覺得這樣可以保護一家人不受砲彈碎片的傷害。在接下來的那幾天，一聽到飛機、高射炮或是爆炸的聲音，他們就會慌忙地躲在這臨時的庇護所。政府下令關閉所有燈光，在數次的停電演習中，他們早已熟悉了這種一動也不動、任憑黑暗與寂靜擺布的感覺。現在正發生的一切都是真實的，他們有種身處井底深處的感覺。他們並沒有睡覺，只是靜靜地躺在那裡，聽著嗡嗡響的螺旋槳聲和飛機引擎聲。

就跟許多廣東商人一樣，憑藉著作為大英帝國領土所帶來的一切，黃家在香港和中國廣東省這個比鄰的亞熱帶鄉村間來去自如，他們也和東南亞各地的華裔商人打交道。這種人與資本以及文化與語言之間的流動性讓往返遷移成為一種常態，直到日本入侵和後來毛澤東發起的共產革命帶來混亂，才打破了這種常態。跨境流動在台山縣[6]的人們中變成一個極其普遍的現象，台山在官方普通話中被稱為Taishan，在當地（父親祖籍村莊所在地）方言中則被稱為Hoissan。對台山人來說，從美國各地的唐人街到馬來西亞的礦區，再到澳洲的沙漠基地，這樣的全球遷徙幾乎就和跨過香港和中國之間那條無形的界線一樣簡單。

在十二月清晨那起暴力衝突事件發生的三年半前，父親和伯父回到香港，搬離了長居多年的台山縣合和（Hap Wo）村的家。他們兩人都在香港出生，在與他們的母親於合

6　編注：1992年改設為台山市。

和村同住兩年之前，他們從未來過這裡。原來回村長住是因為要蓋新家，他們的父親靠著中藥生意賺夠了錢，於是在村裡蓋了一棟新房子。我的曾祖父只有一棟房子，但有四個兒子，所以兒子們長大後便決定要蓋兩棟新房子，讓大家能住在一起，兩家人合住一棟房子。曾祖父的第四個孩子，也就是父親和伯父的小叔，是在縣政府工作的土木工程師，他自告奮勇負責監工。一九三六年的春天，父親和伯父的母親便帶著他們一起回到了家鄉。

他們兩人的記憶在此有所出入。父親說自己記得他的父親（四個兒子中的次男）陪著他們一起回到村莊，還待了一陣子才回香港做中藥行生意。在那次旅行中，他對他父親的記憶非常清晰，因為在廣東省的海關檢查站發生了一件事：當時他們一家人下了船，轉乘駛往內陸地區的火車。他的父親帶了一條全新的紅色毯子，國民政府的海關官員堅持要他們為那條毯子支付稅金。但比父親大四歲的伯父告訴我，他完全不記得他們的父親曾跟他們一起回過家鄉。

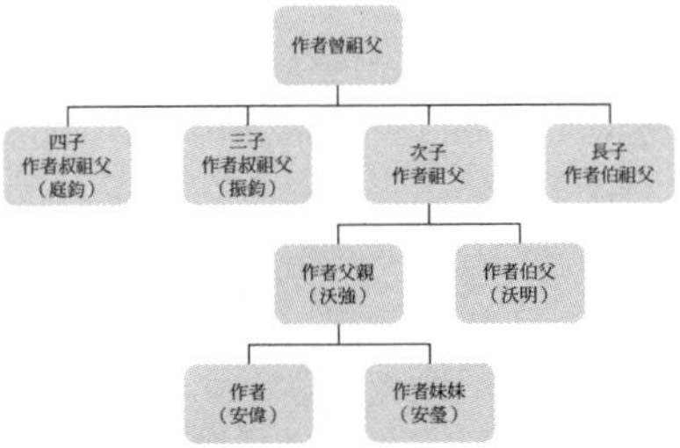

作者家族系譜示意簡圖

稻田從村莊向四面八方延伸，在收穫之前看去是一片鮮綠，其餘時間則是泥土和淤泥的那種棕褐色。水牛在田裡慢步行走，男孩們則在水中涉水，尋找著蝸牛、鰻魚和泰國鬥魚。遠離香港擁擠街道小巷的村莊生活，為他們的童年增添了全新的色彩。

父親經常生病，他跟他母親住在一棟老房子裡，而伯父則是去台山縣求學了。正在修建的家是一棟兩層樓的磚造別墅，是村莊裡二十五棟別墅的其中一棟。這裡的家家戶戶都源自於同一個家族。

到了一九三八年的春天，房子蓋好了，而且還有了另一個回香港的理由：戰爭正在逼近。一九三七年的夏天，日本派了一支大型侵略部隊前往中國北部和東部。日本領導人利用在北京外的盧溝橋所發生的軍事衝突作為理由，發起計畫已久的大舉入侵行動。六年前，日本就開始征服中國掌控的一些邊境地區，當時日本占領了與日本殖民地朝鮮接壤的滿洲（東北地區）。日本政府在那裡設立了一個中國人組成的傀儡政權，扶植於一九一一年遭廢黜的滿族小男孩溥儀為滿州國皇帝。

面對日本新一波的攻勢，許多中國人逃往香港。一九三八年，在回香港的路上，父親、伯父和他們母親所乘坐的火車在縣內突然停下，原因是有一架日本戰機從上頭飛過，他們都嚇壞了。大家都知道日本轟炸機是來摧毀基礎設施的。他們一家人和其他乘客紛紛從火車上衝了出來，躲進田野間。最後日本戰機沒有發動攻擊就飛走了，乘客們才又回到火車上。

從中國南海上一個面積約八十平方公里大且有些居民的島嶼開始，英國殖民者和中國移民在一百年內就打造了一個全球海上貿易的重要樞紐。住在香港的華人跟許多英國人一樣，都是為了做生意、以物易物、買賣、討價還價和談判而住在那裡。他們大多是來自鄰近的廣東省的粵語使用者，最早一批在香港定居的人也有些是從廣東省來的。

對我的祖父來說，戰前要過上舒適生活的途徑就是賣中藥。他在香港中西區的上環開中藥行，那一區也是英國政府的香港行政局所在地。祖父的中藥行位於蘇杭街（Jervois Street）[7]八十一號的二樓，距離文咸西街上的中藥市場兩個街區遠，那裡位於熙熙攘攘的商店街中心，販售著各種來自中國的藥草。刺鼻的人參味飄盪在街上，店裡櫃檯上放著一罐罐乾枯的根莖葉和磨成粉的植物。櫃台後是有幾十個小抽屜的大木櫃，每個抽屜上都貼著手寫的標籤，上面寫著裡頭中藥的藥名。

7　譯注：舊稱為乍畏街，是位於香港中西區的一條街道。

父親只記得小時候有一次去店裡的情景。那是農曆新年左右的某個冬天，他的父親發了現金紅包給中藥行的合夥人和員工，讓他們拿去給自己的孩子，而他們卻反倒把紅包都塞給了父親和伯父。

我的祖父帶著兩個兒子回到跑馬地，走的是跟來時一樣的路線：乘著在香港島北邊窄軌鐵路上行駛的電車，從銅鑼灣到灣仔，再到金鐘和中環。那時候這片殖民地很安靜，街道兩旁是三層和四層的樓房，夜晚漆黑一片，沒有燈光打破周圍的黑暗。聳立在這一切之上的是島上的山丘，最高點則是太平山，山坡上長滿了熱帶植物：樟樹、榕樹和無花果樹，周遭環繞著蕨類植物和九重葛。富有的英國和歐洲居民住在山區高處的莊園別墅裡，英國總督也在那裡有一棟避暑別墅。在一八八八年政府開通沿著陡峭山坡行駛的纜車之前，那裡的居民是由中國工人用轎子抬上去的。

祖父因在中藥生意上小有成就而獲得了一定的身分地位。跟許多在香港努力奮鬥的人一樣，他是個經銷商和批發商。他從中國大陸進口中藥，再將它們賣給東南亞的商人。他跟生活在越南、馬來西亞和印尼的華人做生意，貿易範圍橫跨整片中國南海，從中國南方的中南半島和中南群島到澳洲。這正是典型的香港商人，政府的國庫也因海外貿易的稅收而充盈。

但在這個家族之上無法企及的是一個由華人組成的上層社會，那些人是接受英語教育的香港居民，他們對其他中國人抱有優越感。他們坐在遨遊維多利亞港的天星小輪頭等艙裡，在公共場合見到彼此時，就用不流利或帶有口音的英語交談。那些男人通常都穿著燙得平整的白襯衫和擦得光亮的皮鞋、打著領帶，且頭髮梳得整整齊齊的。他們家裡也都有請傭人。

在跑馬地，這裡有島上的賽馬場，更重要的是，還有附屬的社交俱樂部。父親一家人住在一棟四層樓的建築裡，樓下是一個菜市場，有賣水果、蔬菜和肉類。那棟建築是我祖母的父親花錢蓋的八棟建築之一。我的祖母生了三個男孩和兩個女孩，但只有父親和伯父活過了嬰兒期。祖母是個瘦弱且經常生病的女人，所以都是她的阿姨幫忙打理家務，還有陪男孩們走路去上學。那位姨婆大概四十歲出頭，她住在廚房和浴室旁的傭人房裡，那間房的樓高比家裡的其他房間還要低半層樓。

祖母的父親在中藥生意上已經有了相當的成就，在此之前他曾賣過保險、水果乾和房地產。他幫助我的祖父，也就是他的女婿，在二十歲時進入中藥這行。在那之前，我的祖父曾在中國的一個村莊裡當過一陣子的小學老師。最終，他們兩人跟其他商人共同擁有一家位於香港的批發公司。那間公司的其他合夥人都搬回越南南部法屬交趾支那（Cochinchina）的首都西貢，於是我的祖父便成為了公司唯一的老闆。他做過中藥生意這行中的各種工作。一九二六年，他協助創立香港中藥聯商會，二十年後，他被選為該商會的會長。

父親住的公寓對面有棟大型市場建築，裡面有數十個賣新鮮食品的攤位，從海鮮到禽肉和蔬菜都應有盡有。外頭的街上，攤販賣著新鮮蔬菜，那些蔬菜被放在掛在竹竿兩端的大籃子裡。家庭主婦、傭人和廚師每天來市場兩次，購買當天做飯需要用到的食材。在家裡幫忙的姨婆也常常用背帶背著父親下樓去買菜。

在家裡三樓的陽台上，男孩們看到華人警察有時開著一輛囚車經過，將車停在一個街區外或是更遠的地方，然後爬到狹窄的街巷內抓那些沒有合法執照的攤販。有些人會大喊，「快跑，鬼來了，」然後攤販們便會四處逃散，多是跑到附近建築物的樓梯間。有時警察會踢翻攤販的菜籃子，破壞他們賣的農產品，迫使他們得借錢再從頭開始做生意。

菜市場的小巷被淤泥、泥土和血水給弄濕。攤販灑水到他們販賣的菜上，以免菜變得乾癟枯萎。為了避免弄濕自己的鞋子，人們穿著約二．五公分厚的木製涼鞋。涼鞋踩在水泥地上發出的刺耳噠噠聲甚至還會傳進三樓的公寓裡，男孩們有時會摀住耳朵，將那聲音隔絕在外。

父親一家人所住的跑馬地附近的賽馬場，是香港上流人士社交生活的重心，對英國貴族和高階殖民地官員尤為如此。那裡第一次的賽馬比賽是在一八四六年舉行。三十八年後，香港賽馬會成立，且很快就成為殖民地首屈一指的社交俱樂部。歷史學家珍．莫里斯（Jan Morris）指出，人們甚至說統治香港的階層高低依序為賽馬會、香港上海匯豐銀行和香港總督。直到一九二六年，賽馬會才有了第一個入會的華人會員。那些賽馬被安置在賽道和華人居住街區後方的山上馬廄裡。在賽馬季的星期六，馬匹常常會在被馬伕牽去賽道的路上排便。賽事結束後，不住在附近的華人會從終點站跑馬地搭電車回家，許多英國人則坐上由司機駕駛的轎車。

祖父擁有人人稱羨的賽馬會會員資格。某個週末，他帶著父親和伯父去看賽馬比賽。當賽馬以迅雷般的速度飛馳而過時，看台上的群眾紛紛傾身向前，在那些時刻裡，他們兩個男孩睜大著眼睛想要看清楚比賽。

英國人坐在前排靠近欄杆的座位。男性穿著白色西裝，女性則穿著白色連衣裙並戴著遮陽帽。服侍他們的是穿著白色襯衫和黑色長褲、綁著辮子的華人侍女，那些侍女提著英國人的包包和雨傘。兩個男孩之前就見過住在城市裡的英國人和歐洲人，對他們並沒有太多的想法。

殖民地的行政機構設在中環區，那裡的最高法院有著新古典主義風格的拱門和柱子，錯落蔓延的域多利監獄（Victoria Prison）[8]建築群有著厚實的石牆，荷李活道上有宏偉壯觀的警察總部，入口上方刻有英王喬治五世（King George V）名字的首字母縮寫，這些建物都是法律與秩序的象徵。對華人居民來說，它們就跟那些遭受警察不公對待的真實故事一樣令人心生畏懼，像是僅僅因為小小的竊盜罪就要接受數個月的苦役和一下的鞭刑。怡和大廈（Jardine House）是當時的商業中心，蘇格蘭商人威廉・渣甸（William Jardine）和詹姆士・馬地臣（James Matheson）於中國大陸廣州市創立的怡和洋行總部就設於此棟大樓。他們販售各種商品，也做走私鴉片的生意，因此他們受到中

8 譯注：以維多利亞女王命名，是為香港的第一座監獄，並於一九九五年被列為香港法定古蹟。

國官員的密切監視。在一八三九年第一次鴉片戰爭爆發前後，他們兩人還鼓吹倫敦的官員從中國的手中奪取香港，替外國商人在此打造一個安全的避風港。

一百年後，商業依然與軍事力量緊密相連。英國士兵住在中環區的兵營裡，每週日出營參加在聖公會香港島教區聖約翰座堂（St. John’s Cathedral）的禮拜。在半山區的山上俯瞰這一切的是建於十九世紀中期的香港總督府，那是香港總督的官邸，建築採用殖民復興式的風格。在日本入侵前的幾個月，住在總督府裡的是楊慕琦爵士（Sir Mark Aitchison Young），他在一九四一年九月十日就任，之前曾在錫蘭（Ceylon）、獅子山（Sierra Leone）、英國託管的巴勒斯坦（British Mandate of Palestine）、巴貝多（Barbados）、千里達及多巴哥（Trinidad and Tobago）和英屬坦噶尼喀（Tanganyika Territory）等殖民地任職。在日本入侵之際，倫敦的高層將守衛香港的任務託付給這位畢業於伊頓公學（Eton College）和劍橋大學國王學院（King’s College at Cambridge）、也曾參與過第一次世界大戰的政府官員。

大多數英國殖民者都跟楊總督一樣住在山上。對華人居民來說，最顯眼的是那些在街上闊步行走或是站崗的警察，他們夏天穿著白色西裝和短褲，冬天則是穿棕褐色的制服。有個更顯而易見的殖民地特色是錫克教的男人，他們搭船從英國統治的印度前來香港當保全人員。父親和伯父覺得這些男人相當引人注目，他們留著濃密鬍子、頭戴色彩繽紛的頭巾且身穿硬挺的白色制服。他們站在銀行、政府機關大樓和社交俱樂部的外面，肩上背著步槍或霰彈槍。有些華人店主也會雇他們當警衛。有個錫克教男子有時候會在父親走過時，用粵語向他說「你好」和其他一些話。

船隻將香港和大英帝國的其他地方連接起來，但自從一九二五年啟德機場首次有記錄的班機從草坪起飛之後，飛機所扮演的角色就變得愈來愈重要。一九三六年，帝國航空（Imperial Airways）開通了香港與倫敦之間的航班，飛行途經馬來半島西海岸外的檳城嶼（island of Penang），該島是大英帝國的直轄殖民地。從此，香港透過商業航空服務連接到大英帝國的網絡。

一九三八年，也就是日本入侵中國大陸的隔一年，英國行政官員開始採取危機管理計畫。倫敦的殖民地部（The Colonial Office）命令所有殖民地儲備糧食和生活必需品。在香港，隨著成千上萬的戰爭難民從中國大陸逃來，食物變得越來越缺乏。行政官員為新來的人員建造了營地和緊急廚房。一九四〇年的夏天，日本切斷了來自中國大陸的一切供給，英國官員擔心日本將要展開侵略行動，便開始修建可供數萬人避難的地道。

其實早在日軍入侵香港之前，他們在中國的暴行就已經傳遍了整片殖民地。逃來香港的難民講述了他們所目睹的殘酷景象：中國人民被日本士兵用步槍的刺刀凌虐或割得皮開肉綻，或是排成一排面對牆壁被槍決。這些故事還透過其他方式流傳開來，在香港的人們唱起那些在中國流行多年的抗戰歌曲，其中一些歌詞提及了特定的戰役，有些則讚揚那些戰時英雄或頌揚中華文明的亙古久遠。父親在年幼時曾聽過其中一些歌曲，但他當時還太小，沒辦法理解歌詞的意義，而伯父就經常在教室裡唱這些歌。

對他來說，最悲傷的一首歌是〈松花江上〉，歌曲內容講述一個中國東北土生土長的滿洲人，在日本軍隊於一九三一年九月入侵該地區後逃往南方，留下了年邁的父母親。

九一八，九一八，從那個悲慘的時候，
脫離了我的家鄉，拋棄那無盡的寶藏，
流浪！流浪！整日價在關內，流浪！

哪年，哪月，才能夠回到我那可愛的故鄉？
哪年，哪月，才能夠收回我那無盡的寶藏？
爹娘啊，爹娘啊。什麼時候，才能歡聚一堂？

父親很快就學會了一些抗戰歌曲。在日本入侵香港的前一年，即一九四〇年的某天晚上，當時中國各地戰火紛飛，父親聽到他們家公寓樓下傳來一陣騷動。他跑到陽台看向下面的菜市場，那天傍晚稍早時市場就已經關閉了，大約有三十個人在那列隊行進，就像是一排軍隊在操演訓練。他們開始反覆唱著〈保衛中華歌〉充滿激情的歌詞：「保衛我們五千年輝煌的文化。團結起來，大家一個心，去去殺敵爭先。」

五十多年後，二十幾歲的我明白了這些歌曲對父親的影響有多深遠。在華盛頓的某個晚上，我跟父親和母親一起去甘迺迪表演藝術中心（Kennedy Center）聽當時中國最知名鋼琴家朗朗的鋼琴獨奏會。朗朗才剛彈了幾個〈黃河鋼琴協奏曲〉（Yellow River Piano Concerto）的音符，父親臉上就掛著笑容並開始跟著哼起曲子來，並用手指在腿上打節拍。這首歌曲是在文化大革命期間，根據冼星海於一九三九年創作的一首抗日歌曲改編而成。經過改編後的協奏曲還採用了〈東方紅〉的旋律，〈東方紅〉是父親和毛澤東時期大多數中國人都耳熟能詳的中國共產黨黨歌。

父親和伯父的兩個堂兄弟也住在他們跑馬地家的樓上，堂兄弟的姊姊叫做雲香，她週末會去參加愛國合唱團，平常在劇院唱歌，替中國的抗日戰爭募款。父親和伯父有時會聽到她在練唱。還有其他學生在街上賣花，將賺來的錢放在罐子裡，那些錢都是要用來支持國民黨，他們在國共內戰中與共產黨達成了停戰協議，建立起統一的抗日戰線。

讀七年級的時候，伯父下午第一節課是中國歷史。伯父經常因為跟其他孩子在午休結束後去外頭踢足球而遲到。有一天，這些男孩們又因此而遲到時，老師王潛直勾勾地看著伯父和其他人，「你們這些猴子又遲到了。你們這些小鬼玩得太過分了，」他說，「你們不該浪費你們父親辛辛苦苦、流血流汗賺來的錢。」王老師告訴他們，中國的孩子很少人能去上學讀書，而且還經常吃不飽。

王老師說話時露出了金牙。他在戰爭期間逃到香港，伯父認為他可能曾經當過國民政府的官員。他常坐在學生的桌邊講課，而不是在黑板上寫字。他用普通話教課，普通話是中國大部分地區使用的主要語言，但香港或鄰近的廣東省，很少有華人會講普通話，因為他們從小講的就是粵語。王老師從忠實的愛國主義角度教授中國歷史課，但他還是避開了一些主題。舉例來說，他講到清朝的各個時期，但卻沒有提及十九世紀的鴉片貿易、歐洲列強和日本的侵略，以及這些國家強迫滿清政府做出的妥協。清廷付出的代價包括割讓香港給大英帝國，以及同意在東部和南部港口提供各國政府有利的貿易條件。在英國殖民地的課堂上，這些話題太過敏感了。日本於一九四一年占領香港，這肯定讓王老師回想起戰爭期間在中國所經歷的恐懼。伯父聽說他不久之後就自殺了。

在日本入侵香港之前，香港的中文報紙會在國民黨軍隊於中國對日作戰中獲勝時發行特刊，即便只是取得小小的勝利。在某個潮濕的夏夜，父親和伯父在昏暗的房間裡聽著他們父親和叔叔伯伯們談論戰爭。戰事的前線不斷地移動改變，日軍正漸漸吞併更多領土。日本人在北方接連占領一座又一座城市時，日軍士兵到處犯下的暴行——強姦、折磨和處決，傳遍了中國各地。

他們用嚴肅的語氣談論著中國的未來。父親和伯父有時會凝視窗外漆黑的街道，由於政府下令進行停電演習，因此所有的燈都被關掉了。在這樣的情況下很容易就會感到沮喪絕望，但他們的對話中仍充斥著熱情與決心。同樣的對話也在香港成千上萬的家庭、課堂和茶館中發生。正在征服中國大陸的日本士兵似乎有著無法被滿足的嗜血慾望，這讓香港居民感到相當害怕，但也令他們感到憤怒。他們經常談論外國列強對中國的侵略歷史。對中國人來說，擁有一個強大而統一的國家意味著什麼呢？幾十年後，伯父寫了當時許多人得出的必然結論：「大多數在香港的華人都揚棄了以往視英國文化為至高無上的看法。」

日本軍隊橫掃了九龍和新界後，香港的學校都停課了，而父親和伯父居住的香港島就跟九龍和新界隔著一座港口。日本飛行員執行的大多數轟炸行動都發生在香港島的對岸。父親一家人繼續使用他們在床下打造的臨時避難所。爆炸聲總是來得頻繁而遙遠。有一天，父親和伯父躺在床底下，聽見附近傳出一聲爆炸的巨響，他們都嚇到了。在一切回歸寂靜之後，他們慢慢從床底下爬了出來。他們看到廚房的窗台上有個罐子形狀的鹽堆。那陣爆炸把附近的玻璃都震碎了，碎片還散落在廚房的地板上。爆炸在隔壁房間的一面牆壁上炸出了一個洞，父親目瞪口呆地看著那個洞。

儘管戰事還沒有波及這座島嶼，但沒有人敢冒險外出。跟其他店主一樣，父親家的中藥行也停止營業了。島上的人們不確定英國軍隊是否能擊退侵略者，只能焦急地準備迎接日本士兵的到來。日軍首次入侵的隔天，男孩們還在等待一位被困在港口對岸九龍那邊的叔叔捎來消息。日軍入侵的前一天，他去那裡接未婚妻和她的家人參加婚禮。那天，黃家一家人也聚集在香港島西邊一間熱鬧的餐館，等著他和他的未婚妻一起到來。然後他們就聽說，天星小輪的營運方暫停了渡輪服務，叔叔被困在九龍回不來了。男孩們失望地回家。最後，那位叔叔雇了有艘划艇的人把他們這對新人送過來。

當然，日本士兵並沒有打算停下在九龍或新界的攻勢。他們乘船來到香港島的幾個登陸點。那座港口最狹窄的一處是九龍和銅鑼灣之間那一帶，父親和伯父之前就在那裡上學。日本士兵爬上岸，再向四周的街道散開來。登陸三、四天後，士兵們就到了跑馬地。

某天清晨，父親聽到公寓大樓樓下正門傳來劇烈的敲擊聲。「你們最好準備一下，」樓下一名住戶對著上層的樓梯間喊道。父親和伯父在屋內聽到往樓上走來的沉重腳步聲，接著聽見公寓前那雙扇門傳來的敲門聲。那是指節重重敲在木門上的聲音。他們兩個小男孩一動也不動地站著，心中的恐懼達到前所未有的程度。他們的父親叫他們站到後頭去，然後打開了左邊的門。

從微微敞開的門縫間，父親與伯父看見一個日本士兵的臉，他頭上戴著一頂棕褐色的軍帽。他盯著他們的父親看，要求打開另一半邊的門。這名士兵身材矮小，還有著一雙彎彎的腿，他手上握著一支步槍，裝著刺刀的槍比他個頭還要高三十公分。父親和伯父的腦海中閃過一個念頭：這個士兵現在會當著我們的面殺死父親。他們的父親彎下腰要解開地上的門栓。那名士兵掄起拳頭就打在他的後腦上。他們嚇得向後跳了一下。他們的父親解開了門栓並打開門，讓那名士兵進到房裡。

家裡所有人都知道那名士兵可能會當場朝他們開槍，或是用刺刀捅他們。那士兵叫大家都下樓到街上去，樓裡的其他住戶都已經從中央樓梯走下樓了。他們一家人這才意識到即將要發生的事——他們會跟其他被命令走到街上的住戶一起被殺掉，這是一場集體處決。不然這些士兵為何要圍捕所有人呢？他們一家人慢慢地走下樓。

父親和伯父看到整個街區都站滿了人，人人都神色焦慮不安。有些士兵在那看守著這些居民，有些則留在公寓大樓裡。半個小時過後，父親和伯父看著那些士兵走出他們家那棟大樓，一些士兵示意人們回到屋子裡去。他們一直在找尋藏匿起來的人和武器，但最後還是一無所獲。

回到屋子裡後，父親和伯父看到他們的姨婆，那個幫忙照顧他們一家並住在傭人房的姨婆。在一陣混亂之中，沒有人去找她。現在他們才知道，她剛好躲過了士兵們的怒火。她說她沒有看到那些士兵進入大樓裡，不過她有聽到房間上方半層樓的主臥室傳來的沉重腳步聲。不知為何，那些士兵並沒有搜查她的房間，也沒有搜查同一層的公用廚房或浴室。「試想如果他們下來發現了我，」她跟其他人說，「我可能就不會活著站在這裡了。」

經過了十八天的戰鬥後，香港總督楊慕琦爵士在聖誕節那天走進九龍半島酒店（Peninsula Hotel）三樓的日軍總部，向日本投降。那天被稱作「黑色聖誕節」（Black Christmas），這是英國第一次將殖民地拱手讓給入侵的軍事強國。英國派駐在香港的兵力相當薄弱，政府官員和指揮官幾個月前就知道成功抵禦日軍入侵的機會相當渺茫。英國在香港的駐軍包括兩個營的英國步兵、兩個營的印度陸軍、一支當地志願軍部隊、一些砲兵、幾艘小型戰艦、兩艘飛行艇和三架沒有搭載魚雷的老式魚雷轟炸機。日軍入侵的前一個月，還有兩營素質參差不齊的加拿大部隊抵達香港。

在倫敦，官員們擔心占領了臺灣島的日本軍隊可能恣意占領香港。日本已經占領了香港附近的其他地區，如海南島、南沙群島和法屬印度支那（French Indochina）。邱吉爾（Winston Churchill）在其於一九四一年一月七日寫給伊斯梅將軍（General Hastings Ismay）的信中寫道：「如果日本與我們開戰，我們毫無機會守住或是解救香港。」但英國官員明白，他們還是得進行某種程度的反抗，藉此向亞洲其他試圖抵抗日本的軍隊發出訊號。

無論是英國官員還是香港的華人居民都沒有想到守軍會潰敗得如此迅速，就像是一座紙牌屋倒塌般。一個來自遙遠島國的白皮膚民族，以種族和文化優越為理由，正當化其軍事擴張的合理性，並創造出史上最龐大的帝國。然而，在這支亞洲軍隊的猛攻之下，他們卻迅速潰散。鋼鐵戰艦、身穿卡其布軍服的士兵和印度徵招來的士兵加起來就這般能耐嗎？

十二月二十七日，日本人在中環區升起了他們的旗幟。次日，他們舉行了閱兵式，兩千名在香港戰役中作戰的士兵從跑馬地行軍到西區。率領主要入侵部隊第三十八師團

（Thirty-Eighth Division）的日本指揮官佐野忠義中將，騎著白馬、佩戴長劍，走在隊伍的最前面。閱兵遊行還帶上了裝有陣亡士兵骨灰的小白棺。日本士兵要中國居民站在路旁歡呼並揮舞發給他們的旗子。占領者希望當地居民展現出歡迎這支將香港從白人帝國主義者手中解放的軍隊。當時的政治宣傳表示，亞洲屬於亞洲人的時代已經到來。然而，那些華人居民卻沒有表現出絲毫興奮之情。歐洲人還被命令待在室內，不准觀看遊行，否則將被槍殺。

人們終於開始冒險外出時，外出的主要都是尋找失蹤丈夫的女性，他們看見的是遍地的殘骸和破碎的玻璃，以及那些華人民防隊隊員遺留下來的鋼盔、臂章和防毒面具。為了避免被日本士兵抓獲，那些保家衛國的華人將這些裝備脫掉。當歐洲人遇到日本哨兵或檢查站時，他們必須鞠躬行禮，而日本士兵們則會回以敬禮。

日本人肆意為非作歹的消息迅速傳了開來。有時候，只是有士兵在街上搶人民的手錶。但也有一些駭人聽聞的事情發生，與來自中國的難民過往曾目睹的景象不謀而合。在一間醫院裡，一群士兵在強姦了護士之後還殺了她們，並用刺刀殺死躺在床上的病患。

在最初的幾週，日本人將那些聲名顯赫的華人居民拘留在他們自己的家中或是飯店裡，目的是強迫他們配合占領行動。一九四二年一月十日，酒井隆中將邀請了其中一百三十三人到半島酒店共進午餐。這位將軍告訴他們，日本入侵香港並不是侵華戰爭的一部分，而是為了解放香港脫離英國的統治。日本公開的說法是他們正在建立所謂的大東亞共榮圈，亞洲的所有人都將從中受益。酒井將軍說，華人商人應該重新開店營業。他還建議，華人居民能夠協助緩解這四年來因戰爭難民湧入而引發的糧食匱乏和燃料短缺的問題。與會的兩位知名商人，羅旭龢爵士（Sir Robert Kotewall）和周壽臣爵士（Sir Shouson Chow），承諾他們和其他華人會幫忙復興這座城市的商業活動。

在接下來的幾週內，日本占領者恢復了公共供水、街道照明、瓦斯、電話服務、有軌電車和渡輪。他們速迅制定各項計畫，讓學校教授日語，並讓香港開始過日本的節日。他們拆除了英國的街道路標，換成寫上日文名稱的路標，甚至連跑馬地馬場那些馬廄中的馬匹也都被重新命名。

在日本占領的前幾個月，學校仍未復學，父親和伯父便與其他家人一起待在家裡。他們父親的客戶大多在東南亞，而日本對那些國家和藥材產地中國展開的侵略行動打亂了整個貿易體系。

他們一家人僅靠先前儲備的食物過活，大多時候吃的都是米飯和魚罐頭。他們變得越來越消瘦。城市的麵粉供應短缺，他們的母親把米浸泡到軟化，再放進一個空餅乾盒裡，父親和伯父再用錘子把米搗成粉。

日本占領者明白他們必須解決糧食短缺問題，但他們還有個更大的問題要面對。一九四一年三月，也就是日本入侵香港的前一個春天，香港的人口數激增到一百六十五萬。而在四年前中日戰爭剛爆發時，香港人口還不到一百萬。英國官員努力管理來自中國的大量人口，在香港周遭設立了大約十二個難民營，但隨著戰火在中國全境蔓延，這些難民營也變得不夠用了。

日本官員採取了不同的做法，他們在民政部門設立了一個遞解部，並說宗族和地方協會組織應協助支付將人員遣返回中國的相關費用。一九四二年一月的第一週，日本宣布所有沒有工作或永久居留身分的人都必須離開香港。到了一月中旬，船隻都已經準備就緒，日本官員要求志願者提交離境申請。這些船將付費的乘客送往附近的中國沿海港口，還有隸屬於葡萄牙的澳門飛地和珠江三角洲上游的廣東省政府所在地廣州。

父親和伯父的父母決定讓他們跟著他們母親回到台山縣的老家，那裡有新蓋好的房子，還可以耕作種田。他們的父親則會留在香港，他還冀望他的生意能經得起戰爭的考驗。在新家別墅還在建造的期間，父親和伯父在合和村住了兩年，對該地也有了一定的認識。台山仍在國民政府的掌控中，運氣好的話，他們在那就不會受到日本士兵的侵擾。他們的父母不知道的是，這場中日戰爭還會持續將近四年，而且他們的孩子將在台山遇到日本占領者。

跟父親和伯父同住在公寓裡的另一家人也會和他們一起上路，也就是他們的阿姨和她的兩個孩子，其中一個是只有幾個月大的嬰兒，後來他的英文名字被取為羅伯特（Robert）。他們的家鄉也在台山縣，所以至少在旅程的前半段一起行動也是很合理的，他們將搭船沿著珠江三角洲前行。

某天清晨，他們登上一艘停泊在香港島西側的日本蒸汽船——銀丸號，他們隨意地坐在船的鋼鐵甲板上。人們在船上到處或坐或躺，有時又坐在自己的行李上。船隻開始遠離香港島。父親回頭望著變得越來越小的海岸線，那些掛滿了日本國旗的灰色英國殖民建築也逐漸消失在遠方。他才剛在一所新學校讀四年級，他的童年生活就突然發生了令人不知所措的變故。但他當時覺得自己很快就會回來，回到他們家的跑馬地公寓裡，回到他父母親溫暖的擁抱之中。

第二章
移交

香港・一九九七年

飛機低空飛過香港港口的上空，降落到香港島與如同散落在一片藍色地毯上銀幣般的油輪、貨櫃船和遊輪之間。我望著窗外北邊九龍半島的蓊鬱山丘，那是一道有著高低起伏的綠牆，將這片英國屬地與中國隔絕開來。飛機急轉彎朝機場飛去。這座城市吞沒了我們，我們的視野中只剩下公寓的窗戶和陽台，還有那些在曬衣繩上飄動的衣物。機翼的尖端幾乎要擦到那些建築物。

我父母當年就是在這個機場向親友和整個世界告別，跨越太平洋展開新生活。英國殖民政府於一九二五年在此開設了一個小型機場。英國皇家空軍（Royal Air Force）的飛行員當時就在這片被開闊田野包圍的草坪上降落。隨著附近城市的發展，啟德機場在這幾十年間逐漸擴展成為一個國際樞紐。到了一九九八年，啟德機場的功能才被即將在大嶼山啟用的一座龐大綜合設施所取代，來自紐約、法蘭克福、杜拜和雅加達的飛機將不再起降於這個密集的公寓區。

我抵達啟德機場時，英國人正在收拾行李。幾週之後，英國國旗就再也不會飄揚在這座機場或是香港未來的任何一座機場了。

一九九七年是香港殖民統治的結束。我過去對香港的了解僅限於父母、叔伯和阿姨們的故事，而我現在必須親眼看看它了——趁著這座城市的一些輪廓還存在於中國龐大版圖的南方。我剛完成在加州大學柏克萊分校新聞研究所的第一年學業，正趕上目睹一個帝國的餘影，其準備將全球資本主義貿易的象徵移交給一個共產主義政權。

在前一個夏天，我去中國參加了一個小型讀書會，其中成員大多是二十幾歲的華裔美國人，那是我人生第一次到中國。我最初任職於馬里蘭州波托馬克（Potomac）的一家週報，後來我辭掉了我的第一份新聞報導工作，準備去讀研究所。我已經立志未來要在中國進行報導工作。我從小就會說英語和粵語，粵語是香港和廣東省的主要語言。我計畫在加州大學柏克萊分校學習中國的官方語言——普通話，並且想在那個夏天，在北京上課開啟我的語言學習。我跟讀書會中的其他成員一起報名了位於中國首都西北區的北京語言大學，當時那裡還有很多泥土路和賣手拉麵的路邊攤。在晚上，許多街道都籠罩在黑暗之中，比起汽車的引擎聲，更常聽到的是蟲鳴聲。這座城市的一些地方大概跟父親五十年前初來乍到時幾乎沒有什麼不同。

在一九九六年的那次旅行中，我和其他學生一起遊歷中國北方各地：我們去了孔子的故鄉曲阜市，那裡綠樹成蔭的寺廟中蟬聲四起；又去了長城東端的山海關，那裡又稱為「天下第一關」，古老的石牆延伸到渤海；還去了承德，那裡是清朝滿族統治者的夏季避暑地，昔日的狩獵場上還矗立著小小的宮殿。在安徽省，我們不得不僱用一個人划船帶我們穿過因夏季暴雨而被淹沒的城市街道。在上海，我們參觀樹木林立的法國租界上的建築，毛澤東正是於一九二一年和其他革命人士一起在上海宣布成立中國共產黨。透過造訪這些中國各地城市，我感覺自己揭開了一層層面紗，覆蓋在下面的是我的生活、家族的生活和我們的集體記憶，那些是我父母親只有稍微提到過的。即使得面對我才剛開始克服的語言障礙，我還是感覺到我與這個國家與生俱來的聯繫，讀書會中的其他華裔美國學生也有同樣的感覺。

我後來融入了北京的日常生活，並結識中國學生朋友，我也很容易跟來自德國和瑞士的華裔學生建立友誼，當時我懂了何謂民族和僑民，我想他們也是。我們假日會去紫禁城閒逛，在共產黨領導高層官邸旁的湖上踩著塑膠鴨子船。每次走過天安門廣場時，我都會看到中國國家博物館外那兩根柱子中間的大型倒數計時鐘，如那時鐘旁的文字所述，上面的紅色數字顯示著距離中國政府對香港「恢復行使主權」的天數。我們的學程中有一個來自香港的林同學，我不知道他對此有何感想。

我和同學在我們大學對面一間叫做Nightman的俱樂部跳舞到深夜。在潮濕的下午，我跟中國朋友坐在校園的室外空間進行語言交換，我們因彼此說不清楚的一些詞語而放聲大笑。我回國之後，我們還是會寫信給彼此。我之後再也無法在北京體驗到那個夏天的天真與單純了。

一年之後，我把握住一個重新回到亞洲的機會。柏克萊新聞學程的兩位老師設計了一門課程，讓十名學生在春天學習香港的歷史、政治與文化，然後在六月前往香港。根據兩國在一九八四年達成的協議，六月正是英國要將這塊殖民地移交給中國的前一個月，兩國領導人在未經香港居民實質參與的祕密談判後就宣布了這項協議。我們這次課堂旅行的目標是報導香港移交前的情況，並記錄下瀰漫於這片殖民地遲暮時分的期待和焦慮。

在香港北方一千九百多公里外的圍牆內，中國共產黨的領導人正準備接管這片領土，在日本的侵略行動攪亂了我父親的童年後，英國統治者和華人居民在數十年間就將這裡打造成光彩奪目的全球金融中心。香港是個到處都是摩天大樓、海港和購物中心的大都市，這些建築設施也象徵國際貿易與金融體系的運作。香港擁有自由的新聞媒體和法院，並以英國自由主義意識形態的各種核心要素運作，法官們甚至會戴上假髮來仿效英國的法律傳統。儘管英國不允許香港居民自治，但英國的治理還是讓一些共產黨領導人排斥的價值觀得以蓬勃發展。一九八九年，北京和中國其他城市的學生民主運動人士呼籲結束貪腐並進行政治變革時，香港居民也表達支持。後來，在中國軍隊於北京的天安門廣場一帶殺害數百甚至數千名手無寸鐵的市民後，香港人民憤怒地走上街頭遊行，每年都在那起大屠殺的紀念日舉行大規模的燭光晚會。

但對我來說，香港不僅只是一個地緣政治問題。在童年時期，香港與我的聯繫以無數種方式體現出來。想像與移民，這兩者是相互交織在一起的。那些移民在抵達新家園之前會先想像那個新家園的樣貌，而他們的孩子則會想像著故鄉的樣子。在我的成長過程中，香港是存在於我想像中的城市。我聽父母講述過他們在那片土地上的生活。他們移居美國時，還有一些親戚留在那裡，他們每隔幾個月會在深夜裡打電話給那些親戚。我從小就用粵語和英語跟父母交談，這兩種語言都是屬於香港這片殖民地的語言。我母親所煮的粵菜當然是她飄洋過海帶來的，像是早餐的白米粥，還有蝦餃和豆豉炒苦瓜。語言和食物是最方便攜帶的鄉愁形式，遠比任何事物都更能將你與某些地方緊緊聯繫在一起。

在從舊金山起飛的航班上，坐在我隔壁座位的纖瘦女士告訴我，她們家是幾年前有能力離開香港的家庭，琳恩（Lynn）的父母親當時選擇了多倫多。自英國與中國達成了決定香港命運的那項協議後的十三年間，加拿大已然成為最受青睞的移民地點。那裡是個安全的避風港和避難所，也是對未來的防範措施。有些最知名的粵菜廚師現在就在溫哥華工作。商人們將妻子和孩子安置在郊區的家中。這些男人被稱為「太空人」，他們離開家庭，回到香港的辦公室工作。

「我不知道我父母所做的決定是否正確，」現年三十幾歲的琳恩說道，「他們是出於恐懼才這麼做的。」

琳恩從事的是行銷工作。她說她那些家人還留在香港的朋友都有更好的職涯發展或更高的收入。加拿大的安穩和平凡吸引了她的父母，而留在香港則是得承擔更多的風險，對某些人來說或許能有所收穫。

飛機飛過西伯利亞被冰雪覆蓋的大陸，再越過中國北部呈鋸齒狀的褐色山脈。在山脈腳下，北京就在那山麓丘陵盡頭的一片乾涸平原上。天安門廣場那顆倒數計時鐘上的紅色數字顯示，距離移交已經剩不到三十天了。

我們降落在公寓大樓群中。一走出機場，熱帶地區的濕熱黏悶就迎面撲來。停靠在路邊的紅色計程車，是我在週六下午電視裡的香港電影中常見的熟悉景象，那些電影講的是警察、黑幫和武術家（像是李小龍和成龍）的故事，他們說話的嘴型與配音的英語不同步地出現在螢幕上。

我們開車行經九龍狹窄的街道，人潮穿梭於人行道上，霓虹招牌相互爭奪著商店上頭的空間。包含珠寶、藥品、電子產品、衣服和食物在內的一切應有盡有，什麼都有賣。這裡完全不像北京那樣以具有紀念性質的蘇聯風格來規劃城市景觀，甚至連招牌上的中文字看起來都跟中國大陸的不一樣，那些字是用繁體中文書寫，比中國共產黨於一九五〇年代開始採用的簡體中文系統筆劃更多。

我們正朝著遠離中國的方向前進。我們通過一個隧道並穿過港口，然後駛入山區，來到了香港島，這裡細細長長的公寓大樓就像針一般插在柔軟的綠色墊子上。

我們走去竹林苑公寓大廈的電梯門廳時，以正（Eugene）揹起了我的大後背包。他穿著淺色的POLO衫、卡其色短褲和一雙莫卡辛軟皮鞋，他一身的穿搭看起來很適合新英格蘭的夏天。

「你來香港來得正是時候，」他說。「你爸媽一定很開心你來了，他們上一次來香港是什麼時候？」

「他們從來都沒回來過。」我說。

以正停頓了一下然後說：「那他們很久沒回家了，他們二十五年前就搬到美國了。」以正是在那些年間認識我父母的。一九六七年的夏天，父親剛到華盛頓幾個星期，當時十一歲的以正和他母親住在皇后區（Queens）的法拉盛（Flushing），父親在他們家住了幾天，父親是比以正年長不少的表哥。一九七二年初，我母親剛到美國就搭火車來跟他們一起在唐人街吃晚餐，以正的母親當時在唐人街當保險代理人。

「他們在我出生之前就離開香港了，」我說，「我不知道他們為什麼再也沒回來過。」

「等你安頓下來，我們再打通電話給他們。」

我努力地回想上一次見到我表叔以正是什麼時候，或許是在華盛頓郊區的某次家庭聚會上，他當時跟妻子喬迪（Jody）帶著兩個年幼的兒子，從波士頓前來參加聚會。他們現在把在牛頓市（Newton）的房子租出去，住在這個面積小了一半的公寓裡。我們住的地方在半山區，這裡之所以叫做半山是因為這一區位於太平山的半山腰，太平山是縱貫香港島東西向山脊上最高的一座山。以正於一九九六年二月跟家人一起搬來這裡，他是被寶麗來（Polaroid）公司派來這當中國市場的行銷總監，他的任務是向中國的潛在客戶推銷相機。

雖然以正比父親年輕了二十四歲，但他們是同一輩的表兄弟。以正的母親賽琳娜（Selina）在我來之前幾個月，就在與卵巢癌奮鬥後過世了。她是我祖母最小的妹妹，且一直住在父親一家在跑馬地的排屋樓上。她以前會幫忙照顧家裡的小孩子，父親至今都還留著一張黑白照片，照片中的她和還只是個小男孩的父親站在一間辦公室裡，那張照片拍攝於一九四一年父親在銅鑼灣的學校讀四年級的第一天，是她帶著父親去註冊時所拍的，而那所學校正是一九四一年底日本侵略香港時父親和伯父所就讀的學校。

我走進公寓時，以正的兩個兒子丹尼爾（Daniel）和克里斯（Chris）向我衝了過來。我把後背包放在一個小房間裡，那是喬迪當作家庭辦公室的房間，但同時也能當作客房使用，人們對於香港公寓中的空間利用相當有創意。在他們家的客廳裡，喬迪遞了一杯熱騰騰的茶給我。

他們兩人相識於伯朗大學（Brown University），他們都是一九七七年畢業的同屆學生。以正主修的是生物學，喬迪則是主修東亞研究，她的祖先是來自俄羅斯帝國柵欄區（Pale of Settlement）[9]的阿什肯納茲猶太人（Ashkenazi Jews），而她從小就對外國語言與文化很感興趣。她和以正都在大學時學過普通話，她還繼續進修了文言文。以正會講一點粵語，而且台山話也相當流利，台山話是我們兩家人所來自的廣東省的地區方言。以正畢業之後曾在伯朗大學的招生辦公室工作過，之後又去耶魯大學攻讀商業管理碩士

9　譯注：又稱隔離屯墾帶（區）或定居區，是位於沙俄西部的一片地區。該地由凱薩琳二世（葉卡捷琳娜二世）設立且僅允許猶太人居住，但對居住於此的猶太人也設下了諸多嚴苛的限制。

學位，然後就開始在寶麗來公司的劍橋辦公室工作。

一九八〇年代末，寶麗來的公司高層認為中國已經進入改革開放時期。在這段時期，中國最高領導人鄧小平與黨內同志否定了毛澤東極為糟糕的經濟政策，並將一些行業從完全由黨中央掌控轉變為準市場化的模式，而這意味著歡迎外國公司進入中國。寶麗來便決定開設公司在中國的第一個辦公室，地點則選在上海。從一九八八年秋天到一九八九年，以正和喬迪遊覽了這座城市。由於燃燒煤炭，上海的空氣中總彌漫著霧霾，街道和灰色的混凝土建築看起來也殘破不堪，這座城市還在從毛澤東時代的困苦中逐漸走向復甦。美國家庭將他們的孩子送到位於美國領事館土地的一所臨時學校讀書。以正和喬迪認為他們一家人可能很難適應這裡的生活，而且喬迪才剛發現自己懷了第二個孩子。但上海給人一種可能性所帶來的興奮感，你能感覺到繁榮的時代即將到來，而以正和喬迪都感受到了這股吸引力。然而，是否搬到中國的決定權並不在他們手中。寶麗來的公司高層改變了原先要在中國擴展業務的計畫，於是以正就留在美國，開始在公司的國際部門工作。

寶麗來的決定發生在一九八九年春天那場在全球掀起漣漪的變革之前。柏林圍牆倒下了，東歐國家從受蘇聯掌控的陰影之中走了出來。北京和其他中國城市爆發支持民主的學生運動，這些抗議活動源於前中共中央總書記胡耀邦去世後的集會遊行，胡耀邦過去曾主張採取更自由開放的政治和經濟方針。鄧小平這位曾領導中國走上經濟開放路線的黨內元老，下令中國人民解放軍鎮壓在天安門廣場紮營的抗議人士。

六月三日的夜晚到六月四日的清晨，士兵在天安門廣場周圍的街道上開槍射擊並駕駛戰車穿越該地，總計殺害了數百或數千人。我記得我在維吉尼亞州家中的地下室看到了電視上的畫面，還聽到父母緊張地說伯父跟他的家人當時正在中國旅遊。伯父後來告訴我們，他們那時剛結束在新疆西北地區的旅行，並在殺戮行動差不多結束的幾個小時候後，搭乘飛機降落在北京。他們當時還能聽到街上傳來的槍聲。

在那之後，寶麗來公司又更放緩了他們進軍中國市場的步伐。以正和喬迪留在波士頓地區。但就跟其他國際企業一樣，寶麗來後來又開始逐步打進中國市場，並取得了一些成績：中國的警察局購買了寶麗來公司生產的附有相紙的拍立得相機，用來拍攝要放在身分證上的相片；大城市觀光區的街頭攝影師也買了寶麗來的相機，拿去拍攝可以賺小費的快照。因此，約莫在一九九五年，寶麗來決定由其香港的區域運營部門進行行銷推廣，嘗試向中上階層的中國國民販售拍立得相機。公司從其他地方的辦公室派了十多名員工到香港去，其中大多數員工都是美國人，並由一名曾在歐洲從事銷售工作的瑞士人負責香港的業務，以正則被任命為中國市場的行銷總監。

一九九六年初，以正一家人來到香港，先是住在一間飯店，後來住進了一間飯店式公寓，最後搬進位於蓊鬱山林之間的竹林苑公寓大廈。這份工作附帶那些外派人員普遍都能享有的各種福利。寶麗來公司支付了他的房租和他孩子們在香港國際學校的學費，那間學校位於香港島南方的淺水灣。還有住在他們家的菲律賓女保姆莎拉（Sarah）幫忙照顧孩子。大多數的早晨，以正都會開著一輛本田轎車去他們公司位於銅鑼灣的辦公大樓，他在那棟大樓的第三十層樓工作，從他的辦公室可以看到在海港對岸的啟德機場起降的飛機。

「我們得知要搬家的消息時，我媽很興奮，而且想跟我們住在一起。」以正一邊替我再倒一杯茶一邊告訴我。「但去年年初，也就是我們剛搬過來這裡幾個月後，她的醫生就在一次健康檢查中發現她得了癌症。」

賽琳娜當時已經七十幾歲，她決定不做化療，不到一年就去世了。她兒子在香港工作的時候，她一直都沒能和他住在一起。他們一家人搭飛機回美國，去羅德島州的普洛維登斯（Providence）參加她的葬禮，父親和伯父也都出席了。

以正起身走到外頭的陽台上，俯瞰著山下的那片建築物。我也走進了潮濕的空氣中，驚嘆著圍繞在我們身旁的盎然綠意，層層疊疊的樹木與植被覆蓋住整個太平山。以正指著下面的堅尼地道，「我母親曾在那裡的一家醫院裡當口譯員，那家醫院位於堅尼地道與皇后大道東的交會路口，」他說。「從這裡走下山到那只需要十分鐘。」他的母親在就讀一所基督教女子學校時學了英文，她是包括我祖母在內的三姊妹中教育程度最高的一個。每次以正開車往返他的辦公室時，都會經過那間律敦治醫院，在他母親那年代，那裡專門為肺結核患者提供醫療服務。

跟現代世界上許多領土一樣，香港也是誕生於帝國間的衝突之中：一方是龐大的陸地強國，另一方是強大的海洋王國。

十八世紀，清朝的滿族統治者擴張他們的領土，納入許多在明朝皇帝掌控之外的王國和封地，他們主要是透過戰爭來擴大帝國版圖。在亞洲心臟地帶，歷史上數百年來的一貫征服模式（即入侵、征服和同化的循環）在清朝時達到巔峰，這也界定了許多人稱之為中國的這塊土地。這種模式源自於中原漢語社會跟北方內亞廣袤草原和森林中各民族之間的互動和衝突，其中許多民族來自於遊牧或半遊牧文化，說的是突厥語或蒙古語。當中國本土的皇帝與其麾下軍隊力分勢弱時，來自這些地區有野心的領袖就會征服中國的大片江山，建立新的統治朝代。這種情況發生在十三世紀末，當時的蒙古人揮軍南下並建立元朝，而最後一個這樣做的民族則是滿族。

一六四四年，在一場農民起義推翻了明朝朝廷幾個月後，滿族大軍殺入北京，他們是來自東北森林的優秀騎兵和獵人。多爾袞親王鎮壓了叛亂行動，並接手統治北京。他擁護順治皇帝登基，再以攝政王的身分掌權。清廷組建了多民族的軍隊，滿族、蒙古族和漢族在各色旗幟下被組織起來，再向全國各地進軍。

最大規模的擴張行動發生在乾隆皇帝統治時期。一七五〇年代，他命令麾下將軍進軍中亞，消滅強大的蒙古族人分支準噶爾人。有些歷史學家稱這起行動為種族滅絕。征服準噶爾讓乾隆皇帝得以在中國西北方一片由山脈、森林和沙漠組成的崎嶇地帶建立軍事統治。滿族統治者最終將該地稱為新疆，意思是新的邊疆。兩百年後，我的父親會對那片土地非常熟悉。滿族朝廷還透過與達賴喇嘛的關係來對青藏高原施加影響力。清廷掌控範圍的複雜度在歷代的亞洲陸地帝國中也是數一數二，而傳統意義上的中國也只是其帝國版圖的一部分。

在歐亞大陸遙遠的另一端，其他帝國強權正在崛起。葡萄牙人、西班牙人、荷蘭人、法國人和英國人，利用處於長期鬥爭的歐洲各王國所發展出的海軍實力與軍事技術，將自己的國家打造成海上帝國。他們開始瓜分人們已知的這個世界，征服了從南美洲到東南亞的各片土地。

大部分的征服行動都是出於對原物料、勞動力和市場的渴望所推動。在印度次大陸，英國東印度公司的高層建立了鴉片產業，然後向外尋找鴉片的市場。對英國人來說，鴉片成為在中國最有賺頭的商品，而北京的滿族統治者則是憂心忡忡地眼看著許多國民對鴉片成癮。一八三九年，清廷派遣官員林則徐前往南方城市廣州，取締鴉片貿易，他查封了超過兩萬箱鴉片，並禁止後續的鴉片進口生意。

英國派遣炮艦到珠江口，打破了中國對廣州水路的封鎖。軍艦聚集在約八十平方公里的香港島周圍，準備進軍廣州。英國的海軍將軍意識到，將香港島與中國大陸隔開來的那一點六公里寬的九龍灣，能當作深水港來使用。

第一次鴉片戰爭結束於一八四二年，當時英國軍隊已攻占了鎮江，並朝中國東海岸中段的南京進軍。滿清統治者同意做出讓步，《南京條約》指定五個沿海城市成為特殊的通商口岸，除了廣州之外，又為外國人擴展了商業通道。滿清統治者還為毀壞鴉片而支付賠償金。這場戰爭影響最深遠的後果是將香港島割讓給英國。

第二次鴉片戰爭始於一八五六年，當時英國和法國向滿清政府施壓，要求清廷做出更多讓步。這場戰爭以中國近代史上最臭名昭著的事件之一結束，此事件在全中國的課堂上廣為傳授，也在無數的電影和電視劇中被引用：一八六〇年，英法聯軍殺入北京並洗劫了滿清皇室的夏宮圓明園。作為投降條件之一，滿清政府同意將九龍半島的南端割讓給英國，這片土地與香港島隔岸相望。這讓英國在中國大陸有了一個重要的據點，九龍（意思為九條龍）成為香港經濟至關重要的地點。之後，在一八九八年，英國又爭取到了另一項重要的讓步：中國同意將九龍北部的一片山地租借給英國，租期為九十九年，那片土地就是如今的新界。香港的面積擴大到了一千平方公里左右。

值得注意的是，這份租約是有期限的。大英帝國的其他殖民地並沒有受到這種落日條款[10]的約束，但倫敦的官員們並沒有理由感到擔心，因為當時大英帝國正處於鼎盛時期。維多利亞女王（Queen Victoria）在前一年慶祝了她的登基鑽禧紀念[11]。大英帝國的歷史學家珍・莫里斯在關於香港的著作中寫道：「在一八九八年，英國統治了地球上近四分之一的土地，治理全球四分之一的人口，並掌控其治下所有的海洋。大英帝國的版圖是世界上有史以來最大的領土。」

香港成為中國與西方帝國主義列強之間的關鍵樞紐。英國的貿易公司紛紛在島上設立總部。包括威廉・渣甸和詹姆士・馬地臣在內的蘇格蘭人掌管了其中幾間公司，他們的名字將與這片殖民地的商業生活聯繫在一起。那些企業是二十世紀後期在這片殖民地扎根的跨國公司的前身。

在日本入侵之前的那些年間，我父親在香港長大的時候，這片土地還是一片落後的殖民地。在英國統治者的眼中，這裡跟印度相比就顯得黯然失色。第二次世界大戰和隨後的反殖民運動為大英帝國敲響了喪鐘。不像在印度、肯亞和其他地區，香港的英國總

10 譯注：又稱日落條款，指的是法律或合約中關於部分或全部條文的中止生效日期（有效施行期限）的條文。

11 譯注：鑽禧為常見週年紀念日，通常是指七十五週年紀念。但維多利亞女王的登基鑽禧紀念改變了這個傳統，她的登基鑽禧提前至一八九七年六月二十二日舉辦，時值她登基六十週年。

督並不需要處理聲勢浩大的民族主義運動，所以英國得以繼續控制這片殖民地。毛澤東憑藉著重拾中國昔日榮光的承諾而掌權，但他並沒有動用武力奪取香港。從一九五八年到毛澤東去世的一九七六年，在這段歷經大躍進和文化大革命的動盪時期，中國官員都沒有干涉香港的任何事務。

這一切都在鄧小平的統治下結束，他將中國從成熟發展的計畫經濟體制轉向更為市場導向的經濟體系。中國逐漸開始依賴香港作為其全球金融交易的門戶。與此同時，為期九十九年的新界租約即將到期。英國統治者得到的結論是，如果沒有那片土地，他們就無法維繫香港。中英兩國官員祕密協商著這片領土的未來。一九八四年，他們宣布一項協議，其中規定中國將在十三年後，即租約到期時接管香港。英國首相柴契爾夫人在北京進行了隆重的簽字儀式，還在天安門廣場西側的人民大會堂參加了一場宴會。作為協議的一部分，中國共產黨領導人承諾在香港移交後的五十年內（即到二〇四七年），允許香港實行半自治的政治和經濟制度。

這項協議沒有為香港帶來民主體制。雖然英國給予了其他殖民地（包括印度）自治權，但卻未能給這個擁有五百六十萬人口的地區提供自治。許多香港居民視此舉為背叛，而他們也只能寄望中國的統治者會遵守承諾。

在太平山山頂海拔五百五十二公尺處，有個DJ在餐廳的角落操作唱盤，整個空間都隨著音樂跳動，派對的賓客站在落地窗前，俯瞰港口和對岸的九龍。以正說，注意看那些名人。身穿深色西裝、頭髮梳得整齊的男人與手持香檳杯的苗條女人在交談。我尋找著所謂的香港四大天王，也就是歌而優則演的劉德華、郭富城、張學友和黎明，或王家衛導演的身影，他以一對在布宜諾斯艾利斯（Buenos Aires）的香港同性情侶為主角的那部電影，正是在那個夏天上映。就像王家衛的其他電影一樣，《春光乍洩》的故事講述的是流離與孤獨，以及對一個逐漸消逝的香港所懷的懷舊之情與渴望。

有人給了以正音樂表演開幕派對的門票，於是他下班後，我們就沿著蜿蜒的太平山山路駕車前往峰景餐廳（Café Deco）。我當時接了《洛杉磯時報》（*Los Angeles Times*）的案子，正在撰寫一篇關於香港電影產業的報導。當時香港的電影產業是全世界第三大的電影產業，在即將到來的主權移交陰影之下，我以為或許能在這裡遇到電影業內人士。

這場活動有著世紀末狂歡的氛圍，但那時候香港的聚會大多都是如此，既歡樂又哀傷，就取決於你與誰交談。那個夏天，一家銷售復古時尚東方服飾的連鎖店上海灘推出了一件印有「1997——中國帝國大反擊」標語的襯衫。上海灘的創辦人鄧永鏘（David Tang）告訴記者，他毫不擔憂主權移交或是中國共產黨的政治理念，香港會繼續保持香港的樣子。

我也曾聽另一位時裝企業家朱欽騏（David Chu）說過類似的話，當時我在他的遊艇上。朱欽騏是服飾品牌Nautica的創辦人，他說他無法想像商業環境會有所改變。「香港一直都是人們可以賺錢的地方。」他這麼說。我和其他來自柏克萊的研究生一起乘坐他的船穿過中國南海，那次出遊是我們的教授卡洛琳·威克曼（Carolyn Wakeman）所安排的。

「共產黨不會改變這一點，這事關重大。他們承諾了『一國兩制』，全世界都會確保他們遵守這個諾言。」

我們停泊在南丫島，去吃一間海鮮餐廳。「她是這間餐廳的老闆，還供她女兒去讀全英國最好的寄宿學校。」朱欽騏指著一位正在上菜的年老女士說。「她一年能賺一百萬美元。這就是香港的故事。」

我在峰景餐廳的陽台凝望島上和港口的燈火。一九四一年十二月八日，日軍轟炸機飛過這片水域，那天是我父親最後一次去位於銅鑼灣的那所學校上學。英軍在幾週內就投降了。然而，英國的米字旗現在仍飄揚於這座城市中，在這裡居住和工作的日本人也仍然遵循著英國法律。裕仁天皇試圖將統治範圍延伸到整個亞洲和太平洋，結果反倒輸去了他的帝國。相較之下，大英帝國在戰後艱難地撐了過來，至今仍健在。

「擔心移交的人們已經離開了，」以正說。「現在還留在這裡的人都已經接受了即將發生的一切。」

以正有一個名叫湯瑪斯（Thomas）的表親，十年前和同父異母的兄弟一起搬到了多倫多，他們是在一九八四年的《中英聯合聲明》公布後，為了逃避共產黨統治的未來而自我放逐的那群人。湯瑪斯曾經在維吉尼亞州讀大學，後來成為一名脊椎指壓治療師。然而，他在拿到加拿大護照之後，又回到了香港。

「也許他們拒絕接受。」我說。

「你這是從局外人的角度來看待這議題。我辦公室的人都不太談論移交會帶來什麼樣的改變。」

「你跟你的同事都有外國護照，你們可以離開。」

「我說的是本地員工和外派來此的員工。這並不是我們平常會關注的事情。我們知道這是件大事，是會被寫進歷史的大事件，但我們無從做任何事來改變這件事。」

幾個月之前，在農曆新年前後那寒冷的數週，以正跟一個中國同事一起越過邊境，去參觀沃爾瑪（Walmart）開在中國的第一家店。這間總部位於阿肯色州的公司去年開了那家分店，而以正此行的目的是協助推銷寶麗來的消費性相機，沃爾瑪同意了在其展銷區販售他們的相機。他們從火車站開了二十分鐘的車才到那家店。一走進店裡，他就有種時空錯位的混亂感。走在日光燈下高高的貨架和寬闊的走道間，以正感覺他身處美國的沃爾瑪超市。這裡的不同之處只有華人員工。美國沃爾瑪超市賣的許多家庭用品都是在離這裡幾公里外的中國工廠生產製造的，而今沃爾瑪也在中國販售這些產品。供給、勞動力和消費是個循環，但這其中大部分的利潤都流到了沃爾瑪的美國公司帳戶裡。六四天安門事件才剛過幾年，美國的高階主管就對中國的前景充滿無限的樂觀。

站在太平山頂，我又想起了天安門廣場上的那個電子時鐘。毛主席的相片掛在廣場對面紫禁城前那五條拱型通道的高牆上。再過幾週，那個時鐘就會消失，且不再被需要了。

主席就只是看著。但我從頂峰望去，感覺他的目光放得很遠。

我父親的堂妹帶著我和以正走進銅鑼灣的一間花店，她透過眼鏡端詳著那些花束：玫瑰花、康乃馨和蘭花。我們需要適合獻給逝者的花。

在我去香港之前，我父親打了通電話給伍雲香，請她幫忙帶我去找我祖父位於香港島山上的墳墓。我的祖父因肺癌在香港去世，享壽六十三歲，我從未見過他。我跟父親說我想去看看祖父的墓，並進行那些亡靈期望的儀式：獻花、燒香、鞠躬致敬。這讓父親感到驚訝，因為他沒有想到一個在美國出生的人會想做這些事。數百年以來，中國各地的家庭都遵循著這些習俗。但對於像我父母這樣的移民來說，要持續貫徹這些習俗並不容易；他們都搬到他們父母親和祖父母安葬地的千里之外了。

每年春天的清明節，家中親戚去掃墓時，父親和伯父都會請他們的侄子亢九去祖父的墓地進行祭拜。他們寄錢給他，讓他去買合適的供品。一些海外的親戚甚至還雇用陌生人來照看墳墓。而現在，我人就在這裡，能夠親自進行這些儀式。我會看到我祖父的安息之地，他是曾經靠著中藥生意養活一家人並且經歷過世界大戰的男人，他後來看著自己的一個兒子移民到美國，另一個兒子則消失在共產主義中國的偏遠地區。

選好花束後，我跟雲香和以正一起去了鳳凰粥麵館。在我到香港的第二天，雲香來以正的公寓一起吃過午飯，她那時告訴我，她還記得在戰爭改變一切之前，她跟父親和伯父住在跑馬地排屋中的那些平靜日子。

「你父親跟沃明很不一樣，但他們一起做了很多事。」

「那場戰爭肯定讓他們又更親近了。」我說。

「他們當時回到村子裡，我不久之後又見到了沃明，但你的父親很久沒有回香港了。你知道他去北方的那年發生了什麼事嗎？」

她說的是父親去北京的事。我搖了搖頭。

「他的母親住院了，她得了膽囊炎，病得很重。但你的父親並沒有回來探望她。我們很多年都沒見過他，也沒有任何他的消息。」

我對父親的那段過往一無所知。在我的成長過程中，我沒特別想過父母移居美國之前的生活細節，我只略知一點模糊的輪廓，還有一些具體的事件，感覺就像是在夜空中發現星星，但卻無法看出整個星座的形狀。現在，隔著幾碗熱氣騰騰的粥，桌子的一端還放著一束鮮花，雲香向我講述我的父親和母親是如何在香港展開戀情。我後來才知道我母親的故事，關於她跟中國和共產黨的關係，與我父親的故事截然不同。至於這些差異是如何影響了他們的婚姻以及因成長經歷不同而產生的緊張關係，我在這些年間略見一斑，但卻從未真正理解。

雲香的弟弟鎮和來接我們離開餐廳後，我們便坐車前往香港島的東端。那塊墓地遍布在一個山坡上，墓碑沿著階地傾斜排列著。富裕的家庭在山頂買了土地，就跟香港最富有的富翁住在太平山山頂是一樣的道理。殖民地的居民即便死了，也還保留著生前的社會階層。

我們爬了一段陡峭的階梯。雖然當時還不到盛夏，但熱帶地區炎熱得令人窒息，汗水浸透了我的襯衫。我們爬到更高處時，我和以正望向那一排排的墓碑，我知道我此生很可能只會來這裡這麼一次。父親已經寫好了前往祖父墳墓的路線指示，讓我拿給雲香和鎮和看。沒有他們的話，我永遠都找不到祖父的墓。

雲香和鎮和來自一個有五個兄弟姐妹的家庭，他們曾住在跑馬地一棟排屋的四樓，就在父親和伯父住處的樓上。他們之中最小的弟弟是個很聰明的男孩，父親和伯父都還記得他。他的綽號是「矮子」。就是他跟鎮和經常陪著父親和伯父一起走路去銅鑼灣上學。日軍入侵的那天早上，他們四個人還一起走路去上學。這麼多年來，父親都還記得那些堂親，而在毛澤東統治的最黑暗時期，最後發生在矮子身上的事至今仍是我們家族會談論的話題。父親和伯父是那些事發生了很久之後才知道矮子的下場，當時也為時已晚，無法做任何事情來改變那結局了。

雲香在一排墳墓前停了下來，開始沿著階地朝遠離樓梯的方向走去。我們跟在她的身後。我看向北方，身後是群山，面前是港口。那片海灣和新界山脊的另一邊就是中國南方，我們的祖籍村莊就在那裡，我的祖父也就是從那裡來到香港展開新生活，日本人入侵這座城市時，我的父親和伯父正是逃去了那裡。我總有一天會去那個村子，但到底要什麼時候去還有怎麼去，我還不知道。

「你的祖父就在這裡，」雲香說。

她指著那塊墓碑，上面寫著他的名字：黃德仁，粵語拼音是Wong Dak Jan。祖父的墳墓距離他父親僅隔幾個墳位，他父親比他早一年去世。我仔細看著墓碑上的黑白照片，看到了祖父跟父親和伯父的相似之處，特別是眼睛、嘴唇和額頭。舊的線香從香座中突出來，尖端已經變黑了。墓碑的一側還有幾縷蜘蛛網，我跪在地上把那些蜘蛛網清掉。父親的侄子在春天清明節時來過這裡，清理過這片墳墓還點了香。他可能用父親和伯父寄給他的錢買了一隻熟雞，放在這裡的盤子上，或是準備一些更簡單的食物，像是一堆橘子。也許他還燒了些紙錢。

「你知道要怎麼做嗎？」雲香問我。

我知道。我之所以知道是因為這是我父母在我小時候教我的儀式。我們每年農曆新年都會在位於亞歷山卓的家裡進行這個儀式，就站在我母親拜的一尊白色瓷製觀音菩薩像前。我們有時候會在廚房裡，站在一盤全雞或一堆橘子前念經文，全雞和橘子都是我們在家中會用的供品，跟父親的侄子每年清明節替我們帶來這個墳墓的供品差不多。

雲香遞給我和以正一人三炷香，我們用指尖輕輕地夾住香。她劃了一根火柴，點燃我們拿的香，然後再點起她自己手中的三炷香。她對著我點了點頭，她的意思是由我先來。

我站在墓碑前，把香舉在自己面前，並鞠躬三下。以正和雲香也接連跟著做了一樣的動作。我們把香插在香爐裡，線香的煙裊裊升起，微風帶著那縷煙和香味，吹過其他墓地，再吹向墓園最外圍的樹木。我想像著那縷煙飄到南海去。

你的兩個兒子今天跟我一起回來了，我想這樣告訴我的祖父。

他們搬到了大海的彼岸，遠離他們童年的家鄉，也遠離了你，但他們都還記得。

我們沿著坡地走回水泥階梯，山在我們的背後，且下山的一路上都能看見海，這就是祖父和其他亡靈面前的中國景色。

六月四日的傍晚，隨著天色漸暗且濕氣瀰漫，人們緩步走進了維多利亞公園。維多利亞公園位於銅鑼灣的最東邊，靠近父親曾就讀的學校和他小時候的家。我站在公園入口處看著年輕的情侶、家庭、成群結隊的同學、老師、上班族和高階主管。這既是抗議，也是紀念。幾週前我就聽說，這可能是這片土地最後一次舉辦這樣的活動。自從由學生所領導在北京天安門廣場進行的和平民主遊行，以及中國共產黨和人民解放軍對那些遊行所展開的血腥鎮壓以來，這樣的集會活動已經持續進行了八年。

鄧小平下令軍隊將學生驅離天安門廣場。六月三日深夜，戰車行經北京的核心地區，持槍的士兵開火了。在短短幾小時內，軍隊就在廣場周圍殺害了數百或數千名平民。這起事件並不存在官方估算的死傷人數，而中國共產黨也沒有正式承認曾經發生過這場暴力事件。自那時開始，每年的六月四日，全球規模最大的紀念活動都會在香港的維多利亞公園舉行，人們聚集在那裡悼念那場屠殺的受害者，就像一九八九年的遊行活動一樣，支持著學生和其他遊行人士。

這是一種對抗被迫遺忘的象徵性行動。在中國大陸，共產黨的宣傳部門禁止新聞媒體直接提及天安門廣場的抗議遊行和屠殺事件。警方會拘留任何試圖舉行悼念活動的人，包括受害學生的母親。即便中國領導人承諾遵守「一國兩制」的口號，但對於共產黨會不會允許維多利亞公園的年度集會持續舉行，香港居民幾乎是不抱任何期待。

今年的儀式既是對八年前所有受害者的哀悼，也是對於這項紀念活動本身的哀悼。

我跟三名來自香港職工會聯盟的年輕勞工運動家一起走進維多利亞公園，該組織在六四事件的隔年創立於香港。卡門（Carmen）和莎莉（Sally）是華裔的香港居民，而提姆（Tim）則是英國人。參與活動的人們試著在公園裡再現一些天安門廣場的相關象徵性標誌。他們在公園中央放了一座白色雕像，近似於北京學生所說的民主女神，一九八九年時美術系的學生們按照自由女神像的形象創造出這座雕像，還將雕像運到了天安門廣場的中央，與毛澤東的肖像對望。

我在香港看到了一座新的雕像，一根約八公尺高的銅柱上描繪著可怕的景象：扭曲的裸體堆疊在一起，他們的臉孔因痛苦而扭曲變形。這是一個關於破滅的希望和破碎的生活的紀念碑，創作者是丹麥的雕塑家高志活（Jens Galschiøt），他將這作品稱為國殤之柱（Pillar of Shame）。二十多年之後，在香港更為黑暗的時刻，我又再次看見這件作品。它體現了這座城市居民的憤怒與絕望，和北京那些被輾碎的年輕理想主義者懷著一樣的心情。

抓著公事包、西裝革履且滿頭大汗的商人大步走入維多利亞公園，揹著背包的學生在發送傳單。卡門轉過身看著我，在這黃昏降臨之際，她的雙眼炯炯有神。「很多人說香港人很冷漠，只在乎金錢。」她說。「但看看今晚有多少人來這裡，香港人和中國人永遠都不會忘記六月四日這一天。」

當時許多香港居民都認為有必要讓全世界知道他們對中國共產黨以及被迫統一的看

法。就在三天之前，我才從天星小輪下船，晃著走進了在中環摩天大樓下方街道聚集的人群之中。上千名參與遊行的人們向東前進，經過金鐘的高級購物中心還有灣仔和銅鑼灣的小店鋪、旅館和餐廳。當時警方已經封鎖了街道。

遊行隊伍轉而走向跑馬地，父親就在那一帶長大，那裡還有賽馬場。抗議人士在賽馬會總部對面結束了這次遊行，但他們關注的並不是這個社會菁英的社交俱樂部。那裡有中國官方媒體新華社的總部大樓，抗議人士面對著那棟大樓和一排警察排排坐下。有一小群人拿著實物大小的紙板棺材（象徵在天安門廣場周圍被殺害的人民），推開警察並將棺材丟在人行道上。一聲尖銳的雷聲倏然蓋過相機的快門聲和抗議群眾的吶喊聲。大雨傾盆而下，熱帶地區的夏日暴風雨就這樣無情地襲來。

相較之下，今晚在維多利亞公園的集會就顯得較為安靜、嚴肅且令人肅然起敬。志願人士分發白色的蠟燭，與會者紛紛坐下來，開始點燃蠟燭。坐在我前面的一個父親點燃了他兩個年幼女兒手中的蠟燭。我在四面八方都看見熾熱的光，數千道火光閃爍搖曳著，充滿了整座公園並驅散黑暗，且看不見亮光的盡頭。

我和普莉西拉（Priscilla）阿姨在熙熙攘攘的人群中下了計程車，就算用香港的標準來看，這裡聚集的人潮也還是太多了。公寓大樓和霓虹燈招牌在四周若隱若現，密密麻麻的電線遮住了部分的天空。我們所在的旺角是全世界人口最密集的街區之一，這裡有麵館、報攤和賣電子產品的便宜小店，這裡之於香港島就像是皇后區之於曼哈頓。街上熙來熙往的人群，比頭上的電線還要更加擁擠。城市金融繁華和時尚耀眼的那一面就在港口的對岸。在九龍這裡，普莉西拉帶我去了香港勞工階級的核心地帶。

我跟著她走進一棟燈光昏暗的公寓大樓，她是我母親的一個老朋友。她們兩人小時候在香港就住在隔壁，還是同班同學。我稱她為阿姨是出於傳統的稱呼。阿姨、叔叔和兄弟姊妹在中文裡並不是特定的稱謂。

我們敲了敲門，有位女士打開門，招手示意我們進去。

「我是南希（Nancy），是你母親的姊妹，」她說。

客廳很擁擠，裡頭坐了六個人。我們與以正一家居住的山區房子只隔著一座港口，但這裡卻彷彿是另一個世界。我和普莉西拉走進來時，房間裡的人都站了起來。他們都是我母親的親戚和他們的孩子。一位年長的婦人走上前，我和她握了握手。她是我的姨婆，是我外婆年紀最小的妹妹。八十二歲的姨婆楊珍比我的外婆年輕八歲，我曾在每幾年舉行一次的舊金山聚會上見過外婆。

「幫我告訴她，我很想念她，」她說，「我想再和她說話。」

她或許知道自己再也見不到她的姊姊，橫跨一個太平洋的距離太遙遠了。她們都無法忍受長達十四小時的航程，已經很多年沒有跟彼此說過話了。在她們兩人聽力都開始退化後，就連打通電話說說話都變得非常困難。

「在我們小時候，她總是會照顧我，」我的姨婆說，「她很照顧我。她有跟你提過我嗎？」

「當然有，我知道關於妳的一切。」我說。但我其實並不記得外婆曾經向我提過她的妹妹，即便她的記憶力還很好。

她們是在開平（粵語拼音：Hoiping；漢語拼音：Kaiping）縣長大的。開平位於廣東省，緊鄰我父親和他們老家台山縣。兩地居民講的是同一種地方語言，是為粵語的一種方言變體。

在共產黨統治之前的年代，我母親的家族世代都是地主，屬於仕紳階級。他們住在有農田的別墅裡，那一帶是草木茂盛的熱帶地區，到處都是稻田，而地主就靠種植水稻賺錢，有時也會將田地租出去。他們家還養了豬、雞、鴨和鵝，房子後面種有香蕉、檸檬、橘子和荔枝，前面有個養魚的池塘。他們家會在市場販賣這些農牧產品。

在共產黨於一九四九年掌權後，他們家族的物質繁榮就成了禍根。在毛澤東宣布全國性的土地改革政策之後，官員便剝奪了母親一家的土地，在該政策下，私人財產也會全數被沒收，並在村子裡重新分配。從一九五〇年開始，村子裡的農夫和孩子每晚都會到母親的家裡斥責她的母親，她母親是她們家的一家之主。而母親的父親則在一九四八年共產黨打贏國共內戰之前，就去了香港，所以他逃過受苦和受辱的命運。但村子裡的人強迫我的外婆、母親和她的哥哥跪在家裡正門口的磚地上，聽他們的辱罵斥責。外婆不得不承認他們所謂的罪行，「我竟然希望你們能替我們工作，好讓我們賺錢並累積財富，是我做錯了。」她說。

當時六歲左右的母親希望她兩個妹妹能待在房子後頭，不要受到群眾的怒火與這般羞辱的場景影響。她最小的妹妹還只是個嬰兒。帶有敵意的不同村民輪番來到他們家，有時一晚還會來個兩、三次，過了午夜才會結束這一切。

他們搶走了金錢、珠寶、好看的衣服和鞋子，還有做工精良的家具，甚至還拿走了家族的照片。直到今日，母親都還為她沒有自己童年時的照片而感到惋惜。那些回憶因為政治的轉變而被剝奪了。

她們家於一九五四年逃到了香港，我母親和她的三個兄弟姊妹就在北角那一帶長大，並在那裡認識了普莉西拉。其他的家族成員最後則是在旺角這裡定居。

「我們別顧著說話，都忘了吃飯。」南希說。這就是一個典型的華人觀念——不要餓著肚子光是聊天。

我們走到一間港式點心餐廳，女士推著金屬推車在圓桌間穿梭，推車上擺滿了一盤盤的餃子、麵條和青菜。南希指著這個又指著那個，不久後桌上的菜餚就像雨後的蘑菇般紛紛出現。

「這二十五年來，你母親為什麼都沒有回來看我呢？」南希問道。「她的哥哥和妹妹們都回來過，所有人都回來過，只有她沒有。」

我第一次見到以正時，他也問了我一樣的問題。我沒有答案。母親於一九七一年八月在香港與父親結婚。隔月他就飛去華盛頓，而她在十二月才跟著過去。她對這趟旅行感到緊張，但她當時正要前往加拿大的朋友蕭雲，陪她一起到舊金山，她們兩人在那裡待了一陣子，去探望家人和朋友。她曾向那些留在香港的人承諾自己很快就會回來看看他們，但在之後的二十多年，我的父母都沒有再回來過。

「你應該明年再回來，還要帶上他們一起，」南希說。「那時候會是個回來探親的好時間點，這裡不會有太大的變化。」

普莉西拉拿起她的筷子。「我不太確定，」她說。「老實說，我們都不知道。北京政府的狀況你也說不準。」

普莉西拉對於即將到來的移交感到焦慮不安，所以她兩年前搬去多倫多，她的女兒都已經在加拿大讀大學，加入她們的行列了，在那裡置產是她所採取的保險手段。在天安門廣場大屠殺事件後，一九九〇年代初逐漸興起了移民加拿大的風潮。

「我們並不害怕。」普莉西拉說。「我的女兒們想要再回來住在這裡。」

她的一個女兒已經畢業並回到香港了，在普華永道會計師事務所當會計師。另一個女兒正在加拿大讀藥學，而且也計畫於近期搬到這裡。我想起了以正的表親湯瑪斯，還有我跟飛機上鄰座的琳恩的對話，她是住在多倫多的香港移民。這些僑民社群的成員跨越太平洋雙向移動，彷彿他們是世界各地的公民，但同時也並不屬於任何一個地方。我的父母出身自同一個城市，但卻被迫選擇一個國家，而不是站在兩者之間的位置。

在移交的那一天，六月三十日，我回到舊金山灣區，見了母親和她的姊妹們。母親飛來探親，她跟她最小的妹妹艾美（Amy）一起住在機場附近的達利城（Daly City）。在毛澤東統治初期，家鄉的村民告發她們這地主家庭時，艾美還是個小嬰兒。排行中間的妹妹艾薇（Ivy）從她舊金山的家開車過來。在那大霧瀰漫的日子裡，她們一起做晚餐：炒菜、在清蒸魚放上切絲的薑，還煮冬瓜湯。她們三人幾十年前在香港北角的公寓裡一定也做過同樣的事，那時母親才二十幾歲且仍未婚，還在中環區的一間律師事務所擔任合約審查員。

我原本想留在香港見證移交，但我已經答應了要回到舊金山參加美聯社（Associated Press）的暑期實習。因此，在英國統治香港一百五十六年結束的那一天，我人在我阿姨和姨丈位於達利城的家中。艾美和她的丈夫史蒂芬（Steven）將電視轉到香港的電視台。隨著時鐘即將走到六月三十日的最後一分鐘，移交的畫面被播送、重播和評論：煙火、降下的英國國旗、最後一任香港總督彭定康（Christopher Francis Patten）站在舞台上，見證著一個帝國的故事結局。

艾美、史蒂芬和他們的兒子大衛（David），是我母親直系親屬中最後一批從香港移民到美國的人。他們於一九八七年搬來這裡，那是英國和中國宣布移交協議後的第三年。在那段時期，許多殖民地的居民都爭相尋找海外的避風港。艾美的兩個兄弟姊妹和他們的母親當時就已經住在舊金山了，所以這裡就成了明確的目的地。

適應異地生活的過程相當艱難。史蒂芬在聖布魯諾（San Bruno）一家華人經營的航運公司找到一份工作，但他賺的比在香港時還要少。他和艾美在這裡的朋友也比較少。大衛還是相當留戀他出生城市的文化，在北加州很容易這樣。他會去卡拉ＯＫ酒吧、看粵語電影，也跟來自香港和臺灣的朋友玩在一起。他告訴我，他計畫從加州大學戴維斯分校（University of California at Davis）畢業後回到家鄉。他還說，如果有需要，他甚至願意放棄他的美國國籍。

在廚房裡，史蒂芬穿上圍裙，開始用炒鍋炒青菜。

「你對香港再次成為中國的一部分有什麼看法？」我問。

「要不是因為香港主權移交，我不會來到這裡。」他說。「我並不屬於共產中國、臺灣或是美國。我只是一個香港人，而香港現在已經不存在了。」

那天晚上，在地球的另一邊，以正和喬迪去了位於灣仔的辦公大樓中環廣場的頂樓。他們認識了一些香港國際學校的家長和老師，其中有位跟學校行政人員結婚的美國高階主管，他邀請他們參加在他公司新辦公室舉辦的一場小型派對。該樓層還在改裝中，裡頭也還沒有任何家具，不過這並不重要。與會的賓客站在落地窗前，將維多利亞港的美景盡收眼底。

大雨擊打著這座城市，而他們啜飲著美酒。在遠處的水邊，降旗儀式在新的香港會議展覽中心舉行，那棟建物位於灣仔港口的一座人工島上，且正是為了這個場合而建造。彭定康站在那裡發表告別演說，並以這幾句話作結：「現在，香港人將會治理香港。這是一份承諾，也是一個不容動搖的命運。」

大約午夜時分，在演講致詞結束、英國米字旗和香港殖民地旗被收起來，且風笛演奏表演和〈天祐女王〉（God Save the Queen）的奏樂結束後，查爾斯王子（Prince

Charles）和彭定康登上英國皇家遊艇不列顛尼亞號（Her Majesty's Yacht Britannia），乘船進入港灣。岸邊一排排的觀眾向他們揮手致意。以正和喬迪在辦公大樓裡看著船隻穿越漆黑的水面，前往馬尼拉。煙火在港灣上空綻放，閃耀的光芒照亮了辦公大樓的玻璃外牆，雨滴同時也拍打在建築物上。

午夜來過又走了。中國人民解放軍的一隊士兵，也就是我父親曾經服役過的那個單位，從中國邊境的工業城市深圳進入九龍。中國士兵進駐了英國人留棄的軍營，並在那裡安頓下來。他們在那執行一個永無止境的任務。

第三章

帝國的中心

北京・二〇〇八～二〇〇九年

在二〇〇八年北京奧運會的開幕典禮上，體育館上空煙火齊發，而我們就在那前幾天搬進位於北京市中心的新家。搬運工人把卡車停在餐館小店林立的繁華街道上，然後搬著家具和箱子，穿過灰色牆壁間的蜿蜒小巷，走進轎子胡同裡。他們走過一對紅色的木門，進入一個開放的庭院。我和我的伴侶天香（Tini）租的房子圍繞著這個庭院呈現U字型。原本這個房子只有兩翼，是面對面分別位在院子兩側的獨立建築。然而，有個從中國人手中租下此房的法國企業家建了具有現代主義風格的玻璃第三翼，將原先的兩翼連接了起來。傑瑞米（Jeremie）靠經營一間中文學校和房地產生意維生，他租下位於北京市中心小巷間的老三合院，進行改建後再轉租給外國人。我的朋友歐逸文（Evan）就住在他靠近鼓樓和鐘樓的一間屋子裡，幾個月前我們剛到北京時，他替我們和傑瑞米搭上了線。傑瑞米帶我們看一棟簡單的房子，他的建築團隊即將在那開工。我們簽訂了一份五年的租約。現在，我們就在八月初潮濕的日子裡，將木製家具和一箱箱的書籍安置在紫禁城東邊約一點六公里的地方，自一四二一年以來，紫禁城就一直是中國最近兩個朝代的權力中心。

我開始了在《紐約時報》的新外派工作，這正是十二年前我以學生身分首次來到中國這座城市時所夢寐以求的工作。走到這裡的路程既迂迴又曲折，我先前在《紐約時報》的地鐵、體育和商業部門都有過報導經驗。在恐怖分子摧毀了距離我位於蘇活區的公寓約一點六公里外的世貿中心雙子星大樓那天，這世界就變了。小布希總統（President George W. Bush）與其助手發動了兩場旨在政權更替的戰爭，第一場戰爭是在阿富汗，然後是在伊拉克。二〇〇三年，我在三十一歲生日的那天離開紐約前往巴格達（Baghdad），在那裡花了三年半的時間報導伊拉克戰爭。

我在那裡認識了天香，她是美聯社的記者，自從美國派軍入侵後，她就從河內的家來到伊拉克，負責該地分社的工作。她跟我都說服了我們各自的編輯派我們去中國。天香對中國的帝國勢力範圍相當感興趣：作為一個越裔美國人，她聽過她的父母抨擊中國的霸權野心與貪婪，那是越南人數百年來所懷著的恐懼。我渴望在遠離中東地區的某個地方定居並展開新生活。對於伊拉克變成一個遍布屍體的煉獄，我感到非常絕望。在那些死者中，有兩位曾與我共事過的伊拉克記者，一位在巴格達，另一位則在巴斯拉（Basra）。我曾在我們分社的辦公室裡與哈立德共度數段深夜暢談時光，我們聊著《火線重案組》（*The Wire*）中的情節和他想要造訪的美國城市。某天早晨，他在搭計程車前往我們辦公室的途中遭槍手擊斃。我們從未查出究竟是誰殺了他。

回到北京後，眼前的景象令我大吃一驚。這是一個正在復甦的帝國首都，閃閃發亮的辦公大樓、高速公路和英國知名建築師諾曼·福斯特（Norman Foster）設計的機場新航廈，那外觀設計會令人聯想到龍和古老的寺廟。來自全國各地的人蜂擁而至，在這裡尋求財富。在我們搬進轎子胡同九號的三合院後，我認識了在街角賣刀削麵的一家人，他們都來自外省。我們家的清潔工陳女士也是外省人。儘管這些外省人還能勉強過活，而且政府目前還容忍著這些移工的存在，但在北京生活實在不容易。想來北京賺錢的人來自各個不同的社會階層。我認識了網路和房地產企業家、藝術家和書籍出版商。北京已然成為了全球最大的城市之一，人口超過兩千萬人。

我和天香騎了很久的腳踏車，經過北京一條條的胡同小巷，穿梭於迷宮般的街道間。我們騎著單車穿越城市的中心時，風吹在我們的臉上，周圍充斥著街邊攤販和孩子們的叫喊聲，那種感覺真是奇妙。我們在紫禁城護城河邊垂柳的樹陰下騎著車，在御苑裡散步，一旁有著細長的柏樹和池塘上的拱型石橋，清晨時會有老人家在練太極，金黃色的晨光在他們精瘦的身軀上緩慢移動。

不在中國的邊遠地區工作時，我們會在餐廳和酒吧裡與朋友碰面，像是後海的天使灣（La Baie des Anges）；或是一對年輕的外省夫婦段萌和珍妮（Jenny）在宏偉的鼓樓附近開的逸滋咖啡廳（Excuse Café）；或是在彎彎月亮餐廳（Crescent Moon），那裡的穆斯林廚師在巷口烤著孜然風味的羊肉串。這個位於二環路內既古老又嶄新的城市中心，就是屬於我們的北京角落。週末時，我們會沿著高低起伏的長城健行，造訪由工廠改建而成的七九八藝術區，去朋友的庭院式住宅看電影。後來，在我們搬到中國九個月後，在一次去平遙古城的農曆新年旅行中，我在東城牆上單膝跪在天香面前，並拿出一枚戒指。

回到美國時，別人會問我們中國的生活是什麼樣子。那裡是個可怕的地方嗎？在那裡，是不是有警察埋伏在各個角落，學童每天都要喊共產黨的口號？我回答說不是，並不是那樣子。我們幾乎不會在共產黨的陰影和國家安全人員的監視下過日子，中國並不是一個反烏托邦的國家。在我們的日常生活中，有火也有光，還有冒險感和社群感，這一切都令我們深刻感受到快樂。

我們的家人在二〇〇九年九月來中國參加我們的婚禮。我的父母以前曾一起來過北京一次，只待了幾天，那是十年前參加旅行團的部分行程。我們邀請了來自世界各地的親朋好友到我們的新家。同時，共產黨在夜間的街道上進行大規模軍事閱兵的排練，為即將於十月一日到來的共產黨統治六十周年紀念日做準備。我們則舉辦了自己的婚禮活動。我們身穿絲綢長袍，在紫禁城東北方幾個街區外的木造寺廟裡，用線香和烤豬進行了一個越式與中式的結婚儀式。那座寺廟叫做智珠寺，意思是智慧的珍珠。儀式結束後，我們在一個庭院裡進行酒會，就在這將寺廟跟古都其他地方隔絕開來的朱紅色城牆內，父親突然抱了我，他就站在那抱著我開始哭泣。我過去從未見過他流淚。

第四章
祖籍村莊

廣東省台山縣‧一九四二～一九四五年

日本的輪船載著父親、伯父、他們的母親還有其他親戚，從香港到珠江三角洲的江門市。他們坐在甲板下的船艙裡，跟其他被日本征服者送往中國大陸的中國人一起擠在一個大船艙裡。船艙裡到處都是袋子，還有身體擠在一起的臭味。船隻先穿越中國南海，再沿著三角洲的水道前往江門東邊的碼頭，這趟航程花上了半天的時間。

江門市是一條鐵路最東邊的終點站，這條鐵路向西南方一直延伸至台山縣，然後再轉向南方並延伸到沿海地區。這條新寧鐵路公司修建的鐵路是當時中國少數的幾條鐵路之一，修建鐵路的資金來自一位曾在美國工作的台山人。如果火車正常運行，他們一家人就可以搭火車到靠近他們村莊的車站，然後再走路回家，這樣也讓他們更容易避開戰事。但他們發現戰爭的影響無處不在：在中國大陸陷入戰爭的期間，鐵路已經停運了，他們得找其他方法前往那個村莊。

在戰爭期間，家中還有個十幾歲的少女，她也自己從香港去了廣東省的內地。她是駱伍寶琴，英文名字為朱莉（Julie），是父親和伯父的外公第二任妻子（或是小妾）的女兒，這意味著她是跟他們母親年紀差距不小的同父異母妹妹。即便她是第二任妻子的女兒，外公還是要第一任妻子帶著她一起去中國並保護她。後來，她在台山跟父親讀同一間國中，還曾參加過田徑比賽。她最後嫁給了一位她在香港認識的台山出生的美國退伍軍人，然後搬到華盛頓州。她育有一個名叫駱家輝（Gary Locke）的兒子，他後來當過華盛頓州州長、美國商務部長和美國駐華大使，他是首位擔任這些職位的華裔美國人。他於二〇一一年抵達北京，引起中國人民在社群媒體上的熱烈討論。他擔任了兩年半的美國駐華大使，我當時也正在中國當《紐約時報》的駐華記者，而就像不同的世界有時會碰撞在一起，我在那段時間報導過幾次他牽涉在內的驚人危機事件。

父親、伯父和隨行的大人們去了潭江，在那裡接連租了幾艘船載他們前往台山。一艘划艇帶他們到一個河邊小鎮，他們又在那轉乘另一艘中式帆船。父親在水上感覺噁心想吐，於是將頭枕在他母親的腿上。那艘船有兩層甲板，上層有屋頂，還有上下層的雙層床鋪，下層則較為簡陋。帶著貨物的乘客們就睡在那裡的地板上。乘客會在甲板中間的木桌上打麻將，販賣從水蛇身上提煉藥油的商人在甲板上下來回閒逛，河流沿岸的人們賣著米和其他熟食。到了晚上，船隻會停泊在河岸邊，乘客們就在船上睡覺。父親和伯父躺在前甲板的空地上，他們聽見幾個年輕人在唱愛國歌曲，並痛罵著日本人。

隔天，父親和伯父在新昌縣下了船，又在那轉乘小船前往台山。有個男人在車站迎接他們，陪他們一起走進那座城市。他是在祖父位於市中心的中藥行工作的一個親戚派來的，那家店販賣從香港店鋪沿著盜匪橫行的河流船運來的中藥。當天晚上，父親和伯父就在店鋪樓上過夜。戰爭讓生意停擺了。第二天，有兩個阿姨來接他們，帶他們走去合和村，這個村名的意思是聯合的和平。

父親和伯父已經三年多沒有在這村子生活了，當時跟著他們的母親一起回到村子裡幫忙監督新家別墅的建設工程。新家蓋好之後，中國北方又爆發了戰爭，他們就回到香港。而現在他們又回來這裡，因為戰爭已經追上他們，來到了英國殖民的香港。沒有人說得準他們這次會在這裡待多久。他們搬進了新家，那是一棟兩層樓的磚造建築，是村子裡最宏偉豪華的二十五棟房子之一。

這棟大大的別墅就是一個小型堡壘，建造來保護他們一家人和他們的財富，以防被潛伏在台山山區的盜匪攻擊。灰色的牆壁上有可供步槍開火的狹縫，窗戶外的鐵柵欄能抵禦入侵者，關上的金屬百葉窗也能替屋內的人擋下子彈。而現在，日本人又帶來了更大的威脅，他們全家人都想知道這個新家還能提供什麼樣的保護。

伯父睡在樓上，而父親則跟他的母親一起睡在一樓。他們的祖母每次來就會待上一個月，並和他們一起吃飯。村子裡的家家戶戶會輪流接待她，她還住在老祖厝裡。她的丈夫在一九一八年去世了，那時他從布魯克林回來還不到兩年，在那之前他在布魯克林當了二十年的洗衣工。

這個村子對父親和伯父這兩個孩子來說是既熟悉又陌生，他們很快就適應了這裡的生活。他們跟兩個堂兄弟素民和健民一起，這些男孩們白天都光著腳在泥土路上閒晃，晚上才會穿上木製涼鞋。他們在溪水裡洗腳，讓冰涼的溪水流過腳趾。父親甚至還光著腳去村子裡的學校上學。那間學校只是一個小房間，而且老師也是家族裡的人。日軍占領了鄰近的台山縣後，學校還關閉了一段時間。

就跟許多當地居民一樣，老師們開始感到焦慮不安，想要待在家裡，商人也紛紛關了店。父親在村子附近都沒有看到警察。人們對未來不抱任何希望，也不願意談論未來可能發生的事。他們知道自己只能任由在城裡設置前哨基地的日本士兵擺布。

食物因為戰爭而開始短缺。男孩們吃的是用留在大陶罐底部那一大塊油脂調味的米飯。他們家沒有辦法花錢請全職照料田地的勞工，但他們還是雇了工人來翻土和整地。男孩們則與家裡的人一起播種稻米和收割作物，包括挖番薯和芋頭。

灌溉田地是個問題。上游的村莊試圖建造土壩來掌控水流，男孩們每天晚上都會走到上游去跟那些村民交涉談判。他們家的人挖了一道溝槽，把水引到較低處的作物那去。男孩們每晚都去巡邏，以確保上游的村莊不會嘗試在那段時間斷了他們的水源。不過白天時溪水還是會乾涸。

合和村的村長本應是要負責居中協調的人。但村裡並沒有村長，沒有政府官員會來村子裡，也沒有任何警察或軍官出現過。在戰爭時期，這些村民就只能靠自己。如果日本人來了，他們也只能互相保護彼此。

關於我的祖先最後是如何在珠江三角洲這片肥沃的土地上定居，這故事中的一些細節已經隨著時間而消逝了。但伯父成為了我們家的家族史學家，他用他所收集的文件和書籍，拼湊出一個完整的故事，寫成一本回憶錄，並於二〇〇五年自費出版。他的研究顯示，我們家族已知的家系最早可以追溯到兩千多年前，當時位於黃河流域南方的黃帝王朝，是早期中華文明的搖籃。這個王國經歷了古代中國常見的循環：戰爭、解體和重新統一，最終其人民向中國中部更深處遷移，接近這片土地上的另一條大河長江。長江從遙遠西邊的青藏高原地區流向靠近現今上海一帶的海洋，將中國劃分為南北兩個不同的文化圈。

遷徙成為了黃氏血脈中不變的因子。黃家的先祖峭山，在現今湖北省的長江沿岸城市江夏縣擔任縣官。大約在宋朝初期，當時正值十到十三世紀之間的社會與經濟大變革時代，他命令他的二十一個兒子離開家鄉，到外地去定居。他還寫了一首今天被稱為《遣子詩》的詩作，其開頭的詩句是：「駿馬匆匆出異方（鄉），任從勝地立綱常。年深外境猶吾境，日久他鄉即故鄉。」黃峭山告訴他的兒子們，如果他們或他們的後代在任何時候遇到能背誦這首詩的陌生人，那他們就必須將此人視為自己的親兄弟姊妹對待，因為他們擁有相同的血脈。伯父曾說過，美國的黃氏宗親會（Wong Family Association）

至今都還會將這首詩印在組織的內部章程中，並在聚會時背誦這首詩，包括每三年舉行一次的大型黃氏家族聚會。

對於來自廣東省的黃家人來說，遷徙故事中最重要的人物是一個叫做居正的男子，他在南宋時期居住在長江南岸的沿海地區，也就是現今的福建省。他後來移居到廣東，於是廣東省的黃氏家族便將他視為其家族的始祖。父親和伯父是從他傳下來的第二十九代後裔，而我和我的妹妹安瑩（Eliza）則是再下一代。

我們的姓氏是黃，跟黃色的黃字相同，在普通話中的音譯為Huang。但在廣東省和香港主要使用的粵語中，黃這個字的發音是Wong，因此也被音譯為Wong。黃是中國最常見的姓氏之一，根據中央政府的統計，截至二〇二〇年，有超過二千萬名中國公民使用這個姓氏，其中大多數集中在中國南方。

黃居正定居在廣東省一個叫南雄的地方，他的後代與許多其他姓氏的家族一起生活在那裡。後來發生了一些驚險的事件讓故事出現轉折。在十三世紀，一位胡姓的皇妃在杭州的皇宮遭受虐待後逃出了宮殿。她輾轉來到南雄，黃氏家族中的一名商人讓她躲在自己的家中，但御林軍找到了她的下落。住在南雄珠璣巷一帶的九十七個家庭都逃往更南方的廣州地區。黃家就是這九十七個家庭中的三十三個姓氏之一。這就是我家族的祖先在廣州和珠江三角洲一帶定居的原因。在二十世紀之前，這片地區在中國與歐洲海洋強權的互動交流中擁有舉足輕重的地位。

學祿是黃居正的第七代後裔，他是第一個遷移到後來被稱為台山縣這片地區的黃氏家族成員。他定居在台山縣城東北方八公里的南坑一帶。明朝官員於一四九九年劃定了該縣的行政邊界。在二十世紀初，清朝覆滅之後，新共和國的官員將該縣命名為台山（Taishan），而當地人則稱之為台山（Hoisaan）。

在十九世紀，父親和伯父的曾曾祖父家大從南坑搬遷到東邊不到十六公里外的地方。他在一八七九年從黃氏另一個家族那購得土地後，將該地命名為合和村。他將那片土地劃分為五塊長方形的地，分別給了五個兒子。他的第三個兒子業裔就是我的曾曾祖父。於是這片地便成為了合和村的根基，而這五個家庭就是合和村的核心，直到二十世紀下半葉，隨著家族裡年輕一代外遷，這個村莊逐漸變得空蕩蕩。

就跟中國南方大多數鄉村地區一樣，台山的村莊經濟以種植稻米為中心，合和村也是如此。某些文化傳統代代相傳，包括祖先崇拜和一夫多妻制。那些有能力的男人會有一個妻子和一個以上的妾，這也解釋了為何伍寶琴是我們家族的一員。然而，台山的居民在許多面向上展現了他們作為全球現代化先驅的角色，他們是中國最不傳統守舊的那群公民。

每個根植於台山縣的家族都有著世代移民海外的背景。在血肉之親的關係上，他們是其所屬的帝國或國家與更廣闊世界之間最重要的橋梁。正是透過這些台山人，許多國家的國民才首次開啟了與中華文化圈的互動，也正是台山人將其他國家的影響力帶進了中國。海外的華人，尤其是台山人，被統稱作華僑，「僑」這個字又與橋梁的橋為同音字。我的曾曾祖父業裔把七個兒子中的五人送到美國去工作，他們到了美國後，在手工洗衣店辛苦地打拚，有些人一輩子就留在美國了，有些人則賺夠了錢後就回到中國。

在十九世紀中葉，最具吸引力的外國地點莫過於太平洋對岸的年輕帝國與其底下新的州，也就是美國在一場戰爭中從墨西哥奪取的加州。台山人將美國和沿海的州稱為金山。一八四八年的西部淘金潮開始後，台山人搭乘船隻，展開前往加州的長途旅程，他們希望能成為內華達山脈（Sierra Nevada）的淘金者。有些人最終在城市裡開了洗衣店，且台山人也在全美各地建立了唐人街。

美國橫貫大陸鐵路的修建工程一開工，他們便投入了鐵路西半段的修建工作。負責招募工人的人從太平洋彼岸找來更多的台山勞工，多達二萬名的華人勞工在這項龐大的工程中辛勤工作。這項工程是由中央太平洋鐵路公司（Central Pacific Railroad）的總裁利蘭・史丹佛（Leland Stanford）所領導，他推動他的公司在嚴峻又危險的地形中，修建從加州延伸至猶他州的普羅蒙托利峰（Promontory Summit）鐵路，以便與聯合太平洋鐵路公司（Union Pacific）從東部開始建設的鐵路相接。許多華人以契約勞工的身分來到這裡，而且無論工作環境條件如何，他們都必須辛勤工作，有數百人在工作中喪命。在台山，這些勞工匯回家的錢成為該縣經濟的重要來源。後來，在一九二〇年代和一九三〇年代，海外華人轉回台山縣的金額占了全中國匯款金額總額的八分之一。

地理環境有助於推動移民潮。台山一半以上的土地都是連綿不絕的山地，雖然植被茂盛，但卻難以從事耕作。五六％的土地是山區，且流經的河流太少，無法大規模地從內陸地區往海岸地區運送貨物。

在十九世紀末，清朝官員改變了他們的移民政策，開始鼓勵人民向海外移動。清廷先前曾試圖限制這種移動，甚至還禁止出了國的中國國民回國。但在一八六八年，清朝官員簽署中美天津條約續增條款，其中的內容就包括允許中國人自由去美國旅行和移民到美國。

大量的華人勞工來到美國，讓許多美國人及其政治領袖感到擔憂。一八八二年五月，美國總統切斯特・艾倫・亞瑟（Chester A. Arthur）簽署了美國國會通過的《排華法案》（Chinese Exclusion Act），該法案禁止華人勞工移民到美國，並終止已在境內的華人勞工獲得美國國籍的任何途徑。這是第一部禁止特定種族或民族群體移民到美國的法律。許多歐洲裔的美國人還緊懷著對於「黃禍」的恐懼，他們害怕這些長得既不像他們，也不說他們的語言，又不在他們的教堂做禮拜的新移民大量湧入美國。

由於台山人占了美國華人勞工中的大多數，該縣的家庭受到新頒法律的影響要比其他群體都更嚴重。這些勞工無法帶妻子和孩子到美國。許多男人選擇待在美國賺錢，再匯款回家，自己承受著這種獨自一人的生活方式。而留在台山的那些母親和祖父母則撫養著不認識自己父親的孩子。這些華人勞工就在美國變老，並在遠離故鄉的這片土地上孤獨地死去。

海外的人們驚恐地看著中國各地發生的一切。抗日戰爭引發了更加強烈的國家認同感，讓移民對祖國、也就是這個正在與外來侵略者進行生死搏鬥的新共和國，產生了深厚的歸屬感。他們在美國的外國人身分，又受到不願讓他們成為公民的美國政府所影響，進一步加深了他們的身分認同。在五十年前，從一八九四年到一八九五年的甲午戰爭期間，海外的台山人也曾經歷過類似的狀況。那時，海外的台山人談論著該如何幫助大清帝國抵禦外敵。戰爭結束之後，在清朝垮台後的共和時代，台山出版商為海外華人讀者出版發行了一種新型態的雜誌——僑刊，幫助確立了更為廣泛的跨國身分認同。後來，又爆發了新的抗日戰爭。

日本的侵占行動打斷了海外台山人與故鄉家人之間的聯繫。身在國外的勞工很難把錢寄回家。台山縣內許多家庭當時已逐漸仰賴海外寄回來的錢，而不是靠種植稻米來維持生計，因此他們陷入了貧困的境地。

在台山縣內，也經常有遇到日本士兵的危險。對父親和伯父來說，合和村的日常生活存在於童年純真與戰爭破壞之間的中間地帶。他們赤著腳在農田裡奔跑嬉戲，夜晚則靜靜聽著蟋蟀的鳴叫聲。飢荒仍然存在，男孩們必須幫忙捕捉青蛙、鰻魚、鯰魚和鱧魚來養活全家。當他們聽到日本士兵進入其他村莊的消息，他們的思緒就蒙上一層陰影，他們也會警惕地注意著路上是否有陌生人迎面走來。

他們想到了一個能保護家族財產免受日本人侵占的方法。由於過往那一帶匪類橫行，他們的父親在別墅的二樓建了一間可以當作保險庫的房間，用以存放貴重物品。家裡的人將珠寶、衣物和其他有價值的私人物品放在那房間裡。那房間有一扇要從內部上鎖的金屬門，外頭的磚牆上則有一扇裝有鐵柵欄的窗戶和一對金屬百葉窗。家裡的人把他們的貴重物品放進房間後，男孩們就能站在屋外的竹梯上，用力關上百葉窗，讓內部的鎖扣掉落並鎖上門。要打開房門的話，男孩們要先將梯子從樹林中拖出來，再爬上窗戶並打開百葉窗，然後伸手穿過鐵柵欄，拉開綁在門栓上的繩子來打開門。

這些準備仍未能減輕父親和伯父在日本士兵最終進入他們村莊那天所感受到的震撼。他們家收到消息說有幾名士兵正經過這一帶，想要搜刮財物。家裡的人逃到了五、六公里之外，躲在與新會縣接壤的山區裡數個小時。只有父親的祖母留在家裡。她告訴其他人，她跟不上他們逃跑的腳步，會成為他們的累贅。儘管他們聽聞過日本人可怕的暴行，但大家都還是覺得日本士兵應該不會對孤身一人的老婦人下手。村子裡的另外兩戶人家也把貴重物品放在我們家那個安全房裡。伯父站在屋外的梯子上，關上了金屬百葉窗，內部門的鎖扣也隨之卡上。

士兵來的時候，男孩們正躲在山上，他們事後才得知發生了什麼事。士兵們走進那兩戶已經移走家中貴重物品的人家，在房間裡沒有找到他們想找的東西。在我們家的別墅裡，他們發現了父親的祖母。他們環顧房子四周時，她也完全沒有反抗，然後他們上了樓，看見那道緊閉的金屬門。他們用手中步槍的槍托敲擊了門，但那道門紋風不動。她就這樣看著他們空手離開家裡，他們很快就走去下一個村莊。在這種訪查行動中，日本士兵經常移動得相當快速，以便在天黑之前回到城市裡。當男孩們跟著其他家人一起回到家時，就看見他們的祖母安靜地坐在屋裡，就和他們逃離時所看到的她一樣。

男孩們每次跑向東北方的山區時，都會經過其他村莊。有一所小學離山區較近，那所學校的主要教室裡掛著國共內戰雙方領導人的照片，有共產黨領袖毛澤東和紅軍總指揮朱德的肖像照。而他們的敵人國民黨在那教室裡則是由軍閥馮玉祥作為代表，他因為致力於推動其麾下士兵改信基督教，而被稱作「基督將軍」。他宣誓效忠國民黨的領袖蔣介石。一九三七年，蔣介石在被自己手下的將軍於西安綁架和威脅後，同意與毛澤東聯手對抗日本。這正是為何那間教室裡掛著國共雙方領導人的照片，那是對中國可能的未來的一種願景。如果這個國家還能夠得救，那這片土地勢必得有一個統一的領導。

伯父在被敵軍士兵抓到的那天，他先是逃到了一片空曠的稻田。父親、伯父和其他村民聽說日本士兵正要來這一帶，於是他們衝進稻田裡。士兵經過該地後，他們便回到村子裡去，並想當然地認為士兵隔天才會再回來。周遭一片寧靜，有個阿姨要伯父去松朗火車站的一間商店買蝦醬，那裡離他們家不到一點六公里遠。伯父在那裡買了一罐蝦醬，然後走回家。在回家的泥土路上，他看著身邊的稻田，還看見待在稻田裡的村民們。他們眼帶警惕地看著他。

然後他看到一排人沿著道路朝他走來，他站到一旁讓他們過。當他們越走越近，他才注意到他們每個人肩上都扛著一根竹竿，竹竿的兩端則用繩子掛著兩、三把步槍。隊伍後方有個高個子的男子，他身穿棕褐色的軍裝，手握步槍，自信地邁著腳步。伯父這才突然意識到自己在此時此刻走在這條路上是多麼嚴重的錯誤。田裡的那些農民一定都已經聽說了日本士兵要來的消息。

隊伍最後面的一個女人抬頭看見了伯父。她突然把她的步槍扔到地上，然後像隻烏龜躲進殼裡般縮成一團。那名士兵站在她身旁。伯父現在能更清楚地看見他的模樣了，他看起來比普通的日本士兵要高得多。那名士兵示意那女人站起來，但她並沒有這麼做。

那個男人看向伯父，然後指了指那女人的竹竿和掛在上頭的步槍。她的任務結束了，現在則輪到他了。

父親和其他村民在田裡驚恐地看著這一切發生。按照他們平常的做法，一聽到日本士兵要來的消息，他們就會到屋外躲著，等到那些士兵離開村子。現在，他們從遠處看著那名士兵在路上與伯父對峙，他們想要大喊但卻不敢。那個叫伯父去買蝦醬的阿姨更是十分焦慮。她跟我父親和其他人說，本該是她去的，站在那條路上和那士兵面前的人應該是她才對。她說她要上前去代替伯父的位置，其他人則叫她安靜地待在田裡。

他們看著伯父彎腰撿起那些步槍，然後那群人又開始向前走，沿著道路往松朗火車站的方向走去，那裡就是伯父買蝦醬的地方。而那個剛丟下步槍的女人則朝著相反的方向離開，起初還走得很慢，但隨著她離士兵越來越遠，她的步伐也越來越快。

伯父走在那名士兵的前面，士兵開始用普通話跟他說話。伯父才突然意識到這個男人是中國人，是自己的同胞，而不是日本侵略者。伯父曾聽說過通敵分子的存在，但這是他第一次見到這樣的人。這個人一定是在南京的傀儡政府底下工作。

「你的普通話是在哪裡學的？」那名士兵問伯父。

「在香港的學校。」伯父回答。

他們走到了松朗一帶，有幾個人正坐在火車站附近。那名士兵叫他們其中一個人站起來，接過伯父手中的步槍。

「快回家去吧，你母親會很擔心你。」那名士兵說。

伯父沿著泥土路往回跑，一直跑回了村子裡。他心臟的劇烈跳動花了很長時間才平復下來，村子裡的每個人都鬆了一大口氣。無論是因日本侵略者還是與他們勾結的中國人，這是他們至今為止最接近可能失去某個人的一次經驗。大人們承諾不再讓孩子離開他們的視線。但其實他們心底都明白，這樣的承諾在戰時是沒有意義的。

許多年後，住在美國的伯父還是經常做關於那天的惡夢。他會看到那名士兵的臉赫然出現在他面前，然後發現自己又扛著步槍走在那條道路上。那行軍似乎永無止境，他的家人也都不見蹤影。然後他就會醒來。

男孩們在戰爭造成的混亂中來回往返於合和村和台山縣。父親於一九四三年的秋天去台山縣開始他七年級的學業，他跳過了小學的最後一年，直接去讀培英中學。男孩們住在一間小公寓裡，後來又搬到他們父親中藥行上方半層樓的一個閣樓房間，那房間裡面有五張床，只需爬幾階樓梯就能到達。中藥行的老闆因肺結核而病倒，並住進了隔離病房。這片小天地便任由這些男孩們掌控了。父親和伯父跟素民和健民共用這個房間，他們既是親近的堂兄弟，又是村裡的玩伴，他們兩人的年紀剛好介於父親和伯父之間。他們曾經在合和村一起玩耍和耕作。素民的姐姐和她的丈夫搬到了他們樓下，以便讓他姐姐照顧這些小男孩，替他們做飯。過去曾和他們一起住在香港排屋的堂兄弟鎮和跟矮子也住在同一個房間裡，還會跟他們一起上學。這些男孩們在隔壁棟的撞球館打球。他們有時候會攀上街口一間劇院的磚牆，爬到約三公尺高的地方，從窗戶偷看裡頭的粵劇演出。或是在房間裡豎起耳朵吃力地聽唱戲的聲音。

隔一年的春天，日軍趕走國民黨的軍隊後，占領了台山縣。男孩們便回到家鄉的村子。在戰爭期間，台山縣一直處於灰色地帶，被國民政府和日本人交替統治。這意味著人們會依據軍事和政治形勢，從城市搬往村莊，再從村莊搬往城市。

在那時，由於戰爭的侵擾，父親和伯父的父親已經不得不中止在香港的中藥生意。他回到台山縣，成為二手奢侈衣物的商人，以滿足中國西部的需求。戰時位於長江邊的首都是重慶，該地的富裕家庭想要購買海外（尤其是美國）製造的衣物，但進口貿易已經因戰事而停擺了。台山縣的家家戶戶多年來積累了在海外工作的台山人帶回來的美國製衣物。這些衣物對於農村生活來說不太實用，所以這些家庭將它們當作珍貴的紀念品，存放在箱子裡。他們還保留了外國製造的鐘錶和鋼筆。不久後，台山縣出現了一個露天市場，人們可以在那裡將衣物和其他商品賣給像我祖父那樣的商人。商人們會將衣物帶到另一個城鎮去販售，最終有些東西會被帶到重慶。伯父幫助他的父親做這門生意。有一次，他花了一整天跟他父親用竹竿肩挑著兩袋衣物，從台山縣往西走了大概二十九公里，來到了白沙鎮。

在戰爭的最後幾年，家家戶戶都在饑荒中苦苦掙扎，人們盡可能地到處尋找米粒。許多村民好幾個星期都只吃竹子或種子果腹。在衣物市場上，伯父看到一個餓壞的幼童從另一個消瘦的人手中搶走一塊蛋糕。那孩子吃蛋糕吃得太快，快到他倒在地上噎到，且很快就死去了。伯父在市場附近的街道上看到了其他年輕孩子的屍體。他還看過一名男子當眾被行刑隊處決，有傳言說那個男子殺害了孩童，還在街上把他們被煮熟的肉當作炒豬肉來賣。

各種基本生活設施已經停擺，家家戶戶都過著沒有電和自來水的生活。到了晚上，各家各戶有時會燃燒塗上松脂的竹棍來照明。那時候也沒有郵政服務和大眾運輸系統，所以人們去哪都只能靠步行。台山縣有發行一份報紙，但沒有在村子裡流通。父親和伯父是在廣島和長崎被美國投下原子彈使二戰結束的一個多星期後，才透過人們口耳相傳得知此事。

一九四五年八月日本投降後，男孩們回到了台山縣。父親穿著學校的黃色制服和短褲、戴著一個竹帽並帶上一條綠色手帕。那間學校位於台山縣西火車站旁邊。我的父親在那讀完了八年級，然後於一九四六年六月到廣州與伯父重聚。伯父當時剛從廣州最優秀的其中一間高中畢業，而我的父親則進入了一個新班級，並開始住在整潔的校園裡。

然而，日本的戰敗並沒有為中國帶來穩定。沒有了共同敵人，國民黨與共產黨之間的停戰協議也隨之破裂，雙方又重新展開了內戰。戰事在東北地區打得最為激烈，且在中國北方各地的沙漠、草原和山地間打得有來有回。戰爭的消息傳到了廣州。每當共產黨勝利的消息傳來，有些居民就會默默地歡呼。雖然在遙遠的南方看不到叛軍的身影，但該地區仍有許多人支持毛澤東與其發起的反叛行動。

南方的人民就在自己身邊親眼目睹了國民黨的腐敗和治理失敗，在廣州市的街頭尤為明顯，那裡的乞丐和無家可歸的人或坐或躺，伸出他們骨瘦如柴的手臂乞討食物和金錢，還有渾身髒兮兮的孩子在母親的懷裡哭泣。由於通貨膨脹飆升，人們紛紛用大袋子裝著現金，他們的錢變得越來越沒有價值。這就是父親來到的世界，他搬到了省會城市，也是中國國際化程度最高的地方之一，這座城市曾經引領國家邁向現代化，也助他完成學業並擺脫了攪亂他童年的戰時混亂。

第五章
返鄉之旅

廣東省台山縣・二〇〇九年與二〇一四年

它在我們家房子沒有人住的時候入侵了進來，那根粗大的藤蔓從屋頂的洞口垂下兩層樓的高度，穿過了二樓地板的縫隙，伸進客廳的一片黑暗中。它看起來就像是一條扭動著身軀的蛇。我第一次看到這株植物時，它正沐浴在從破損的屋頂透進來的光線之中，但房子底樓的陰影卻在它的邊緣徘徊著。這株藤蔓經過多年的生長，它的枝幹和樹枝在地板和牆壁上擴展開來，其周圍滿是腐爛的木頭、破碎的石頭和崩裂的磚塊。

在合和村的一隅，我看著我們家四周的破瓦殘礫。我終於來到中國南方的深處，找到了這個稻田間的村莊，找到我祖父建造的家，並踏進了屋內。裡頭腐壞的情況令我感到驚訝，父親和伯父向我描述這棟建於一九三〇年代的別墅時，我無法想像它現在會是這個樣子。這棟別墅當初是為了抵禦前來掠奪的強盜、野生動物和颱風而建造的。

我們家已經放棄這棟屋子，大自然接管了這裡的一切。這景象讓我想起了幾年前我造訪柬埔寨時看見的吳哥窟廟宇。靠在北邊的牆壁上，我在地面上看到一個供奉土地神的祭壇，那祭壇上鋪著紅白相間且帶有藍色邊框的長方形瓷磚。我用手摸了摸這些光滑而涼爽的瓷磚。右邊一欄的磁磚上寫著一段黑色的字句：「大地能孕育白玉。」左邊那欄則寫著：「土地能孕育黃金。」那句話中的「黃」字就是我們家族的姓氏——黃。

那座祭壇前的地面空空如也，沒有任何供品或線香，只有一片需要被填補的空洞。

從二〇〇八年春天我搬到北京的那一刻開始，我就知道我會去看一看我的祖籍村莊。在華人移民家庭中，這種返鄉之旅幾乎已成了一種老套的行程，尤其是在美國出生的孩子們談到這種旅行時，總是把它當作一項使命、一次朝聖，或是一種了解自己根源的方法。返鄉之旅本應是為了幫助我們更認識自己的父母，透過展現一種「如果……」的敘事，讓我們明白他們的犧牲，彷彿是進入了另一個平行宇宙：在那裡我們的父母還留在貧困的祖籍村莊，而我們這些孩子就在田裡種植稻米、走去村子的市場，並牽著水牛走遍田地。或者說，這種探訪之旅應該會喚起我們心中與帝國力量、華夏文明的核心，以及與這東方祖國的原初聯繫。換句話說，我們去的是一個在白人文化範疇之外的地方，是一個由我們家族的文化所主導的地方，是一個「黃種人」並不等同於少數族群的地方。

我在成長的過程中已經聽說過許多關於台山縣的事。有那麼多在美國的移民來自那個地方，而且美國的唐人街生活，包括我在剛出生後九個月生活過的華盛頓特區唐人街，都充滿著台山文化。我在唐人街的餐廳、菜市場和麻將館裡，甚至是家庭聚會上，都會聽到有人說台山縣的語言，也就是所謂的台山話（Hoisaanwa）。我越是想去台山縣看看，我就越發覺得這趟旅程將不僅僅是關於我的祖籍村莊，而會是一次嘗試，去了解最早期海外華人經驗的文化核心，去看一看那個像遺傳物質般被轉移到世界各地華人社區的背景環境。

二〇〇九年，我的父母、妹妹和其他家人計畫來北京參加我的婚禮，那時似乎就是一訪中國首都南方一千九百多公里外的祖籍村莊的最好時機。我計畫在婚禮結束後，跟我的父母一起搭飛機去廣東省，一想到我就感到很興奮。但我在電話中向他們提出這個想法時，他們卻都拒絕了。我又問了好幾遍，到了幾乎是求他們的地步，但他們對此提議卻從未有任何一絲興趣。他們反而計畫要在我的婚禮結束後去香港，那是自從十年前他們跟我妹妹一起參加旅行團之後第一次去香港。我感到很不解，誰會不想回去看看自己兒時的故鄉呢？

後來我才更了解他們的想法。香港體現了進步、富裕和科技，同時也保有一層懷舊鄉愁的色彩。而廣東的那些鄉村是被淹沒於時間洪流中的空殼，令人聯想到一個古老的國家、一個落後的國家、一片充滿鬼魂的土地，對我的母親而言尤為如此，她的家人在共產黨於國共內戰中獲勝後，在那裡遭受同鄉村民的迫害。

即便是北京也會令人產生一些負面的聯想。我們家位於北京市中心的三合院附近一帶是如迷宮般的巷弄，又被稱作衚衕[12]，有些歷史學家將這些胡同的歷史追溯至元朝，認為它們源自於蒙古包之間的小徑。我本來以為我的父母會喜歡這些能讓他們回憶起童年時期開始認識的中國老街區，而不是聯想到在本世紀蓬勃發展並肆意擴張領土的這個中國。現在的中國到處拆除歷史建築，整座城市的規劃布局也因持續的建設工程而被迫改變。但在他們來北京參加我婚禮的那幾週，他們一直談論到在市中心胡同巷弄間看到

12　譯注：簡寫為胡同，是中國北方方言名詞，指狹窄的街巷。

的汙物和垃圾，還有從被塞滿的垃圾桶和公共廁所中散發出來的臭味。在我們婚禮彩排的時候，我母親走過我們選的木造廟宇，她對其年久失修和褪色的外觀感到不以為然。「這裡看起來好老舊。」她說，但最終在婚禮那天她還是接受了。

這是他們曾經逃離的中國，是他們曾經背棄的中國，他們也認為這個中國永遠都不會給予他們在美國生活所享受到的那種舒適。回到南方的家鄉會讓他們更加痛苦。

因此，在我的婚禮和印尼的蜜月旅行結束之後，我跟我們的婚禮攝影師一起去了台山。陳本儒（Alan Chin）更為人所知的身分是一位戰地攝影師，我和他在二〇〇五年於巴格達相遇。他當時在《紐約時報》當了一陣子的攝影師，還曾在阿富汗、南斯拉夫（Yugoslavia）和科索沃（Kosovo）等戰區工作過。我們在二〇〇五年的夏天一起穿越伊拉克，飛越伊拉克南部沙漠上的廣闊油田，並沿著巴斯拉的海濱道路行走，那裡的什葉派民兵當時正在擴張他們掌控的領土。我和本儒年齡相仿，但他從小沉浸在台山美國文化中，我則未曾如此。他在曼哈頓市中心的唐人街長大，童年時期跟父母都用台山話溝通。他已經去過台山四次，還在他的祖籍村莊江美（Gong Mei）見過家裡的親戚。我們原本請的美國攝影師因未能及時拿到中國簽證而無法從他越南的家進入中國，於是從紐約飛到北京參加我們婚禮的本儒就臨危受命來拍攝我們的婚禮。

現在本儒回到了中國，他想要重訪台山。他熟悉那片土地及土地上的人，還有他們所說的語言。要一訪台山，我想不到比他更好的同伴了。就像我們四年前一起前往伊拉克南部地區一樣，但這次我們不必擔心那些拿著ＡＫ步槍的男子了。

我們從廣州機場搭了計程車前往台山市，那段車程大約三小時。在路上，本儒責備我沒有帶上天香同行。「你知道，帶新婚的新娘到村子裡去見大家是個傳統。」他說。我本來也想這麼做，但天香當時在北京忙工作。我不知道在祖籍村莊會遇到些什麼事，也不清楚那裡的人對我的到訪會有何反應。

空氣汙染的霧霾籠罩著中國南方一帶。珠江三角洲是全球各地公司的重要製造業中心，工廠大量生產各種產品，從運動鞋到冰箱再到電視機。在霧霾之中，夕陽看起來像個猩紅色的球體。夜幕低垂後，我們從高速公路轉入台山市區。戴著安全帽的摩托車騎士如蜻蜓般穿梭在車流中。市中心有著二、三層樓的各式建物，人行道上有能遮風避雨的騎樓，這是中國南方老城市常見的設計，讓人們在亞熱帶氣候下的傾盆大雨中還能在城裡四處走走。建築物上的油漆則因潮濕而褪色。

我在市區天誠港大酒店的房間可以看到湖景。我們走出飯店，在東門海鮮市場吃了晚餐，吃的是能療癒身心的粵式食物：蒸魚、燒鵝和燒肉。這些菜餚可以在世界上任何一個唐人街裡找到，或是在我父母親的餐桌上也行。我們在湖的另一邊喝著一瓶瓶啤酒，年輕情侶們手牽著手沿著湖邊散步。我回到飯店後打了電話給父親。聽到我說我在台山市中心，他感到很興奮。

「去找找太平洋電影院，」他說，「我們還是學生時有去過那裡。」

我在下塌的飯店附近看到一棟建築物，上面的招牌寫著那是粵劇協會的總部。但我在市區散步時並沒有看到任何老電影院。在那通電話中，父親也提到了我們家的祖宅，他知道我很快就會去那裡。他說他還保留著一份地契，上面寫著的是他父親的名字。這些年來，都沒有人回來認領那個房子。

隔天，我在飯店外的小廣場上仔細端詳著一尊中年華人男子的雕像。他有著乾淨整齊的頭髮和鬍鬚，身穿一套西裝，還打著領帶。他旁邊擺著一個大箱子，這個箱子跟我們飯店大廳附近電梯旁金屬架上的那些行李箱很像，它們令人回想起那個蒸汽船旅行和螺旋槳飛機的時代。我們住的飯店還有種叫做「僑領套房」的房型。

這些跨國華人勞工遠離家鄉去追求財富，和他們有相同想法的人在台山層出不窮。沒有什麼比移民現象更能定義台山了。在台山的照片、文字和雕塑中，這種現象被賦予了崇高的評價。

那天晚上，我在飯店跟伯父的老朋友黃棠共進晚餐。他有著一頭銀白色的頭髮並戴著一副金屬框眼鏡，他是台山市黃氏宗親會的會長。伯父和父親每年都會寄錢給他，用於維護位於市中心的黃氏祠堂。我告訴伯父我要去台山時，他就給了我黃棠的電話號碼。

「住在這裡的人和那些離開台山到外地去的人都是台山人。」他一邊吃著當地的特色料理（用陶鍋燉的鰻魚飯）一邊說。「看看你的家人。他們很多年前就搬到美國去了，但他們仍然把自己當作台山人。不然你也不會回來這裡了。」

根據他所引述的官方資料，至少有一百三十萬名台山人及其直系後代子孫移居海外，而台山的總人口數則只有九十萬人。那些家庭並不滿足於待在這些池塘、稻田和竹林之中。

黃棠從未離開過台山，他把自己看作例外。他來自於我祖籍村莊附近的松朗。伯父曾在那集鎮火車站旁的一間店裡買了一罐蝦醬，然後被日本軍隊裡的中國士兵留住一下子。黃棠驕傲地談論著貫穿松朗的鐵路。那條鐵路是台山最具代表性的一項成就，是一位在美國的台山商人號召海外華人捐款修建而成。

「日本人試圖癱瘓中國各地的運輸路線，並破壞重要的基礎設施。」黃棠說。「他們還炸毀了車站。」

縣內居民把鐵路的鐵軌一段一段地拆下來，再將那些鐵片送到緬甸，當時中國士兵正在那與美國、英國和印度的軍隊並肩作戰，對抗著日本的侵略部隊。幫忙拆卸鐵軌的黃棠當時才十一歲，他還記得手中握著光滑的鐵軌的那種感覺。那些鐵軌曾經對台山縣大有助益，如今它們被用來保衛國家。

台山博物館是為了紀念移民經歷而建造的。其館長蔡和添自一九九一年以來就一直在此工作，那年是台山博物館開館的三年之後。這座博物館展現了他的願景，關於這個中國縣城是如何在世界上留下印記，以及這個世界又是如何影響了台山。在二十世紀的大部分時間裡，跟沿海的那些大城市相比，這個中國的角落既偏遠又貧困，但矛盾的是，它也是全中國最國際化的地區之一。

我初次造訪此地的那天早晨，有一群穿著白色襯衫和黑白相間格子裙的女學生站在門外等待著進場，而蔡館長就在大廳迎接我。

「台山有點古怪而特別，從人們的說話方式到做事方法，再到穿著方式都是如此。」蔡和添說。他指的是外界的影響被移民帶回了家鄉，並在數百年來形塑出當地的文化。這些影響讓台山人有別於其他中國人。然而，隨著中國逐漸融入了全球的經濟體系，當時有了勞動力和資本的跨境流動，回顧過去，那些影響預示了中國在後毛澤東時代即將發生的變革。

台山博物館中的一個大型立體透視模型展示了四名留著長辮的男子，那是漢人在清朝的滿族統治下必須留的髮型，他們正划著小艇接近一艘巡防艦。有個展覽區展出了那個時代台山旅行者的常用工具：一個手電筒、一個金屬平底鍋、一個籃子裡的青花瓷茶壺。那個平底鍋是在淘金潮時期到美國西部的人所使用的，許多台山人最終也正是在那裡落腳定居。另一個立體透視模型則展示了一座金礦，還有一張照片描繪了十九世紀末中國勞工在中太平洋鐵路上辛勤工作的場景。

我仔細地看著一張照片，照片中有個華人男子正在接受三名身穿西裝的白人男子的採訪。文字說明指出照片中的場景是發生在舊金山灣的天使島（Angel Island）。我曾經在天使島上騎自行車環島過一次，並參觀了那裡的移民博物館。我很好奇在照片拍攝的當下，那三名美國男子對那個華人移民說了些什麼。我看著那個華人男子的臉，他看起來波瀾不驚且泰然自若，但他的眼中是否曾閃過那麼一絲恐懼？如果他回答錯一個問題，他就得搭乘下一艘船被送回中國。他是否是「紙生仔」？該詞指的是購買了身分證明文件，因而得以冒充已在美國的華人移民親屬身分的那些人。父親和伯父的祖父就曾購買了「李」姓的身分文件以進入美國，然後再將他三個兒子帶到美國；家族中其他幾個人也做了類似的事，父親當時也曾有機會這麼做，但他最後並沒有這樣做。我很好奇照片中的那名男子是否把他要冒充的家族中的所有細節都牢記在心，因為他知道移民官會詢問一些問題，像是父母的故鄉、老家舊房子的布局、孩子的數量、名字和出生順序，還有在美國的家人住址。他的故事聽起來得要夠真實。當父親和伯父的親戚們憑藉那些身分證明文件進入美國後，他們使用了李這個姓氏很多年，然後才將自己的官方姓氏改成黃。

博物館的牆上還掛著一些台山縣的老地圖，有段附錄文字指出，在一九三五年，台山的人口數超過一百萬。當時的行政邊界包含鄰近的開平縣，我母親於一九四四年在那裡出生並生活了十年。另一行文字寫道：「台山是中國最著名的僑鄉之一。」並接著指出，有超過一百三十萬的台山人定居在五大洲各地超過九十個城市和地區。對許多身處中國境外的外國人而言，他們與華人世界的接觸就是透過跟海外台山人的互動和交流，像是在洗衣店、餐廳和便利商店裡的交易，還有在全球各地的唐人街裡與商人交談。台山只不過是中國的一個小角落，但這一百多年以來，台山的居民在外界的眼中卻代表了中華人民共和國這個帝國。

隔天早上，我們搭計程車前往鄉間。螢光綠的稻田和狹窄的道路在這取代了水泥建成的公寓大樓，人們騎著摩托車穿梭於各城鎮和村莊之間，路上有水牛和啁啾叫的鳥兒，那是我在北京從未聽過的聲音。

在前一天去的博物館，蔡和添說他想讓我們看看台山和中國其他縣市的不同之處。我們今天早上就在距離我下榻飯店僅幾步之遙的廣場見面。

「一切看起來都很新，」蔡和添說。「我們正在進步中。」

然後他環顧四周，沉默了一分鐘。

「五年前，他們拆掉了這裡的騎樓還有一個小公園，」他說。「這裡以前還有一個排球場。真是可惜。」

蔡和添告訴我，至少這座城市的人行道還有上萬座拱廊，構成拱廊商店街和有遮蓋的人行道，讓街道變得與眾不同，還略帶有一點歐洲風情。在東南亞和印度次大陸那些經歷過殖民統治的國家中都能看見這種建築。台山市原有的一些拱廊還更加宏偉壯觀，但這幾十年來，許多拱廊都已經被拆掉或是崩塌了。

在明媚的清晨陽光下，我們從城市向西南方向駛去。蔡和添指著遠處的村莊。我看到了一些古老的長方形塔樓若隱若現於稻田與平房的上方，看起來就像是從托斯卡納的鄉村搬來這裡的。那些四、五層樓的宏偉建築是以石頭、磚塊或混凝土建成，許多建物還附有陽台、塔樓和羅馬式拱門。每個村莊似乎至少都有一座那樣的建築，有的還多達六座。當地的村民們稱那些建築為炮樓或碉樓。

「這就是我想讓你看的東西，」蔡和添說。「人們建造這些碉樓是為了保護村莊免受盜匪的侵襲，同時也會用來存放貴重物品。如果村莊遭到襲擊或是有暴風雨即將來襲，人們就能躲進碉樓裡頭。」

「我在中國還沒有見過像這樣的建築。」我說。

「人們從海外歸來後，他們想花錢建造一些看起來比較西式的東西。這是財富和聲望的象徵。長久以來，人們都認為中國是個很落後的地方，而任何與西方有關的事物都代表著進步。希望這種心態有所改變了。」

我還記得伯父在他自己的回憶錄中複印的一張黑白照片，照片裡是合和村一端的一座五層樓炮樓，但在過去這三十年間，這座炮樓已經被拆除了。蔡和添估計，自一九五〇年代以來，台山大約有三千座碉樓已經倒塌或被摧毀了，僅剩兩千座仍然屹立不搖，附近的開平縣大約還剩下一千八百座碉樓。但至少當地的官員於二〇〇一年向聯合國申請將之列入聯合國教科文組織世界遺產（UNESCO World Heritage site），且聯合國官員於二〇〇七年批准了這項申請，這也增強了維護工作的力度。現在那裡的幾個村莊成功吸引到了遊客。儘管那些碉樓曾經是邁向現代化的象徵，但許多當地居民還是將它們視作過去的遺跡。

眼前的建築令我目瞪口呆。父親和母親在談他們長大的城鎮時，從來沒有提到過這種建物。

「你覺得這些碉樓相當令人驚嘆，但村莊裡還有更多這樣的建築可以欣賞。」蔡和添說。

人們說繆邊一帶有全台山最美麗的碉樓群，其中一座有六層樓高。伯父在戰爭期間曾在繆邊讀過兩個月的高中，在要上課的日子，他有三天跟四個堂兄弟租住在一間老舊的平房裡，睡在臥室的地板上。另外的兩天平日，他們則步行往返於老家村莊和學校之間，單趟路程就要花上四小時。他們沿著小巷和稻田安靜地行走，以避開日本士兵。跟我的父母親一樣，伯父也從未向我提及這些碉樓和這一帶的美麗景致。他對這裡的記憶都是戰時的景況。

我們沿著兩旁松樹林立的道路前進，然後蔡和添要司機轉進一條泥土小路。我們在繆邊的村莊停了下來，那裡有些房子已經搖搖欲墜了，有些又看起來還相當穩固。蔡和添帶著我們走到一排相連的五棟別墅前，他說那些是溫家蓋的。我們停在一棟油漆剝落的黃色雙層住宅前，這棟房子曾經從住宅被改建成學校，但現在已經沒有人住了。

「這些老房子大多從民國時期就存在了。」蔡和添說。他指的是二十世紀的前幾個十年，清朝被推翻之後，孫中山和其他政治領袖試圖建立一個現代民族國家。「這裡應該要進行一些維修工程，但我們聯絡不到那些屋主。」

我注意到隔壁房子的地下室門口有些動靜，我走過去並看向那黑暗的房間。那裡有些窗戶碎掉了，牆壁上也滿是灰塵。有個男人正在裡頭炒著高麗菜。

他名叫溫偉輝（Wen Weihui，音譯），年紀為五十八歲。十年前，他帶著妻子和二十八歲的兒子從鄰近的村莊搬來這裡。

「這棟房子是我們家蓋的。」他說。「原屋主在美國去世了。」

「沒有其他人來認領這棟房子嗎？」我問。

「原本還有其他家人住在這裡，但他們後來搬到美國去了。我沒有理由去那裡。」

他說這棟房子沒有什麼特別之處。當地的電視記者有時候會來拍攝這棟建築物並採訪他。被棕櫚樹環繞的那棟房屋有凸窗、嵌花天花板，裡頭通往前門的樓梯上還有扶手。不知道出於什麼原因，溫偉輝和他的家人決定住在地下室。這些房屋被稱作洋樓，也就是海外建築的意思，就跟那些碉樓一樣，他們都是從海外歸來的台山人按照歐式風格建造的。

「全縣有成千上萬棟這樣的建物，」蔡和添說。「在一些村莊，你只會看到這種建築。那些家庭拆掉了舊式的房屋，並在原地建了這些房子。」

有些華人藝術家對台山的建築印象深刻。在造訪某個村莊時，我得知知名的電影導演姜文計畫下個月在那個有著數排拱廊的中央廣場，拍攝幾幕電影場景。在台山這裡有土地，也有人們在土地上所建造的東西。在當時，這些建物代表了遷徙移動的意義。它們講述了大海上的航程、中途停靠的港口和遠方國度的火車旅行。如今，它們被封存於琥珀中，成為那段歷史的象徵，而其擁有者則早已定居於他鄉的土地了。

當時正是時候去探訪我的祖籍村莊。但在去那裡之前，黃棠帶我去位於台山市中心的黃氏祠堂。高聳的正門兩側矗立著兩根牢固的灰色柱子，看起來像是一座廟宇的入口。「最漂亮的祠堂就是黃氏祠堂。」他說。

建造於一九二三年，那座祠堂原先是供黃氏家族成員就讀的學校。在其主廳中，我看見了我們家族起源神話的畫面。我們右手邊的牆上掛著一幅畫像，畫中是一個留著灰色小鬍子和山羊鬍的男人，他身穿鮮紅色的長袍，右手緊握著一卷書。畫中的人正是黃居正，他是大約在一千年前從沿海地區（今天的福建）來到此地的政府官員。他的畫像旁還掛著他兒子身穿黑袍的畫像。他們兩人是這中國遙遠的南方黃氏家族的最初兩代，也是讓黃家在廣東開枝散葉的人。伯父曾寫過關於他們的故事，但我從未見過想像他們模樣而繪製的肖像畫。我仔細地找尋畫像中兩人的相似之處，也很好奇畫家是怎麼決定這些肖像畫的呈現方式。

畫像前有個捐款箱，還有三個甕，甕裡的沙子還插著三支燒過的線香。黃棠遞給我三支點燃的香，我拿著那三支香鞠躬致意，再將香插進中間的甕裡。

我們上樓進了一間辦公室。有兩個男人正坐在辦公桌前，在紙上寫些什麼。黃棠說他們是在做會計。他把一疊關於台山歷史的平裝書放在桌上，然後給了我一本厚厚的精裝書，並翻開其中一頁，那頁有一行行的人名，他指著其中一個名字。「在沃強下面的是你和你妹妹。」他說道，並唸出了我父親的名字。標準普通話中的安偉和安瑩，用粵語念起來只有些微的不同之處。我名字的意思是安詳和偉大，而我妹妹名字的意思是安詳和光亮。我們就在這裡，被寫在這本黃氏世系的百科全書中，據這些書頁的記載，黃氏家族已經傳承了超過三十代。

「等你有了小孩，他們的名字就會被寫在這行下面。」

我又看了一遍那些名字，然後闔上了書。

「把這本書帶回去給你的爸爸和伯父看吧。」

我走下樓梯再走到街上，將那本書緊緊握在手中，好似它是什麼珍貴的古籍原稿。

我在那村子走到我堂哥身旁時，他正在砍竹子。除了那有節奏的砍伐聲之外，鄉間一片寂靜，安靜的稻田水面波光粼粼。狹窄的路上，有個農夫駕駛一輛拖拉機經過，後頭還跟著一個騎著腳踏車的婦人。

倫福放下他的大砍刀。五十六歲的他皮膚黝黑，臉上有著深深的皺紋。他跟他的家人幾年前就離開了這村子，他們住在台山市，但他還是在這個農場工作，並照料著老家的房子。我打電話給他，向他介紹我自己，並告訴他我想來看看這個村子後，他今天就開車過來了。我們年齡相差十九歲，但我們都是黃家的第三十代子孫。倫福和健民是直系血親，健民是我住在馬里蘭州的堂伯父，我小時候常常見到他。健民和同樣住在馬里蘭州的素民是我父親最親近的堂兄弟，他們都是在這個村子還有省內的其他地方一起長大的。

黃棠和陳本儒跟我一起來到這個村子，我們跟著倫福到了父親和伯父的家。我們繞過了雞群和一隻黑狗。倫福說至少還有十戶人家和幾十個人留在這裡。

那棟房子位於村子的西南角，被一片竹林所圍繞著，陰影讓這片地方保持涼爽。我把一個裝有現金的紅包袋交給了倫福，那是父親給他的禮物。他是父親唯一還留在這裡的堂兄弟。

「他們應該把這房子修好，這樣新一代的人們就會看見此地的輝煌。」他說。

這棟以灰磚建成的建築是我祖父在一九三〇年代，靠著他做中藥出口生意賺來的錢蓋的房子，當時日本人正在中國北方與中國交戰。在修建期間，父親和他的母親住在一間老房子裡，後來又回到香港，但當日本人占領了那原先屬於英國的殖民地並開始驅逐華人居民後，他們又不得不尋找一個新家作為庇護所。由於男孩們的父親還留在香港做生意，所以他們未曾一同住在那間新房子。父親在那裡住了大概三年，之後就相繼去台山還有廣州讀書。

那棟房子孤零零地待在村子後方的角落，所在位置還超出了最後一排房屋的範圍。第一排房屋展現了這村莊寒微的起源，那排房屋由五棟位於東端的單層平房所組成，房子的前門都面向東邊的山丘，以便迎接清晨的陽光。這五棟房子是村莊的創始人家大為他的五個兒子所建的，其中包括我的曾曾祖父業裔。

其後人又在這些房子後面以一致的間距蓋了其他房子，且這些灰色的建築之間還隔有狹窄的小巷。

除了我家的別墅，這裡還有另一棟新的雙層樓房，是父親的三叔和四叔，振鈞（號華烈）和庭鈞（號華態）的房子。這兩棟房子都是用在海外賺來的錢蓋的。與我在繆邊和其他村莊所見過的那些奢華歐式別墅相比，它們顯得更為樸素簡單。就跟許多台山人一樣，我的祖父也想顯擺他的財富和國際化，展現他從歐美學習到的那套文化，與他源自的古老文明截然不同。

我踏進我們家門口，走到陰暗的室內。那扇木門一直半開著，還有著間距密集且可以卡進門框凹槽的金屬柵欄，其用途是防範入侵者。我在黑暗中瞇起眼睛，然後慢慢走到屋子中央，朝著從樓梯井和天花板孔洞照進來的那道光走去。這棟房子很久以前就已經被棄置了，整個一樓都是空的，到處都是玻璃瓶。

一根粗大的藤蔓從屋頂一路穿過一樓和二樓之間天花板上的孔洞，垂到我面前的地板上。一些爬藤從那根藤蔓中延伸出來。我們不在這裡的時候，大自然正在開墾這片土地，並似乎將要摧毀我的家族在此建立的一切。

本儒拍了幾張照片。「我和其他人在外面等你，」他說，「你慢慢來。你想來這裡很多年了，你得把這一切都好好收入眼底。我到現在都還記得我第一次回去探訪我老家村子時的情景。」

在其中一個房間裡有個滿是灰塵的火爐。父親的直系親屬和另一家人，也就是他堂兄素民一家，共用這間房間。這遙遠南方的冬天很溫暖，但在寒冷的日子裡，他們就會聚集在那爐子旁。地板上還放著六個小陶罐，我把它們撿起來，擦去上頭的灰塵，它們的大小適中，正好能放在我的手掌心裡。其中幾個有著棕色釉面，蓋子上還有白色的花紋。我們家族曾經在這些陶罐裡放了什麼東西呢？如果我把這些罐子帶回北京，我就和這棟房子有了連結。於是我把幾個陶罐放進我的背包裡。

我小心翼翼地走上樓梯到了二樓，發現更多的空房間。雖然我從房子外面看見了窗戶上的金屬百葉窗，那是伯父爬上竹梯後會關上的窗子，但我從裡面卻看不出來哪個房間是我們家族當年用來存放貴重物品的保險庫。站在屋頂的洞口下，我能看見房子上方高聳的那顆樹，那根藤蔓就是從那長出來的。這棟別墅被建來阻擋暴風雨和盜匪，但是卻擋不住大自然。

我發現另外三個人都站在外面。「房子的中間長出了一部分的樹，而且屋頂上還有一個洞。」我說，「那棵樹造成了不少損壞。」

黃棠轉向倫福，「列一份清單記下需要處理的地方吧。」他說，「大概估個價格，我會再寄給在美國的沃明。」他用伯父的中文名字沃明來稱呼他，沃跟明兩個字的意思是肥沃和明亮。

倫福指著高處牆壁上的一個狹縫。那是這些別墅的共同特徵，住在房裡的人可以從那個開口向外面的入侵者開槍。「拍張照片吧，」他說，「他們當時就是這樣把盜匪擋在門外。」

他引以為傲的是，這棟房子可以輕易地變成一座堡壘。最常見的敵人並非來自遙遠的地方，甚至也不是來自中國北方的平原。這裡的居民都曾懼怕住在山上或鄰近村莊的盜匪。台山是個樂於接受外來影響的地方，也欣然接納來自外國和異地的一切。但台山也有著另一面，那是舊中國所特有的一面：需要躲著不露面、需要待在自己的宗族或家族中，且需要避開外人以及他們所帶來的一切。家族和村莊具有近似的意義，每個家庭都能追溯到一個共同的祖先，他們團結一致，攜手對抗這個世界。

「你有考慮過搬到國外去嗎？」我在經過村莊前的魚塘時問倫福。「有那麼多家族裡的人最後都離開中國了。」

「我的父親曾經待在加拿大，那段日子對他來說並不容易。」

在我成長的過程中，我自己的父親曾在一間餐廳工作，每天得工作十二小時，我很少會在平日見到他。對於他那一代的移民來說，這是稀鬆平常的生活，他們不會吐露任何怨言，就只是默默忍受著。我可以理解倫福的想法，尤其是考量到過去這二十年中國經濟的蓬勃發展。

在村子的水井旁，有個女人正在抽水，還有個男人坐在黃色房屋旁的一張椅子上。

我走了過去，那女人並沒有抬起頭，但那男人卻微笑了。倫福跟我說他是黃洪波（Wong Hongbo，音譯）。

「你的父親可能認識我父親。」他說。「我父親在八十歲時去世了，你們家在美國待了很久。」

「將近要四十年了，但我父親離開村子的時間還又更久。他上高中前曾在這住了幾年，然後就再也沒有回來過了。他在香港認識我母親，然後他們就在美國定居了。」

「他們應該要回來看看。」他說。我每次跟台山人提到我的祖籍在這裡，他們都會這麼說。

「他們也應該出錢幫忙修繕祠堂。」

倫福和黃棠都點了點頭。

他指的是村子南端一所學校附近的一棟小建物，那裡已經變得破舊不堪了，但倫福卻在某個時間點湊到了足夠的錢，請人整修並清潔那裡。

「我看過那祠堂了，」我說，「那裡看起來狀況還不錯。父親和伯父每年都會寄錢給倫福幫忙維護祠堂。」

「那還不夠，」他說，「跟他們說我們需要更多錢。」

我曾經聽說過這種狀況。華裔美國人回到祖籍村莊，被要求捐款以資助某項建設或增進村莊的福祉。我在某種程度上預料到了這件事，但卻還是感到有點意外。這裡已經不是一九八〇年代或是九〇年代的中國了，那時的中國才剛從毛澤東的陰影中走出來，土地上還滿是瘦弱的農民。現在的中國有購物中心、摩天大樓、高速公路、還有LV和法拉利的經銷商。到了二〇〇九年的秋天，中國不僅撐過了全球金融危機，那場危機的起因是美國銀行體系中有毒的抵押貸款債券，而且中國還在政府向經濟投入刺激資金的推動下，不受大環境動盪的影響，仍然持續成長。

然而，我在這裡卻被要求告訴父親和伯父，村民還需要更多的錢來維護村莊邊緣的一棟小建築。

「我會跟他們談捐款的事。」我告訴倫福。

「這裡並不好過。你看到我們有兩棟校舍，我們用的是南邊在寺廟旁的那棟。北邊的另一棟校舍很大，很適合舉辦聚會。但我們不能用那棟，因為有另一個黃氏家族聲稱那棟是他們的，他們不讓我們使用那裡。」

「但我以為這裡所有家庭都是同家族的一分子？就像我也是這個家族的一分子。」

「是這樣沒錯。但他們就是這麼說。」

現在，午後的陽光在村子裡投下了長長的影子，空氣也開始變得涼爽。我向倫福道別，跟陳本儒和黃棠一起走回車上。我們開車經過松朗的集鎮，那正是伯父當年被士兵扣留的地方。多年後，伯父在移居美國之後開始定期捐款給這裡的一所學校，也就是黃棠指著的那棟建築物。我們沿著已然消失的鐵軌回到了城市裡。

四年多之後，我又回到那村子。本儒也再次來到中國，我們一起搭飛機到南方。我住在台山市的一間旅館，然後搭計程車前往合和村。這裡鄉間的景致看起來還是沒有變：稻田、騎著摩托車的人，還有坐在低矮水泥屋外的農民。村子一片寧靜，在這個冬天的午後，就連狗都很安靜。

村子南端的祠堂門上貼著一張村長選舉的登記表。多年前，記者和學者一直密切關注這類選舉，探尋著中國基層民主萌芽的跡象。如今，人們已經明白了現實的情況：這些選舉只是讓共產黨繼續握有權力的一種方法，只不過是在表面上營造人民可以選擇地方領導人的假象。在絕大多數的情況下，地方的黨組織都會確保他們所支持的候選人會勝選。

我注意到我們的祠堂換了一扇新的金屬門，並漆上了白色油漆。我走到村子的更深處，朝著我們家藏於竹林中的房子走去。我走上前時，有個男人從前門走了出來，他穿著防水靴，臉上滿是烏黑的泥土或煤灰。

「我來這裡看看我父親的房子。」我說。

「我最近才剛搬進來。」他說。

我不清楚這是怎麼一回事。他是誰，又有何權利能住在這裡？就在那時，倫福騎著一輛紅色摩托車來了。那個男人走回了屋內。

「這一家人來自廣西。」倫福說。「現在村子裡住著幾戶來自廣西和雲南的家庭，他們都是移民。」

他說的是中國南方的另外兩個省分。他向裡頭的男人點了點頭。「他們會在這裡待到他們不想再繼續務農為止，」他說。「你可以要求他們現在就離開，你不必擔心他們會搶走你的房子。」

倫福說外地人搬遷到這裡是因為他們原居地的田地不夠肥沃，這裡的土壤比較肥沃，可以種植更多種類的作物。倫福自己就用他一個親戚從美國帶回來的種子，種植各種瓜類作物。

我在想倫福是否允許這家人住在這棟房子裡，並向他們收取租金。

「我沒有這棟房子的權證，」我說，「我不知道父親或伯父那是否有副本。」

「房契在香港。」倫福說。「我知道那些文件都被妥善保管著，你的伯父也知道它們在哪。房契在我堂弟亢九的手上，原先是由我保管，但幾年前的清明節，亢九從香港過來拿走了房契。這裡所有的房屋都有新的房契，大約是在二十年前簽發的。

「這是你的房子。永遠都是你的。」

永遠都是你的。

倫福試著讓我放心，但父親和伯父從未對那棟房子的所有權表示任何興趣。我後來才知道，父親是在一九九九年從香港的亢九那拿回我們房子的房契。那本紅色的小冊子上蓋著一九八八年的印章，內容載明我們擁有五十八平方公尺的土地。

房屋內部仍是我記憶中那昏暗的建築物，但變得比較乾淨了。在倫福的幫助下，來自廣西的這一家人將房子打理得乾淨且整齊。穿過建築物的那根巨大藤蔓已經不見了，倫福才剛把它砍掉不到兩個月。但那棵樹還在外頭，逼近屋頂的洞。如果不進行能維持更長久的整理工程，那根藤蔓就還會再長回來。倫福花了兩、三天的時間才將藤蔓砍掉，他說他曾向伯父要錢幫忙，但卻一直沒有得到回音。

「這裡是個很不錯的地方，但前提是得先整修一番。」倫福對我說。「你可以自己來做，由你親自監督很重要。我拿到了一份工程的估價單，工程內容包括鋪平道路、裝上新窗戶、修理屋頂，並處理掉那棵樹。」屋頂上的那個洞仍需要修補，而且二樓也得要重建。來自廣西的那一家人現在是住在一樓。倫福估計這番工程的總費用要二十六萬人民幣，這金額在當時的價值大約等同於四萬美元。

「不好好整修一下這個地方就太可惜了，」他說，「這是村子裡最漂亮的房屋。房屋初建的工藝非常好，現在已經沒有人會這樣蓋房子了。也應該要有人住在裡面，這樣屋況才不會再惡化。如果你不整修這屋子，屋況就會變得越來越糟。」

我小心翼翼地走上木樓梯。房子的二樓看起來變得更加荒蕪，地磚裂開了且到處都長滿蕨類植物。來自廣西那家人的一家之主林連書（Lin Lianshu，音譯）跟在我身後，他指著屋頂上的洞。我不知道該跟他說些什麼，然後他就下樓去了。

「來看看這個。」本儒拿起一張裱了框的黑白照片說。我四年多前來這裡的時候還沒有看過這張照片。相框上的玻璃裂開了。這張照片拍攝於二十世紀初，照片中是一對年輕的夫妻，男人穿著西裝，女人則穿著連衣裙。我不知道他們是誰，但我把那張照片從相框中拿出來，放進了我的背包裡。

我走到屋外後，倫福跟我一起走回村莊的前面。我們走進了祠堂。那裡的廚房裡有兩個大鐵鍋。一間側房的牆邊堆著二十幾張方形的折疊木桌。

「你回家鄉來的時候，可以用這個祠堂來舉辦宴會，」他說。「像我這樣住在台山市的人，有時候回來時也會使用這個空間。城裡還有六、七個家庭會這樣做。他們把這裡用來舉辦婚禮和宴會，還有每年春天的清明節也會用到這裡。」接著他又繼續要我投資。「其他那些已經離開的家庭每年都會寄錢回來。他們寄回來的錢被用來維護祠堂。政府可不負責管這些。」

祠堂前有一堆碎石。倫福說他打算重新修整祠堂前的小路，讓它在暴雨中更安全。

他揮手指向村子的北端，那邊的祠堂是由另一個黃家分系所建，十年前曾用早已離開村莊的家庭寄回來的錢進行過翻修工程。那座祠堂是這裡少數還能讓那些人與這塊土地有所聯繫的事物之一。

在離開之前，我告訴倫福，從廣西移民來的那一家人可以暫時繼續住在我們家。我想就讓別人使用那間屋子也無妨。我還答應了他，說我會跟父親和伯父談談房子的狀況。在返回城市的路上，我從車窗望著其他村莊。那些村莊看起來都空無一人，徒留房屋和碉樓仍屹立於原地，但人們的生活都已經向前邁進了。

在飛回北京之前，我和本儒去找了伯父和父親曾跟我說過的新寧鐵路的遺跡，那是他們在台山的重要童年回憶。他們曾在那些鐵軌旁玩耍，再走去位於鄉間的松朗火車站，還去看過東邊的終點站，那就位於船隻要航往香港的港口附近。後來，在抗日戰爭期間，中國官員下令拆除鐵軌，以免這條鐵路遭到日本人利用。

在鐵路的其中一個主要停靠站斗山，我們繞著一個廣場走了一圈，那廣場上有個已不復使用的黑色火車頭，還有一尊陳宜禧的雕像，他是在美國經商致富的台山移民，後來返鄉修建了這條鐵路。有一家人正圍著那座雕像在拍照，其中一個男人說他是陳家的第十代子孫。他在舊金山當技師的三十一歲兒子陳榮（Wing Chan，音譯）回來看他。「我只知道他用自己的積蓄來修建這條鐵路。」他談及他的祖先時如此說道。

台山鐵路體現了當地的歷史，並且象徵該縣在現代中國格局中的位置。在努力協助振興中國的過程中，陳宜禧創建了中國第一條由私人資金建設的鐵路。德州大學奧斯汀分校（University of Texas at Austin）的歷史學家徐元音（Madeline Hsu）在研究台山時寫道，「陳宜禧可說是最接近達到華僑（即海外華人）英雄地位的人。」他的目標是「將台山從停滯不前的農業困境中拯救出來，並將台山打造成一個繁榮的商業都會。」

但新寧鐵路也是更廣大國家計畫中的一部分。建設私營資金鐵路的部分動力源於十九世紀末清朝政府在北京被迫給予日本和俄國滿洲的土地特許權。俄國開始在該地區建設鐵路，但日本在二十世紀初奪取了部分領土後，便接手了這項建設計畫。許多華人，包括那些海外華人，將這些租界視為外國列強試圖分裂中國的又一例證，也是二十世紀日本入侵中國的前兆，那次入侵行動將毀滅中國。

陳宜禧成功實現了一部分他對於新寧鐵路的原先計畫。新寧鐵路東邊的終點站設於江門，那裡是父親和伯父往返於香港與台山之間會經過的一個港口城市。新寧鐵路全長約一百三十八公里，大部分的建設費用由陳宜禧籌集到的兩百七十萬美元支付。中華民國的第一任總統孫中山也支持擴建鐵路，這是他打造橫跨中國十六萬公里鐵路網的遠大計畫的一部分，對他來說，鐵路是復興中華民族最重要的象徵標誌。然而，貪汙腐敗阻礙了陳宜禧的鐵路建設。他於一九二八年去世時，他的計畫僅完成了一部分。日本於一九三八年侵占廣州後，國民黨官員便命令當地居民拆除鐵路，以免鐵路遭日本軍隊利用。我上次在這裡遇到的家族歷史學家黃棠也參與了這項工作。

我們在江門與周華東一起吃點心，他是《江門日報》的記者，也是地方的鐵路歷史學家。他告訴我們，他試圖步行走遍已消失的鐵路全程。「現在的當地人其實不太了解這些。」他說。「我們想尋找鐵路還剩下的部分。我們一站一站地去找。由於台山市的車站已經被拆除了，唯一還留存的車站是北界站。我覺得最有趣的地方就是北界站，因為你可以在那看到原本的老建築。」本儒跟我曾經去過那個車站，它已經被改建成一間小型的博物館。裡面有一個舊式售票亭、木製長椅，以及牆上的一張火車時刻表。外面則有美術系的學生畫著車站的素描。

周華東在他的報社工作了十年，他跟一個同事要採訪我們，他們想知道我們這趟旅行的目的。我們告訴他們，我們來台山市是為了探訪祖籍村莊，並尋找父母親及他們那一代人口中的台山縣遺跡，包括僅存的那一點鐵路遺跡和其他留存下來的東西。

我們回到北京的幾天後，他們就寄了一封電子郵件給我們，信中附上了《江門日報》的頭版圖片，那是一大張我和本儒站在北界車站外的相片，標題寫著：「在地子孫回來了」。

父親已決定再也不回來了，他對返鄉沒有絲毫興趣。我意識到即使他在一九四〇年代那混亂的生活環境有所不同，他還是幾乎不可能會留在台山縣。並不存在任何一個平行宇宙是他在台山長大成人並在那間老別墅中養家育子，也沒有一個想像的世界是我在祖籍老家的土地上度過童年。台山就是移動，是向著更廣闊世界的一次猛衝，朝向那不只有磚房、竹林和魚池的世界衝刺。有時人們離開後會再回家，但更多時候他們離開後就再也不會回頭了。

第六章

國共內戰

廣州・一九四六～一九五〇年

中日戰爭屠戮了中國各地許多人民的生命，也在方方面面都顛覆了社會。而父親和伯父努力讓他們的學業回到正軌。在日本投降時，父親才十三歲，他正在台山縣的培英中學讀八年級，他也在台山再次見到他的阿姨伍寶琴。他後來進了一所廣州公立的全男子寄宿學校，廣州是省會的所在地，他的父親也在那裡擁有另一間中藥行。伯父曾輾轉於多所學校之間求學，但他在一九四六年的夏天從寄宿學校畢業了，那時父親才正要入學就讀。當時，他們父親的生意正陷入困境，戰爭打亂了對東南亞的藥品出口生意。

數十年來，廣州和上海一直是受外國影響最深的中國城市，城市中的頂尖學校及校內課程也反映了這一點。父親就讀的學校甚至在世紀之交的清朝末年就廣為人知，且大多數人仍用那年代的校名（廣雅）來稱呼那所學校。它現在的正式名稱是省立第一中學，且在這個擁有超過一百萬人口的城市中，被譽為城裡最好的國中和高中。

伯父在那間學校讀了一個學期，取得了高中學位。父親和伯父之所以會去讀那間學校，是因為祖父和父親兩兄弟都請祖父四兄弟中最年輕的庭鈞幫忙指導這兩個孩子的學業。庭鈞畢業於廣雅中學，隨後進入省內最好的大學就讀，並在那獲得了土木工程的學位。由於他的工程長才，庭鈞在一九三〇年代中期替台山縣政府工作的期間，協助建造了家族位於合和村的新房子。他後來在廣東省政府工作，且跟其他省級官員一樣，在戰爭期間搬到廣東省的北部。

父親於一九四六年的秋天踏入廣雅中學的校園，在那完成最後一年的國中課程。那座校園地處一片寧靜的鄉村地區，位於廣州擁擠的市中心的西邊。校園旁有一條小溪，附近還有一間女子學校。國共內戰的緊張氛圍不時升溫，進而爆發一些抗議遊行和政治行動，而廣雅中學是個遠離都市的庇護所。遙遠的中國南方，距離毛澤東率領的共產黨軍隊與蔣介石率領的國民黨軍隊發生衝突的血腥戰場相當遙遠。

毛澤東和他的同僚在延安的據點策畫了針對國民黨的行動，那裡位於中國北方乾旱的黃土高原上，當地居民們都住在窯洞裡。一九三七年，國共雙方達成了休戰協議，將重心轉向抵禦日本人的入侵。治理著中國的國民黨陷入艱困的戰鬥中，而毛澤東則在一旁看著，保留他的游擊部隊戰力，等待著內戰無可避免地再度展開的時機。

中國東北的滿洲地區成為關鍵的要地。在蘇聯紅軍兵臨城下之際，當地的日本軍隊向紅軍投降了。蘇聯刻意延遲將領土交還給國民政府，但卻允許共產黨人士先行進入，隨後國共雙方就為爭奪該地的控制權而爆發了激烈的戰鬥。美國人急忙將國民黨軍隊迅速派入該地區。

在廣雅中學，每週一早上都會進行政治思想灌輸教育。學生們擠進一個大禮堂，聽著孫中山的那些理念。在協助促成一九一一年的辛亥革命並推翻滿清政府之後，孫中山便成為中國的第一任總統。孫中山備受國民黨人士的崇敬，共產黨人也很尊重他。在廣雅中學校長主持的晨會上，學生們聆聽關於孫中山以及國民黨的思想與政治理念的講座。父親和他的高中同學背誦孫中山的三民主義，即民族主義、民權主義和民生主義。他們還唱國民黨版本的中國國歌。二〇二〇年，我跟父親談到他的高中歲月時，他都還能記起歌詞並唱出來。他說，在年輕時，他有整整四年每週都要唱這首歌，所以他不可能會忘記。

這些學生了解到孫中山在一九一一年的那場革命中所扮演的角色。辛亥革命始於華中地區軍官的起義，他們受到孫中山六年前協助創立的祕密社團的思想所影響。廣雅中學的歷史老師們也相當熱衷於討論那些影響學生切身生活的歷史事件，像是日本的侵略行動以及國民黨為收復家園失土而發起的戰爭。

男孩們必須參加某種形式的軍事訓練。他們身穿灰色或褐色的制服，分成幾個隊伍聚集在戶外進行體能訓練，但不會進行任何使用槍枝或其他武器的訓練。有時候，市內的兩、三所學校會一起進行這樣的訓練。父親也曾參加過一次訓練，訓練地點在廣州東部的一個運動場，他還在那裡見到他的堂哥素民。幾年前，在抗日戰爭打得最激烈的那時候，蔣介石曾號召年輕人從軍救國：那句「十萬青年十萬軍」的口號，父親和伯父至今都仍記得。

在南方（尤其是廣州）的共產黨人士態度相當謹慎。政府官員和他們在校園中的代理人都密切關注著各種政治討論，因此在廣雅中學裡不會有人公開談論共產黨。父親曾聽說有些支持共產黨的學生暗自在地下活動，不過他們並不是共產黨黨員。後來，在一九四九年共產黨於國共內戰中勝利後，這些親共的學生就會公開露面，為自己在內戰期間祕密進行的工作感到自豪。

父親並不是共產黨分子，他的好友也都不是。他曾懷疑學校某位老師是共產黨分子，甚至可能是黨員。那位老師有時會跟學生談到共產黨，但他做得很低調，沒有引起太多注意，也不是用強硬或說教的方式去談論。

從一九四六年到一九四八年，針對國民黨的抗議行動常常在市內的兩個年度遊行中爆發。那些遊行由官員組織，廣雅中學、中山大學及其他學校的學生都會參加。每年的十月十日，也就是雙十節那天，都會舉行一次遊行，以茲紀念一九一一年的辛亥革命和中華民國的成立。每年的三月二十九日也都會舉行一次遊行，是為了紀念在廣州發生的一次失敗的反清起義行動，至少有七十二名起義者在該次行動中被殺害。近來的革命歷史激起了校園中的政治動盪。有些學生和城市中的其他居民參與了反外遊行。一九四八年一月十七日，伯父目睹抗議人士縱火燒毀英國領事館和幾處商業場所，造成至少六名英國人受傷。那些抗議人士對於英國政府試圖將三百名中國居民驅逐出他們在香港九龍區的家園感到憤怒，他們還把英國和美國政府跟國民黨看作是一夥的。

在廣雅中學，每班約有五十個男生，他們會被分配到一位要教導他們整個高中三年的導師。這位導師負責監督學生從事的政治活動，確保他們不會偏離國民黨的信條。負責父親班級的導師鍾哲民是位身材瘦削但為人嚴厲的男子。他避免與學生談論政治話題，但又總是好像在暗中觀察著他們。學生都稱他為間諜。有些學生看過他翻找他們的書桌抽屜，有一次他在某個學生的書桌發現共產黨的宣傳資料，後來那名學生就被送回香港，再也沒有人在學校見過他。

鍾介名還曾傳裸女的照片給學生看。父親告訴我，這麼做是為了分散男孩們的注意力，讓他們不要討論政治，而投入在其他興趣愛好上。

如果有哪座城市可說是現代中國歷史上的關鍵，那就非廣州莫屬了。這座大都市位於珠江三角洲入海口的北部，距離明清兩代的首都北京超過一千七百多公里遠。這段距離有助於形塑當地人民的思維模式，尤其是那些菁英和知識分子的想法，並在他們心中植下了叛逆、抵抗和革命的精神。從十九世紀末和二十世紀初幾位來自廣州或廣東省的重要人物的觀點來看，北方人被視為阻礙中國發展的保守派必須徹底改變或是直接推翻他們的統治，才能令中國成為一個偉大的國家。構成這種想法的部分原因還夾雜著民族敵意，因為許多南方的華人認為自己是被外族侵略者滿人所征服的漢人。

除此之外，廣東居民和華北居民之間的差異還因語言的隔閡而變得更加明顯。粵語和普通話是不同的語言，兩者的關係就像是法文和西班牙文。我從小跟父母都說粵語，長大後才學了普通話。有些歷史學家和語言學家認為，粵語更接近數千年前中國北方黃河流域居民所使用的語言，而黃河又被視為中華文明的發源地。該地區的一些氏族南遷，然後北方民族一波又一波的入侵就改變了當地的語言與文化。

近代中國與工業化的各國列強也在廣州進行持續且密切的接觸交流，這些交流影響了廣州這片土地的歷史走向。在古代，廣東人曾與一些羅馬商人互通有無。在第一個千禧年的唐朝時期，阿拉伯商人會定期來訪廣州，但當阿拉伯人不再進行長途的海上航行後，這些貿易聯繫就中斷了。後來歐洲人從十六世紀開始與中國建立起強健且持續的貿易關係。

廣州成為了全球化貿易的重要樞紐。從一七五七年到一八四二年，英國在第一次鴉片戰爭中打敗清廷後，中國統治者就決定與歐洲的所有貿易活動都必須經由廣州，且得特別透過稱作「行」的十三家貿易商行。這些商行組成一個壟斷市場的組織，叫做「公行」。即便在中國於一八四二年戰敗之後，西方人還是必須待在廣州市中心的城牆外。商品在廣州與下游的外國船隻間運輸流通：中國出口絲綢、茶葉和瓷器，同時進口白銀、武器、彈藥和玻璃。

一八八五年，外國士兵翻越城牆進入廣州。外國的商人和冒險者隨後就在珠江上的一座小島（沙面島）定居，並從那裡與中國進行通商貿易，這是在城市裡的自我放逐。到了二十世紀末，辦理收養中國孩童手續到最後一階段的美國人，還是習慣性地選擇留宿於島上的一間飯店[13]，這樣的做法稍微呼應了早期隔離外國人的狀況。

清朝時期與外界的接觸讓許多廣東人選擇出國工作。海外的華人有一半以上都來自廣東，尤其像是來自台山縣的移民就成為美國的勞動力來源。

這些交流互動的最大影響，是為即將改變中國近代歷史進程的那些人物，激發出新的思維模式。外國人帶進中國的那些思想根植於廣州地區幾位特殊人物的腦海中，他們

13 譯注：指的是白天鵝賓館。中國於九〇年代初通過並實施《收養法》，確立外國人可依法收養中國子女，之後中國的國際出養比例開始上升，而美國也成為了收養最多中國孩童的國家。領養的大多數手續是在中國廣州的美國領事館辦理，在二〇一三年之前，該領事館就設於沙面島上。因此領事館旁的白天鵝賓館便成為了家庭領養旅程在中國的最後一站。

以這些思想為土壤，進而形塑出自己的願景。然後，他們再憑藉著純粹的意志力與個人魅力，聚集了追隨者，並嘗試改變這個帝國，必要時也不惜使用暴力的手段。他們以各自的手段和方式尋求中國的復興。

洪秀全是個來自廣州郊區的農民，他在十九世紀艱難的科舉考試中屢次落榜，未能實現成為清朝官員的目標。在聽了基督教傳教士的講道並閱讀摘錄聖經內容的小冊子後，他很快就開始看見天國、上帝和耶穌基督的異象，並相信自己是耶穌基督的弟弟，並以自身為中心建立了一個邪教，這最終演變為一場武裝暴動。太平天國之亂成為了中國歷史上規模最大的內戰。洪秀全告訴他的追隨者，上帝是他的父親，耶穌基督是他的哥哥。他在中國南方統治一個獨立的王國，並從那裡向清軍以及受雇於北京朝廷的外國傭兵發起戰爭。他攻下了整片中國南方的領土，版圖最遠拓展至劃分中國南北方的長江。第一波重大的衝突爆發於一八五一年，且戰事持續了十三年，直到洪秀全於南京病逝。歷史學家估計太平天國之亂的死亡人數總計在兩千萬到三千萬之間，這數字是美國南北戰爭（American Civil War）死亡人數的三十倍以上。

這起叛亂的爆發距離第一次鴉片戰爭還不到十年，並且加速了大清帝國的衰亡。這兩起事件的根本原因都是與歐洲人的接觸。在太平天國之亂期間，災難般的第二次鴉片戰爭又接踵而至，中國因而將香港島附近的更多土地割讓給英國。

清廷的一些政治哲學家，包含出身自廣東的知名人物梁啟超，在研究歐洲的君主立憲制，尋求中國政治轉型的可行之路，目的是要鞏固整個帝國。清朝統治者最終鎮壓了這些運動。

其他南方叛亂人士也投身此一志業。在二十世紀的中國，來自廣東的任何人物都無法擁有超越孫中山的影響力，他所提出的三民主義是父親跟他的同學們在每週的集會上都要誦讀的重要思想。孫中山在海外度過他性格形成的時期，他體現了廣東人的跨國主義。他是那一代知識分子中最國際化的人物。跟梁啟超和另一位廣東出身的知識分子康有為一樣，他也認為清朝的帝制迂腐僵化又陳舊過時，是阻礙中華帝國重拾昔日榮光的障礙。

孫中山出身自農民家庭，他們家的經濟能力沒辦法負擔讓他準備科舉考試。他去了夏威夷，並成為一名基督徒。後來他又住在香港。不在中國的那些歲月對他影響深遠，讓他相信自己的祖國已遠遠落後那些工業化國家。一八六八年，日本在明治天皇的領導下展開了雄心勃勃的現代化計畫，看見中國與日本的差距令孫中山感到痛心，而正是維新這個想法激勵了他。

起初，孫中山指出滿洲人對中國長達數百年的統治就是帝國衰亡的根本原因。隨後他又將焦點轉向美國、日本和歐洲各國的侵略，以及這些列強在鴉片戰爭後強加於中國的「不平等條約」。他三民主義的第一條基本思想使用「民族」這個詞，闡述了對漢族面對帝國列強的侵略和滿洲人的占領，仍懷著期許擁有一個強大祖國的渴望。這喚起了人民對民族主義的願景，也引發了父親、他的同學以及許多年輕人的共鳴。這些人從高中畢業後，開始思考他們能如何協助建立一個新中國，而他們所做出的抉擇便會以此思想願景為基礎。

在遊歷世界各地的期間，包括待在美國的那些時光，孫中山協助組織推翻滿清政府的行動。他建立了一個渴望復興中華民族的海外華人網絡，他們透過捐款資助反叛行動。一九一一年清朝滅亡時，孫中山在丹佛的火車上得知此消息。隨後孫中山就擔任了中華民國臨時政府的第一任臨時大總統，並共同創立國民黨，數十年後，這個政黨將與共產黨爭奪中國的控制權。

中國共產黨第一次全國代表大會於上海法國租界的一棟別墅召開，僅僅兩年之後，年輕的信徒在一九二三年就開始聚集在廣州和廣東的東部地區，共產黨在那裡建立了基地。共產黨人下定決心要打破國民黨對華南地區的控制。國民黨在南京建立了首都，這座城市位於長江口，曾經是明初統治者的首都，也是自稱為上帝之子的洪秀全所建立的太平天國首都。

共產黨在廣州的黨員人數持續增長了四年。一九二七年，廣州當地的共產黨領導人決定展開大膽的行動，試圖一舉激勵南方的革命者。當年十二月，他們占領了廣州的政府機關。國民黨的軍隊在三天內就擊敗他們，並且幾乎處決所有參與叛亂的人。許多共產黨員逃往其他地方，包括上海、江西省，甚至是西北方黃土高原上的延安。有些人則幫忙在南海的海南島上建立據點。

在廣州，共產黨人士不得不在暗地裡行動，日軍入侵時的狀況是如此，且在戰後國民黨重新掌控當地後也是如此。而這也是我父親在國共內戰重燃戰火後、讀高中時的現實生活狀況。

共產黨要獲得學生的支持並不困難。在人民的日常生活中，沒有什麼比國民黨的貪腐和弊政還要更引人注目的事情了。父親每逢週末去市區，住在他母親、伯父和五個堂兄弟同住的出租公寓時，他會看到路邊的小型賭攤經常有一群男人聚在那玩骰子。妓院的生意也相當興隆。

有一天，他聽說素民在市區騎腳踏車時被車撞了，那輛車還輾過了他的臀部，他疼痛難耐且無法行走，後來被送到醫院，他的母親也從香港來到廣州幫忙照顧他。

廣州的汽車很少，只有那些有錢有勢的人才有車，且他們大多都有請司機。另一個堂弟是廣州東部一間警察局的警員，他告訴家裡的人，開車撞到素民的人開的是廣州市警察局長的車，那個局長又是國民黨的資深黨員。「你們什麼也做不了。」那個堂弟告訴其他家人。「就算你想跟他們談，也不會有任何結果的。」

貪汙腐敗的現象蔓延至國民黨的高層及其友人和盟友。對許多市民來說，這個政黨代表了政治腐化，而不是孫中山時期的理想主義。父親和他的同學聽說過蔣介石家族成員的貪汙事蹟，那往往都與那些商業大亨脫不了關係。

由於政府的貨幣政策，全中國的通貨膨脹迅速飆升。父親早上看到冰淇淋的售價是某個價格，到了晚上，由於鈔票在幾個小時內大幅貶值，其售價就已經調漲了好幾次。

作為最基本的主食，米的價格每天都在上漲。一九四六年春天，也就是伯父在廣雅中學校園讀高中的最後一個學期，他不得不自己帶米飯來補充學校的伙食。在抗日戰爭期間，國民黨的執政造成財政赤字，而且還透過印鈔票來維持經濟運作，這導致通貨膨脹迅速惡化。國民黨在戰爭期間印製大量的鈔票，量大到他們甚至必須在英國印刷部分的鈔票，再以軍用飛機從緬甸飛越喜馬拉雅山脈送到中國西南部地區。

高中畢業後的那幾個月，伯父協助他父親批發店裡的員工清點他們從零售商店收回來的鈔票，這些鈔票是被裝在麻袋裡騎腳踏車運回來的。有時候，這些鈔票多達數十萬張，他們分秒必爭地趕在每天下班前，把這些錢換成美金或港幣。

在抗日戰爭期間，美國向國民黨提供了大量的各種援助資源。戰爭結束之後，剩餘的那些軍用品就大量流入廣州的市場。人們在街頭攤販賣著罐頭食品，還有高品質的皮帶和鞋子。父親對他們稱作「原子筆」的東西感到驚奇，那種筆竟然不需要沾墨水就能寫字。廣雅中學的教師們穿著黃色制服，那是戰爭期間在中國為美國政府工作的美國人民的制服，每位老師都有一兩套那種制服。

父親在校園用德國製的祿萊（Rolleiflex）相機到處拍照。雖然他父親的中藥生意在戰時受到影響，但他們家還是買得起一些奢侈品。父親會在一個朋友家的暗房裡沖洗底片，有時也會交由照相館洗底片。他給我看過一些他當年拍的黑白照片，那些照片被收在他臥房的一個箱子裡，都是他或他的朋友拍的，洗出來的照片小到可以放在手掌心。其中一張照片是他跪在廣雅中學校園的一道牆邊，脖子上還掛著他的相機套。另一張照片是他看向一邊的側臉照，那張照片拍得非常好。還有一張是他和一群年輕男女坐在珠江上的一艘小划艇裡。在幾張照片中，他赤裸著上身，跟他要好的堂親們站在泳池邊。他有著一頭捲髮，他的朋友們因此稱他為「洋鬼子」。我可以感受到廣州夏天的潮濕，空氣中那種北迴歸線地區的濕潤感。這些照片也展現出一種男性氣概，當我父親幾年後在東北的森林，以及遠在西北方的乾燥草原和山區穿上軍服，那種氣質又顯得更加鮮明。在廣州時的他還留有最後一絲少男的氣息。

對於在中國的每一個人來說，整個世界都將要改變了。一九四九年的夏天，父親搭飛機從廣州到香港去探望他的父母，他的堂兄弟素民和健民也與他同行。那是父親第一次搭飛機，他害怕得不敢看窗外。那輛飛機就這樣帶著他飛越珠江三角洲沿岸綠意盎然的土地，以及注入香港港口外海的銀色水流。

他的父親也很擔心，還叫他下次不要再搭飛機了。但在暑假期間，父親又不得不搭飛機返家，因為南下的火車上滿是中國公民，他們試圖躲避不斷進逼的共產黨軍隊，並在英國的殖民地尋求庇護。這跟抗日戰爭期間令香港人口遽增的難民潮很類似。現在，許多逃亡者都是商人及其眷屬，包括上海的居民，他們是中國國際商業中心菁英圈子中的一員。如果他們有能夠隨身攜帶的錢財，如黃金、白銀、美圓或港幣，他們就會用袋子裝起來。父親和健民的返鄉之旅結束後，要搭火車回廣州不成問題。人們並沒有爭先恐後地進入中國。但對父親和許多年輕的中國人民來說，共產黨喚起的是希望，而不是恐懼。解放就近在眼前，且隨之而來的將會是重生。

消息很快就在校園裡傳開：國民黨要離開了，他們炸毀一座橫跨珠江的橋，以拖延共產黨軍隊進攻的速度。隔天早上，父親跟朋友去了現場。他們不敢相信國民黨真的在撤退時毀掉了這座橋。大塊的鐵片散落在附近，有一塊碎片還飛到一棟建築物的三樓，卡在牆裡。被綁在河岸邊的船在河面上輕輕地上下晃動。父親和朋友不知道那些仰賴船隻生活的人們是否有被飛來的金屬傷到。

在他們心中，摧毀橋梁是對廣州居民最重的侮辱。貪汙腐敗、傲慢的態度和國民黨的經濟管理不善都體現在這次行動中。國民黨軍隊也炸毀了他們的彈藥庫和一些機場設施，而且還試圖破壞主要發電廠，但被城內的共產黨支持者阻止了。

廣州是最後才落入共產黨手中的重要城市之一。在早些時候的十月一日，遠在北方的毛澤東站在北京紫禁城前的城牆上，宣告了國民黨統治的結束和中華人民共和國的成立。他的部隊已經徹底掌控滿洲人的舊都，即清朝的統治中心，且其手下軍官們正在市中心奪取各院落。十月十三日的晚上，共產黨士兵疲憊不堪地抵達廣州郊區，並在郊區的街道上過夜。

隔天，他們就沿著城市的主要幹道遊行，來到父親於週末所住的公寓附近，並鼓勵當地居民出來加入他們的行列。但大多數人都帶著額外準備的食糧蹲守在家中。他們就這樣待在家裡，好幾天過後才敢出門。父親在日本人接管香港時，也見過人民做出相同的反應。

廣州的住宅和商店都完好無損，這裡沒有發生什麼大型的戰鬥或交火，也沒有搶劫或縱火事件。國民黨人並沒有接受過游擊戰的訓練，所以他們的士兵都已經逃走了，沒有留下來攻擊共產黨的軍隊。

中國人民解放軍占領了這座城市，並由中央軍事委員會負責監督整個中國南方地區的治理，該機構在廣州的主要辦公室占據了一整個街區。軍方於十月二十一日舉辦了一場勝利遊行，有十五萬人參加。工程師開始重建珠江大橋，工程直到一九五〇年才終於完成。

當共產黨的軍隊逼近廣州時，廣雅中學的許多學生都離開他們的家園了，學校也已經暫時停課。確認共產黨不會立即採取措施干涉廣雅中學或是其他學校的運作，也不會迫害那些跟國民黨或商人有關係的學生後，學生才開始陸續返回校園。

軍方在學校派駐了一名代表。隔一年，這名軍方官員就被一名共產黨的代表取代。學校逐步恢復正常上課，但週一的集會再也不用誦讀孫中山的三民主義和國民黨的口號，且市內的軍事訓練演習也取消了。學生們開始參加新的政治活動。校內的官員組織學生參與在市中心舉辦的遊行活動，父親跟他的同學們發現自己置身於高聲為人民解放軍喝采的大批人群之中。

中國共產主義青年團在校園內建立了據點。該組織成立於一九二二年，就在於上海祕密召開的中共第一次全國代表大會後一年，但當時尚未在南方扎根發展。共青團的領導者會挑選有潛力的學生，培養他們成為共產黨黨員。一九五〇年，廣雅中學的教師開始在課堂上加入共產黨對歷史和新聞事件的各種觀點。教師們談起美國試圖侵略中國，並頌揚蘇聯的英雄人物。在考試中，他們還要求學生寫下對於當下時事的解讀，並且會糾正任何偏離共產主義正統思想的觀點。

士兵在街上巡邏，一些社區則有成群結隊的年輕志願者放哨。官員在城市裡實施夜間宵禁，還強迫住戶要登記槍枝和其他武器，然後再宣布持有那些武器是違法的，並將之充公。一九四九年的十二月就收繳了大約一千六百件武器。

在控制了廣州之後，共產黨最關心的是剷除那些沒有撤退到臺灣而還留在當地的國民黨士兵或官員。有些國民黨人利用小船往返於香港和廣州之間。從一九五〇年三月開始，共產黨就要求所有船主展示註冊的號碼，並且停泊在指定的港口。警方會檢查進出港口的船隻。在夜間，停泊在岸邊的船隻都必須掛上點亮的燈籠。

但最令共產黨擔憂且使城市居民懼怕的是國民黨的空襲。國民黨軍隊開著美國製造的戰機從臺灣發起攻擊，這些戰機能夠飛到廣州、上海和南京這三座中國南方重要的沿海城市。共產黨在進入廣州後的隔一個月就成立了空襲防禦總部，但這幾個月來仍缺乏足夠的設備來抵禦那些空襲行動。共產黨沒有防空炮，也沒有空軍。從一九四九年十一月到一九五〇年二月，廣州的官員就記錄了至少七十六起戰機發起的攻擊，以及至少一百七十名的傷亡人數。最致命的一次攻擊發生在三月三日，國民黨的飛行員駕駛七架戰機發動了一次襲擊，造成至少兩百五十九人死亡和三百四十九人受傷。

廣雅中學校園的所在位置距離一座發電廠非常近，官員擔心國民黨飛行員如果空襲發電廠時沒有精準擊中目標，可能會誤擊學校。校方因此決定關閉校園，並要學生回到市中心的家中。老師則在市中心繼續授課。一個來自廣州西部的同學朱榮駒邀請父親和另外四個男孩一起住在他家的三樓，那裡有自己的廚房可以使用。從一九五〇年一月開始，當時父親正要展開最後一個學期的生活，那年級的學生們會在下午步行前往市區的一所學校，那裡有一位來自廣雅中學的老師負責教課。

在三月，共產黨終於用防空炮成功擊落了一架國民黨的戰機，且遭到空襲的頻率逐漸減少，隨後就完全停止了。但父親跟他的同學們仍留在市中心，繼續在那裡上課。他們在夏天才回到原來的校園參加畢業典禮，成為共產黨統治下畢業的第一屆學生。他們知道這具有重大的意義，也意識到自己正在邁入成年階段，在這個時候，他們的國家和黨需要他們的協助，以實現革命的目標：改變這個國家及社會的根本結構。經歷了這些年來的各種暴力後，一個全新的中國就在他們的眼前。他們渴望協助建立一個新中國。然而，他們沒有預料到自己會被捲入一場新的戰爭之中。

一九五〇年六月，韓戰爆發的消息迅速傳遍了整個校園。隨著國民黨空襲造成的威脅減輕，學生從暫居的城市返回，重新住進了擁擠且潮濕的宿舍裡。父親跟他的同學準備要畢業了，高年級的學生人數縮減到大約一百人。有一些同學的父母害怕遭到共產黨報復，因而逃到臺灣、香港或其他地方。

在廣雅中學，沒有人預料到亞洲這麼快就會爆發另一場戰爭，而且地點就在中國東北的邊境。政府公告和官方媒體的報導指出，美國與南韓共謀，對由中國和蘇聯扶持的北韓共產政權發動全面攻擊。朝鮮半島在一九一〇年遭日本併吞，隨後接受其殘酷的占領與統治。一九四五年，日本戰敗之後，美國和蘇聯立刻就同意以北緯三十八度線為界，將朝鮮半島劃分為兩個勢力範圍。兩個朝鮮政府在那一年相繼成立，並各自都宣稱自己擁有整個朝鮮半島的主權。一九五〇年，由受史達林（Stalin）支持的知名抗日游擊戰士金日成所領導的北韓向南發起侵略，試圖實現其統一朝鮮半島的主張。

中國政府在其政治宣傳中，將位於首爾且由美國支持的南方政府（正式名稱為大韓民國）描繪成侵略者和挑起戰鬥的一方。中國國營的新聞機構聲稱，韓國南方勢力的入侵，是美國試圖打擊亞洲共產主義陣營並且推翻毛澤東和北京共產黨的陰謀。根據那些政治宣傳的說法，美國密謀計畫的最終目標是重新扶植蔣介石和國民黨。毛澤東公開表示，如果這種情況發生，他和部隊會回到延安山區的窯洞避難並進行游擊戰。但當前的首要任務是阻止美國軍隊攻占北韓，進而占領整個朝鮮半島。

有一天，校園裡共產黨的代表召集了父親和他的同學們，要他們走進城裡。他們行經空曠的鄉間和偶見的稻田，一個小時後才抵達市中心。在一條寬闊的大道上，他們跟來自其他學校的學生一起遊行，以表示支持北韓政府於戰爭中所付出的努力。遊行中的口號強調美國的邪惡計畫：「反對美國帝國主義。反對蔣介石。反對杜魯門。」

金日成在史達林和毛澤東的准許下，於一九五〇年六月發動了奇襲式的地面入侵行動。隨後，聯合國安全理事會批准了一支由多國軍隊組成的部隊來支援南韓軍隊，其中美國提供了九〇%的兵力。但金日成大獲全勝，在那個夏天，他把南韓人和美國人逼到了朝鮮半島的南端，讓他們幾乎要被徹底擊敗。廣雅中學校園裡的共產黨代表在那年夏天，組織學生參加了三、四次在市內舉辦的集會遊行。每一次，學生們都頂著炎熱的天氣，步行一個小時前往遊行的起點，並在遊行中譴責美國人。

父親不得不將此與對哥哥生活的認識劃分開來。當韓戰爆發，反美情緒在中國蔓延高漲時，伯父正在華盛頓攻讀工程學學位。他在共產黨接管廣州前一年半，於一九四八年四月離開香港，乘坐戈登號（SS General W. H. Gordon）前往加州，他當時獲得了舊金山林肯大學（Lincoln University）的獎學金。但他並沒有開始上課，而是飛去了華盛頓。來自祖籍村莊的兩個叔叔，國鈞（號華杰）和振鈞（他們兩人分別是素民和健民的父親）需要他的幫助，他們新開的餐廳東方之星咖啡館（Eastern Star Café）需要人手。於是他去讀了喬治華盛頓大學（George Washington University）。到了一九五〇年的夏天，韓戰爆發時，他已經完成大學第一年的學業。儘管他的弟弟從中國領導人那所聽到的都是關於美國的邪惡事跡，但伯父卻將自己的未來緊繫於美國的命運了。

那些政治宣傳工作是毛澤東在掌控中國後首次嘗試進行的大規模動員。在接下來的二十年間，他將在這方面的才能發揮到極致，這是極少數現代領導人能做到的，但對國家與其數億公民來說，這卻帶來了災難性的後果。我的家人留在毛澤東統治之下的中國，他們也將被捲入這場混亂的漩渦之中。但在一九五〇年，大多數中國人都已經準備好犧牲自我，幫助他們的政府和北韓軍隊將美國人逐出東北亞。

父親的整段青年時期都是在南方度過，他在香港、台山和廣州之間奔波往返，活在充滿動盪與戰爭的歲月中。現在，毛澤東給了他一個北上的理由。儘管毛澤東自己是來自湖南省的南方人，但共產主義革命的重心隨著歲月的推移已然轉向北方，那裡是中國帝國的傳統權力中心。國共內戰的重大戰役也都發生在那裡，毛澤東在延安的山區運籌帷幄，取得勝利之後，毛澤東決定在北京的紫禁城旁設立共產黨的總部，此舉意味著共產黨視自己為中國歷朝的繼承者。儘管共產黨經常說要與過往徹底決裂，但這也一點都不重要了。

父親想要去北方讀大學，因此他在一九五〇年畢業後，搭火車前往上海參加大學入學考試。在廣州舉行的考試無法申請北京的大學，但在上海舉行的考試可以。共產黨正在北京行使其政權，改變國家的各種決策也都是在北方制定的。當父親得在北京農業大學和東南部的浙江大學之間選擇要就讀的學校時，他很輕鬆地就做出了決定。

父親在前往北京前，先回香港進行了最後一次探親之旅。在整個高中時期，他都會在寒暑假回去探望父母。一九五〇年，共產黨尚未封鎖與英國殖民地接壤的邊界，所以要往返兩地還是相當方便。相較共產黨接管中國前的上一個夏天，當時許多人試圖逃離中國，現在要買從廣州出發的火車票就容易多了。父親的父母還住在靠近賽馬場的跑馬地附近一帶，那裡也是父親從小長大的社區。不過，他們已經搬到另一間公寓了。

他的父母試圖勸他不要去北京。他們說那裡太遠了，而且共產黨真的可以信任嗎？沒有人知道他們會如何治理國家，也不知道他們會將中國帶往何方。共產黨批判企業家和小資產階級人士，父親的家庭就被貼上這些標籤。但他的父母也知道他其實早已下定決心了。

父親待在香港的最後一晚，他的父親帶他去中藥行附近的一條小街吃晚餐。走在寧靜的街區中，潮濕的夏夜讓他意識到，不論未來會發生什麼事，他都想要好好記住當下這一刻。他想知道沃明當時身在何處，也想要再見他這個哥哥一面。他們兩年前已經道別過了。他聽著附近有軌電車的鳴笛聲，那是他童年時熟悉的聲音。他一邊吃著熱氣騰騰的麵，一邊和他的父親聊了起來。他父親告訴他，在北方要小心，用功讀書，千萬別像以前那樣生病了。你是我們最小的兒子，一生都與我們緊密相連。他們都知道，北京的日子將充滿各種不確定性，當時的中國正處於劇烈變革的風口浪尖。

但人們也想知道香港的未來會如何。香港的街道、商店和學校都還是令父親感到熟悉，且英國國旗也仍飄揚於這片殖民地上空，這裡一切都跟他年輕時所見的一模一樣。然而，大英帝國經歷第二次世界大戰後正在解體，印度、緬甸和巴勒斯坦託管地的獨立運動似乎都在所難免。沒有人知道香港將會如何融入這個從帝國灰燼中誕生的新世界。

那天晚上，父親跟他的堂哥健民睡在中藥行樓上的房間裡。隔天一早，他們兩人就一起去火車站搭車回廣州了。健民留在廣州讀大學，父親則搭火車北上，離開這片熱帶地區還有他童年時所知曉的一切人事物，進入了變革的中心。

黃氏兄弟在英國殖民地香港和飽受戰爭摧殘的中國南部一起長大，之後分開了將近十五年。這張照片攝於一九三六年左右的香港，當時父親大約三歲，身邊是比他年長四歲的沃明伯父。

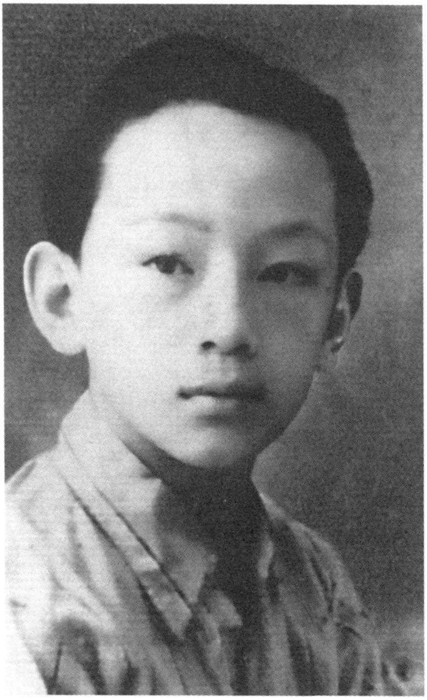

日本占領香港，迫使這兩位男孩和他們的母親於一九四二年初離開，前往中國廣東省的祖籍所在地合和村。父親後來進入廣州市的男子中學就讀。這張照片攝於一九四七年，他當時還是學生。

父親在廣州讀書期間，會在假期時回香港探親。這是他在一九四七年左右於香港淺水灣遊玩時所拍攝的照片。在一九四〇年代的動盪時期，他的父親留在英國殖民地，努力維持家族的中藥事業。

一九四八年初，在沃明伯父前往美國留學之前，他們在香港與父母合影留念。父親站在左手邊。

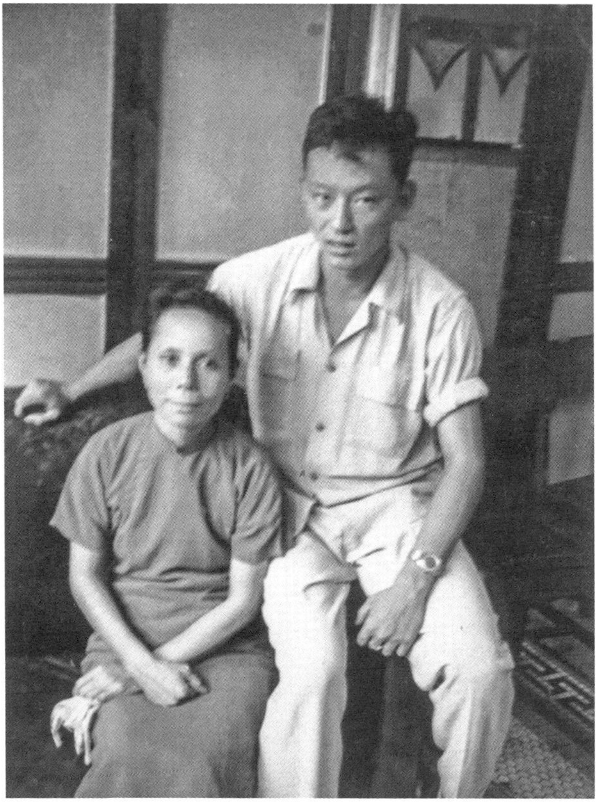

在中國內戰期間，黃家成員在香港、廣州、台山縣和美國之間往返。父親住在廣州的中學校園裡。這張照片攝於一九四七年左右，他當時到他的母親在市內租的一間公寓探望她。

一九四七年左右的廣州，父親努力獲取內戰期間共軍進展的最新消息。最激烈的戰鬥發生在中國北方。

作為攝影愛好者，父親隨身攜帶著一台祿萊相機，這是他一九四八年左右在廣州廣雅中學校園內拍攝的照片。

共產黨和國民黨軍隊為爭奪中國的控制權作戰，當時父親與廣雅中學的同學、老師討論國家的未來。這是他一九四八年左右的照片。

父親熱愛游泳。他也喜歡在同學朱榮駒家裡舉重，那是一九五〇年春天共產黨革命後他居住的地方。這張照片中的他正在這棟房子前擺姿勢拍照。

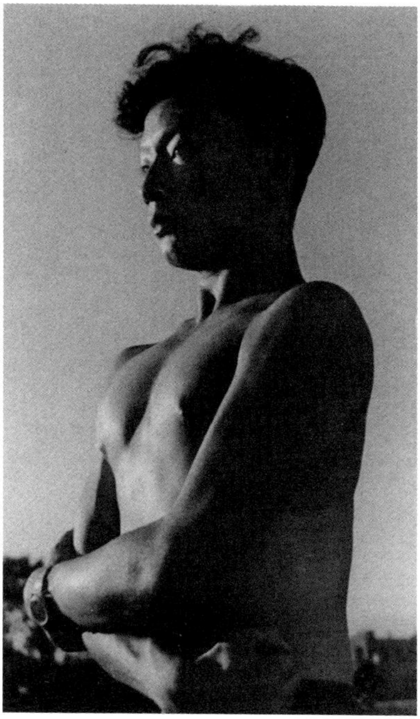

父親與表親和朋友在一九四八年左右的廣州游泳池合影。他是後排左三那位留長髮的男孩。他的堂哥健民在那排最左邊，而他身旁的堂哥素民站在最右邊。

父親與朋友和表親，包括健民和素民，在一九四八年左右於廣州游泳後合影。父親在前排左二。

一九四九年共產黨勝利後，父親渴望進入北京的大學，當時毛澤東已經將北京定為中華人民共和國的首都。這是一九五〇年高中畢業前不久，父親站在廣州同學朱榮駒家陽台的照片。一九五〇年春天，由於擔心從臺灣出發的國民黨戰機轟炸校園，父親與四名同學住在朱家。

父親在新疆邊境服役於人民解放軍的時期僅存兩張照片，這是其中之一。這張父親穿著冬季軍裝的照片拍攝於一九五三年的伊寧，靠近蘇聯加盟國哈薩克。他後來把照片寄給在英屬香港的父母。他的父親塗掉了帽子上的紅星，因為擔心當局看到照片後會進行報復。

這張父親穿著夏季軍裝的照片同樣拍攝於一九五三年的伊寧。一九五〇年秋天父親參加中國軍隊，接受訓練，準備與新成立的空軍一起參與韓戰對抗美軍。但不久後他被派往新疆，在哈薩克、維吾爾和蒙古族中協助建立共產黨的勢力。

父親在西安上大學期間，於一九五八年二月的農曆新年假期拜訪了人在北京的健民。在那次旅行中，他寫信給沃明，請求哥哥回來幫助重建中國。

三千到四千萬中國人在毛澤東的大饑荒中喪生，父親在大學期間生病臥床。這是他康復後在一九六一年左右於西安騎朋友的自行車的照片，當時饑荒尚未結束。

在重新定居英國殖民地香港後，父親在一家製衣廠工作，同時他正在就讀土木工程的夜校。這是他在一九六六年夏天畢業的照片，當時毛澤東正在中國發動文化大革命。

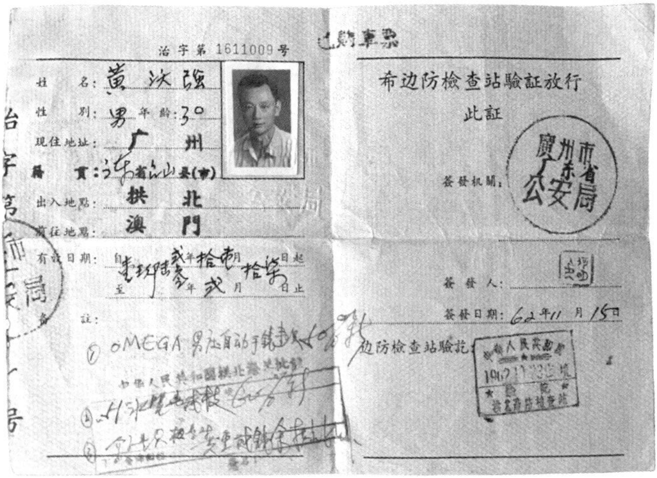

治字第 1611009 号

姓　名：黄沃強
性　別：男　年齡：30
現住地址：广州
出入地點：拱北
前往地點：澳門
有效日期：
備　註：
①OMEGA 男庄自动手錶

布边防检查站驗証放行
此証
簽發机關：廣州市广东省公安局
簽發人：
簽發日期：62年11月15日
边防检查站驗訖

這是一九六二年廣州警方簽發給父親的旅行證件，讓他離開中國前往澳門。一名邊境的中國海關官員在證件上寫著父親攜帶了一只歐米茄手錶和一對鋼筆，這意味著父親回中國時不必為這些物品繳稅。父親實際上並沒有這些物品。官員希望父親在澳門買到這些東西，作為禮物或賄賂帶回給官員。

一九六七年五月，父親與祖母一同飛往美國前，在香港啟德機場與家人和朋友告別。親戚雲香站在他左邊，而她的丈夫站在最旁邊。一九九七年我在香港見到雲香，當時她帶我去看祖父的墓地。

一九六八年，父親帶著祖母來到美國後，黃家人在華盛頓特區唐人街的翠園皇宮為祖母慶祝九十歲生日。父親戴著領結，他的母親站在他前面。沃明伯父戴著眼鏡，打著領帶，站在三位女士後左方。父親後來在翠園皇宮工作了幾年。

一九七〇年父親從美國回到香港拜訪時，遇見了勞蘭芳，她是他多年前在同學公寓打麻將時見過的年輕女子。我的父母於一九七一年八月在香港結婚。

一九七一年九月，父親與母親結婚幾週後，從香港啟德機場前往華盛頓特區。母親會在三個月後與他團聚。他與母親站在後排最左邊。我的祖母戴著眼鏡，站在前排中間，而外婆則站在母親右邊。

一九七九年，我的父母與我和妹妹安瑩在維吉尼亞州亞歷山大市的弗農山莊合影。

一九八〇年，父親與我和妹妹安瑩在我們位於維吉尼亞州亞歷山大市的家外合影。在我的童年時期，父親長時間在一家名為海記的中餐館工作。工作了二十三年後，於一九九七年退休。一九九九年，父親在逃離中國三十七年後首次回國。

在兩次戰爭期間於台山縣和廣州一起長大的四位男孩：父親與他的堂兄弟健民和素民（從後排左起順時針）於二〇〇八年在維吉尼亞州尚蒂伊為沃明慶祝八十大壽。

二〇〇九年九月，父母親與我和天香在北京智珠寺的婚禮合影。那時我到中國擔任《紐約時報》記者已有一年多。

我只見父親哭過一次，就是在我們的婚禮儀式後。

二〇一二年女兒出生後，父母親來北京探望我和天香。父親當年在廣雅中學的幾位摯友在廣州籌辦了一九五〇年那屆的同學聚會。這是他與周健輝（左）和陳國榮（中）站在校園的照片。周健輝與父親一樣，在畢業後不久入伍，前往滿洲準備參加韓戰。陳國榮則成為了一名教師。

二〇一二年我們的女兒（英文名：Aria）出生後，父母親在我們位於北京的四合院內合影。她的中文名字是愛月，是黃家第三十一代成員。

第七章
重聚

廣州・二〇一二年

在北京，白茫茫冬日中的太陽沉到了地平線之下，黃昏的到來遮蓋住空氣汙染造成的霧霾。隨著中國中央電視台開始播報晚間新聞，父親把我們客廳電視機的音量調大，而母親則在廚房裡準備晚餐。他們是在二〇一二年十一月來探望我們，那時我們的女兒愛月（Aria）才剛出生幾個星期。這是在我們四年前搬到北京後，他們第二次來到北京。上一次是他們於二〇〇九年搭飛機來參加我們的婚禮。那天，我們在紫禁城旁的一間寺廟舉辦了婚禮，父親在婚禮結束後，淚流滿面地擁抱我，他的舉動令我十分意外。

中國的領導人習近平出現在電視上時，父親傾身向前看著。習近平的身旁站著另外六名男士，他們都穿著相襯的深色夾克。他們在參觀中國國家博物館時，擺姿勢拍照和錄影。國家博物館是天安門廣場東側一棟巨大的建築，距離我在北京老胡同的三合院只有幾公里遠。多年以來，這座博物館已成為了中國共產黨講述和重述歷史的焦點，也是描繪受害者與統治者形象的重點。在博物館的正前方，共產黨在香港於一九九七年回歸的前幾年設置了一個電子時鐘，上頭紅色的數字倒數著西方帝國殖民統治在中國結束的時刻。

習近平和他的同志們，即中央政治局常務委員會的其他六位成員，所參觀的展覽講述了那個故事。兩週之前，具有歷史意義的中國共產黨第十八次全國代表大會在北京結束時，這七人被任命為中國的最高領導層，並在人民大會堂裡一同在紅毯上亮相。而這次是他們在那之後首次公開露面，選擇參觀博物館及關於民族復興的展覽，是為了表明他們優先考慮的事項。那展覽展示各種照片、文字和物品，展現了共產黨版本的現代中國歷史，也就是這個曾被其他世界列強圍困的帝國努力重建自我的故事。

國家博物館所講述的故事概括了共產黨所謂的「百年屈辱」。這段歷史始於十九世紀中期的第一次鴉片戰爭，一直到清朝的覆滅和孫中山建立中華民國，然後是日本的侵略和國共內戰，並終於共產黨取得內戰勝利。從毛澤東帶領的革命到鄧小平時期的振興，共產黨開始全面改革其經濟體系，這促成了讓中國躍升至世界強國之列的經濟繁榮。藉由參觀這個展覽，習近平向全世界表明，他將會帶領中國進入崛起的最終階段，並且完成復興中華民族的偉業。

中國官方媒體央視的新聞主播語帶狂熱地報導了習近平的參訪，父親聽得很認真。習近平引用毛澤東的詩句來談論改革中國的志業：「天若有情天亦老，人間正道是滄桑。」他還引用了唐代著名詩人李白的〈行路難〉中的最後一句詩句。

在使用煽動性的鬥爭言論時，習近平的做法與六十年前的毛澤東如出一轍。毛澤東在其統治期間屢屢回歸革命的思想，藉此製造動盪，以打擊對手並鞏固權力。如今，共產黨的領導人不再鼓吹造反了，但值得注意的是習近平在其統治之初就使用了這種具有衝突性的語言。

「中國人民從不屈服，不斷奮起抗爭，終於掌握了自己的命運，開始了建設自己國家的偉大進程，」他說道，「充分展示了以愛國主義為核心的偉大民族精神。」在國家博物館裡，習近平與其同志表情嚴肅地看著鏡頭。

父親點了點頭，電視中的主播則繼續播報習近平參觀博物館。

「現在的中國比國民黨統治下的中國還要更腐敗墮落，」父親告訴我，「現在貪汙腐敗的程度比我十幾歲那時還要嚴重。只要看看遭人竊取的金額就知道了，看看那數字。我希望習近平做些什麼來處理這狀況。習近平將會經歷一段艱難的時期，但這對中國的未來而言非常重要。」

我很訝異聽到父親說出如此悲觀的評估。但我知道他每天都透過香港報刊媒體的網站，持續關注著中國的新聞。這些報導對共產黨的批判相當嚴厲，甚至到了苛刻的程度。但它們與習近平所傳達的訊息一致：他在第一次以共產黨總書記身分所發表的演說中指出，貪汙腐敗是個龐大的問題，並且在幾天後，他告訴中央政治局，如果不加以遏制貪腐，最終將會導致「亡黨亡國」。他正在為一場涉及黨內各個層級的大規模反腐行動奠定基礎。他將這場鬥爭定調為一場具有時代意義的鬥爭，父親似乎也贊同他的做法。

在國家博物館亮相的數天之後，習近平搭飛機前往父親的故鄉廣東。那是他第一次以中共中央總書記、中共國家主席和中共中央軍委主席的身分離開北京。正如他參訪國家博物館時所做的舉動一樣，習近平此行的目的是傳達關於他未來願景的訊息。

父親在廣東也有一個計畫。在回來中國之前，他寫信給他的高中同學周照鴻，周照鴻先前在北京的一所石油大學擔任教職，現在已經退休了。經歷了抗日戰爭和共產黨勝利之後，在廣雅中學的那些歲月令父親難以忘懷。那些年在他心中彷彿被凝固在琥珀中，成為他青春的基準點，被他反覆打磨。

我跟他說過，在他待在北京的期間我們可以一起去一趟廣州。他在信中向周照鴻提到了這件事。周照鴻回信了，父親把那封信帶到了北京。他在我家打電話給他這個老朋友。在一個灰濛濛的早晨，我帶他去周照鴻的公寓。這兩個男人聊天敘舊了一整天，回顧過去這幾十年間的各種往事，父親還在他家住了一晚。

周照鴻打了通電話給在廣州的另一個同學，那個同學又聯繫了廣雅中學一九五〇年那屆畢業的其他校友，他們是第一批畢業後成為由共產黨統治、解放後的中國的學生。他們老同學之間的聯繫就這樣恢復了。在某個寒冷的一天，那時正值夜晚來得很早的季節，父親跟我搭計程車前往北京機場，並登上了飛往南方的班機。

自一九六二年離開中國後，父親只在一九九九年回過廣州一次，當時他和母親還有我的妹妹參加了由一間美國旅遊公司舉辦的中國遊覽之旅。每個城市都會有當地的導遊接待他們，帶他們去參觀當地的旅遊景點。他們在廣州停留的時間很短，父親也沒時間在城市裡四處晃晃，去尋找那些他童年時熟悉的地方。他們從計程車的後座看見林立的新建辦公大樓、高樓層住宅建築和施工用的起重機。

我們這次抵達廣州時，父親堅持要先去市中心東北方的一座陵墓。那天是個陽光明媚的深秋，圍繞著墓塚所建造的公園十分寧靜。位於墓地中央的是一個簡樸的建築，由七十二塊長方形的水泥磚堆砌成金字塔狀。每塊磚上都刻有一個人名，那些都是在一次暴力的愛國行動中所犧牲的人。

在父親提議來這裡之前，我從未聽說過這七十二位烈士，但廣州的居民都對這段歷史非常熟悉。一九一一年四月，這些人發動了一場以失敗告終的反清起義行動。他們的領袖是黃興，他曾與孫中山一起策劃推翻滿清政府的革命。黃興在香港成立一個組織，組織的成員們制定了一個大膽的計畫，企圖俘獲住在廣州的朝廷兩廣總督。

四月二十七日，黃興和他的同伴襲擊了兩廣總督府，但清軍很快就攻入府內。一顆子彈打斷了黃興的一根手指。他雖然成功逃脫，但大多數叛亂人士都被殺害。最終驗明了七十二具屍體，並將他們埋葬在被襲擊的總督府附近的黃花崗。參與起事的大多數人都知道這是一次形同自殺的行動，但他們希望，無論結果如何，他們的努力能夠點燃全中國的反叛之火，最終得以推翻滿清並恢復漢族統治。

刻著姓名的金字塔建物頂端是這座紀念碑最引人注目的地方，有一座縮小版的自由女神像，她的右手高舉著火炬，左手握著一片石碑，完全複製了紐約港的雕像本尊。這座法國人在美國建造的雕像給中國歷代的知識分子留下深刻的印象，身處不同時空背景的藝術家都曾借用這個形象來傳達自己的理念。我還記得我曾於一九九七年在香港維多利亞公園的集會遊行上見過一件類似自由女神像的藝術品。那座雕像作品是向一九八九年北京中央美術學院學生在民主抗爭時期創作的一座雕像致敬。當時，那座用紙糊製作的雕像曾矗立在天安門廣場上，面對著毛澤東的肖像高舉火炬。後來戰車就開了進來，士兵在血腥的鎮壓行動中摧毀那座雕像。抗議者的死亡為新一代創造了烈士。直到數十年後的今天，中國共產黨仍確保沒有人能在中國為他們建立永久的公共紀念碑。

我回想起一年前，也就是二〇一一年的十二月，我曾前往廣東沿海地區進行採訪工作。某天晚上，一輛計程車讓我在烏坎村外圍下車。我獨自一人揹著背包站在一片漆黑的小路上，這條路能通往一個住有一萬三千人的漁村。巨大的木頭就這樣橫放在路上，阻擋車輛進入。村民對領導層感到憤恨不滿，最初是因為他們的官員幹了所謂的非法賣地勾當，後來又有一名村民代表在被警方拘留期間發生的可疑死亡事件。趕走了村裡的共產黨高層官員後，村民們就在此設置路障，試圖阻止警方單位進入村子。

他們要求歸還屍體，以便進行妥善的安葬事宜。每天早上都有數百人參加在村廣場的集會，有些人高舉著死者薛錦波的照片。「我希望能向官員表達我的意見。」協助帶領抗議行動的商人林祖鑾這樣對我說，當時我們正坐在他家裡。「我有這個權利，我們大家都有這個權利。」

廣東省長久以來以其居民（如我祖父那樣的中藥出口商）的企業家精神而聞名。在後毛澤東時代，廣東自然就成為全國經濟變革的先鋒。但這個省分的反傳統精神還不只體現於人們在商業上的企圖心，這裡有著能形塑政治思想的反叛之火。我發現廣東人之間存在著某種聯繫，在孫中山和林祖鑾等這些迥異的廣東人身上都有。

在二十一世紀初，廣東省的部分地區仍然充斥著動盪與不安的情緒。民怨的根源從工廠的工資到土地徵收的貪腐情形，再到政府打壓大眾對於粵語的使用。作為一名記者，我經常去廣東。晚清和民國時期的革命動力，在某種程度上是因為廣東人與外界或外來思想持續接觸而推動的，這股動力至今都仍流動於當地的鄉村與城市之間。

站在金字塔狀的紀念碑前，父親看了看刻在磚上的那七十二烈士的名字。這些年輕人曾試圖從滿清統治者的手中奪取帝國，並使其重新振興。他鞠了三次躬，然後我們便轉身走過那座寧靜的公園回去了。

父親一看到老朋友走進我們下榻飯店的大廳，就急忙地跑上前去和他們握手。他們上次見面已經是六十二年前了，當時是一九五〇年，他們在炎熱的夏日一起坐著參加廣雅中學的畢業典禮。在韓戰和毛澤東統治下多年的政治動亂之中，他們最終分散在中國各地。但站在父親面前的這三個人最後回到了廣州，並在這裡老去。

我很少看到父親這麼開心。這些老朋友見到彼此時的那份喜悅帶有一種純粹。站在最前面的那名男子是周健輝，在北京的同學打電話給他後，他便帶頭安排了父親這次訪鄉之旅。他是這群人中個子最高的，穿著一件棕色外套站在那的他迅速伸出手來緊握著父親的手。他粵語說得很快，「你看起來很健康，」他說，「在美國肯定吃得很好。」

「跟你們差不多，」父親說。「這麼多年過去了，你們看起來都很強壯。」

另一個較矮的男人走上前。他有點駝背，一邊的肩膀上還揹著一個綠色背包。父親把手搭在陳國榮的肩膀上，他們曾一起在廣雅中學待過三年。在那之後，陳國榮在退休前當了幾十年的學校老師。

「你還記得我嗎？」陳國榮問道。

「你們還記得我高中時是一班的班長嗎？」父親說。「我都睡在門邊的床上，你們一定記得。」

「我們當然記得。」第三個人說道。他是李炳芬，他拄著一根金屬拐杖，他的妻子一言不發地站在他身旁。李炳芬後來告訴我們，她來自四川，所以不會說粵語，他們兩人之間的共同語言是普通話。

我們擠進一輛藍色小廂型車後，這幾個男人還是聊個不停。周健輝說還要一個小時才會到東莞，他們有個同學在那裡經營花崗岩和大理石的出口生意。那位名叫朱榮渠的同學邀請我們去他的工廠和他見個面。

「聽到你要回來廣州，朱榮渠很開心。」周健輝說。「他想帶你去看看他的工廠。他的工廠很特別，你看到就會懂我的意思了。」

「你跟朱榮渠去東北參加空軍的訓練，就跟我一樣。」父親說。「我們都想被派到韓戰的前線，但最終還是事與願違。」

「是啊。」周健輝說，「但如果我們去參加韓戰，那我們現在很有可能就不會在這裡了。」

「那是中國的關鍵時刻。」父親說，「我們必須盡我們的責任，挺身幫助國家抵禦美國人。」

「結果你最後去了美國。」陳國榮笑著說。

「中國正在迎頭趕上，」父親說，「這次回來我就看出來了。」

我們駛經廣州東部的郊區時，他指著車窗外的摩天大樓群。

「這裡發展得真快。」他說。「鄧小平做得很好，鄧小平很厲害。」

鄧小平是來自四川省的一個矮胖男子，整天抽著熊貓牌香煙。他是共產黨的資深黨員，曾參與過國共內戰。在中華人民共和國成立後的近二十年間，他一直擔任黨和國家的高層官員，直到文化大革命時期時被毛澤東肅清。毛澤東去世之後，鄧小平擺平了其他政敵，成為中國的下一任最高領導人。正是鄧小平推動了中國的市場經濟實驗，並且實施改革開放政策。在我們駛往東莞的一路上，隨處可見那些決策的成果：購物中心、辦公大樓、高速公路、廣告招牌，還有進口車和中國製造的汽車。
「鄧小平去過法國，然後又去了美國，」父親說，「他一定很想知道為什麼這些國家如此進步。」
「還有香港。」陳國榮說，「他看到香港肯定會覺得很納悶。沒有人敢說這個地方很落後。」
陳國榮停頓了一下才說：「如果毛澤東早死個十年，對大家來說都更好。」
所有人都靜默了一分鐘。
「你說得對。」父親說。
毛澤東在他人生的最後十年發動文化大革命，這場顛覆全國權威的運動讓中國的發展停滯，還將國家推入了暴力的漩渦之中。
「當你在電視上看到一些村莊，你會發現它們仍然如此落後。」父親說。
「最糟糕的是李鵬，」陳國榮說，「要不是他，就不會有六四了。」
一九八九年六月四日，鄧小平向軍方下令對天安門廣場附近的學生和其他支持民主的抗議遊行人士進行屠殺，六四是中國公民用來談論這起事件的術語。這兩個聽起來無害的數字卻標誌著二十世紀末的一場大悲劇。那個時代全世界的人們都在爭取更大程度的自由，波蘭的團結工聯（Solidarity）抗議運動為該國的自由選舉鋪平了道路，而柏林牆也將在五個月後倒塌。東歐國家的革命一個接一個爆發，這些國家數十年來一直被蘇聯壓制著。相較之下，在北京，鄧小平卻站在主張鎮壓民主運動的強硬派總理李鵬那邊。

「到了六四那時候，共產黨人都腐敗了。」陳國榮說。

他們這些老同學就是這樣聊天的，他們談到上個世紀的那些重大事件、形塑國家的運動、政治活動與人物，並將自己的生活與這些劃時代變革的背景相互對照。他們知道，他們都在國家集體歷史的轉折點上扮演了某個角色，無論那是多麼渺小的一個角色。這裡沒有漫無目的的閒聊，也不會小心翼翼地繞開那些話題。他們在高中時代所建立的那份情誼，至今都仍保持得夠穩固，所以在六十年後首次重逢時，他們才能夠跟彼此進行這樣的對話。

話題又轉到了他們的同學朱榮渠跟他的工廠。但即便如此，他們的閒聊還是跟近代歷史有所關聯。

「他的工廠很大。」陳國榮說，「那些石頭是要出口到國外的。」

「他從哪裡得到資金來開這樣的工廠？」父親問。

「中國的七星級飯店會買他的產品。他甚至還可以在工廠裡刻上一朵紫荊花。」紫荊花是香港在一九九七年回歸中國後的象徵標誌。朱榮渠顯然在香港也有客戶。

「我在美國的電視新聞上看過中國工廠的相關報導，」父親說，「那些工廠看起來令人印象深刻。這就是我說鄧小平做得好的原因。」

「你看過這個地方就會知道改革開放時期的中國發生了什麼事。」陳國榮說。

父親可能已經看到了。在高速公路上，我們經過了密密麻麻的建築群，上頭掛滿各公司的招牌：聯邦快遞（FedEx）、長新塑膠鋼模公司、印象咖啡館（Impression Coffee）。我們還看到了預計將於二〇一五年完工的鐵路線的水泥柱。這就是想要顛覆過往的新中國。我們駛近虎門，滿清朝廷任命的欽差大臣林則徐於一九三九年就是在此燒毀了從英國人手中查獲的兩萬箱鴉片，此舉直接引發了第一次鴉片戰爭，也開啟中共領導人口中令中國卑躬屈膝的「百年屈辱」。

我們開車經過中國南方時，習近平正在廣東省進行他的巡視之旅，那是他首次以中國領導人的身分出訪北京之外的地方，他的一舉一動都備受矚目，人們都想從中看出一些端倪，以確認他將帶領國家走向何方。他在深圳一個綠樹成蔭的公園裡向鄧小平的銅像敬獻花圈時，中國官媒的記者就跟在他的身後。與香港接壤的深圳是鄧小平為了試行資本主義而創建的首批四個經濟特區之一。

習近平的父親習仲勳曾是深圳的建築師。一九七九年，在擔任廣東省委第一書記期間，他提議將深圳轉型成以製造業為中心的城市，藉此在毛澤東的統治災難後重振國家的經濟，共產黨的領導層批准了這項提議。深圳蓬勃發展。習仲勳在深圳退休，並於二〇〇二年去世，而他的妻子則留在深圳。習近平在他的巡視之旅中去探望了她。習近平的家族歷史源自毛澤東的暴力革命和鄧小平謹慎小心的自由化。

在一九八九年的六四鎮壓之後，中國全國的經濟開放陷入了僵局，鄧小平前往深圳進行視察，表示官員應該推動以市場為導向的相關改革措施。這是中國發展的關鍵時刻，且在歷史記載中被銘記為鄧小平的「南巡」。深圳的官員在蓮花山公園豎立了鄧小平的巨幅廣告牌和銅像。許多中國政治的觀察家將習近平此次視察深圳解讀為經濟將進一步開放的預兆。然而，這種解讀跟其他諸多對習近平的分析最終都被證明是錯誤的。

父親一直關注著習近平視察之旅的相關消息。「習近平是特地去參觀鄧小平的雕像。」我們在前往東莞的高速公路上快速移動時，他在車上向他的老朋友們說。「他知道自己該做什麼。他知道他們必須繼續完成鄧小平的工作。」

但習近平的南巡還有另一個層面，在我看來那是更能反映現實的一面。我們在廣東的期間看到官方報導指出，習近平會見當地軍事指揮部的軍隊。在他向軍官發表的一場演說中，他定義了「中國夢」，這個自他上個月掌權以來多次使用的詞彙。外界對於這個詞的含義有諸多猜想，但習近平所說的話幾乎沒有留下任何疑慮。

「這個偉大的夢想，就是強國夢，對軍隊來講，也是強軍夢，」他說。「我們要實現中華民族偉大復興，必須堅持富國和強軍相統一。」

這些話出現在官方媒體的報導中。習近平在南巡期間還會見了黨內官員，並發表一場有關軍隊和蘇聯解體的演說，這場演說更加發人深省，但並沒有向大眾公開。幾週之後，那場演說的內容在共產黨內部更大的圈子中傳開了，並且被一名中國記者發布在網絡上。習近平認為，蘇聯和蘇聯共產黨解體的原因是原有的理想與信仰受到動搖，「城頭變幻大王旗[14]」只在一夜之間。根據中國記者高瑜對這篇演說的分析，習近平表示，全

14　譯注：典出自魯迅寫於一九三一年的無題詩作。該句意指政治局勢動盪不安，掌權的執政者更替頻繁。全詩如下：慣於長夜過春時，挈婦將雛鬢有絲。夢裡依稀慈母淚，城頭變幻大王旗。忍看朋輩成新鬼，怒向刀叢覓小詩。吟罷低眉無寫處，月光如水照緇衣。

面否定蘇聯歷史和蘇共歷史的人，更別提那些否定列寧和史達林的人，是在搞「歷史虛無主義」，「思想搞亂了，各級黨組織幾乎沒任何作用了。」

「為什麼我們要毫不動搖地堅持黨對軍隊的領導？」習近平說。「就是從蘇聯解體汲取的教訓。蘇聯軍隊非政治化、非黨化、國家化，解除了黨的武裝。」習近平接著批評當時的蘇聯總統戈巴契夫解散蘇聯共產黨的行為：「偌大一個黨就沒了。按照黨員比例，蘇共超過我們，但竟無一人是男兒，沒什麼人出來抗爭。」

習近平對蘇聯解體的看法以及他從中所汲取的教訓：他需要一個強人來維繫黨的團結、鞏固黨的歷史敘事與思想，並確保黨對軍隊的控制，這將成為他治理國家以及對自己在中國歷史中角色定位的核心思想。我在他所說的那些話中也看到了與共產黨統治初期一脈相承的思想延續，那時毛澤東為了黨的理念而激勵了全國上下的人民和軍隊，激起了像父親那樣的年輕中國公民的愛國主義。習近平在南方的演講表達得十分明確：由共產黨掌控的中國軍隊是他要完成國家復興計畫的重要支柱。

習近平搭乘海口號驅逐艦前往南海，這片水域一直延伸至印尼，涵蓋了無數島嶼、環礁和礁石，正成為中國在亞洲軍事野心的要地。共產黨對其領土完整性的看重——不斷宣稱西藏、新疆、香港和臺灣是屬於中國的領土，一直是其利用民族主義的核心手段。但中共現在試圖構建一個新的公共敘事，聲稱整個南海自封建王朝時期開始就一直隸屬於中國的統治之下。國家官方新聞媒體的影片和照片展現習近平站在軍艦的艦橋上，凝視著波光粼粼的海面，身旁站著身穿俐落白色制服的海軍指揮官。

父親和我們一行人於十點半抵達東莞的環球石材集團總部。穿著棕褐色制服的工人們在廠區裡走來走去。在主樓的大廳裡，照片和文字宣揚著公司的成就。該公司的大理石和花崗岩產品被用於北京天安門廣場的人民大會堂、上海世博展覽館、深圳的瑞吉酒店（St. Regis Hotel），以及阿布達比的謝赫扎耶德大清真寺（Sheikh Zayed Grand Mosque）和那裡的酋長宮殿酒店（Emirates Palace Hotel）。大廳裡還有一張賈伯斯（Steve Jobs）的照片和一段據說是他曾說過的話。賈伯斯是許多華人企業家心目中的英雄，華特・艾薩克森（Walter Isaacson）為他撰寫的傳記在中國相當暢銷。

一個身穿深色條紋外套、打著領帶的纖瘦男人走過大廳前來迎接我們，他和父親擁抱在一起。朱榮渠帶我們到一間會客辦公室的桌邊入座後，一名年輕的女士替我們倒了茶。父親和朱榮渠關係一直都很好，他們的朋友圈都不大，還一起經歷了高中時期的那陣動盪。因為擔心國民黨的戰機會轟炸到附近的發電廠，校園因而被迫關閉，於是朱榮渠跟他的父母就邀請父親和其他四個同學，在最後一學期到他位於廣州市中心的家住。

「你還記得你是什麼時候離開中國的嗎？」朱榮渠說。「你當時說你會先去澳門，然後再去香港。」

父親一定在某個時間點告訴過朱榮渠，在毛澤東的統治之下，他和這個國家的一切都已分崩離析之後，他是怎麼逃離中國的。當時他對中國的體制感到失望。

「我花了一年的時間逃離中國。」父親說。「我不得不向我母親在廣州認識的那位警官求助。」

桌上放著一架戰鬥機模型，牆上則掛著一張朱榮渠站在一間軍事博物館前的照片。韓戰爆發幾週之後，朱榮渠在他高中畢業後的第一個夏天加入空軍。他和安排這次重聚的周健輝一起去了東北，期待能被派往朝鮮半島的戰事前線，就跟我父親一樣。他們都懷有同樣的抱負，同樣的愛國責任心。

但是朱榮渠和周健輝最後去了位於中國遙遠北方的黑龍江省，那裡與俄國的西伯利亞接壤，是中國最寒冷的地方。朱榮渠成為了中尉，在那裡從事農業工作，後來在一間空軍學院教授物理學。在毛澤東去世兩年之後，他於一九七八年搬到香港，與他的父母團聚。他有幸在那裡開啟他的事業，在當地法律的保護下，小企業家得以發展。他進入了建築業和居家裝潢業。香港人喜歡用花崗岩來裝飾建築物內部，以作為財富的象徵，而他創辦了一間專門切割花崗岩的公司。後來他意識到中國對這種服務也有需求。他在這裡創業的時候，還曾在一棟以竹子搭建而成的建物裡頭工作，現在他手下已經有三千名員工了。

「我帶你們參觀一下。」朱榮渠說。我們跟他一起走進一間餐廳，裡頭的牆壁和桌子都是大理石，一切都相當光彩耀眼。「下次你來的時候，我會在這裡替你舉辦一場宴會。」他對父親說。

「要派一架私人飛機來接我喔。」父親笑著說。

我們參觀工廠的時候，朱榮渠談到了從義大利進口的大理石和從緬甸進口的綠翡翠品質，他還提到有家中東的公司向他訂購了一百根大理石柱。

我們坐在一間展示廳裡喝咖啡。「我昨天帶我兒子去看黃花崗七十二烈士的紀念碑，因為我相當崇敬他們。」父親說。「他們嘗試推翻清朝是對的，當時的統治者已經腐敗了。」

其他人點了點頭。這是他們經常在談的話題：官員的腐敗與被統治者的反叛。對於新體制有著持續不斷的需求，不論是從下到上，被革命群眾所點燃的烈火驅動，還是從上到下，由大膽的領導者運用權力來推動。

「你在北方的時候，你有沒有想過會有今天這一天？」父親問。

跟朱榮渠一起去黑龍江的同學周健輝說：「我有想過要回廣東。除此之外，我什麼都沒有想。」

「年輕時的我永遠無法想像中國會有現在這一天。」朱榮渠說。「中國改變最大的就是生活水準，生活水準變得越來越高，且仍一直持續在進步。」

像朱榮渠這樣的工廠協助推動了中國在一九八九年後驚人的成長速度。隨著中國在二〇〇一年加入世界貿易組織（World Trade Organization），製造業出口成為經濟快速增長的主要動力之一，重要程度僅次於由國家主導的基礎設施投資。由於廣東和深圳的官員，包括習近平的父親，眼光看得很遠，加上該地區對外貿易和外來影響的悠久歷史，珠江三角洲的工廠蓬勃發展，全國各地都無出其右。

外來的移工從內陸省分蜂擁而至。他們工作時間長，飯碗卻總是岌岌可危。二〇〇八年，全球金融危機爆發後，出口大幅下滑，依靠貸款或微薄利潤率運營的工廠在一夜之間倒閉。僅僅在上半年，全國就至少有六萬七千家工廠關閉。在許多情況下，工廠的工人因一段時間都沒領到工資而感到憤怒。

那年十一月，我看到將近兩百名工人聚集在長安鎮的一間製鞋工廠外，那裡距離朱榮璟在東莞的工廠不遠。這家「中國頂峰實業」公司的臺灣董事長在幾天前翻過工廠的圍牆逃離了中國。數千名員工要求補發積欠的兩個月工資，平均約為四百四十美元。我遇到一個名叫王登貴（Wang Denggui，音譯）的工人，他從其他省分來這裡工作，為他三個孩子攢學費。「他就這樣一聲不吭地跑了。」王登貴說。

王登貴還給我看了他小腿上鮮血淋漓的傷口，他說那是被警棍打傷的。警察奉當地官員的命令試圖鎮壓最近的一場抗議活動。他們逮捕了七名工人，包括王登貴在內的其中六人遭到他們的毆打。「我打算拿到錢就回家。」王登貴說。「我已經五十幾歲，找不到工作就只能退休了。」

在四層樓高的工廠外，他跟其他工人傳遞一張紙，那是上面有他們簽名的請願書。每個簽名旁邊都有一個用紅色墨水蓋上的拇指印。請願書要求當地政府支付遣散費。

四年之後，我們走在朱榮渠的工廠裡，我向朱榮渠提起了我親眼看過的那些抗議活動。許多外來的移工已經回到他們在中國內地的家鄉，且再也沒有回來過了。

「這一帶很複雜，」朱榮渠說，「有些不負責任的企業老闆，還有許多撐不下去的工廠。金融危機迫使那些體質不佳的公司倒閉，但現在的環境已經好多了。」

回到他的辦公室後，朱榮渠給我們看了一本空軍展覽會的紀念相冊。其中有一張是朱榮渠跟一位空軍將領握手的照片，還有一張是他跟濟南市市長握手的照片，那次展覽就舉辦在中國北方的省會城市濟南。但朱榮渠看起來最開心的時候是他指著一張照片，照片中他站在一架曾由張積慧駕駛的戰鬥機旁。中國軍方認為，張積慧在韓戰中擊落了美國王牌飛行員喬治·A·戴維斯少校（Major George A. Davis Jr.）。還有一張照片是朱榮渠站在一位長者旁邊，他是王海將軍，他在韓戰時是中國的王牌飛行員，並且於一九八五年成為人民解放軍的空軍指揮官。

到了下午，在我們起身準備離開之前，這些男人喝了最後一輪茶。朱榮渠握著父親的手說，明天在廣州的午餐餐會上再見。在小客車上，他們聊起了高中時期的往事。有人提到一位副校長曾是共產黨的地下黨員，至少當時的學生都這麼認為。他還在辦公室裡掛了一幅蔣介石的肖像，藉此掩飾他真正效忠的對象。

在回廣州的路上，我們經過了工廠、商場、餐廳，這些都是受益於二十年來資本主義爆炸性發展的地區標誌。在下午稍晚的時候，父親精神仍然很好，所以我們去參觀了孫中山紀念館。我們在館內四處遊覽，父親仔細地觀察這棟八角形的建築。他說，在共產黨占領廣州之後，老師們曾帶學生來這裡聽取關於新時代的思想演講。現在這個下午，孩子們在廣場上奔跑著，聽不見任何演講的聲音。

餐廳入口處的招牌非常顯眼地寫著：「廣雅中學一九五〇年畢業屆」，指引我們前往順庭廳（Shun Ting Room）。周健輝訂了兩張圓形宴會桌。父親跟其他十位校友坐在第一桌，這些校友都是滿頭白髮的男士，有些人的身體狀況已經不太好了。第二桌則坐了九個人，其中包括兩位陪同丈夫前來的女士。有位男士替父親倒了茶，然後將茶壺放在粉紅色的桌布上。

「他大老遠地回來看他的同學。」周健輝大聲地說。

大家紛紛鼓起掌來，父親也站起身並向我點頭示意。

「這是我的兒子，」他說，「他在中國替《紐約時報》工作了四年。我來這裡看他，而且正好有時間，所以我想來南方看看我的朋友和老同學。如果不是我兒子在中國工作，我也不會在這裡。」

吃點心的時候，父親聽說了他這些六十年不見的同學們的生活經歷。有個穿著棕色外套的男人曾經是醫生，另一個圍著圍巾的則當過警察。他們互相交流著彼此的校園回憶，就像在傳遞著被打磨拋光的玉石給彼此欣賞一般：他們是如何在宿舍裡被留聲機播放的音樂喚醒；其他學生因為父親有著一頭中國罕見的捲髮而稱他為「鬼佬」，也就是洋鬼子的意思；他多麼熱愛游泳和攝影，總是帶著相機在校園裡走來走去。聽著大家說這些往事時，父親的眼中帶著光並微笑著。

「我不太會讀書；有太多會讓我分心的事物，這世界發生了太多事。」父親說。他身邊的人都笑了。在吃蝦腸粉的時候，他們向彼此拍背祝賀，以茶代酒相互舉杯致敬，並開心地談起今天沒能出席的那些師長和老同學。這頓飯就這樣進行下去，這份被封存於瓶中的年少回憶就這樣突然被打了開來。

父親的兩名摯友缺席了這場聚會，他們是包括父親在內的五人小圈子中的成員。黃炎明是其中一人，他在一九四九年，即共產黨於國共內戰中勝利的那年，搬到香港，並在二十二年之後，成為我父母在香港結婚時的兩位見證人之一。他後來到澳門隱居了。有另一個老同學試圖打電話給他，告訴他父親回來了，還有同學會的消息，但沒有人接電話。另一人是潘憲章，他於一九六八年在文化大革命期間自殺了。父親是住在他老同學照鴻在北京的公寓時才聽說這件事。

周健輝起身示意大家安靜下來。「沃強身體很好，」他談起父親時說道，「昨天他從東莞回來之後還去了孫中山紀念館。再前一天，他還去逛了逛北京路。」

父親起身鼓掌向周健輝致謝。他並沒有準備好講稿，但他心裡有些話想說。「我還記得在最後一個學期，學校搬到校園外的各個地方，我們也沒有一起住在宿舍了，」他說，「我們住在不同的地方，與彼此分散並分隔開來了。但我們之中許多人都曾一起在宿舍生活過，也還記得彼此。而且即便在那段艱難的時期，我們還是努力保持著親近友好的關係。」

「我們是解放後的第一屆。」他驕傲地說。「這次回來我看到中國發展得很好，中國看起來很好而且很亮眼。朱先生的工廠令人驚嘆，我甚至沒辦法走完整個廠區。」

「我希望大家都身體健康。如果還有機會，我們會再見面的。」父親坐回座位前如此說道。

此起彼落的笑聲更多了，大家也吃得更多，然後朱榮渠也從東莞來了。父親指向他並轉頭看著餐桌上的其他人。「我以前在他家住了半年。他家裡有健身器材，我會舉重，這讓我變得強壯又健康。」

朱榮渠替自己倒了一杯茶，然後在父親附近坐下。

「美國有個不好的地方，」朱榮渠說，「他們跟日本還是盟友。」

「美國需要小國家聽它發號司令。」父親解釋說。

「美國不懂得汲取歷史教訓。珍珠港事件是個大災難，但美國現在卻還支持日本。」

「我們這些上了年紀的人都知道日本很可怕。」父親說。

「你跟美國大使館的人熟嗎？」朱榮渠問。

「駱家輝是我的表弟。」父親說。我曾寫過關於駱家輝於八月到北京就任大使的報導文章。「我的外公有兩任妻子。我是第一任妻子的孫子，而他的外婆則是第二任妻子。」

「他可能會做得比前幾任大使還要好。」朱榮渠說。「美國總有一天要尊敬中國的。」

「只要這個國家夠強大。」

「在這裡的電視上，有許多關於共產黨對抗國民黨的節目，」朱榮渠說，「為什麼他們現在還要播這種節目呢？」

「說得沒錯，」父親說，「為什麼要讓大家看到中國人相互爭鬥呢？」

他們又這樣聊了一會兒。服務生端上了更多的菜。隨後幾位男士開始道別，父親一一跟他們握手，握的時候還刻意多停留片刻，延長他們待在一起的時間，他並不希望這一切結束。「我們都應該試著在十年後再見面。」父親說。他說話時充滿著熱情，彷彿又變回了年輕時的樣子。廳裡的人都走了之後，我們才走到外頭，迎著正午陽光的刺眼光芒。朱榮渠搭車回到他東莞的工廠。父親和我則走去地鐵站，同行的還有周健輝和陳國榮這兩位他最親近的老同學。這組合正是前一天一起開車去見朱榮渠的同一群人，而現在每個人的心中都有了新的使命。

我們從城市東邊的碼頭登上一艘渡輪，經過十分鐘的航程後，抵達了位於珠江一座小島上的黃埔軍校。這所歷史悠久的軍校旁邊還蓋有一座現役海軍基地，有艘驅逐艦正停泊在那裡。黃埔軍校依然是中國上個世紀戰爭歷史的象徵，而驅逐艦則代表了中國軍隊的未來。長官們懷有要打造一支藍水海軍[15]並且在世界各地建立基地的野心。

父親從小就聽說過這所學校。孫中山創建了這所軍校，作為他鞏固新共和國使命的拼圖之一。他任命蔣介石為黃埔軍校的第一任校長，這位國民黨將軍在一九二〇年代領導北伐，打擊那些不肯將權力交給中央政府的軍閥。許多黃埔軍校的畢業生也塑造了現代中國，雖然他們最終選擇站在國共內戰的另一方。周恩來曾是黃埔軍校的政治部主任，後來成為共產黨領導人以及毛澤東統治下的國務院總理。他在一九七一年與季辛吉的祕密會談，促成美中關係的緩和。

黃埔軍校於一九三八年遭日軍炸毀，後來又於一九八四年在綠樹成蔭的土地上被重建為一間博物館。白色建築配上粗大的木梁都是複製自原建築物。旅遊團穿梭於建物

15　譯注：指能將海上力量擴展到遠洋及深海地區，且具備遠征作戰能力的海軍型態。

中，從歷史展覽參觀到經重建的宿舍和辦公室，包括孫中山的辦公室，再到刻有犧牲士兵名字的黑牆。今年，博物館還為在中國西南的滇緬公路上與日軍作戰的中國士兵辦了一個特展。

該博物館常設展覽中的一些文字讚揚蔣介石領導北伐和早先的東征，他在一九二五年從廣東軍閥的手中奪回領土。共產黨的政治宣傳過去曾將國民黨妖魔化，但這些年來已經有所改變了。「在我那個年代，共產黨人叫他蔣匪。」父親說，「現在他被稱作蔣先生。」

他們指著老照片中穿著國民黨制服的各號人物。

「甚至還有曾與共產黨作戰的軍官照片。」陳國榮說。「我們曾在網路上讀過關於這些的內容，也在網路上看過相關的紀錄片。我們以前並不知道自己的歷史，但現在歷史正在慢慢地回來。」

周健輝點了點頭說道，「共產黨從來沒有揭露過國民黨真正的歷史。」

這些老兵走在有故事的建築和庭院之間，透過對話重新回顧了從童年就開始形塑他們生活的各事件與人物，這些不僅僅只是歷史。即便是現在，在這個中國較為平靜的年代，紛亂的回憶仍總是縈繞在這些人身邊，過去的鬼魂來回穿梭於他們的日常生活中。

對父親來說，還有一個要在黃昏前去看看的地方，同行的另外兩位也都說他們要去。我們坐了渡輪回去，然後再搭地鐵往西穿越了城市。他們從地鐵站慢慢走去廣雅中學的校園，那裡現在還是一間學校。他們在接近傍晚的時候抵達校園東邊的門。過去曾流淌於校園這一側的小溪，如今已成了一條兩旁種滿樹木的水泥路。我們沿著這條路走進校園的中心。

三個身穿藍色制服的女孩大步走過。我們經過一個空無一人的排球場。男孩們衝刺穿梭於籃球場上。「他們現在都穿制服了。」父親說，「我們那時候穿得很隨意。」

舊的宿舍已經被拆除了，重建於原地的是學校興建的大型教學大樓群，其中一棟有七層樓高。我們走進校園北邊的一個小博物館。「這裡以前是化學實驗室。」父親說。

博物館裡的告示牌上寫著，這間學校建於清末時期的一八八八年。那裡還有一尊由學生捐贈的化學老師雕像。他們三人探頭看向裡面的玻璃展示櫃。周健輝指著一個竹製手提箱。

「我們每個人都有過一個。」他說。「我們必須帶一個星期分量的米到學校。」

「我們吃鹹魚配飯。」父親補充道。「我們會在宿舍的一樓吃飯，然後上樓睡覺。」

在二樓，周健輝指著一組黑白照片，他說那些照片是他捐贈給學校的。其中一張照片是一條壕溝，周圍還有約三公尺高的圍牆。在其他照片上還能看到一棟宿舍、一座塔樓和一個游泳池。父親曾經是個游泳健將。在我仍住在郊區的童年夏天，我們會在星期日一起去游泳池。

父親說廣雅中學的門禁時間是晚上十點，不過學生找到了晚上進出校園的方法，他們會跳過學校某個角落的圍牆。

他們三人走進新宿舍的正門四處看看，然後我們走向校園南側的大門，途中經過了位於校園中央一棵有百年樹齡的大樹。我們還看到由校友捐贈的一塊石頭，上面用書法字體寫著「廣雅人」。「現在這裡有好多學生了。」父親在我們經過更多穿著制服的男孩和女孩時說。所有人似乎都有著要前往的目的地，而我想像著父親和他的同學當年也是如此。

我們從南側的門離開校園。我跟這三位年老的男人，一起走在街上，走進這冬日的黃昏之中。

第二部

北

第八章
紅色首都
北京・一九五〇年

父親赴北京就讀大學，其實依循了文人在改朝換代時進京的傳統。當然，共產黨並不自視為千年傳統帝國的一部分，父親也不是如此。共產黨領袖譴責舊制度既封建且過時，他們的革命與意識形態建立於對文明轉型的承諾之上，但共產黨的種種行徑卻讓他們宛若帝制的繼承人。毛澤東的顧問建議將新政府建立在北京中心外，卻遭到毛澤東忽視，他反而和其他領袖遷入緊鄰紫禁城西側的建築定居，並開始進行治理，此處過去是明、清兩朝的宮廷所在地。共產黨領袖就在毗鄰紫禁城的中南海治理全世界人口最多的國家，也參與了自中國第一個王朝以來就不斷摧殘統治階層的祕密內鬥。

從廣州搭火車到北京需要三到四天，大約有七位來自父親學校的學生一起踏上這趟旅程。火車途經廣東北部的翠綠山丘、毛澤東故鄉湖南的稻田，接著停在武漢的長江右岸。他們渡船過河，接著搭上另一班火車接續下半段旅程。

丘陵與金波滾滾的稻田已不復見，他們很快進入廣袤乾燥的中國北部平原，迷霧籠罩著黃土與麥田。就連這裡的人都看起來不大一樣，他們更為魁梧健壯，紅頰圓滾。父親早聽說過中國的南北差異，過往中國數百年的詩與文學皆有記載，但如今他是親眼見證了。

火車隆隆駛過北京高聳的中世紀城牆，進入位在紫禁城以南約一點六公里處的車站，緊鄰前門，清朝時期這裡分隔著外城和內城。內城是滿人的領地，他們是來自東北的半遊牧征服者；外城則是漢人的居所，他們是幾乎遍布全中國的被征服者。車站周圍曾經是個喧鬧的街區，聚集了茶館、餐廳、妓院、說書人、街頭藝人與宵小。父親抵達時，車站本身一片寂寥。長途跋涉後終於抵達目的地，筋疲力盡的父親下了車，但是對於自己在共產黨戰勝一年後終於抵達首都，感到十分興奮。

車站周圍的街區不再是清朝以及國民政府統治時期的龍蛇雜處之地。共產黨迅速在城內落實一種清教式的嚴格道德標準，從衣著、賭博到賣淫無一不管。人人身穿灰藍布衣，這種裝扮當時正逐漸遍及全中國。不到一年前的一九四九年十一月二十一日，大約兩千四百名警力掃蕩了北京的妓院，逮捕上千名女性，以及數百名老鴇與皮條客。國民政府被認為過度放縱，而掃蕩妓院就是共產黨在北京抑制揮霍無度和褻瀆行為的一個手段。

共產黨領袖也重視對學生的控制，以確保將他們的精力導向正確的意識形態，而非用來抵抗共產黨。一九四九年初，共產黨接管北京時，大約有一萬名學生就讀於國立大學、私立學院與二年制專校。隔年，父親跟其他大一同儕抵達當地準備入學，一下火車，大學代表就與他們碰面，帶領他們搭上接駁車，前往市中心西側郊區的校園。一批來自廣雅的年輕學生搭乘同班列車，其中只有父親及一名同儕余冠揚要前往中國農業大學，另外三名學生要前往中國最頂尖的北京大學。父親很快就發現他的大學裡有一小群學生來自南方，六位來自廣州。大部分學生都來自北京周圍省分，因為高中生想要就讀北京的大學，一般必須在靠近首都的城市報考入學考試。

中國農業大學的校總區座落在復興門外，父親在此待了約一個月，但宿舍床位短缺，他和其他大一新生遷到北京西南邊的豐台郊區。房內大約二十五名學生共寢，他們睡在兩層與房間等長的木製平台上。伙食相當簡陋，大部分都是饅頭或地瓜，搭配一丁點的蔬菜或豬肉。學生手頭並不寬裕，但偶爾父親會到鄰近的農場花錢吃一頓飯。

父親念的是理組，他選擇主修化學。老師不太談論政治或新聞事件，至少父親上的課是如此。但是課後在校園裡或是在戶外用餐時，學生會聽到校內廣播電台的韓戰消息。播報員不斷重複同樣的口號：「抵抗美帝國主義。美國即將侵華，我們務必保家衛國。」官方將這場衝突稱為「抗美援朝」，在東北方，中國與朝鮮邊界的另一端已僵持了數月之久。毛澤東讓全國上下保持警戒，警告美國可能越過鴨綠江入侵中國，推翻共產黨政府。

外夷入侵的遺緒在北京隨處可見，父親偶爾會從他所住的村莊走到盧溝橋，這座古老石橋有十一個橋孔，橋身為花崗岩砌成。一九三七年七月七日，一名日本士兵失蹤的假消息點燃了中日戰爭。當時，日軍已經進駐北京與天津兩城周圍地區，侵入中國北部平原，他們出發自東北占領地區，也就是日本先前建立的滿洲國傀儡政權，統治者為遭罷黜的溥儀。當時國民政府正努力將中國治理成現代的共和國，而日軍以溥儀作為對抗國民政府的工具，只要溥儀繼續堅稱自己是中國正統的統治者，日本就得以用重建滿洲帝國的謊言繼續占領中國東北。

盧溝橋事件是第二次中日戰爭的開端，爾後這場中日戰爭成為美國人口中第二次世界大戰的一環，直到美國人在日本丟下兩顆原子彈後才告終。這場戰爭迫使父親逃離香港，回到位於台山的故鄉，人生就此改變。父親來到盧溝橋一帶時，橋和周圍地區十分清靜。小草在風中簌簌搖曳，鳥群在乾燥的空氣中互鳴。

週末時，父親偶爾會和朋友走路或搭公車到市區。由於共產黨接管北京時並未發生流血衝突，當地店家在整個內戰期間都持續營業。一九五〇年，政府尚容許私人企業經營，父親有時外出用餐，當時的學生也會逛西單的大型露天市場或是城內其他市場。父親對美軍提供給國民政府的衣物或筆這類的物資感到驚奇，他在廣州時也有相同感受，然而國民政府最終還是敗給裝備簡陋的共軍。父親在西單市場買了一件二手的美軍衛生褲，日後他前往天寒地凍的東北接受空軍訓練時將派上用場。

父親有次跟高中及大學同學余冠揚一同前往市區，他們與北京大學的朋友約好了，要一起到位在紫禁城附近的東單地區的電影院一起看宣傳片。余冠揚跟售票人員說要當天四點的票，但當他們一行人返回電影院準備看電影時，驗票員說他們手中其實是十點的票。余冠揚的普通話有著濃濃的廣東腔，而在他的口音裡，「四」跟「十」難以區分。所幸影廳仍有空位，驗票員依然讓他們進場。父親早年在北京的日子裡也因為普通話吃了不少苦，他想起北方人常說：「天不怕、地不怕，就怕廣東人說普通話。」

城裡的人自有消遣方式，開始流行相約去舞廳。官員、知識分子、學生、軍人與工廠工人週末參加單位及學校舉辦的舞會。這種活動呼應了改革領袖所提倡的平等思想。

政治改革也影響了烹飪習慣，共產黨官員漸漸從中國各地帶來大廚，各地特色料理蓬勃發展，市民光顧的餐廳提供川菜、粵菜，以及毛澤東故鄉的湘菜。其中，提供羊肉料理的穆斯林餐廳最受歡迎。走在街上，父親可以聞到空氣中飄散著羊肉火鍋和燉羊肉的香料味。日後，父親在跟我分享人生故事時，他總清晰地想起許多與食物相關的回憶。這些回憶就像水餃一樣充盈飽滿。

共產黨毫不避諱地用革命的視覺標誌妝點城市各處，他們布置了街上的建築物、路面電車和木拱門，掛上印著標誌性的錘子、鐮刀或五角星的紅旗和紅布條。革命英雄也成為致敬對象，人人在工廠、店家和其他公共空間掛起中國與蘇聯領袖的頭像。毛澤東的目光無所不在，與他所解放的人對視著。

北京是東亞最重要的帝國首都，征服者前仆後繼入侵，建立皇都，接著將這個首都作為基地，繼續征服其他歐亞大陸。幾百年來，這座城市橫跨在亞洲一條重要的政治斷層線上，交匯於此的是中國平原的農業社會，以及在北方遼闊草原騎著馬漫遊的遊牧民族。牧民隨著季節遷徙帳篷，並且在馬背上狩獵、趕羊、精進射箭兵法。騎兵技術幫助蒙古人及其他遊牧民族打敗亞洲其他強敵。

契丹是率先在北京建立首都的遊牧民族，他們在十世紀時建立了遼國，與當時南方的傳統中國政權宋朝相抗衡。契丹擴張了北京，甚至將起源於東海岸的京杭大運河延伸至其門前，並且在中世紀歐洲成為中國的代表，部分歐洲人直接以「契丹」（Cathay）稱呼中國。

北方的女真人打敗契丹，建立了金朝。接著在十三世紀出現了最令人膽寒的遊牧民族——蒙古人。成吉思汗所統領的帝國從歐洲延伸到東南亞，他的孫子忽必烈建立元朝，建都北京，也在鄰近的大草原建立避暑用的元上都，這個世外桃源在馬可波羅與英國詩人柯立芝（Samuel Taylor Coleridge）[16]宣傳之下聲名大噪。馬可波羅在遊記中宣稱自己橫跨大陸，並以繁複的細節描寫他所看到的華美都城，以及蒙古人在舊城旁建造的宏偉大都。

16　譯注：《忽必烈汗》（*Kubla Khan*），一七九七年完成，一八一六年出版。

根據他的記載，元大都面積為六十二平方公里，四周圍繞有著十二道城門的土牆，城中央有座鐘塔，在午夜時會敲擊三下宣告閉城。「一座宏偉宮殿」，內有戒備森嚴的長廊，且每座城門都有千名守衛看守。「城裡各處都有華美的宮殿，以及眾多宏偉舒適的旅店，以及不計其數的華美屋舍。」馬可波羅寫道。當地的商業往來令他驚詫不已，「珍奇貴重物品被帶到城內，包羅萬象，勝過世界其他地方的城市。」商品不僅來自中國，還來自印度、波斯、阿拉伯、突厥，以及其他更遠的地方。「形形色色的人種帶來世界各地的物品。」光是下面這段陳述就透露出當時的富裕：「一年當中沒有任何一天城裡未迎來一千輛載運絲綢的車，這些絲綢拿來製作大量金線絲綢布料，以及其他商品。」

大都的主街又直又寬，貫穿整座城市，站在路中央就可以直直望見大街兩端的城門。較小條的街道由住宅區後方通過，蒙古人在這些住宅區搭帳篷定居。至今北京市中心依然有上百條衚衕窄巷，延續著元朝的規畫，我在北京的九年時光裡就曾兩度住在衚衕中。有些歷史學家分析，衚衕一詞來自蒙古文中的「井」，因為數百年前這些巷弄都通往井。

雖然蒙古人令人聞之喪膽，但他們的統治僅維持短短不到一世紀。一三六八年，反抗軍入侵首都，建立了新朝代明朝，其實這是由中國內地人恢復統治。首位明朝皇帝洪武帝遷都南京，這是位於長江口的岸邊城市。他的孫子建文帝在此持續治理，但是遭叔叔燕王朱棣推翻與殺害，當時朱棣統治的是在南京北邊的城市，稱作北平。燕王居住在蒙古人的宮殿之中，從建文帝手中奪權後，他將帝國首都遷回北方，自封為永樂帝，並將首都改名北京。

永樂帝建造了紫禁城，也在北京以北的崎嶇丘陵地帶建造了部分的長城，這些丘陵地劃分了中國平原以及過去數百年來不斷入侵農地的大漠遊牧民族。永樂帝決心要遏止接連不斷的入侵，因此下令遷都，讓帝國首都同時成為驅逐入侵者的大型邊界駐防地，這也說明了永樂帝為何建造城牆與烽火台。

永樂帝擴張了北方的軍事防禦，在離北京兩百五十公里處的大同設立駐防地，以防禦西邊的入侵者。帝國的四百九十三個內外衛[17]中，有六分之一被他調派到首都，爾後，全國的四分之一軍力都集中於此。最終，這些防禦工事依然不敵南方流民與北方滿人同時來襲而崩潰瓦解。

17　譯注：衛所制度為明朝主要軍事制度，兼有行政功能。每衛編制約為五千六百名士兵。

一六四四年，李自成率流民破京師，崇禎帝在紫禁城北方山丘自縊身亡，成為明朝末代皇帝。滿人擊潰流民，而在多數漢人眼中滿人是外來的殖民者。他們跟多年前入侵的女真人是同一民族，這些馬背上的精悍獵人來自東北的森林，他們將在位於北京的清朝皇都建立全新型態的帝國，比過去任何一位中國統治者的版圖都來得大。國民政府與共產黨則成為他們的繼承者。

整城的大學校園都收到徵召令，學生必須參與中華人民共和國第一屆國慶的遊行。一九五〇年十月一日的國慶活動就辦在天安門硃紅城牆，這裡是通往紫禁城御花園與宮殿群的入口。中國共產黨領袖將全數出席，包含劉少奇、周恩來，當然，還有毛澤東。

一年前，毛澤東在天安門上宣布成立中華人民共和國。當時共產黨勢力尚未征服全中國，但國民黨已開始撤退，並搬運了黃金、武器，以及古物（大多取自紫禁城），搭船到臺灣島。蔣中正引退下台，並且早已在美國的協助下，在島上起造他的堡壘。

毛澤東從高處俯視著天安門廣場聚集的三十萬軍民，高喊：「中國人民的大多數已經獲得了解放。」下午三點鐘，國歌播放完畢後，毛澤東按下按鈕，一面五星紅旗順著旗竿從廣場北方冉冉升起。中國人民解放軍總司令朱德擔任閱兵首長，一萬六千四百名士兵行進通過閱兵台。這些場景在在驗證了毛澤東先前所說的：「槍桿子裡出政權。」

一年後的十月一日，父親穿著他在南方買的白衣藍褲，與同學在早餐後聚首。北京秋日清冷，天空湛藍。學生成群結隊步行前往市中心，經過農田前往西城牆的復興門。步行時間約花費一小時。城牆高達三十五公尺，巍然屹立在他們眼前，這正是明朝永樂帝修建的城牆，清朝皇帝也一直保持完好，作為防禦工事。

北京市中心十分寧靜，然而父親能感受到在紫禁城周圍行走的人群中彌漫著活力，他自己也感受到那股像電線般嗡嗡作響的期待。所有人都知道他們即將參與重大歷史事件，慶祝中國每隔幾百年就會上演一次的改朝換代。他們剛經歷了紅色皇帝統治下的第一年。

父親與他的同學走到紫禁城東邊的東單地區，駐足在貫穿天安門的長安街。毛澤東和其他共產黨領導人在主席台上檢閱，遊行參與者按照將經過主席台的順序依次排列隊伍。士兵站在最前頭，父親萬般渴望看到擊潰腐敗國民政府且解放人民的軍隊，但他完全看不到他們。解放軍通過後，緊接而來的是少年先鋒隊員，他們是從廣場附近國小選出的學生，代表的是國家的未來。隨後是工人、農民，以及政府職員。學校安排的大學生排在接近隊伍的末端，文藝隊伍則殿後。

父親與其他大學生站在原地，等著士兵踏正步走過長安街。今年的遊行相較去年，軍事意味更為濃厚，因為韓戰正酣，當時一支美軍帶領的南韓軍隊在聯合國授權下推進北韓領土。今年參與閱兵的有二萬四千二百〇九名軍官與士兵，目的是要展現三軍——陸軍、海軍，以及剛成立的空軍。這次的閱兵總司令再度由朱德擔任，他在演講中譴責美國進犯北韓與派遣第七艦隊前往臺灣海峽。

終於輪到人民隊伍動身，由中國少年先鋒隊領頭。大學生十人為一列，父親站在最左側，手持紅旗或布條。他們邊走邊齊聲喊：「毛主席萬歲！共產黨萬歲！人民解放軍萬歲！」這些後來都成為國慶閱兵的口號。另外還有一句口號，「反對美帝國主義侵略臺灣和朝鮮」。在中華人民共和國建政之初，美國就被塑造為中國邊界衝突的幕後主使者。

多年後，共產黨開始拓寬長安街，並拆除天安門廣場古老的建築，擴大其面積。他們拆除面對著天安門的中華門，以及被千步廊所分隔的高聳東西牆。一九四九年，共產黨接收北京時，廣場大小為四萬平方公尺，接下來的十五年，他們把廣場面積擴建十倍，成為世界上最大的公共空間。

天安門廣場將成為毛澤東權力不衰的象徵，時至今日，他的肖像依然從天安門頂端向下望，景仰他的群眾則向上凝視。這是「偉大舵手」毛澤東的經典肖像，在他逝世後許久，這張照片依然在海報、課本與報章雜誌上處處可見。一九六六年八月十七日，毛澤東的集會達到高潮，毛澤東在天安門廣場向一百萬名中國民眾演講，其中包含學生、老師、工人，以及國營企業的員工。毛澤東步下主席台與他們在廣場會面。他們高呼：「萬歲！」接著毛澤東回到高台上，文化大革命就此展開。

一九五〇年的國慶日秋高氣爽，大人物們位在遠方，父親拉長脖子使勁瞧也依然看不到毛澤東。但他知道領導人就在上頭，對著學生揮手。隊伍經過毛澤東下方時，高喊「毛澤東萬歲」的聲音愈發激昂熱情。父親還記得那股連結感，以及所有人將一起努力提升中國的感受。

父親及他的同學遊行通過天安門廣場，沿著長安街繼續西行。接著他們前往其中一座高聳城門，出了城並漸漸離城牆遠去。閱兵時間長達三小時二十五分鐘。他們興高采烈地回到校園，他們參與了革命週年紀念，並且與讓這一切成真的毛澤東如此接近。

學生時期的毛澤東在湖南省遇到從省會長沙回來的豆販，告訴毛澤東他們看到城裡的人因為食物短缺而挨餓，有數千居民起義。抗爭人士衝進當地政府，砍倒旗桿，並且驅逐了巡撫。北京清廷派任的首長下令逮捕抗爭領袖，並且砍下其中許多人的頭，掛在桿子上作為警示。

「這件事我始終忘不了，」毛澤東在內戰時向美國駐北京記者埃德加・斯諾（Edgar Snow）說，當時這位記者到毛澤東所待的雲南窯洞探訪，「我感覺到抗爭民眾就像我的家人一樣是普通人，我對他們所遭受到的不公義深感憤慨。」

毛澤東一心想要打造自己的創世神話，因此可想而知他會對一位充滿關懷的美國記者表現出他早期就覺醒的形象，顯示他很早就開始關注受迫害的人民。毛澤東雖然推動階級革命運動，但他其實出身良好。他的父親做的是稻穀買賣，握有田地並雇用長工。依照馬克思的定義，毛澤東的父親屬於小資產階級。毛澤東是他母親第一位倖存的兒子，日後與其父親對抗。他們兩人產生激烈衝突，毛澤東甚至有次從韶山的家出走，與一位待業中的法律學生一起住了大半年。從家庭衝突灰燼中，誕生了一位意志堅定的男人，決心邁向權力之路。

他讀孔子後心生排斥，反而受到中國經典文學吸引，如《西遊記》、《水滸傳》以及《三國演義》，他說自己深受這些作品啟發。《水滸傳》及《三國演義》讓他可以清晰地描繪出游擊戰與軍事策略。父親與其他毛澤東仰慕者都熟知是這些作品啟發了他。

毛澤東跟斯諾分享的另一件事則呼應了他統治中國的目標，他說他看到一本小冊子，主題是「肢解中國」，書中開頭第一句話是：「唉，中國將臣服。」書中記錄了西方帝國勢力與日本對亞洲的掠奪，談到日本如何占領韓國與臺灣，歐洲則主宰了印尼、緬甸與其他領土。「讀完這些後，我對國家未來感到悲觀，並且開始意識到全體人民有義務拯救國家。」毛澤東說道。

毛澤東跟過去其他中國思想家一樣，他的部分動機是希望重拾中國往日榮耀，即其財力與勢力，並且從歐洲列強與日本帝國的枷鎖下釋放這個新共和國。革命的目的是為了重振昔日強大的國家，同時也是為了扶助受壓迫的人民。在中國掀起一場農民革命是達成此目標的一種手段。同時，毛澤東過於執著於追求權力，因此帶來了在其他國家難以想像的殘酷統治行為。

據毛澤東所述，老師十分讚賞他寫的關於古典文學的文章，但是真正引起他注意的是表兄寄給他的兩本歷史書，內容關於學者康有為的改革運動，他敦促清朝在十九世紀末期的時候改革中國政治與經濟系統，以效仿已經工業化且建立帝國的歐洲與日本。其中一本書為康有為的學生梁啟超所著，他們兩位都出身廣東省，他們的思想大幅影響了同鄉的孫中山。他們三位成為在晚清到民初這段關鍵時期的公共思想家，影響了年輕的毛澤東對自己國家的看法。

毛澤東的知識基礎及早期生活充滿了神話色彩，據說一九二一年他出席了一群有志青年在上海祕密舉辦的中國共產黨成立大會；傳說他在農村動員農民；在江西省成立了反抗基地；在國民軍圍剿時從江西步行長征到陝西窯洞；在共產黨內鞏固權力；在中國東北主導軍事行動並成功擊潰國軍。內戰方酣時，在廣州就讀高中的父親就聽過上述種種事蹟。

上海那夜的會議後，毛澤東費時二十八年才正式宣布共產黨統治中國的五億人民。父親在天安門廣場看到的毛澤東已五十七歲，不再是當年身型修長的農村起義領袖。如今他大腹便便，菸不離手，飽受失眠與血管性水腫之苦。毛澤東居住在中南海的宮殿群中，緊鄰著紫禁城，他的長方形居所位於中庭，古柏環繞，當時他成日躺在木床上，擘畫出中國新版圖，並且幻想在全國各地打擊他所謂的敵人。美軍抵達朝鮮半島並阻止北韓入侵南韓，此時的毛澤東盤算著是否該加入戰局以支援北方。他的決定扭轉了數百萬人的命運，父親正是其中一員。

校園持續播放著關於韓戰的最新消息與公告，此時的父親正全心投入研讀農業化學。十月一日，父親在天安門廣場及紫禁城前參與毛澤東閱兵的同一天，南韓軍隊與美軍為了逼退北韓軍隊，跨越了劃分南北韓的北緯三十八度線。北韓（官方名稱為朝鮮民主主義人民共和國）的邊界一遭侵犯，立刻在共產黨高層引爆危機。毛澤東及其他領袖看到朝鮮半島可能統一，代表美國與南韓軍隊可能會踏上鄰近中國的土地。毛澤東害怕的是美國會持續推進中國東北，一路直達北京，讓蔣介石的國民政府重新掌權。

十月四日和五日，中央政治局緊急召開會議，雖然部分官員希望立刻進攻臺灣以擊潰國民政府，毛澤東卻認為應該介入韓戰。第二次會議中，毛澤東獲得彭德懷元帥支持。彭德懷告訴中央政治局，採取行動「將會對國內外反動派和親美派系造成沉重打擊」。毛澤東占了上風，領導階層同意祕密參戰。彭德懷成為中國人民志願軍司令員兼政治委員，志願軍的定位則讓中國得以合理推托對抗美國這個世界最強國的行為。

十月十九日，中國人民志願軍祕密渡過鴨綠江進入朝鮮，其中大部分的中國士兵皆來自農莊，農人父母因為家中缺乏糧食或衣物而讓小孩入伍。在北京的郊區，父親和他的同學則繼續求學。在父親印象中，政府當時並未在大學校園裡積極徵兵。

但到了當年秋末，政府開始要求學生入伍，以打造一支年輕的空軍。一年前，即一九四九年十一月，中國人民解放軍空軍成立。一九五〇年十月，中國加入韓戰後，政府則在中國人民志願軍成立空軍。

部分中國飛行員每天訓練兩至三小時，目標是在兩個半月內完成訓練，轟炸機部隊成員也接受相同強度的訓練。新成立的空軍比任何部隊更需要技術人員，也就是懂得科學、數學與工程的人。

父親及許多同儕都自願入伍，數週後，時值十二月，他發現他跟其他少數幾位有科學或機械背景的學生被選入空軍。父親欣喜若狂，他不僅得以報效國家，參與的還是最新穎且頂尖的一支部隊。父親也驚訝地發現，跟他一起在廣雅就讀高中且搭同班火車前往北京的大一學生余冠揚也同樣入選。這一切似乎是命運巧然地安排，讓這兩位廣雅同儕一同在軍中為了戰爭而受訓。

此時的父親已經鮮少跟人在香港的父母聯繫，但他一決定入伍，便寫了一封信給他們。信中，他說自己必須參與韓戰，以保護祖國不受美國帝國主義人士以及其南韓盟友侵害。革命成功了，但現在中國受到西方強國威脅。這封信成為一份宣言。

父親收到的回音並非來自他的父母，而是他的阿姨賽琳娜，在父親與伯父小的時候，她曾經跟家族一起住在排屋，並曾照顧過他們，後來也生了他的表弟以正。父親的父母請她代為回信，因為他們認為父親聽不進他們的話。她寫道，父親應該重新考慮這個決定，並且想想自己父母的需求。他的母親自從生產完後就身體欠佳，而對小兒子操煩勢必會讓她健康惡化。阿姨試圖喚起父親的孝心，但父親老早就下定了決心。

父親沒有他哥哥的消息，當時他的哥哥在華盛頓特區的喬治華盛頓大學攻讀電機學位，同時也在餐廳打工。人在北京的父親志願加入「抗美援朝」，他已做好為國捐軀的心理準備，對抗這個給了伯父赴美求學機會的國家。這對兄弟在地緣政治衝突上選擇了對立的立場，但兩人對此並不放在心上。伯父告訴我當時他其實不太關心韓戰，因為他全心全意投入課業和餐廳工作。

父親對於自己獲選幫人民解放軍打造空軍和上前線深感光榮，他甚至可能成為飛行員。但許多中國士兵命喪朝鮮，數十年後，我問他是否曾感到害怕，他說：「年輕時，你不會認為這種事會發生在自己身上，尤其如果你還沒去過前線見識真正的戰事。」

中國北方進入漫長的冬日，父親打包準備前往東北的航空學校。十月遊行時的秋光景色已退去，到了十二月，下午四點天色就暗下，整個中國首都的居民都向街頭小販購買一顆顆的熱烤地瓜與一袋袋的烤栗子暖手。

北京街頭常出現因為不滿美國與南韓而引發的抗議，有時是在校園，這些抗爭就像星火點亮了冬日黑夜。官員仰賴學生傳遞戰爭宣傳給首都的其他民眾。十二月初，學生在大使館與領事館前聚集，高喊著「打倒資本主義」。他們在牆上寫下「打倒美帝」，甚至和外國人發生衝突。十二月四日，美軍領頭的軍隊被中國軍隊驅逐出北韓首都平壤，學生在路邊的車輛噴上標語，其中一輛是蘇聯外交官費德林（Nikolai Fedorenko）的車，即便他的司機試圖阻止學生，車輛依然慘遭噴漆。在北京大學的學生每天掛起新的口號布條，有些學生和工作人員甚至以鮮血書寫己見，迫使北京市委員會出面阻止這項行為。

父親在帝國首都僅短暫停留，他原本以為自己會在戰後回來繼續完成學業。他回到三個月前首次抵達首都時的車站，就在前門旁，這次他搭上通往吉林省會長春的列車。他將越過長城，前往滿洲人稱為故土的邊疆地區，亦即俄羅斯與日本曾經爭奪的領土。此地曾經是帝國的獎賞，如今，這裡已成為另一場戰爭的前哨站。

第九章

領袖

陝西省、北京、四川省與華盛頓·

二〇一〇～二〇一五年

窯洞昏暗、狹小且散發著霉臭味，門邊有個以磚土搭成的平台，上頭鋪著蘆席，下方的空間可以在冬天時擺放一桶木炭，這是中國北部常見的炕。牆上兩支生鏽的釘子分別掛著綠色布包和提燈，梁家河村民告訴我，這些物品是一位高瘦北京青年留下的，四十一年前他被送到這裡勞動。

老人拖著腳步來到一張木桌與木椅前，他透過厚重的眼鏡看著桌椅，身上的藍色衣褲看起來就跟桌椅一樣飽經風霜。

「他很喜歡讀書，都是些厚重的書，但我不知道書的內容。他總是讀到睡著。」

老人名叫呂能忠（Lü Nengzhong，音譯），如今八十歲了，但他說自己記得三十年前接待中國既定接班領導人習近平的時光，那段回憶就跟窯洞的土牆一樣堅實。窯洞裡布滿了習近平的紀念文物，牆上掛著照片，大多為近年拍攝，照片中的他當時已經晉升為共產黨高層。其中一張照片中的習近平坐在北京會議桌旁，另一張則是他在工廠巡視。另外還有兩張他年輕時的黑白照片，儘管當時他正經歷家人遭到毛澤東政治肅清的文革苦難，仍然一臉青澀。

二〇一〇年，我拜訪了梁家河，兩年後習近平受任命為共產黨總書記與中央軍事委員會主席，接著成為中華人民共和國主席，這三個稱謂賦予了至高權力，得以統治世界的一大強權。二〇一二年十一月，深具歷史意義的中國共產黨第十八次全國代表大會在北京舉行，五十九歲的習近平接受天命，成為中華人民共和國建政以來第六位領導人。毛澤東是在位最久的領袖，從一九四九年他宣布成立共產黨統治的共和國後，一路統治到一九七六年九月九日，八十二歲的他在當天因心臟病發作而逝世。

前一次全國代表大會在二〇〇七年舉辦，黨內高層當時安排習近平為胡錦濤接班人。習近平是最不受爭議的人選，他出身官僚體系，父親習仲勳又是黨內受歡迎的高層。習仲勳是紅色革命者，曾經與毛澤東並肩作戰，後來遭到毛澤東整肅，又獲鄧小平平反。黨內的運作，特別是權力交接過程，往往籠罩在陰影之中，但體制內的政治觀察家表示，習近平在黨內菁英的非正式投票中脫穎而出。他是眾人認可的候選人。他的主要競爭對手李克強是一位政治官僚，沒有習近平的紅軍將領家庭背景，因此後來成為總理，即政府內的第二把手。

二〇一〇年十月，政府宣布習近平成為中央軍事委員會副主席，預示他依然是中國領袖指定接班人。當時我決定，該去探訪習近平自行塑造的故事起源地了。中國官方媒體不斷宣揚習近平在梁家河的經歷。一九六八年，毛澤東推動顛覆中國社會的無產階級文化大革命兩年後，決定將這場他最後也最具破壞性的政治運動引向新方向。他下令一千七百萬青年下鄉，其中包含紅衛兵、一般學生以及黨內菁英的小孩。對於這些「下鄉知青」來說，他們經歷的匱乏與奮鬥在毛澤東死後數十年間，成為中國政治、經濟與社會變遷的重要基石。

村莊位於黃土高原上，此地以黃土聞名，如滑石粉般細密的黃土覆蓋著山丘，讓整片鄉村沐浴在土黃色調中。數千年前，離黃河不遠的此地土壤尚肥沃，農人在此定居。但就跟中國北方一樣，這裡的土壤在數百年間沙漠化。當地人一生都居住在山丘上的窯洞中，從童年到老年生活都與土地結合，對於中國其他地區的人來說，這種生活令人難以想像。

這些山丘是共產黨贏得國共內戰的搖籃，當時，國民政府占領了共產黨位於中國南部的井岡山革命根據地，毛澤東歷經了長達一年的艱苦撤退，來到黃土高原的山丘重新整頓兵力，長征的終點變成戰爭下一階段的根據地。在毛澤東抵達前，共產黨革命者已在延安設下堡壘，當地的窯洞為共產黨提供庇護，抵擋了蔣中正軍隊的砲火攻擊。習近平的父親習仲勳就是在毛澤東踏進延安前協助建造堡壘的人物，他受到在地居民的景仰，並且為毛澤東提供庇護。

這裡是陝西省，擁有亞洲文明最古老的遺址。二〇〇八年，考古學家從位在陝西省會西安西邊的岐山縣墓地中挖掘出一批甲骨，上頭有超過一千一百個字。這是有史以來挖掘到最大批的甲骨。古時黃河流域附近的占卜者將符號刻在牛肩胛骨或龜甲的腹面並將之加熱，然後依循受熱產生的裂紋預言未來。這些符號形成一種原始語言，近期發現的遺跡可追溯至西元前十一世紀至八世紀的西周，這些墓地是為了周公所建，甲骨上的其中一個文字象徵帝王，即今日的「王」字。

甲骨與紅色起義者，黃土高原成為啟發父親及其他同代人的神話之地。

飛機降落延安南泥灣機場，機長提醒旅客即將抵達中國革命誕生之地。許多旅客是為了紅色旅遊而來，目的是追隨毛澤東及其同志的腳步。我從機場搭計程車直接前往梁家河。在我抵達中國開始工作後，很快學到了重要的一課，儘早抵達，儘快報導，一切工作要搶在當地警察發現你的行蹤前完成。

雪開始降下，一陣輕薄雲霧籠罩了農村。能見度下降並沒有影響金姓司機全速駛向梁家河，沿途我們經過了牛群、玉米田和一座教堂。

我們抵達時村莊一片寂靜，當地有百戶人家，是習近平十五歲抵達此地時的兩倍。驢車在路上艱難地行進，兩位女性背著沈甸甸的木頭，彎著腰前行。這座村莊沿著狹長山谷邊而建，窯洞住家的入口點綴著山壁。

金姓司機曾經來過這裡，他知道村莊頂端是習近平曾經住過的窯洞。我敲了敲窯洞前住屋的門，一位老人前來應門，「是黨委員會派你來的嗎？」呂能忠問道。

我告訴他我們剛剛經過時，黨委員會的建築看起來空無一人。

呂能忠帶領我越過庭院來到窯洞，他說：「他來到這裡跟我住了三年。他剛抵達這個村時，先住山谷另一端的窯洞，接著我成為接待他的人，他成為這裡的黨書記後搬到另一處。」

呂能忠打開門鎖，我們走進洞內，他拂去桌上的灰塵。

「他跟我們不同，」呂說：「他長得不同，說話方式也不同，我們聽不懂他的北京腔，他一開始也聽不懂我們的話。」

習近平身高一百八十公分，遠高於村民的身高，他們一眼就知道這名青年不同凡響。習仲勳的第二任婚姻中有四個小孩，習近平排行第三。習仲勳在十四歲時加入黨，在延安與毛澤東變得親近。共產黨戰勝三年後，習仲勳受任命為共產黨宣傳部部長。習近平的童年在北京軍營度過，這裡是年長的革命人士與他們的二代認識彼此與交流之處，簡直就是珍．奧斯汀（Jane Austen）[18]筆下的世界，不過是馬克思-列寧版本。我曾住在北京城中央的古老巷弄，每當我看見有住家的外院大門敞開讓黑色轎車進出時，總是試圖藉機偷窺圍牆後的院落。我時不時會看到士兵站在庭院內，顯示這戶人家是有權有勢的軍人家庭。

習近平就讀的是菁英學校，前身是清朝禮親王的宮殿，學校名為八一中學，以紀念一九二七年共產黨起義對抗國民政府的日子，當時他們在南昌起義，因而建立了中國工

18　譯注：英國小說家珍．奧斯汀的小說刻畫了英國攝政時期上層階級家庭的社交生活。

農紅軍，即人民解放軍前身。軍隊實質上守護著黨的權力和革命，而習近平從童年時期開始的每個人生階段，都浸淫在這種軍隊文化之中。

一九六二年，習近平的父親遭到另一名高層指控領導反黨的派系，並且從領導地位遭撤職。他被下放到洛陽，擔任拖拉機工廠的副廠長。毛澤東的文化大革命一展開，習家的命運更陷入泥淖中。一九六七年一月，文化大革命上演半年後，一群青年逼迫習近平的父親在眾人面前自我批評。接著他的父親入獄，十三歲的習近平被送往梁家河。他被安排在延安附近並非巧合，「因為習仲勳曾經在此奮鬥及生活，人民非常支持他。」延安大學的歷史學家譚虎娃跟我說，「大家因為習仲勳的關係而張臂歡迎習近平。」

習近平從早到晚都在田裡種玉米、馬鈴薯、南瓜與小米。一年後，他依然學不會用扁擔挑水。「下山時他都是坐著滑下來，而不是用走的，」呂能忠說，「他非常小心、非常謹慎。」

「他曾對我說：『你們陝西人真了不起，在田裡都能發現我看不到的石頭。』我說：『石頭不能用看的，要用摸的。』」

習近平有時會召集村民建造水壩。他往往獨自用餐，而非與呂家一同用餐。許多下鄉知青都來自有軍事背景的家庭，習近平與這些人結為好友，他因為自身家庭背景的關係，得以與他們產生連結。他們大多數人在短短半年後就離開村莊入伍從軍。「我感到十分孤獨，」習近平表示，「但是當我適應了當地的生活，特別是和群眾融為一體時，就感到自己生活得很快樂。」

習近平在呂家後方的窯洞生活了三年，跟呂能忠的兒子呂侯生拉近了關係。日後習近平成為福建省長時，還曾經寄了五百元人民幣（在當時這是一筆不小的金額）給呂侯生進行腿部手術。呂侯生飛去福建進行手術。在呂能忠的牆上有一張照片，照片中他精瘦的兒子就站在習近平身邊。「他就像我們家的一份子，」呂能忠說，「我們全住在一起，有事他就會來找我談。」

儘管習近平的家人受到毛澤東肅清而且淪為文革受害者，他顯然依然抱有政治野心。習近平來到梁家河前，他發現同父異母的姊姊因為無法忍受激進青年的迫害而自殺，這在當時並不罕見。任何家庭背景的人都會遭到身邊的人窮追猛打與當眾羞辱。人在鄉間的習近平必須出席每天的批鬥大會譴責自己的父親。「即使你不理解，你也被迫理解，」他在一九九二年告訴一名《華盛頓郵報》的記者。「它使你更早地成熟起來。」

儘管如此，習近平持續努力申請入黨，他一共申請了十次，在一九七四年一月終於入黨。不久之後，他獲選為該村的黨支部書記，是兩萬九千名從北京下陝西的知青中的第一人。習近平是制度主義者，對黨及其使命深信不疑。形容習近平最貼切的一句話出現在幾十年後的一份美國國務院電報中，內容引用了一位美國外交官與一位認識習近平的美籍華人教授的訪談。毛澤東發動的文革讓中國天翻地覆時，習近平「選擇變得比紅色還更紅以存活下來」，教授說道。這名教授另外還突兀地提到習近平對佛家武術和其他神祕力量具有濃厚興趣。

呂能忠提到，習近平儘量避免紛爭。如果村民帶著問題來找習近平，他會說：「過兩天再回來。」習近平喜歡觀察。「他話不多，但一旦開口，其他人就難以打斷。」呂能忠說：「他是強勢的講者，很有說服力。」

習近平協助帶領村莊的那幾個月，文革逐漸停止，毛澤東的健康狀況也日漸惡化，許多下鄉青年回到城市。一九七五年，習近平擔任黨支部書記的一年後，他返回北京就讀清華大學。他離開的那一天，村民以手推車將他推到鄰近縣城。

數十年後，習近平回來探訪，這時他已是浙江省省委書記，並且即將成為中央政治局常務委員會的九名委員之一，這是中國最高權力機關。浙江是發展快速的沿海城市，充斥著工廠、高速公路與貨櫃船。習近平回到梁家河時，他正準備回到中國東北的核心，當地同樣遍布他年輕時期看過的黃土與窯洞。他帶了錶要發送給村民。呂能忠說，習近平對村莊的貧困感到震驚，而原本規畫停留三天的行程，在短短一小時後就結束了。

我第一次親眼見到習近平，就在距離天安門幾百公尺的地方，也就是父親在一九五〇年國慶日遊行時經過毛澤東的地點附近。那次遊行的六十年過後，一個八月的濕熱早晨，我站在天安門西側寬廣的人民大會堂內，習近平與時任美國副總統拜登走在紅毯上，從外頭階梯進入建築。他們登上主席台，面對儀隊，此時樂隊奏起兩國國歌。

當時習近平與拜登還未成為各自國家的領導人，而且兩國的關係要在好幾年後才會開始惡化。二〇一一年的這一天，他們兩位之間的關係較不緊張，也面臨著較少的限制。他們是各自國家的副總統與副主席，彼此試探，而且盡自己的一份力，引導兩國關係避開危險礁石。

拜登拜訪北京時，幾位駐北京的美國記者在白宮安排下加入隨行記者團，我是其中一員。拜登早在擔任參議員的多年裡數次拜訪過北京，最早的一次是在一九七九年，但此次是拜登第一次以副總統身分拜訪中國。這次的會議比高級官員之間的常規外交會談具有更深遠的政治意涵。時至今日，美國官員已經深信習近平會成為中國下任領導人，而歐巴馬總統派拜登前往拜訪，目的就是為了一探這位紅二代的底，並且與他打好關係。在當年這件事還有一絲希望，當時習近平與美國有直接的連結，因為他的女兒習明澤正在就讀哈佛大學。

在人民大會堂裡，我們進入了一個房間，習近平和拜登隔著一張長桌面對面而坐，他們的助手分列兩側。習近平先發言，他說：「我也認為，在新形勢下，中美兩國有著越來越廣泛的共同利益，我們肩負著日益重要的共同責任。」這是典型的外交辭令，無法判斷習近平是否認同自己所說的話。在這個正式場合中，一舉一動都經過演練。

二〇〇九年，習近平訪問墨西哥城，他向一屋子的海外華人演講，當時的他對美國的態度就不那麼友好了。「有些吃飽了沒事幹的外國人，對我們的事情指手畫腳。」他說：「中國一不輸出革命，二不輸出饑餓和貧困，三不去折騰你們，還有什麼好說的。」

當天晚上，在北京出現了一場混戰，原本有一場籃球表演賽，上場的是來自華盛頓特區的喬治城大學驚嘆隊（Georgetown Hoyas）與解放軍八一火箭隊，在現場觀看比賽的美國朋友事後向我形容那是一場「拳頭齊飛的鬥毆」，比賽在第四節叫停。

習近平接待拜登的當下，中美關係處於微妙時刻。這是兩個大國之間的轉折點，一個舊時代正在消逝，如同蛇蛻去的死皮。美國深陷伊拉克與阿富汗戰爭，並且還在努力應對二〇〇八年美國銀行引發的全球金融危機。拜登在籌備中國行時，華盛頓的共和黨議員因為美國債務上限的議題使美國深陷危機。拜登被迫將此行推遲約一個月，以協助歐巴馬協商解決方式。標準普爾500指數（S&P 500 Index）將美國的AAA信用評級降級，美國因此蒙羞，因為過往數十年美國不斷對其他國家的經濟下指導棋。

與習近平的晨間會議結束後，拜登與大使館人員的車隊駛近老北京市中心用午餐，陪同者為美國駐華大使駱家輝及其曾任西雅圖電視新聞記者的太太李蒙（Mona Lee）。他們踏進座無虛席的姚記炒肝店，地點在鼓樓的紅牆內。這家餐廳的經典菜色為炒豬肝與豬腸，是北京常見的早餐。餐廳內的食客開始竊竊私語，我站在餐廳前，聽到他們提到拜登的名字，但他們真正感興趣的是駱家輝，他是第一位受指派擔任駐華大使的美籍華裔。

早前一週，前華盛頓州長兼商務部長駱家輝在中國的網路上一夕成名，因為一位華人唐朝暉拍下他的照片上傳網路。駱家輝出發前往北京就任新職的途中，與六歲的女兒在西雅圖-塔科馬（Seattle-Tacoma）國際機場的星巴克等待登機，當時他單肩揹著黑色後背包，而對許多中國人來說，這個小細節令人大開眼界。在中國，像駱家輝這種等級的官員通常會配有隨扈幫忙提行李。唐朝暉將照片一上傳到網路上，立即引發迴響。就連部分中國的國營媒體都在讚揚駱家輝。這股迴響成為友誼的象徵，與北京籃球比賽場上美國選手與中國選手的全武行形成強烈對比。

歐巴馬一宣布駱家輝為駐華大使，父親與伯父就催促我與駱家輝見面，因為他跟我們有血緣關係——他的母親駱伍寶琴是我的外曾祖父第二任妻子的女兒，也就是父親與伯父的阿姨。一九四一年日本入侵前，他們在香港的過年聚會還見過她。她跟他們兩人一樣，在日本入侵後逃往台山縣，父親在當地就讀中學時再度與她相會。

命運使然，兩位黃家美籍後代同一時間出現在北京，而且就在姚記炒肝店這家在地餐館首次相會。眾人一陣掌聲後，駱家輝和李蒙陪同拜登和他的孫女娜歐蜜（Naomi）在餐廳正中間入座。拜登對其中一名男子豎起大拇指，另外一名男子則用華語高喊：

「北京歡迎你！」拜登點了包子，迴避了炒肝。不久後，餐廳就在菜單上放上「拜登套餐」。

兩年後，我和太太天香在家中宴請大使，我們倆開始追溯我們的家族故事。駱家輝知道他的母親跟我的父親與伯父一樣，曾經在日本占領時期從香港被送往台山縣的祖籍村莊。戰後她回到香港，遇見了駱家輝的父親駱榮碩，他是來自西雅圖的美國退伍軍人，曾參與諾曼第戰役以及柏林戰役。他們兩人在駱榮碩的出生地吉龍村（同樣位於台山縣）結為連理。一九九七年，駱家輝首次拜訪吉龍，當時他擔任華盛頓州的州長。他跟父母與手足從香港搭乘氣墊船前往廣東省江門港，數十名中國記者與攝影師在當地等候著他們，接著他們又往吉龍駛了近五公里。這是駱家輝的父母繼三十年前的婚禮後首次再訪，隨著吉龍愈來愈近，他們的情緒也愈發激動。他的母親開始談起過去在當地的回憶，數萬人帶著中英文的布條從村裡前來迎接他們。駱家輝一踏進村莊，彷彿回到十九世紀，這裡的人用煤塊和木柴燒飯，還用手洗衣。在駱家輝來訪前，村民趕緊在公共廁所裝上了西式馬桶。

幾年後，駱家輝的父親過世，駱家輝跟姊姊重返吉龍，他們帶了一張父親的裱框相片要放在家族祭壇上。隨後駱家輝以美國駐華大使的身分再度歸來，帶著孩子認識自己的根。

在人民大會堂跟習近平出席活動的三天後，拜登跟他的隨扈下午啟程，從成都上高速公路出發西行。車隊行經迷霧繚繞的綠丘，我從採訪車的車窗望出去，看到四川翠綠的景色，我第一次看見這片美景是在研究所畢業後的那場陸路之旅，當時的我還年輕稚嫩，而九年後我再度望向同樣一片土地，看到的卻是一幅悲慘景象。道路兩旁掛著與重建相關的紅布條，而這正是此行的目的之一，習近平要讓拜登瞧瞧，在歷經數十年來最具破壞性的天然災害後，中國的這片土地如何起死回生，藉此證明中國內陸民眾的生命力。這又是另一個復興的面向。

二〇〇八年五月十二日，下午兩點二十八分，芮氏規模七．九的地震來襲，這是自一九五〇年後中國所經歷最大的地震。我當時位在距離震央東北方一千五百公里外的北京辦公室中，依然感受到震動。在我的辦公室同一條街上的另一座辦公大樓則進行疏散，當時我的太太在裡面工作。中國西南方的部分城鎮與村落完全崩塌，數個月後，中國政府宣布超過八萬七千名民眾死亡或失蹤。在現代中國歷史中，唯一奪走更多人命的就是一九七六年的唐山大地震。該場災難發生於毛澤東逝世的五週前，對許多中國人來說，那象徵了天命被上天收回。

二〇〇八年地震的震央，僅僅八十公里外就是成都，這座具有兩千年歷史的古城建立在悶熱潮濕的四川平原上，如今是四川省會。地震一發生，當局就關閉成都雙流國際機場，我趕緊搭上前往重慶的班機，曾經作為戰時舊首都的重慶位於成都東邊的長江岸上。我抵達重慶後招了一輛計程車前往災區，清晨時分，我才抵達以秦昭王的灌溉系統聞名的都江堰。路上滿眼望去都是瓦礫堆，我下了車，走過街道。其中一棟公寓前，一整座牆倒塌，牆後一間間住家的內部暴露在外。我看到床鋪、沙發和依然靜躺在餐桌上的餐具。屍體躺在殘骸中。一隻蒼白手臂從一堆水泥塊中突出，就像從暴露的牆壁和地板突出的細鋼筋般扭曲。冰冷的雨開始落下，救難人員踏過泥濘，扛著綁著民眾的擔架前行。

在附近城鎮的醫院中，我碰見了一對夫妻，他們從坍方的家中被救出來，躺在各自的病床上，十四歲的女兒芯儀（Xinyi，音譯）則站在一旁。太太李婉芝（Li Wanzhi，音譯）望著天花板，熱淚盈眶。她左半邊的身軀蓋著毯子，下面原本應該是她的手臂。

她求醫生不要截肢，但他們別無他法，她的手臂因為在坍方時困在丈夫身下而壞疽。他們夫妻兩人在地震當天已經放棄獲救，隨著夜色降臨，他們的身體逐漸麻痺，她離家多時的丈夫王志鈞（Wang Zhijun，音譯）剛返家不久即遇上大劫，受困的他試著扭動脖子，想用困住他們的水泥塊割喉自盡。他的妻子察覺他已放棄希望，便告訴他：「如果老天真的想殺我們，一開始就會立刻讓我們死。但既然我們還活著，我們注定就是要活下去。」他們依偎著彼此，談論未來要如何過更好的生活，並且照顧彼此和他們的女兒。到了早上，他們聽到瓦礫堆上方出現腳步聲，於是大聲呼救。地震發生二十八小時後，救災人員從殘骸中將他們救出，他們終於見到了天光。

接下來幾週，在倒塌的大樓和被掩埋的屍體以及血跡斑斑的病房中，我見證了人性光輝和愛國情懷。中國各地的居民開著汽車、貨車或是巴士運送物資前來，並在收容所擔任志工，分發食物給救災人員。這次地震的破壞以及眾人的善舉讓中國在國際上獲得一波好聲譽，雖然幾週前西邊的西藏抗爭才讓全世界關注中國當局對這些地區的嚴酷治理。我在中國的時期，從來沒有看過任何一個事件像這次地震一樣烙印在全國人民的意識中。在災損之外，我觀察到民眾對國家和人民產生深刻的情感，多年來我在父母身上也看到相同的真切情感。

習近平批准拜登的都江堰之行作為展示，他必定深知這個敘事所帶來的威力。我們駛進當地時，我完全認不出這是三年前受災時我所拜訪的城市，建築物和道路都完好如初，這是過去幾年重建的成果。我們的最終站青城山高級中學也是如此，我看到剛油漆完的白色建築，也聽到學生的呼喊聲。

這兩位領袖站在戶外籃球場，習近平身著白色襯衫與深色長褲，拜登穿著藍白條紋的襯衫，捲起袖子，下身著卡其褲。身著制服的學生原本在場上，此時他們站在場邊。拜登射籃六次都沒中，第七次終於進球，習近平則是運球後出手，最後兩位分別在球上簽名，學生則圍繞在他們身邊。

原本的校園僅存一棟五層樓高的建築，這所學校的重建工作在地震隔年開始，美國組織與企業提供了援助。二〇一〇年，一百名美國學生飛抵當地，在美國職業籃球聯賽（National Basketball Association）捐款建造的球場上進行示範賽。

這所學校是美中合作的典範，而這正是習近平與拜登在會面時的公開演說中盡力強調的主題。這所學校也述說了關於地震的另一種故事。二〇〇八年五月，約三千名在此就讀的學生受了重傷，但無人喪命。這個地區的其他學校就沒有這麼幸運了，大約七千間教室崩塌，至少五千三百三十五名學生喪命，這是官方統計的數字。受傷的人數更高，這些人失去四肢或留下永久的傷疤。許多家庭失去唯一的孩子，因為中央政府數十年來為了抑制人口成長而提倡一胎化。家長以及其他中國民眾控訴開發商以及在地官員貪汙，導致偷工減料，以及在學校建築使用了所謂豆腐渣工程。

悲痛的家長上街遊行，高舉著自己死去孩子的遺像，要求討回公道，地方官員卻付錢換取他們保持沈默，堅持持續抗爭的人則遭到逮捕。二〇〇八年夏天，我偷偷在一間咖啡廳與一群家長碰面，傾聽他們的憤怒與失落。隨後，警察在示威遊行中逮捕了其中一些家長。同年九月，中央政府的委員會承認近年許多學校興建快速，可能導致工程品質低下，但是此舉對家長於事無補。我花了數月報導這場慘絕人寰的悲劇，我發現部分的公家單位毫無責任感與同理心，我也見識到當局如何欺壓弱勢，以鎮壓任何挑戰他們公權力的聲音。未來的日子裡，我將一而再、再而三見識到相同的事情上演。

習近平和拜登步入都江堰的青城山高級中學，在一間教室的前排入座，兩位口譯員坐在他們後方，教室後方的一個牌子以英文寫著：「我們愛美國副總統喬・拜登，以及中國副主席習近平。」老師告訴我們，這班高年級學生在學習英文。這三十一位學生全數穿著白色POLO衫以及深色長褲。

拜登對學生說，中國崛起對世界來說是好事，全球貿易也會受惠。「我們不需要害怕彼此。」拜登說。

習近平表示認同，他們在北京也說了同樣的話，各自試圖讓對方知道自己心存好意，目標是讓兩國的人民安心。

習近平跟學生提到未來的展望時，明顯更為振奮。或許他回想起自己在文革時在梁家河黃土高原上吃苦的時光，以及在窯洞裡苦讀的回憶，還有自那之後他和中國經歷了多少事。「年輕人是早上八、九點鐘的太陽。世界是你們的。」他復述著毛澤東的名言：「同學們要志存高遠，而且無論同學們做什麼，都需要謹記自己是國家的未來。」

一九五〇年初，共產黨開始治理中國，同時韓戰方酣，父親從毛澤東以及其他共產黨領袖口中聽過相同的教誨，當時正要投入建設國家，強化革命基礎，並且內外防敵。

習近平與拜登當晚在成都香格里拉飯店與助手一同用餐，習近平的談話內容十分謹慎，陳腔濫調，在場的美國官方人士皆感到相當老套。但當他提到黨的重要性以及黨如何領導中國的未來時，突然充滿熱忱。他接著談到蘇聯瓦解，很顯然他花了許多時間思考這段歷史轉折點。他提到蘇維埃共產黨犯下的致命錯誤，即遠離了民心，人民因此對黨失去信心。一年後，他成為中國領導人，並在廣東省對黨的官員發表閉門演說中提到了同樣的概念。

習近平與拜登會面時，駱家輝也在場，日後他跟我說，當時的習近平神色輕鬆，態度積極，談話時也不需要看稿。習近平提到他的父親習仲勳曾經對中國作出的重要觀察：中國曾經有段時間人口大量外流，中國官員應該深入探究背後原因，汲取教訓。習近平說，他的父親指的是一九六〇年代早期，當時正值毛澤東治理下的大饑荒，中國人拚了命前往香港，我父親是其中之一，駱家輝的祖母也是，她最後落腳的地方是香港一座片廠旁的難民營，一九六一年，駱家輝的父親帶駱家輝前往拜訪她。

拜登回到華盛頓後，他跟白宮的顧問坐下來晤談，提供他的見解：「我認為他會讓我們手忙腳亂。」拜登出訪中國半年後，習近平拜訪美國作為回訪，這是他執掌中國前，最後一次對美國人施展魅力。拜登作為東道主，於二〇一二年二月在華盛頓特區與洛杉磯跟習近平碰面。這場外交就像結伴同遊的公路電影，多年後當上總統的拜登，依然不斷提到在這些早期的中國和美國行旅中，他和習近平一同旅行兩萬七千公里，甚至拜訪了青藏高原。這些細節拼湊出一則神話，定義了他們之間的關係。

我跟隨著這對奇特的副領導人旅伴飛到華盛頓，當時我待在父母家。父親問：「這兩國會在習近平成為中國領袖後和平相處嗎？」所有人都想知道這個問題的解答。

習近平的第一場官方活動是在美國國務院白宮宴會廳的午宴，當時明顯透露出兩國關係開始走向衝突。午宴辦在情人節當天，午宴桌上擺著花瓶，習近平一旁坐著季辛吉。拜登發表演說談及他前一趟中國之旅中看到的繁榮中國，但同時也列出中國人權劣跡、貨幣匯率問題，以及對美國企業的壓迫等等批評。拜登說：「合作，如同您與我先前提到的，唯有在遊戲規則平等的情況下，才會對雙方都帶來好處。」習近平坐著聽完，他早已下定決心讓中國恢復到連美國以及其他列強都無法譴責的地位，並且將中國及其領導人視為平起平坐的對象。這是習近平復興計畫的一環。

插著紅旗的禮車載著習近平離開天安門廣場，停在毛澤東的肖像下。習近平身穿黑色無領套裝，從天窗探出身，直視前方。禮車接著沿長安街東行。我坐在天安門廣場，轉頭望向座位兩旁的大螢幕。長安街兩旁排列著大批受檢閱的軍隊，我看到習近平朝他們揮手，他說：「同志們辛苦啦！」

這次閱兵是在二〇一五年九月，氣候十分炎熱，習近平經過彷彿永無止境的一列列士兵與武器。習近平的車終於回到紫禁城，他登上主席台，加入其他身著深色套裝的高層領袖，閱兵典禮開始。直升機在空中飛過，排成「七十」字樣，象徵一九四五年九月戰勝日本的七十週年紀念，跟隨在後的噴射機留下顏色鮮明的煙霧。黃色、粉紅色和紫色的煙霧縷縷升起，映襯著湛藍的天空——這是因為北京周圍的工廠遭官方勒令停工，暫時減少了空氣汙染產生的霧霾。接著身著橄欖綠、藍色以及白色制服的士兵依序行軍進場，戰車與導彈駛過，在秋天的艷陽下閃爍。我周圍的人群突然倒抽了一口氣，此時眼前駛過的是導彈運輸車，上頭載運著綠色的東風-5B型洲際彈道飛彈。

習近平就任將近三年，已經在中國留下自己的印記。有些評論家開始稱呼他為毛澤東以降最強大的中國領袖。我當時站的位置正對著天安門，看到習近平試著發揮強大領導人的表演才能和運用大場面，這兩點曾幫助毛澤東建立震懾人心的威權。整整六十五年前，父親曾經見證過，也曾經浸淫其中，當時他跟同儕沿著長安街遊行，手持紅旗並呼喊著口號。毛澤東當時檢閱遊行隊伍，而父親盡全力試著瞥見領導人的身影，就像我現在的舉動一樣。一九五〇年時的閱兵是由士兵領頭，平民跟隨在後。他們都是改革後的中國的宣傳樣板，是國家的武力象徵。我眼前的閱兵也有許多同樣的象徵符號，就本質上來說，這兩場相隔六十五年的閱兵都是為了慶祝時任在位者。

二〇一二年，習近平就任時政壇風風雨雨，促使他迅速鞏固自己在共產黨的權力。早在十一月權力移交前，另一位太子黨成員薄熙來毫不掩飾地以重慶市委書記的身分集中權力，正面挑戰習近平。然而薄熙來的妻子谷開來捲入一名英國企業家的謀殺案，導致薄熙來與谷開來在同年春天遭黨高層下令拘禁，引發共產黨自一九八九年天安門事件以來最大的政治危機。在這過程當中，習近平與其他高層開始對中共政治局常委周永康起疑，他是薄熙來的政治盟友，同時擔任共產黨最高公安單位負責人。習近平掌權後，雷厲風行地進行反貪腐行動，首要目標包含周永康的助手。二〇一四年十二月，周永康遭逮捕。習近平整肅高層的舉措震驚了黨內人士，但他的大規模鎮壓達到了他希望的成效，成功加強了黨內的紀律，並且讓九千萬名共產黨員對他心生畏懼。

習近平也看到薄熙來毫不避諱地在重慶塑造出懷舊共產黨氛圍，為自己打造民粹主義形象以贏得民心。習近平雖然將薄熙來終身監禁，但他借用薄熙來採取的毛澤東時期紅色文化策略，落實到眾多共產黨機關與政府機構，例如他堅持要大學重新教授馬克思列寧主義。部分太子黨成員以及崇拜毛澤東且曾經欽佩薄熙來的學者，皆對習近平讚譽有加。二〇一四年的過年，革命大佬的後代齊聚一堂，前中央政治局委員兼共產黨喉舌[19]的女兒胡木英表示，大家應該與習近平攜手合作，以便「傳承父輩共產黨人的革命精神」。她將這個群體稱為「延安兒女」，而這群人將參與「一場你死我活的鬥爭」。

毛澤東以降的領導人通常會每十年在天安門廣場舉辦閱兵，以此慶祝一九四九年中華人民共和國建政的十週年慶。這種大場面是一種宣傳。但習近平不願等到二〇一九年，那會是他掌權的七年後。因此他安排了一場紀念抗日勝利的閱兵，退伍的老兵坐在最重要的位置，即隊伍最前端的綠色雙層巴士上，廣場上坐著身形削瘦、滿臉皺紋的男人，他們身著灰色制服，胸口掛滿瀑布般的勳帶，仰著脖子觀禮。這群人正是父親從軍時所景仰的軍人世代，他們是對抗日本的愛國人士。

儘管有上述的安排，顯而易見的，這場盛會依然是習近平鞏固權力以及喚回毛澤東

19　編注：指胡喬木，曾任毛澤東的祕書。

形象之手段，而非關於抗戰勝利。毛澤東確確實實存在，經防腐保存的毛澤東屍體就躺在廣場中央的紀念堂，位在我的座位後方。一張紅地毯直達這棟蘇聯式建築，兩旁立著鮮黃的「一九四五」及「二〇一五」數字牌。毛澤東也以高掛在天安門廣場的經典肖像出現在我們眼前。他的存在長年消耗著父親曾經生活過的中國，而且依然籠罩中國的眾多政治與社會面向。

雖然習近平執迷於軍事，但他其實未受過正規軍事訓練。他的第一份政治相關工作就是擔任耿飆將軍的助手，後來耿飆將軍就任國防部長。前美國駐華大使卜勵德（Nicholas Platt）對我說，他認為習近平第一次訪美是一九八〇年，當時他是耿飆將軍代表團的一員，五年後他才以縣委書記身分拜訪愛荷華。但是習近平的姓名並未出現在耿飆將軍的官方代表團名單上。往後，習近平在福建省一路攀升，並擔任浙江省黨書記，這段期間他待在朝向臺灣島的中國東南沿海一帶，因此結識了負責武器裝備與防禦工作的軍事指揮官。

習近平與他的妻子彭麗媛站在天安門內的紅地毯上，向每一位前來觀賞閱兵的外國官員致意。彭麗媛是習近平的第二任妻子，曾經是人民解放軍的知名歌手，她擁有少將軍銜。兩年前，網路上流傳著一張照片，身穿軍綠色制服的她，在一九八九年六月的鎮壓過後，在天安門廣場對士兵高聲歌唱。來賓入場後，彭麗媛和習近平一起走上天安門上的主席台。習近平望向廣場，俄羅斯總統普丁站在他的一側，另一側則是南韓總統朴槿惠。一年半後，普丁下令俄羅斯軍隊入侵烏克蘭。他和習近平兩人關係緊密。他們都視美國勢力為自己國家的限制，普丁就跟習近平一樣，積極想讓自己國家重拾往日帝國榮耀，讓時光倒轉，回到帝國解散前的日子。

最後進場的是一排排藍綠色的戰車，直升機與戰鬥機重複一遍空中演出，拖曳著一條條彩色煙霧。最後，主辦單位下令釋放數千隻鴿子以及色彩鮮豔的氣球作為收尾。習近平站在紫禁城門頂端，拍著手向下望。隔年，共產黨稱習近平為「核心領導人」，自此與毛澤東和鄧小平齊名。

第十章

四面受敵

滿洲・一九五一年

父親在長春就讀空軍學校的數個月，主要住在斯大林大街[20]，這個安排十分適切，正是因為史達林，毛澤東與解放軍當時才會全心投入韓戰。毛澤東在某次與史達林祕密交流後，才不情願地首次表達願意支援北韓領袖金日成的進攻，後來十月時金日成的軍隊在美軍反攻下敗退，毛澤東也派兵支援。

一九四九年三月，紅軍占領東北平原最大城長春滿六個月，共產黨官員以史達林命名街道，以對身為蘇聯領袖的史達林表達團結，這條南北向的大道是長春的主要通道，並從市中心延伸出林蔭街道。長春的財富與鐵路息息相關，當地的鐵路在一八九八年鋪設，將這座原本不起眼的貿易城鎮推升為該區重要貿易樞紐。火車也讓長春成為兩大帝國勢力的交會點，由日本營運的南滿洲鐵道和俄羅斯營運的中東鐵路[21]交會於此。

20　譯注：名稱源自蘇聯領袖史達林（Joseph Stalin），中國譯為斯大林。此街於一九九六年更名為「人民大街」後沿用至今。

21　譯注：清朝時期稱「東清鐵路」，後改稱「中東鐵路」。

日本占領期間，主廣場是長春的中心。一九三二年，日本成立傀儡政權偽滿洲國，扶持遭罷黜的年輕末代皇帝溥儀作為領導人。溥儀以靠近長春市中心的宮殿為居所，日本在名為大同廣場的城市中心，沿著大街建造雄偉壯觀的政府機關總部以及警察廳，例如滿洲國國務院、滿洲中央銀行與滿洲電信電話。父親對這些建築物的金色外觀驚嘆不已，它們看起來能夠抵擋天災、人禍以及時間的考驗。

然而父親走近一看，發現建築物外觀留下了彈孔，這些是中國內戰期間激戰的痕跡。父親遙想當初逝去的生命，那群身著軍服的人再也回不了家。

空軍志願兵所居住的宏偉建築在父親看來是日本人所建，過去作為日本士兵的居所。父親於一月抵達，他跟同袍分配到厚重棉襖。外頭的氣溫大多低於零度，但是建築物穩定供暖。一個班大約十名青年，大家住同一房，都睡在同一片木板上，也一起用餐聊天。他們吃的是白米混高粱米的雜糧飯，搭配馬鈴薯作為配菜。

每天清早起床後，他們會到外頭的空地，在冬季的空氣裡跑步，訓練的目的是鍛鍊他們的體力，以準備面臨接下來的挑戰。這是中國最寒冷的地區，但他們並不介意。父親後來發現，長春的這段日子只是空軍正式訓練的序曲，正式的訓練會在另一座城市進行，更深入東北的嚴寒邊界地帶。那些父親稱之為家的地方，位於香港和廣東的熱帶，而他稱之為家人的人，在精神和心靈上皆遙不可及。

受訓的新兵在晨跑完後吃早餐和讀報。父親快速瀏覽共產黨官方報紙《人民日報》上的文章。毛澤東及其革命同袍從蘇聯身上學到的一大要點，就是掌控大眾媒體工具以及精通宣傳手法，這是列寧主義組織運作的核心，不論是黨在爭取權力的革命階段，以及後續治理四分五裂國家的更艱難時期，這都是一種粗暴的工具。在長征結束後，毛澤東將中央黨部遷至延安的丘陵，新華通訊社就在當地的窯洞中運作。我在二〇一〇年前往延安，看到一塊牌子標記了他們辛勤工作的地點，過去新華社的宣傳人員在這個窯洞內不斷產出公告，傳播毛澤東的言論、國民政府的腐敗，以及廣大農民受到的壓迫。官員也在丘陵上興建了一座戰時宣傳博物館，其中一個展示櫃中陳列毛澤東親手修改的一篇文章，白紙上布滿潦草字跡與刪除的文字。

父親與其他入伍同僚在寒冷早晨吃完早餐後、穿著厚重外套蜷縮起來閱讀的許多文章，是為了激起人民支持出兵參與韓戰。共產黨警告人民，美國軍隊一旦拿下北韓，可能就會從中國東北進犯，這正是父親當時所居住的地方。接著美國人會越過長城長驅直入北京，驅逐共產黨並重新扶植蔣中正的國民政府。十七世紀的滿人將反叛的農人驅逐出首都，並且奪下皇位，美國人將會沿著相同路線進犯。但宣傳公告提到，就算毛澤東逃離北京，也不會被打敗。畢竟毛澤東都曾經在國民政府進逼下成功撤退，率領紅軍踏上萬里長征，走過中國鄉野，落腳延安這處安全港。共產黨表示，如果美軍來到毛澤東位於紫禁城附近的寓所，他將會回到延安的窯洞，再次發動游擊戰。

宣傳人士不斷使用「抗美援朝」和「保家衛國」這兩個口號。官員到處張貼鼓勵團結與全國動員的海報，父親在北京街頭就看過這些海報。在長春，這些宣傳則張貼在日本占領時期所建造的政府建築外。

這些宣傳有一部分是共產黨為了威嚇意圖推翻黨的中國人民，其中一張海報出現一名身穿棕色制服的共產黨士兵（父親也正穿著同樣制服），他抓著一名畏畏縮縮的男子，一旁抱著嬰兒的一名母親手指著該名男子。海報標語寫著：「鎮壓好革命，保障好光景！」另外一張海報則是笑容滿面的村民，手舉布條和國旗，前往探視正在韓戰中報效國家的士兵的家庭。粉紅布條寫著：「向偉大的士兵家庭致敬。」這些宣傳呼應了一項由共產黨所帶領的全國計畫，而任何異議都等同背叛了這個宏大使命。父親正是這個歷史性計畫的一份子，他還態度堅定地向他的指揮官表明自己已準備好被送上前線。

中國從清末就遭不間斷的戰火肆虐，每個世代都遭遇暴力、創傷和顛沛流離，一九四五年日本投降，毛澤東誓言一旦擊潰國民黨，就要終結這無止境的殺戮。但是為了達到這個目標，中國某些地區的共產黨勢力，特別是在東北地區，做出了種種慘絕人寰的暴行，這正是他們指控對手做出的行為。

父親聽說國共內戰中最慘烈的戰事就發生在長春，歷史學家在數十年後才透過訪談與檔案調查釐清當時的死亡人數。共產黨官員傾向讓真實數據持續被掩埋。

一九四八年，國民黨軍隊將自己關在長春城內，東北民主聯軍總司令林彪試圖將他們驅趕出來。林彪在圍城前先切斷鐵路，他的目標是將十萬名敵軍活活餓死。畢業於廣州黃埔軍校的林彪，此刻正攻打黃埔軍校創校校長蔣介石麾下的軍隊。林彪在內戰期間的血腥戰役中磨練出戰略技巧。五月三十日，他下令：「要使長春成為死城。」

林彪麾下的士兵砲擊長春，此時城內不只有國民黨軍隊，還有五十萬平民受困其中，他們當中許多人是為了逃離共產黨的進逼而橫跨東北逃到長春。到了十月，冬日逼近，蔣介石下令城中的指揮官棄城，許多士兵向共軍輸誠。長達一百五十天的圍城徹底擊潰東北的國民黨勢力，改變了內戰的形勢，蔣中正和他的將領在餘下的戰事中節節敗退。在這場攻勢中，大約十六萬名平民死於飢餓與暴力。

共軍將屍體集中掩埋，未留一絲標記，父親在不到三年後抵達長春，絲毫未見這場駭人悲劇的蛛絲馬跡。

一九四九年國民黨潰敗後，嗜暴的毛澤東將注意力轉向韓戰。北韓領導人金日成企圖效仿中國共產黨的勝利，因此進攻南韓，一開始毛澤東不願支持這項行動，但一九五〇年一月時，他確實囑咐部屬派第四野戰軍的一萬四千名韓裔士兵帶著武器前往北韓增強武力。同年五月，史達林督促毛澤東支持金日成的朝鮮半島「統一」計畫，毛澤東同意了。六月二十五日，大約七萬五千名北韓士兵駛著蘇聯戰車越過北緯三十八度線以南，在二戰餘燼尚溫熱的情況下，點燃新一波國際衝突。

九月時，美國在聯合國授權下領軍的聯合部隊成功將北韓軍隊逼回北方，並且一路逼近中國與朝鮮邊界。史達林與金日成一同逼迫毛澤東增援。十月初，就是父親在毛澤東目光下遊行經過天安門的幾天後，毛澤東敦促中共中央政治局派兵進駐前線。

在長春受訓的新兵分配方式與其他地區的解放軍一樣，父親被分到一個班，每班約十人。他們共寢一室，其中三或四人來自東北。另外有一些人跟父親一樣來自中國南方和西南方的省分，其中一位來自沿岸的上海，還有兩位分別來自四川與貴州這兩個靠山的內陸省分。父親的同學余冠揚被分到不同班，他們雖然搭同一班火車抵達長春，但父親在抵達訓練地點後就未曾見過他。

班組成排，接著是連，一個連的總人數約一百人，由六名軍官管理，其中一名是共產黨代表。在連以上的層級，每個單位的指揮結構都會有一名政治指導員參與。

這套系統始於共產黨成立後第八年，即一九二九年。共產黨領袖確保在紅軍中安插官員宣揚共產黨信條、意識形態與歷史，透過這些官員，新兵學習了革命的目標，以及正在誕生的新社會。

指導員定期請各班的成員一同坐下來談話，內容關於共產黨、韓戰，以及政治現況，這些議題父親在《人民日報》上都會讀到。但指導員也會要求新兵談談自己的家人、童年、朋友、家鄉，以及受過的教育。這些對話不斷進行。父親談到自己早年在香港的生活、自己父親的中藥出口事業、日本人的入侵、台山的家鄉，以及廣州的寄宿學校。他也談到現在正在華盛頓求學的沃明，以及另外兩位同樣位在美國首府的親戚，國鈞與振鈞。對談的氛圍非常和善，當時國家正值韓戰期間，這些人很快就會上前線打仗，而指揮官與黨需要了解這些人的背景，父親是這麼想的。

有時候成員之間會互相交談，政治指導員偶爾會加入談話，或是與他們一對一面談。過程中指導員會記筆記，有時候他問父親近親的情況，並且寫下父親的回答。某些情況下，父親必須以文字答覆。父親猜想這些文件都會歸檔。

父親知道這是某種審查，但他想這是為了鞏固國家安全的必要手段，他認為這類審查對自己不會造成影響。共產黨試圖剷除為國民黨效力的間諜，而新的空軍剛在長春成立，因此防諜在此特別關鍵。國民黨的空軍依然領先共產黨，想當然會試圖滲透位於東北的全新空軍。這支空軍已經準備好執行在北韓的第一次出擊，但很快地飛行員與轟炸機組員會發現，與他們交戰的竟是國民黨。父親回憶，國民黨的飛行員會從浙江省沿岸的筧橋基地出發，與日軍纏鬥，或是飛到在戰時受占領區的日軍基地進行轟炸。當時國民黨空軍戰力低落，現在依然如此，他們仰賴的是美軍支援，但是在共產黨眼裡，國民黨空軍依然令人望而生畏。父親之所以想成為戰鬥機飛行員，一部分是因為聽聞抗日時期國軍與美軍盟友在空中的英勇行為，打動父親的是陳納德（Claire Lee Chennault）少將以及他麾下由美國志願飛行員所組成的飛虎隊。陳納德的飛行員越過緬甸一側喜馬拉雅山險峻的駝峰航線，將軍事武器送到中國西南，而且在國共內戰末期，陳納德將軍也策劃了進出滿洲地區的空運任務。

長春的訓練生活日復一日，早上晨跑過後，他們到大食堂用餐，接著與長官一對一面談，這些都在斯大林街附近的建築物裡進行。新兵們學會將棉被摺成方方正正的豆腐乾狀放在床尾。他們打掃房間、擦窗戶，這些工作的目的是讓他們學會紀律、遵守命令和完成交辦事項，不論這些事項有多無關緊要。就跟任何軍隊一樣，這些每日小任務是為了支持更大的使命和國家計畫。

有時大家會前往戲院，整個連的人齊聚一室，一起觀賞投影幕上的戰爭宣傳片。其中一部片盛讚俄羅斯革命及其成果，描述蘇聯建立的勞工天堂，以及他們如何利用農場與工廠的工業力量。士兵們還看了其他蘇聯電影。另外有一部中國電影描述的是近期戰事中抵抗日本侵華的光榮戰事。所有士兵觀影時全神貫注，深知自己參與著阻擋外來帝國勢力的新軍事行動，在世界歷史這齣舞台劇的最新一幕中擔綱演出。

春暖花開的時節到來，父親接獲通知，他將受命深入中國東北，前往兩百四十公里外的哈爾濱，進入瀋陽軍區的空軍第一轟炸學校，這所學校為轟炸機和運輸組員的主要訓練地點，父親將在此展開真正的部隊訓練。

夏天時，父親搭乘火車前往哈爾濱，邊境的空氣清新，一片閃耀的綠油油毯子蓋著原本荒瘠的大地。此地靠近西伯利亞，白晝在如此北邊的地方顯得更長，黃昏時分的靛藍在傍晚依然遲遲不肯退去。

一八九八年，俄國沙皇尼古拉二世（Nicholas II）下令建造哈爾濱。在此之前，俄羅斯已利用清帝的退讓，在滿洲地區開始興建中東鐵路。哈爾濱處處可見俄羅斯人當初留下的痕跡，沿著市中心的主街，各建築物都帶著柔和的色彩，咖啡館則供應羅宋湯與薄餅。

父親在轟炸學校的生活日常也處處可見俄羅斯的蹤跡。飛機和零件，以及其他裝備都來自蘇聯，供學生受訓時使用。學校位置接近西伯利亞，因此蘇聯很容易透過陸路運送武器。中國人使用的鐵路是俄羅斯人與日本人過去競爭此地控制權時所興建的。

最令人震驚的是甚至連學校課程都由蘇聯教官授課。一九四九年十月五日，中國與蘇聯官員達成協議，由蘇聯派出教官協助建立六所空軍學校，訓練一千七百名新兵，並販售飛機給中國的新軍事分部。甚至曾經有日本戰爭囚犯以教官身分工作，但他們大多都在一九五三年時遭遣送回日本。

空軍的飛行員不只來自中國，也來自蘇聯和北韓，因為語言隔閡，他們以國籍分隊。蘇聯飛行員負責執行最複雜的任務，偶爾技術純熟的蘇聯飛行員會和中國與北韓的飛行員一同出任務，在空中與美國人激戰。

父親在學校學習物理化學，以及飛機的基本功能和設計。他拿到一套全新的制服，一件棕色上衣與海軍藍的褲子，取代了原本在長春穿的全棕色制服。父親認為這表示空軍接納了自己，而且他很快就會上前線為國奮戰，抵抗帝國主義的美國人以及他們的南韓盟友。父親驕傲地穿上新制服，長褲的藍色代表著中國東北以及朝鮮半島上方無止境的藍天。在東亞的新戰局中，權力爭奪不只限於地面，也包含天空。

父親發現老同學余冠揚也在同一所學校就讀，他們目前為止的經歷十分相似，同樣就讀北京農業大學，接著志願入伍，而且都參與了長春的新兵訓練。父親最後一次看到他，就是在前往長春的火車上，如今他們都一同來到中國接壤俄羅斯和北韓的偏遠城市。去年夏天他們從高中畢業後，從未想過自己會走上這條路。他們雙方都因為彼此在同一個地方而感到安心，同時他們也好奇廣州的同學會怎麼看待這個情況。

幾週的課程後，某日上午，父親和其他新兵被告知到戶外運動場集合。滿洲的酷寒冬天已結束，日子一天比一天暖和。全校數百名學生站在運動場上，一位官員或教官開始從名單上唱名，被點到的學生獲知他們會繼續上課，而且很快就會加入空軍。點名結束，父親沒有聽到自己的名字。他以為他們出了差錯，也許有人唸錯或不小心跳過他的名字，或是在紙上勾選錯格子。官僚體系中的行政疏失，這在中國很常發生，就算是在共產黨的全新統治下也一樣。

父親一抬頭，看見余冠揚朝他奔來，「怎麼沒叫到你？」余冠揚問。「發生什麼事了？」

「我不曉得，」父親說。「可能出現一些異常的情況。」

共五個人沒有被叫到，長官下令這五人與其他學生分開。

父親及其他四人被告知要從宿舍搬到一座磚造建築，這裡比起原本的空間更簡陋，因為沒有床，所以大家得打地鋪。父親很訝異竟然聽到其中兩人以粵語溝通，他本來以為自己是這群人中唯一的廣東人。但這裡有其他人跟他一樣，一樣遠離家鄉，困在非自己選擇的境況中，眼前充滿未知。

他們跟學校的其他人幾乎沒有接觸，一開始被隔離的時候，官員跟他們說他們不夠格加入空軍，除此之外並未多透露訊息。父親懷疑自己是因為有近親在香港，甚至更糟的是他有家人在美國——他的哥哥就在那裡唸書。這裡的官員對他的家庭背景有何看法？黨內官員謹慎防諜，負責審查工作的大多是公安局（中國共產治理下的警察系統）。

在此之前，毛澤東早已經開始進行第一波大範圍政治行動，針對的是人民當中被視為共產黨敵人的對象。一九五〇年，毛澤東發起鎮壓反革命運動，隔年開始三反，再接著是五反[22]。毛澤東呼籲全國各地的共產黨官員剷除「帝國主義間諜」以及叛國賊。其中一個目標是確保黨內、軍中、政府內以及其他機關中意識形態的純正。政治肅清及迫害的對象包括前國民黨士兵及官員，從地主到商人的資產階級及其家人，以及有家人在西方國家或香港的人，父親便是其中之一。根據各種官方公告，光是第一次行動，當局就

22　譯注：三反運動主針對黨幹部，主張「反官僚」、「反浪費」、「反貪汙」；五反運動則是針對企業經營，主張「反盜竊國家經濟情報」、「反偷工減料」、「反盜騙國家財產」、「反偷稅漏稅」、「反行賄」。

處決了七十萬到兩百萬人，並逮捕或監禁數百萬人。

當局甚至宣稱他們揭露了一場陰謀，由一名義大利空軍飛行員以及一名日籍書商所策劃，他們計畫在一九五〇年北京國慶日閱兵典禮上使用戰壕迫擊炮暗殺毛澤東，也就是父親所參與的那場閱兵。一九五一年夏天，飛行員李安東（Antonio Riva）與書商山口隆一在審判後遭處決，這是首起涉及外國間諜罪名的重大案件。中國官員將這一陰謀歸咎於美國陸軍上校包瑞德（David Barrett），他曾於一九四四年作為美國代表團的一員在延安與毛澤東會面。

父親及其他被隔離開來的人並未遭到軟禁，可以自由進出他們所待的建築，甚至到城中四處走動。他們漫步在老城區的街道上，這裡跟歐洲一樣，街道鋪著鵝卵石，處處是咖啡廳，有著粉色外牆的俄羅斯帝國式建築。

他們大都為青年，都還只是高中生。其中一位會吹奏單簧管，他在城裡將自己的樂器賣了換錢。就在每年象徵滿月到來且秋收結束的中秋時分，他買了一顆西瓜。大家在中秋夜將西瓜切了分來吃，月亮高掛在他們所處的建築上頭。

但父親已感受到空氣中緊張的氣氛，以及滲透到社會各角落的政治迫害所引發的恐懼。他以為他們這群人一定會被要求進行再教育，以修正他們的思想。父親及其他同儕要求回到學校，但是他們被告知一旦回歸，會影響其他學生的情緒。官員告誡他們必須聽從單位命令，否則將接受懲處。

某天，一位看起來是高層的長官露面，要大家收拾東西，他們將一起搭乘下班火車前往新的駐點。新兵們從未見過這個人，但他毫無疑問來自人民解放軍，因為他的帽子上有一顆紅星，上面寫著「八一」，代表一九二七年八月一日共軍在南昌反抗國民黨的日期。

一抵達車站，父親看見六名軍服凌亂、面容憔悴的士兵，他們眼神空洞，四肢纏著繃帶，其中有幾名缺了一隻手臂或一條腿。這些是從韓戰前線歸來的士兵，他們的景況令人觸目驚心。

火車隆隆地緩緩駛出車站，往北京前進。充滿俄羅斯建築與蘇聯飛機的哈爾濱慢慢遠去，現在這行人將重返長城內，回到中國內地。

某方面來說，父親鬆了一口氣。雖然他一心想著為國犧牲，但也聽說許多中國士兵命喪朝鮮，在壕溝、泥地以及荒土中客死異鄉。在車站撞見的士兵證實了他耳聞的戰爭代價，原本父親預計在學校待個一兩年，若畢業時韓戰依然未歇就被送上前線。他很可能就此葬身朝鮮半島，在香港的雙親與在美國的哥哥永遠不會得知他的下落。

有段時間，父親會在身上帶著他在哈爾濱時期的照片，照片中的他身著棕色與藍色的空軍制服，是用他從家鄉帶去的祿萊相機所拍攝。他已經沒有這張照片了，照片遺落在中國某處，成為一件消失的紀念品，紀錄他為從來未參戰的戰事所接受的訓練，以及最終將他驅逐的空軍。

第十一章
當代民族主義

北京與北韓・一九九九～二〇一一年

一九九九年春天，父親離開中國長達三十六年後，決定與母親及我的妹妹安瑩進行一趟為時兩週的中國之旅。他在一九九七年時從工作了二十三年的海記中餐廳退休。我很想一起去，但當時我正在努力完成研究所學業，而且已經規劃於該年夏天進行我個人的中國之旅，預計從香港透過陸路旅行前往巴基斯坦與印度。我的父母與妹妹後來報名了太平洋旅遊（Pacific Delight Tours）行程，這是伯父曾經參加過的紐約旅行社。

五月七日，就在我家人飛越太平洋前往北京的前一天，五枚由美國轟炸機所投擲的導引炸彈猛地落在塞爾維亞（Serbia）貝爾格勒（Belgrade）的中國大使館上，造成三名受僱於中共國營媒體的中國人死亡。當時美國及其北大西洋公約組織盟友正試圖迫使南斯拉夫聯邦共和國（The Federal Republic of Yugoslavia）從科索沃撤軍，這次對中國大使館的轟炸是行動的一環。美國官員表示襲擊中國大使館是失誤，但中國境內的憤怒情緒迅速升溫，中國政府持續譴責美國。

旅行團中有對伴侶退出行程，剩下六位旅客前往北京，包含我的父母、妹妹、一對來自佛羅里達的退休伴侶，以及一位來自洛杉磯、大約二十或三十多歲的男子。他們抵達時，中國的反美情緒來到近幾年、甚至近數十年來的最高點。

五月八日一早，大學生高掛起反美的海報，並向官員請求許可，讓他們在美國駐華大使館外示威抗議。外交部副部長王英凡召見美國駐華大使尚慕傑（James Sasser），提呈外交照會，並要求北約部隊停止空襲南斯拉夫。當天下午，無數的學生在十多個城市走上街頭。位於西南部的省會成都，甚至出現示威者放火燒美國總領事官邸。五月九日，示威陣容愈來愈龐大，許多參與者認為國家支持他們的行動。

當晚，我的父母、妹妹及同行的其他觀光客抵達北京。一位高舉「太平洋旅遊」告示的導遊在機場迎接他們，送他們上小型廂型車，一行人出發前往建國門外大街的飯店。隔天，他們前往紫禁城步行參觀，導遊提醒他們務必小心行動，因為有示威者出沒，並且晚上切勿外出或在外遊蕩。日落後，他們都待在房間。由於沒有電視機，因此他們無法從新聞得知北京及其他城市的事態發展，但即使未見示威者或他們的照片，父親也知道中國當前的反美論調會有多狂熱，而且無所不在，特別是背後有國家媒體加強宣傳。韓戰時期，身為學生的父親在北京早就親身經歷過，他也因此而志願從軍。半個世紀過後，譴責美國帝國主義的論調再次激勵了中國。

黨高層刻意煽動示威者，讓美國官員知道沒有獲得美國政府道歉的話，他們不會退讓。這是場賭注，因為這是繼十年前天安門廣場抗議活動後，首度再次出現大型街頭示威。美國高層對這次轟炸表達歉意後，中國領導階層開始安撫示威遊行者，父親某次甚至聽到電台在播報新聞時表示國家副主席胡錦濤呼籲群眾冷靜。高層官員現在看來很害怕示威行動失控。

我家人的旅程繼續進行，他們前往長城以及頤和園。他們的飯店距離美國大使館僅數個街區，大使館外圍著林蔭街道。某一天，旅行團的車駛過大使館，父親看到身著綠色軍服的士兵站在外頭的人行道，他們在這裡的目的是防止抗議人士闖入。我的雙親與妹妹在首都待了四天，接著飛往西安、桂林，以及父親就讀高中時所待的廣州。在廣州待了幾個小時後，他們搭乘渡輪前往香港，在當地跟親戚用餐，父親也趁機拜訪家族墓地。他告訴我：「我們對於這趟旅程感到非常開心。」但他不敢趁這次在中國時聯繫過去的老同學，因為他不確定共產黨改變了多少，他害怕一旦他的老同學們與他這個美國人接觸，就會被歸類為右派。

我在二〇〇八年時前往北京接任《紐約時報》的新職位，抵達後不久，我拜訪了十多年前我曾就讀的大學區，而我在中關村廣場見到的景象令我震驚不已。過去這裡的街道相當寧靜且晚上幾乎無燈，但如今這裡卻林立著辦公大樓，放眼望去全是廣告看板與霓虹招牌。一台通往地下室的手扶梯通往法國超市家樂福，北京一共有九家。

當天是五月一日國際勞動節，是中國的國定假日，大部分店家都繼續營業，不斷有人進入家樂福。我發現手扶梯的地面出入口旁站著六位警察，還有一輛白色警車停在附近。後來我在附近走動時，發現更多警車停在南邊的入出口，當時有一輛警車、一輛休旅車、一輛旅行車和兩輛廂型車。

警察之所以到場，是因為網路上有人正呼籲民眾前往北京各處的家樂福抗議，其實任何跟法國有關的地點都會遭到波及。四月七日，法國示威遊行群眾打斷了在巴黎傳遞的奧林匹克聖火，以抗議中國對西藏的統治。中國花費數年準備二〇〇八年的夏季奧運，八月即將在北京登場。在許多中國人眼裡，法國抗議人士簡直正蓄意破壞這次的活動，沒有什麼能比這更侮辱人了。

三月時，西部高原因為西藏起義而動盪不安，暴力事件時有所聞，而美國與歐洲媒體報導中的用詞產生了負面影響。一名於北京就讀清華大學的年輕研究生饒謹發起「反CNN運動」，譴責西方媒體報導藏人示威的口吻。月底，數十名華裔抗議人士聚集在CNN的亞特蘭大總部以及洛杉磯辦公室外。

呼籲理性討論西藏議題的聲音完全遭激進聲浪蓋過。杜克大學一年級的中國學生王千源慘遭其他中國學生批評，因為她試圖調解校園裡支持西藏的示威者以及反抗議人士。憤慨的中國民眾在網路上威脅她，並將她的父母在青島的地址公諸於世。她的父母必須在家門外洗刷塗鴉，因為上面被寫了「醒醒吧。當漢奸一點也不好玩。」等字樣。

這是繼約十年前我家人遇上的貝爾格勒轟炸事件示威抗議後，中國最激烈的民族主義表現，此時中國當家的是胡錦濤及其團派。數年後，我見證了習近平的統治，方理解他所推動的民族主義其實並非全新路線，而是延續著九〇年代起共產黨領袖所實施的方針。中國的民族主義是累積數十年的成果，非單單靠一人所建立。

我從遠方觀察家樂福的入口，謹慎地不要離警察太近，這時一位身材結實、身穿黃色上衣的年輕平頭男子奔向入口，高舉「抵制家樂福、譴責CNN」的布條。他臉戴白口罩，身上的衣服滿是民族主義標語。幾位警察開始把他拖走，布條也因此從他手中落下，其他年輕男子拾起布條再次高舉，他們與警方產生拉扯，人群鼓譟著為他們打氣，高喊：「中國加油！」以及「北京加油！」警方成功拉下布條，並且將幾位男子帶上車。數十位民眾在一旁圍觀，並拿起手機錄影，警察大喊著驅散群眾。

一名戴著眼鏡、揹著黑色後背包的男子搭乘手扶梯上樓，他是李孝偉（Li Xiaowei，音譯），他跟我說他替人民解放軍工作，而他對於來這裡購物並位未心存芥蒂。「我認為家樂福裡七至八成的產品是中國製，所以在這裡購物其實就等同於支持中國，」他說，「而且這裡很方便。」

另外兩名年輕女性提著購物袋經過，我攔下她們詢問對抗爭的看法，但她們想談的是怎麼看待她們眼中的西方記者偏頗報導。「我們希望國際媒體能夠以客觀角度報導中國，」其中一名陳姓女子說，「我們希望所有人更理解中國。中國看來相當理解世界。」

我深知以《紐約時報》記者身分在中國工作對我十分不利，不論是在政府官員還是一般平民眼中都是如此。在他們看來，《紐約時報》代表的是美國勢力，或者以黨的說法就是帝國主義，不過我沒預料到抵達北京短短幾週後就要面臨抨擊。然而饒謹發起的「反CNN運動」直接攻擊美國媒體，我當然也身受牽連，這是我首次近身經歷這種民族主義。

許多中國人依然憧憬美國，有機會也希望前往美國定居工作，共產黨高層也將自己的小孩送往美國接受教育，包括當時擔任國家副主席的習近平，他的女兒當時即將以假名就讀哈佛大學。然而中國同時也形成一股全新的自豪感，而在防衛心最強烈的情況下，這股情緒形成對美國、其盟友及相關機構的公開敵意。

這股氛圍其來有自，如父親所見證，韓戰提供了毛澤東有利的論述基礎，幫助了毛澤東及後續的領導人。毛澤東口中的美國會盡其所能推翻治理著中國的共產黨，並且削弱中國勢力，就如同十九世紀時美國和其他西方強國對滿清朝廷的做法。美國的軍隊可能會從朝鮮邊界侵華，並且把國民黨從臺灣帶回來。或者美國可能採取更低調的「和平演變」路線，也就是讓美國的民主思想、資本主義和法治在中國扎根，從內部侵蝕共產黨。將美國塑造為頭號對手的論調愈發強烈，但在此同時，後毛澤東時期的中國也變得更加強大與富有，主要是透過積極擁抱準市場經濟並且更廣泛與美國和歐洲整合，這點令人毫不意外，同時也十分諷刺。

一九九六年，《中國可以說不》這本多位作者合著的書中，完美捕捉了這股新興的時代精神。我前往北京唸書的那年，這本書甫出版即成為暢銷書。當年的中國已經邁入「改革開放」第十七年，經濟還連續四年以兩位數的幅度成長。那年夏天我遇到的許多中國人都會自豪地說自己國家的進步勢不可擋，不過還有很多地方要跟美國學習。《中國可以說不》的眾位作者則抱持不同看法，在他們看來，美國跟十九世紀的歐洲帝國沒有什麼差別，美國意圖剝削中國並且抑制中國崛起，而任何認為西方國家比中國更傑出的中國人都應該反省。作者也譴責日本以及日本與美國的結盟，我在中國的時期看到同樣觀點不斷出現，許多中國人對日本人的仇恨與他們對美國的情感互相交織，因此在民族主義情懷高漲時，這兩個國家會被視為一體。日本在十九世紀及二十世紀侵華，因此在民族主義敘事中扮演了特別邪惡的角色。不過許多中國人如今認清美國是中國主要的對手，中國要獲得在世界舞台上的應有地位，美國就是最大阻礙。

反美熱潮激發了陰謀論，貝爾格勒轟炸事件後，中國的國營媒體發布文章指出美國軍隊在中央情報局（CIA）指示下鎖定大使館進行攻擊。當時我在中國的朋友告訴我，許多他們認識的中國人都信了這個說法。畢竟所向無敵的美國軍隊怎麼可能犯錯呢？我在中國的期間，這些謠言持續猖獗，一部分是因為國營媒體依然不斷對此加以揣測。

父親當初抵達北京時，原本期待看到共產黨治理下的榮景，但當年夏天韓戰開打，黨開始一連串的政治宣傳，父親隨即因為感受到美國的威脅而感到擔憂。我抵達北京時，我所代表的媒體在中國官員及部分中國人眼裡看來是為美國政府及其帝國主義喉舌的新聞機構，即便我不斷向他們強調，媒體在我的國家所扮演的角色跟中國的媒體不同，是獨立於政府的機構。我當下就知道，我需要小心應對這種警惕心態，以及時不時出現的公然敵意。

這股為了反制西方世界對西藏起義的同情而出現的民族主義持續影響著中國民眾，其中最狂熱的人開始被稱為「憤青」，例如饒謹這類精明的年輕網路部落客。後來當年春天發生四川地震，他們轉而投入網路募資賑災，這種集體同理心成為中國強大的一種表現。我原本以為這種日益高漲的愛國情感會走向積極正向的路線，但接下來幾年我發現民族主義激發的仇恨年年上演，就像一種血紅的多年生植物一樣，在冬雪消融後年復一年開花。

不到三個月後，奧運在北京潮濕的夜晚開幕，煙火綻放，伴隨著國歌演奏。在世界各國領袖和運動員面前，父親曾經參與過的解放軍派出士兵，高舉著中華人民共和國的旗幟遊行。全國上下的民眾在家裡、餐廳裡或街道上守著電視機觀看，海外的中國人也不例外。我的父母從家中觀賞典禮，他們讚嘆鳥巢體育館的壯觀場景，會中的遊行、布條與歌曲的盛況也震撼了他們。上千名鼓手與太極舞者整齊劃一地上場演出。

北京王府井小吃街的北側入口站著成排的黑衣警察，盯著每個出入的行人。這裡是北京最著名的商圈，聚集了商店街和餐廳，著名的地標包含新華書店高聳的建築、北京市百貨大樓，以及位於東方廣場的購物中心。夜幕降臨，霓虹燈和街上的夜市引來出外用餐和購物的人潮，在此區的中心還駐立著一家麥當勞，整個地區象徵了一九七九年中國開放後的經濟起飛榮景。

然而在二〇一一年三月的這個晴朗週日下午，這個地區成為中國領袖面臨的潛在危機，看來警方希望大量警力在場能夠防止動亂。我將我的腳踏車停在一條巷子內，開始四處走動，同時注意避開警察。

早在幾週前，政府發現網路上流傳著訊息，號召十三個城市的群眾在二月二十日星期天進行集會遊行，以效仿突尼西亞（Tunisia）的茉莉花革命（Jasmine Revolution），以及埃及和其他阿拉伯國家出現的示威遊行（後來稱為阿拉伯之春）。負責監測網路行為和審查網頁的單位早就開始封鎖阿拉伯起義的消息。呼籲中國人示威遊行的首波訊息看來是出現在一個架設在美國的網頁上。二月二十日，警方湧入中國各城市的市中心，因此大型示威遊行從未真正登場。

王府井麥當勞是網路上號召示威遊行聚集的其中一個地點，當天下午，在麥當勞外頭有人發現一名灰髮白人，他戴著太陽眼鏡，身上的深色皮衣外套左肩繡著美國國旗，一旁隨行的是一小群西方人。一名中國人大喊：「請問美國大使，你跑來這兒幹什麼？」

美國駐北京大使洪博培（Jon Huntsman Jr.）回答：「就是來看看。」他說得一口流利中文，因為他曾以摩門教傳教士身分在臺灣宣教。

「你是不是希望中國亂？」

「不會。」他接著走掉。

這段對話被上傳到先前發起反CNN運動的饒謹所架設的網站，中國網友懷疑就是美國政府散播集會遊行訊息，而洪博培出沒在現場就證明了這點。洪博培表示自己當時跟家人外出，剛好經過那家麥當勞。

這些來路不明的網路訊息層出不窮，另一波訊息叫中國民眾在下星期日下午兩點前往各城市熱鬧的商業地區散步，作為一種示威。這是很聰明的變通策略，同時也沒有任何意義，因為一場隱形的抗議無法提出任何主張。警方與記者再次抵達王府井，他們同樣幾乎沒有看到示威人士。但警方抓住彭博影像記者安允文（Stephen Engle），並開始毆打他。一名裝扮成清潔人員的男子用掃帚柄敲他的頭，另一名日本攝影記者深田志穗也在場，她也是我的友人，曾經跟我一起產出多篇《紐約時報》報導，當天她試圖拍攝施暴現場，警方卻將她拖到一個巷子內，強迫她進入一間茶館。警方也以相同手段對待另一位攝影記者亞當．迪恩（Adam Dean）。

警方將外國記者視為參與示威的人士以及共同策劃未知陰謀的成員。北京與上海的警方拜訪了十多名外國記者的住家，警告他們不得製造麻煩或報導任何抗議活動。一名警察警告記者不要試圖推翻黨。週末時，警察一旦在王府井遇到記者，幾天後記者就會被叫到警察局進行訊問。我在中國工作的那三年，第一次看到這種威嚇外國媒體的合作行動，比我在中國待更久的記者也說從來沒有經歷過這種事。警方將北京與上海市中心的部分地區規劃為「禁止報導區」，其中包含王府井。三月六日，我剛從南韓採訪完回來，聽到警方前一個週末對我同事的暴行後，我義憤填膺地決定親自到王府井散步，親眼看看現場情形。我不認為我會看到任何示威人士，但根據我過去在新聞界的經驗，人到現場就對了，我到時可以融入逛街的中國人和遊客。

中國的維安讓人看得一清二楚，除了身穿制服的警察和警車，我還看到根本沒在打掃的清潔人員，以及身穿便服的平頭男子，他們的外套和耳機間是清晰可見的黑色耳機線。這些人揹著輕便肩背包，從裡頭抽出攝影機拍下群眾的照片。街上每隔不遠處就會有手臂上繫著紅布的志願民眾。那家麥當勞外頭圍著藍色工地牆，這是政府下令立起的牆，就為了驅散示威遊行人士，一般顧客則透過側門進入。

這次不同於三年前在家樂福的民族主義示威遊行，我沒有看到警方逮捕任何人。他們忽視我，但是攔下每一個明顯非中國籍的人，要求對方出示證件。父親對這類搜索頗覆分子的行動並不陌生。這些警察試圖抓出國家的敵人，但是他們只捕捉到幻影。

黨高層對這次根本不存在的起義所做出的反應，反而比我看到他們對真正異議的打壓透露出更多的訊息。起初，我對他們的恐懼感到困惑。根據過去幾年報導觀察，我從未看到醞釀大型起義的跡象，也沒有盛傳替換領導階層的呼聲。全中國的十幾億人口，特別是住在東岸大都市的人（光北京與上海就超過四千萬人），都感受到物質生活有所提升。許多生活不太富裕的人也都相信他們會越來越富有，這是後毛澤東時代裡的中國版美國夢神話，儘管殘酷的現實是社會有著根深蒂固的不平等。

但是黨內高層的想法是，違抗是不可避免的。中國的標準歷史論述中，將過去幾個世紀視為文明衝突與和平的循環，共產黨本身是以馬克思列寧革命組織的形式誕生，毛澤東則不斷強調持續改革的重要。一黨制在他的統治下站穩了腳步，但國內政治動亂頻仍，在他離世後多年局勢依然動盪。一九八九年，柏林圍牆倒塌，而那年中國學生所帶領的抗議行動則嚴重威脅了共產黨。一九九二年，蘇聯的瓦解使黨內高層戰慄，包含當時擔任福州市委書記的習近平。除此之外，這些官員與其他極權政權的官員有著共同特色——他們行事時都對內部極度偏執多疑。

毛澤東的和平演變理論在黨內同溫層不斷傳播，中國官員在前蘇聯地區發生的所謂顏色革命中看見美國隱身在後的勢力，特別是二〇〇四年的烏克蘭及二〇〇三年的喬治亞，另外也包括二〇〇九年夏天伊朗的綠色革命（Green Movement），當時許多年輕伊朗人走上街頭，要求撤換總統艾馬丹加（Mahmoud Ahmadinejad）。二〇一〇年一月，國務卿希拉蕊在政策演說中呼籲推進全球網路自由，她的講稿中提到中國七次，而中國領袖也認為這是美國的和平演變手段。習近平掌權後，他持續鼓吹大眾將美國視為處處挑釁的意識形態霸權。二〇一三年四月，黨中央發布《九號文件》，當中提出警告：「西方反華勢力和境內『異見分子』還不斷在我國意識形態領域搞滲透活動並挑戰我主流意識形態。」毛澤東式的新運動開始實施，目的是圍剿自由派思想家，從司法改革擁護者到網路自由支持者都涵蓋在內。黨的態度十分堅決，他們堅持監禁諾貝爾獎得主劉曉波，他曾擔任〈零八憲章〉網路連署書的主要作者，內容是訴求民主憲政。黨在二〇一五年時大規模壓迫民權律師與人權律師，擁護所謂西方思想的人需要被鎮壓，以確保這些思想無從獲得所需的氧氣。

在中國官員眼中，二〇一一年的阿拉伯革命證實了他們的擔憂。這些革命證明了美國政府試圖透過網路行動促成政權更迭。這些示威叛亂之所以發生，一部分是因為抗議人士透過大量使用美國的社群平台而獲得聲量，特別是臉書與推特。更早之前，伊朗的綠色革命也是同樣情形。雖然二〇一一年初時中國沒有出現任何大型抗議事件，同年春天中國警方依然不停地拘留他們視為對黨造成威脅的人士。顯然政府官員害怕自由派思想人士會參與網路上散播的陰謀論，例如撰寫部落格的人、網路記者、律師、藝術家和學者。網路審查積極地刪除文章並封鎖網站。

我認識的一名人權律師滕彪失蹤了。三月中，我從他的妻子王玲口中聽說警察拘留了他長達三週，並未解釋原因。「這次真的不太對勁，」她說，「過往他們只短短拘留他幾天，而且我們都知道原因。但這次沒有人跟我說任何事。沒有新聞、沒有電話，目前也沒有任何結果。我什麼都不曉得。」

到了三月底，根據一個倡議團體的統計，大約五十名人權倡議者與批評黨的人士入獄。大多數人會在接下來數個月獲得釋放，但其中某些人會因為在刑事訴訟中被定罪而坐上好幾年的牢。

中國政府毫不在乎國際社會對這次鎮壓的看法。四月三日早晨，警察拘留了中國最知名的藝術家艾未未，他時常針砭共產黨。被逮捕的當下，艾未未正在北京首都國際機場準備搭機前往香港。艾未未的父親是德高望重的詩人艾青，艾未未本人則以雕塑藝術聞名，並曾參與設計北京奧林匹克公園中著名的鳥巢體育館，但他並未因此獲得保障。留著落腮鬍、身材發福的艾未未被警方從機場帶上白色廂型車後座，身旁的警察架著他的手臂，前座另有四名警力。警察猛地將一個黑色頭罩套在他頭上，令人窒息，頭套外以白字寫著令人費解的文字：「嫌犯一．七」。

同年秋天，我開始拜訪一位小說家，他住在北京邊緣一棟高聳公寓大樓的二十六樓，窗外可以遠眺西山。他的筆名是慕容雪村，有著一張國字臉，總是頂著小丑般的笑顏，讓他看起來不到他實際的三十七歲，在我看來他很像《西遊記》美猴王再世。他一個人住，地點離奢華的香格里拉飯店不遠，我們曾討論過究竟要在飯店大廳還是他家碰面。由於最近大量人士遭到逮捕，慕容雪村希望儘量避免引起警方關注。問題是，在哪裡才比較能避免警方監視？他們是否已經監聽他的公寓？如果警方得知他接觸了一名外國記者，是否會跟蹤他到飯店，並試圖竊聽我們的對話？我在跟受訪者約訪時，這些問題愈來愈常出現。

慕容雪村的本名為郝群，我之所以會拜訪他，是為了瞭解黨國如何控制文化生產，以作為影響思想的核心手段。這種方針在一九四二年五月奠定了基礎，當時毛澤東舉辦延安文藝座談會，會中他提到：「有文武兩個戰線，這就是文化戰線和軍事戰線。」除了士兵，他提到「我們還要有文化的軍隊，這是團結自己、戰勝敵人必不可少的一支軍隊。」

我發現黨高層依然依循毛澤東的路線，試圖築起一道壁壘，防衛所謂的西方自由思想。然而，二十一世紀的戰場帶來了全新挑戰，黨面對的是從世界各地透過網路傳入的文化與政治資訊。黨也可以反過來利用網路，手段包含審查、監督社群動向、進行宣傳和散播假消息，甚至讓網友將網路作為發洩管道。同年十月登場的是第十七屆中央委員會第六次全體會議，會中討論「文化安全」的必要。二〇一二年一月，國家主席胡錦濤在共產黨的政策刊物《求是》上發表了一篇文章，內容是他在全體會議上的演說，他提到中國必須增強自己的文化生產，以抵抗西方勢力對中國文化與意識形態的攻擊。

「我們必須清楚看到，國際敵對勢力正在加緊對我國實施西化、分化戰略圖謀，思想文化領域是他們進行長期滲透的重點領域。」胡錦濤寫道。

新的文化產品必須符合「人民日益增長的精神文化需求」。他感嘆的是「我國文化整體實力和國際影響力與我國國際地位還不相稱」，以及「『西強我弱』的國際文化」。

大約就在胡錦濤文章發布的那段時間，政府實施一項影響深遠的新政策，旨在封殺大量電視娛樂節目。中央委員會在十月的全體會議即宣布了這項政策，開始打壓熱門的西式節目，例如實境秀、約會節目等等，黨內領袖認為這些內容會稀釋中國民眾的意識形態。到了一月初，根據國營媒體報導，黃金時段的娛樂節目從原本的一百二十六檔被砍到剩下三十八檔。

我和慕容雪村決定在他的自家陽台進行訪談，我很慶幸我們選了這個地點，因為我後來發現他是老菸槍。他在我面前背誦了幾句他去年底為了領取第一座文學獎所寫的得獎感言：「中國的寫作本來就帶有神經錯亂的意味，我不是中國作家，我是個神經病。」他繼續背誦：「我把這稱之為『閹割式寫作』，我就是一個積極主動的太監。主刀的大夫還沒動手，我自己就把自己閹掉了。」

慕容雪村跟許多中國作家一樣，對審查機制深感挫折，黨透過出版社和出版品的編輯，確保作者的語言和思想不會越界。慕容雪村的作品寫的是中國的貪婪、虛無以及精神真空狀態。他已經寫了四本小說，內容通常涉及煽情且暴力的情節，以企業家和政府官員為主角，講述中國經濟繁榮的城市中所上演的賄賂、鬥毆、飲酒、賭博與嫖妓故事。他是貪腐題材的桂冠作家，他的友人在晚餐聚會上介紹他是色情作家。他的題材往往直接踩到出版業的紅線，近期他也發現自己愈來愈常在書寫時自我審查，以避免與編輯和官員纏鬥。在他領獎前的幾週，他下定決心要在台上發洩對體制的不滿，但主辦單位預先瀏覽了他的致詞內容，禁止他發表這番言論。到了領獎當天，他在台上僅僅做了個將嘴巴拉上拉鍊的手勢便下了台。他原本預計對審查制度做出的批評遭到了審查。

慕容雪村找到方法迴避審查制度的部分影響。有時他將小說更完整的內容放上網，或是以電子書形式出版。他在第三本小說《原諒我紅塵顛倒》中展現對中國司法制度嗤之以鼻的態度，這本書的電子版收錄了一個場景，作為主人翁的貪腐律師在等待處決時被要求簽署器官捐贈書。但他的創作生涯中，有許多遭到自我審查的情節他並未重新修改，而這種謹慎行事防止了政府的強制手段。他在第二本小說中，原本有意讓在深圳打拚的年輕人經歷一九八九年的天安門廣場示威遊行和鎮壓，但他不敢越過這條他認為「碰不得的紅線」。他的第一本書遭到編輯與審查，因此他認為自己知道界線在哪。他也說自己已經放棄了兩本未完成的小說，因為他認為不可能成功出版。其中一本名為《反革命》（*The Counterrevolutionary*，暫譯）。

「審查制度最嚴重的後果是對作家造成的心理影響，」他在陽台上邊抽菸邊說道，「我寫第一本書時，根本不在乎能不能出版，所以想寫什麼就寫什麼。現在出版了幾本書後，我寫作時清楚感受到了審查的影響。例如我在構思一個句子時，如果發現一定會被刪，我甚至就不會寫出來。這種自我審查是最糟糕的。」

對許多中國藝術家而言，服從政府的要求不僅僅與他們的創作精神相牴觸，也讓中國當代文化產品無法達到好萊塢電影或韓流音樂的國際地位。中國的經濟體龐大，但至今卻無法對全球流行文化發揮影響力。二〇一一年十二月，中國當時最知名的部落客及年輕小說家韓寒發表了一篇名為〈要自由〉的文章，他以民族主義觀點表達對審查制度的批評：「文化的限制卻讓中國始終難以出現影響世界的文字和電影，使我們這些文化人抬不起頭來。」

雕塑家及部落客艾未未被拘留了長達八十一天後，終於獲得警方釋放。同年夏天，《紐約時報》發行人小亞瑟．蘇茲伯格（Arthur Sulzberger Jr.）拜訪北京，我帶著他和幾名同事前往艾未未的工作室。這是我第一次在艾未未獲釋後見到他，此時的他不再像一尊笑咪咪的大肚彌勒佛，他消瘦了不少，動作與說話速度都變得緩慢，給人一股克制的感覺，失去以往的調皮。在戶外庭院的桌子上，他一邊逗弄著貓，一邊跟我們聊天。

艾未未被關在兩個不同的拘留所，他在這兩處都被關在狹小的房間，警衛二十四小時監看。待遇比較嚴酷的是第二個拘留所，那裡是一座軍營，二十四小時不熄燈，一台風扇隆隆作響，兩位身著綠色軍服的男子在距離不到一公尺的地方一言不發地看守著他。艾未未每晚睡兩到五個小時，被迫遵守一份每分鐘都規劃清楚的時間表，上面寫著他什麼時候用餐、如廁和沐浴。他一共掉了十二公斤。

一開始的其中一位審訊者姓李，他問了艾未未在網路上呼籲茉莉花革命的事。接下來幾週，其他的審訊人員告訴艾未未，政府將以顛覆罪將他起訴。三位主要審訊者來自北京經濟犯罪偵查隊，他們的目標是蒐集足夠的證據，將艾未未以顛覆國家、逃稅、散播色情內容和重婚（艾未未有一名非婚生子）等罪名起訴。他們不斷訊問艾未未的網路使用情形、海外聯繫對象、他的作品及其高額售價，以及二〇一〇年的一次裸體拍攝計畫。

他跟我們說，他一直保持理智，直到審訊者提到他的兒子。那些人跟他說他們可以關他二十年，等到他出獄時，他的兒子早就長大成人。「這是你要的嗎？」他們問。他屈服了。講到這，他淚濕了雙眼。艾未未說，光想到這點他就受不了。審訊者不斷跟他說，「你這輩子再也看不到你母親」，還有「你再也看不到你兒子」。

艾未未知道中國再也容不下他或是他的想法，但是警方扣留了他的護照，雖然他被釋放出獄，國家卻成了他的監牢。

朝鮮半島反美戰爭所激發的毛澤東式民族主義吸引了父親，而我就是在二〇一一年親眼看到這股民族主義可能帶他去到的地方（如果當初軍方讓他去的話）。我在二〇一一年八月從中國東北的邊界進入北韓，一九五〇年時，中國軍隊就是從這個邊界將美國帶領的軍隊驅趕回去。很少美國人得以進入北韓，遑論美國記者。但當時我跟隨著一群受北韓企業邀請的中國商人，這些北韓企業跟平壤的領導人以及北韓國防委員會關係密切。北韓深陷貧困之中，所以北韓官員希望說服這些中國商人透過一條新的郵輪路線帶來中國遊客，郵輪會從靠近邊境的港口城市羅先抵達南部的金剛山國家公園。我們此行的目的是參加北韓有史以來第一艘郵輪的試航，這艘船齡四十年的生鏽貨輪完全不像冠達郵輪，反而比較像是散貨船。在羅先時，我在登船前看到驢車駛在泥土路上，晚上整座城陷入一片漆黑，沒有供電。回到羅先後，跟我們在嘎吱作響的船上共度四十三小時的市長特許我們參觀一座室內小市場，裡頭販售的大多是中國商品。但是這種市場經濟貿易的存在是如此敏感，我們甚至被告知在逛市場時不得作任何筆記。

毛澤東介入韓戰導致朝鮮半島分裂，並協助建立了一個經濟封閉、貧苦且備有核武的國家，由金氏家族統治。這就是父親曾經願意捐軀換來的成果，他跟我說若是真的上了朝鮮戰場，他大概回不來了。三年的韓戰奪走十數萬條中國士兵的性命，其中包含毛澤東的兒子毛岸英。

這場極具毀滅性的戰事以停戰協議落幕，但數十年後中國共產黨依然藉此煽動民族主義，特別是反美情緒。二〇二〇年十月，習近平在人民大會堂舉辦了韓戰開戰七十週年紀念，當時美中關係在習近平與川普的治理下急遽惡化。「七十年前，帝國主義侵略者將戰火燒到了新中國的家門口。」習近平說，「中國人民深知，對待侵略者，就得用他們聽得懂的語言同他們對話。」

共產黨將文化生產作為宣傳手段的最前線，韓戰相關內容在中國新聞及娛樂媒體處處可見。中國中央電視台播出一齣向人民志願軍致敬的舞台劇，也就是當初父親在朝鮮附近受訓時所參與的中國軍隊。二〇二一年秋天，陳凱歌執導的《長津湖》登上中國影史票房冠軍，內容是關於韓戰中與美國作戰特別慘烈的一場戰事。這部片的票房紀錄超越了另一部民族主義動作片《戰狼二》，片中描述的是身在非洲的退役中國軍人。隔年《長津湖》的續集上映，片中同樣出現大量屠殺美國人的場景。

這對共產黨十分有利，幫助黨以民族主義控制國內局勢。這種暴力論點是為了在這場永無止境的反美及反西方帝國主義戰事中激起榮譽感，但他們絕口不提戰爭帶來的死寂與殘破後果。在中國邊界的另一邊，父親嚮往卻從未踏上的朝鮮土地上，血跡已乾涸。我親眼目睹這裡的田地以及在此農耕的人。農夫費力地在曾經遍布彈殼、砲彈碎片和屍體的土地上耕種，馬匹踏過堅硬的大地，以及那被遺忘的墳場。

第十二章
紫禁城

北京・一九五一年

北京市中心的街道浸淫在中秋正午時分的暖陽中，父親踏出飯店，走入市中心。他跟其他大約十二名士兵一起搭乘火車從哈爾濱出發，沿著古老城牆內的一條大街，被長官帶到一座不起眼的建築物。他們獲知將在北京停留數日，等待後續旅程的物資安排就緒。父親猜想他們即將跟更大的軍事單位會合，但他不曉得目的為何。

他從前門火車站附近的飯店走出來後，朝著長安街前進，也就是大約一年前他在共產黨第一年國慶日時跟著遊行隊伍所走的道路。如今長安街空無一人，沒有人站在天安門城樓上，去年毛澤東在此向群眾揮手。現場沒有歡呼的士兵、工廠工人及學生站在天安門下迎接國家救星。如果父親早個幾週抵達，會遇上今年的國慶日，就會看到他曾參與的遊行場景再現。

父親當時在長安街上跟著遊行隊伍走，手上拿著布條，仰望牆上的領袖，心裡想著自己能夠如何為革命做出貢獻，因此當支援韓戰的空軍徵兵消息一傳出，他毫不猶豫地志願從軍。如今黨將他帶往另一個方向，告訴他有其他為國效力的途徑。

不過父親依然對於被哈爾濱空軍學校驅逐耿耿於懷，他極度羞愧，甚至不敢利用這次短暫停留首都的機會回到北京農業大學拜訪朋友。不到一年前，他自豪地跟他們說自己即將加入空軍，如今他要怎麼面對他們呢？他們會以問題轟炸他，而他無話可說，也沒有辦法解釋。

孤伶伶的父親獨自走過天安門的拱門。

這是他第一次來到紫禁城，這座歷代中國皇帝的宮殿與居所。他並不精熟中國歷史，至少當時還沒有，但他知道眼前是探索紫禁城的大好機會。在他面前是一片鋪石地，另一端聳立著高達三十五公尺的午門，是整個建築群中最高的結構，甚至比天安門還要高。歷代皇帝站在上頭觀賞典禮與閱兵等儀式，就如同毛澤東在天安門一樣。

歷代皇帝在午門舉辦大典慶祝帝國軍隊凱旋，十八世紀中，乾隆的將軍們平定天山北方的準噶爾人，讓清朝得以鞏固對邊疆的控制。一七五九年，乾隆的戰士殺了大和卓與小和卓這兩名叛變的蘇丹，他們的首級被送給滿人將軍富德，他再將這駭人的戰利品移送乾隆。一七六〇年三月十二日，乾隆皇帝在午門舉行受俘禮，他身旁的小匣子放著兩位蘇丹的左耳。乾隆擴張帝國版圖的野心為歷代皇帝之最，他的一大目標就是平定新疆。乾隆為這場勝仗的盛況作了詩：「午門三御典昭詳。」

父親抵達宏偉的午門，外觀形似一千兩百年前漢朝的碉樓，這是一種墓葬建築，入口象徵著被埋葬者通往天堂的通道。另外有些類似的建築還會加上龍和鳳凰，這兩者是王朝的象徵。

父親穿越午門，來到五座白石橋，下方是內金水河。他走過其中一座橋，越過大院裡飽經風霜的灰石，走上太和門的階梯。越過拱門，父親進入一座更大的庭院，中間座立著太和殿。

這裡是天朝中心，也是宇宙中心，是乾隆接見全國臣民以及外國使節的地方。在高聳硃砂殿門後方是一個陰暗房間，裡頭擺放龍椅，一旁有六支同樣以龍為裝飾的金柱，過去乾隆皇帝就坐在龍椅上統治天下。乾隆被視作聖上，而龍就是他的權力象徵。龍同樣出現在乾隆的黃袍上，與他的身體纏繞在一起，將天上的形象變為有形。

父親開始發現紫禁城內只有他一人，他心裡一驚。過去紫禁城內曾有上千人在此生活，一大群官員、僕役、太監、後宮與守衛在此侍奉皇帝。如今庭院與大殿中萬籟俱寂，在清朝末代皇帝溥儀被驅逐後就遭到荒廢。父親在這座建築群中感到渺小脆弱，他想起過去兩個朝代眾多男女在此遭謀殺的故事。對父親這一輩人來說，某些皇帝及王室成員的嗜血殘暴、性放縱、享樂主義及陰險定義了龍椅周圍的世界。共產黨領導人積極宣傳封建王朝的這一面。父親不禁好奇這些建築內陰暗的走道中，遊蕩著什麼樣的魂魄，永世不得超生。

父親沒有試圖推門進入擺放龍椅的太和殿，他趕緊進入內廷，一系列較小的建築映入眼簾。他並沒有在過去皇帝接見軍機處的乾清宮停留，也沒有試圖進入天子與后妃進行洞房花燭夜的坤寧宮。周圍的寂靜無所不在，宛如一襲叫人窒息的斗篷。他直直衝進御花園，接著從後方出口離開。在此他看見對街景山公園的山丘，也就是明朝末代皇帝在叛軍攻破紫禁城後自縊的地方。

父親在裡面總共待了一個小時，他試圖壓制心頭上飄忽不定的焦慮感，或許這預兆著未來即將發生的事。他開始繞過宮殿的護城河走回下榻處，不想再與皇宮有任何瓜葛。隨著太陽逐漸西沉，陰影悄悄爬上街道，一絲秋意在北京上空蔓延開來。

第三部

西

第十三章

玉門關

陝西省、甘肅省與新疆・一九五一～一九五二年

待在北京兩天後，父親搭上前往西安的火車。西安是陝西省會，也是毛澤東與習仲勳及其他革命領袖在內戰最後幾年所待的黃土丘陵所在地。父親再度跟同袍一起穿越北方，這群遭哈爾濱空軍學校驅逐的人還在想他們的目的地到底在何方。某些人難以承受這份恐懼，其中一人在北京試圖逃走卻被抓到，另一人則成功逃脫，他在火車駛過河南省前往西安的途中跳車。

西安的舊城區跟北京一樣圍繞著城牆，保護城市的中世紀心臟，城牆的寬度足以讓成排的馬匹在上頭小跑。西安在唐朝時期是世界上最富裕的城市之一，這裡作為絲路東邊的起點，連接了中國與羅馬等歐亞帝國的貿易，絲綢、香料、美玉、瓷器、馬匹、奴隸和金銀在此流通。父親只在西安停留一兩晚，接著就協助貨車上貨，準備向西行。一袋袋的貨物堆放在貨車底部，士兵

坐在兩側的長凳。時值十月，北方的空氣透露著秋日的清冷。

駛出西安的道路十分平靜，父親發現頭上經過的枝條掛著沈甸甸的熟柿，在午後陽光下金光閃閃，父親抬起手來幾乎可以碰觸到這些柿子。數十年後，父親依然清晰記得這些掛在西行道路兩側樹上的柿子，這是他深入中國內陸邊陲之旅的其中一則深刻回憶。每天一上路，父親都不知道目的地為何。他原以為終點會是甘肅省的蘭州市，這裡被視為中國內陸的最西端，這是漢人對他們國家核心的想像，但同時他們也認為自己的國家的疆界遠遠超出甘肅，因為清朝征服了中亞，中國人在二十世紀與二十一世紀初不斷提及這些勝仗，不論國民黨或共產黨政府都將這點作為他們控制當代帝國的基礎。

軍隊的車隊在緊實的泥土公路上馳行，父親成長於副熱帶的南部，因此擔心路面會在雨後成為一片汪洋般的泥濘，但其實這個地區乾燥少雨。數百年來，戈壁沙漠慢慢向南蠶食綠地。路途中，車隊沿著陡峭道路爬上六盤山，車子哐啷哐啷顛簸前進，上頭的士兵緊張地沿著峭壁邊緣向下望。車隊常常因為引擎過熱被迫暫停，士兵手腳並用地爬出來，在後輪底下塞入石塊，以免貨車滑下山路，接著他們朝引擎倒水。

父親想像這是中國經典《西遊記》裡惡名昭彰的盤絲洞所在地，故事中，唐三藏一行人經過一處山洞，裡頭住著七隻可任意變換外形的巨大蜘蛛。這些蜘蛛精化作美女引誘旅人進入洞中，唐三藏因此落入她們手中，最終孫悟空大戰蜘蛛精，一舉將其殲滅。

士兵終於抵達甘肅省會蘭州市，父親原本以為這是旅途終點，但休息幾天後，車隊重新載滿貨物，父親被告知要再度上車。他發現沒有任何士兵知道他們為什麼要來到這裡，也不曉得長官對他們有什麼規劃。

甘肅土地一片荒蕪，這似乎是某種預兆，父親愈來愈常想起《西遊記》，故事裡提到唐三藏從中國到印度的長途陸路旅程。唐三藏的原型為玄奘，當初他遠赴印度並帶著佛經回到中國，伴隨唐三藏的是美猴王與半人半豬的八戒。父親想著故事裡提到的地名。在這趟旅程中，他經過了許多過去對他來說只存在神話裡的地點。他出生於水猴年[23]，如今他成為美猴王的化身。

父親發現這裡有更多清真寺，信奉伊斯蘭教的回族人口也更多，這是絲路留下的影響。來自中東和中亞的貿易商將他們的信仰傳入中國，包含甘肅的沙漠、西北高原，以及東南沿海的城鎮。父親在香港與台山並不常看到伊斯蘭教，而西安卻有一整個信奉

23 譯注：壬申年，西元一九三二年。

穆斯林的回族舊聚落，中間座落著一座古老清真寺，人民在狹窄巷弄裡販售烤串與羊油湯。在蘭州時，他也處處看見穆斯林。

離開蘭州時，父親跟其他人搭乘的是炊膳車。廣東美食公認勝過中國其他地區的料理，因此父親受指派為廚師，當車隊在午餐時間停下來，父親和車上的其他人就一起在路邊生火，用炒鍋在火堆上方煮飯。晚上他們待在軍隊用的泥房，輪到其他士兵準備晚餐，就寢時則躺在泥凳上。

這群士兵反覆行經沙漠、高原與高山等地形，四周的色彩與沿途景色融為一體，所有事物都帶有沙塵的色調。他們經過武威和張掖等古老城鎮，這些城鎮位在河西走廊上，這個位在山脈中的狹窄平原往西延伸，北邊是戈壁沙漠和蒙古草原，南邊則是高聳的青藏高原。自古以來，中國人將沿著河西走廊前進的旅途視為流放，代表遭帝國放逐。

他們在酒泉市停留，父親聽過漢朝一位將軍[24]和其士兵在此休憩的故事，當時酒不夠發送給每個人，因此將軍把所有的酒倒進該市的天然泉中，疲倦的眾士兵暢飲了湧泉中帶酒味的泉水，精神為之一振。

24　譯注：此指霍去病將軍。

父親與同袍每前進一段路，眼前的命運對他們來說就更加明朗。他們一抵達長城西端的天下第一關，就不再懷疑自己即將面對的未來了。來自中原地區的中國人都知道，一過了這道關口就是西域，曾經有數百年的時間由遊牧民族和他們所建立的王朝所統治。明朝皇帝以這裡為起點，建造了長達八千八百五十一公里的長城，一路往東延伸到鴨綠江及接壤北韓的國界。父親從靠近朝鮮的軍事營區一路到這片無垠大漠，這趟旅程相當於長城的長度，也就是穿越了整個中國。

北邊聳立的山頭覆蓋著白雪，父親看到遠方的長城，以及長城的終點嘉峪關。這座城關在數個世紀以來飽經風霜，遠遠看來像一塊土色團狀物，四十年後我拜訪嘉峪關時看到全然不同的景色，當時這裡已是一座修復過後的宏偉建築。父親此時想起過去每一位從這座城關進入西域的人，他們全部都一去不回。

他們持續西行，走過敦煌以及附近的數百個石窟，在絲路貿易鼎盛時期，皇帝聘請畫師在石窟裡畫出精細的佛教故事，並立佛像，其中一尊為唐朝的彌勒菩薩，高度達三十五公尺。這些絢麗的藝術雕刻存在長達千年，名列世界上最美的宗教藝術，我曾兩度漫步於石窟中，但這些士兵無緣欣賞。

他們來到了一座破敗的土樓，其結構同樣因為經過數世紀風化而變得光滑。玉門關就跟嘉峪關一樣，對中國人來說是劃分兩個世界的界線。玉門關是漢代興建的諸多烽火台之一，名稱來自遠方綠洲于闐所產的白色和闐玉，過去由途經此地的商隊運送。中國人將玉門關稱為中原和西域的界線、文明和未開化地區的分野。父親想起一首古詩：

一出玉門關，兩眼淚不乾；前面是戈壁，後面是沙灘。

數年後，父親在寫給沃明的信中提到自己的西域行，也寫下這幾行詩，並說：「這首詩並非誇大，前往新疆的路途都是高原、黃土和戈壁的沙，野生動物圍繞在我們身邊。」

車隊接著抵達星星峽，父親心一沉，現在終於知道他們要被送往何方。他們離開蘭州時他就開始猜想這會是最終目的地，但他試圖壓抑這個念頭。

真相是流放，而且根本逃不掉。小鎮外是廣大的新疆，即流放之地。他們身後是甘肅，以及通往家鄉的河西走廊。他們位處在兩百年前清軍征服的中亞土地，這裡是兩片大陸的交界。如今這群士兵的命運已毋庸置疑，父親在給沃明的信中寫道：「唉，我們在一個陌生的國度，身為外來者，名下無錢，即便我們想逃跑也已無機會。真是一個毒辣而狡猾的計畫。」

對父親來說，他與自己前半的人生在此地決裂，他的童年與青春留在香港、台山縣和廣州，這些地方已在他身後的遠方，當地的回憶逐漸消逝在北方大漠的刺眼光芒中。他真的已經開始一段不同的人生，並深信自己再也無法見到家人。他聽過許多歷史故事，內容關於遭流放至長城外西域的中國人，包含違逆朝廷的官員、學者等等，這些人大多葬身異域。清朝依然持續這項傳統，例如當初試圖中斷鴉片貿易卻激怒英國人的廣州總督林則徐，他就在失敗後慘遭流放新疆。

許多共產黨人和支持者也將這裡視為叛軍之地。一九三八年，毛澤東的弟弟毛澤民在黨中央派遣下，來到此地與一九三三年起就開始統治新疆的軍閥盛世才共事。在盛世才的協助下，蘇聯成功在新疆發揮影響力，但不久後，盛世才決定加入國民黨陣營，開始驅逐蘇聯與中共黨員。一九四二年，盛世才監禁毛澤民，並在一年後將他處決。

父親焦慮萬分，卻一籌莫展。他深陷體制當中，而他深知流放新疆就是他的懲罰。

他融入空軍未果，且軍中或黨中的上級對他起疑。他認為很有可能是因為自己來自香港，或是因為他的家人在受英國殖民的香港、廣東和美國間往返，也可能因為他來自崇尚資本主義的地主和商人家庭。他不確定真正的原因為何。

他有一部分依然維持樂觀，並且支持共產黨的理想。他認為前往新疆並不只是一種懲罰，同時也是訓練他學會紀律，希望他學會吃苦。這將使他更為強壯，讓他更有能力報效軍方。毛澤東總是將自己塑造成經歷磨練的人，特別強調他在長征期間在中國西南所受到的苦難。如今父親同樣踏上屬於自己的長征，深入蠻荒之地，而他將發現他需要為革命付出的代價有多大。父親來到新疆並非命中注定，反而像過去一連串人生選擇所帶來不可避免的結果。他後來寫道，他跟其他同僚下定決心撐過這三年的邊疆生活，最多不超過五年，接著爬也要爬回家，穿越嘉峪關回到長城另一端。

過了玉門關，車隊經過幾個沙漠城鎮，這裡有著與之前經過的城鎮截然不同的風貌。首先經過的是盛產瓜果的哈密，接著是以葡萄聞名的吐魯番。《西遊記》孫悟空中的一篇精彩故事以吐魯番作為場景，當時唐僧一行人經過火焰山，那裡的高聳岩壁在日落時分會變成血紅色和硫磺色。如今這番地貌盡數映入父親眼簾，他為之驚奇。《西遊記》中，唐僧一行人在此遇上熊熊大火，孫悟空必須從鐵扇公主與牛魔王手中搶走芭蕉扇，才得以成功滅火。

最引人注目的是當地人，這裡的穆斯林是維吾爾族，而非先前絲路上的回族。維吾爾族的語言屬於突厥語系，大多人有著常見於中亞其他民族的圓臉。相較於中亞其他民族，他們在文化上比較接近烏茲別克。帶著頭帽的男人駕驢車駛過哈密和吐魯番的泥路，前往清真寺聚集。

父親不懂維吾爾語，而他也很好奇像他這樣代表著共產黨且來自中國各地的士兵一車車抵達這個地方，當地人做何感想。父親知道過往這裡的維吾爾人、哈薩克人、蒙古人等曾經抵抗國民黨，並獲得蘇聯支持。他不曉得他在哈密與吐魯番等城鎮看到的維吾爾人是否支持革命，而他無法詢問他們，因為他不會說維吾爾語。長官也告訴漢人士兵不准踏入維吾爾人或其他當地人的住所。

在十一月，車隊抵達迪化，這個地方後來在一九五四年時改名烏魯木齊。這裡是新疆（意指新的邊疆）首府，在清朝，北京朝廷在此駐紮了滿人、蒙古人與漢人士兵。

清朝滅亡時，新疆改由城裡的軍閥進行統治，如今共產黨承襲相同做法，將烏魯木齊作為控制新疆地區的基地。將軍王震從烏魯木齊的司令部指揮遍布森林、峽谷及沙漠的兵團，以滿軍的方式在各處設立基地與駐地

父親與同僚爬下貨車，從乾燥的肌膚和制服上拍下細沙。他們揹著背包前往一座老舊學校建築，領取配給的軍毯以度過寒冷的夜晚。幾天後開始降雪，在中國，新疆的冬季酷寒程度僅次於與朝鮮接壤的東北地區。在烏魯木齊（維吾爾語為Ürümchi）附近的平原，寒意早早就降臨，且維持長達數月。父親發現距離一九五〇年十二月二十五日加入空軍的日子已經過了將近一年，耗費了這麼多時間，他終於抵達他從軍真正的起點。

軍中的高級將領挑出父親及另外五位士兵，命令他們待在一個小房間，跟其他人分開。這個場景與父親在哈爾濱空軍訓練基地的遭遇並沒有太大的不同，當時的結果對父親來說十分痛苦，這次父親也準備迎接最糟的後果。一日，長官告知這六位士兵他們的任務是前往北邊靠近蘇聯邊界的城鎮阿勒泰，與第五軍騎兵團會合，這是解放軍新成立的單位，主要由當地的維吾爾和哈薩克士兵組成，他們曾在蘇聯協助下抵抗國民黨。這個兵團有獨立的名稱，因為他們服從的是比師級更高層級的司令部，一位政委已經受派

前往阿勒泰的基地。如今，身處帝國邊緣的父親及其他同僚有新的任務在身，即將帶領當地民族的士兵更深地投入共產黨懷抱。

中國常見的論述是描繪出一個持續千年的文明，即使漢人主宰的中原遭到北方來的中亞平原遊牧民族反覆入侵，依然屹立不搖。實際上，邊疆族群與漢人一直以來不斷接觸，各自吸收彼此的文化，互相影響。有時外來者會成功奪下中原，例如蒙古人和滿洲人各自成立了元朝和清朝，兩者皆是中國歷史上重要的朝代。當初正是滿族統治者讓中原與內亞地區結合成為今日的中國樣貌。

在眾多征服戰役之中，新疆是最重要的元素。滿洲人來自東北森林，深知馬背上的民族極具戰略威脅，故謹慎地觀察遠在西北方的民族如何擴張勢力。乾隆皇帝早在執政初期就認知到準噶爾人帶來的威脅。準噶爾汗國由衛拉特蒙古的各部族集結而成，控制天山以北的新疆，這個地區的草原和山谷遍布不同的遊牧民族，包含哈薩克人和吉爾吉斯人。準噶爾人是當地最強大的政治實體，他們的野心擴及新疆所有族群。他們在北方利用強迫農業勞動的手段，從南邊的綠洲城鎮引入維吾爾族。

準噶爾統治者捲入他們領地外的權力鬥爭，最關鍵的是他們介入南疆沙漠高原的西藏局勢，參與達賴喇嘛的接班人認定。準噶爾對西藏政局的影響引發了北京滿人統治階層的警覺，達賴喇嘛在滿人保護下從拉薩的布達拉宮治理西藏。

接下來所發生的事為帝國帶來深遠影響。清朝派軍前往西藏驅趕當地的準噶爾人，並且著手將西藏轉變為清朝的保護國。一九一一年，清朝滅亡，十三世達賴喇嘛宣布西藏獨立，但數十年後，共產黨以清朝時期保護國為藉口進行占領。一九五〇年至一九五一年，父親在朝鮮附近進行軍事訓練的時期，解放軍行過青藏高原，一路攻打藏軍。除了新疆，西藏是共產黨征服西域的另一個目標。雖然中國軍隊在一九五一年進入拉薩，一直要到一九五九年當時二十三歲的十四世達賴喇嘛騎馬越過喜馬拉雅山潛逃至印度，共產黨才鞏固對當地的政治控制。達賴喇嘛流亡至喜馬拉雅山的小鎮達蘭薩拉（Dharamsala），持續擔任藏人的精神領袖，我在二〇〇九年前往當地與他會面。

為了摧毀位於北疆的準噶爾家園，乾隆皇帝下令發動了一系列軍事行動，當時的屠殺嚴重到部分西方歷史學家稱之為大屠殺，而占領準噶爾也成為清朝征服新疆的關鍵，這塊西北疆域將持續受清朝統治直到其滅亡。清朝統治者以八旗系統規劃這個地區的軍事管理制度，同時他們注重農業發展，並開始從中國其他地區引入漢族與回族。官員在十八世紀初期建立首座國營農場，並且擴展到整個準噶爾地區，同時也擴及伊犁河谷和塔里木盆地。

到了十九世紀中期，五萬清軍駐紮新疆，一半為滿洲與蒙古旗人，另一半為漢人。他們絕大多數待在準噶爾地區，許多人跟家人一同常駐於這個北部地區。另一方面，同樣有軍隊駐紮在維吾爾人為主的南方綠洲城鎮，分別是喀什市、莎車與于闐，但這裡的軍人駐紮方式則為每三年一輪。

起初，清朝統治者限制移居新疆的漢人數量，以減少與維吾爾族所發生的衝突。但到了一八三一年，官員鼓勵漢人到此定居。一八八四年，慈禧太后統治下的清廷宣布新疆為中國的一省，表示新疆不再具有邊疆地區的獨特治理地位。一八八五年，朝廷對臺灣採取相同做法。後來共產黨對新疆的許多控制手段皆效仿晚清帝國的做法，而他們面對的主要族裔及領土問題——新疆、西藏、香港與臺灣，都源自清朝。

數十年後，父親與我分享一同北行至阿勒泰執行任務的那六人，他說他還記得每個人的臉，他看得到他們的雙眼、雙頰、平滑的肌膚，以及其中一人的痘疤臉。這趟前往新疆的艱難西域之旅並未抹去他們臉上的青春。

其中一人比其他人年長，大約三十來歲。他們喚他作鄧同志。他曾是八路軍的軍官，也是共產黨員。父親和其他人好奇他是否打過抗日戰爭，這場戰爭中誕生了一整個對黨忠心耿耿的世代，他們對革命以及統一中國抱著極大熱忱。鄧同志的黨籍賦予了他一種光環，他所做的一切似乎都使他與眾不同。他立下什麼樣的功績，或受過何種苦難，才讓他在黨獲得一席之地？父親也很好奇當他們與哈薩克騎兵單位會合後，鄧同志將扮演什麼角色。他們正在前往一個敏感地帶，那裡靠近蘇聯與蒙古邊界（一九一一年，蒙古抵抗清朝統治者後宣告獨立）。

烏魯木齊到阿勒泰的路途經過天山北邊，並穿越準噶爾心臟地帶，如今這裡已不見準噶爾人的蹤影，他們早在許久以前就遭八旗軍殲滅。蘇聯製的卡車載著父親及他的新同僚，還有一袋袋要給基地的糧食，但午後剛出發不久，卡車就滑進路邊溝渠。地面覆蓋著一層雪且結了冰，士兵們躺在地面睡覺，但到了夜晚必須不斷起身以避免失溫。儘管身上披著羊皮外套並緊緊圍著圍巾，他們依然在黑暗中不停發抖。隔天早晨，他們將卡車推出溝渠，坐在卡車後座的食物袋上，再度出發。

這些男子在旅途上開始互相認識，他們來自中國各地，一位來自上海，一位來自山西，鄧同志來自山東，這個東岸的省分在過去帝國時期以出產戰士聞名。只有父親來自遠在南方的廣東。除了鄧同志，這批人全都是新兵。

四天後，他們抵達布爾津（Burqin）附近的一個鎮，鎮上滿是泥牆建造的房屋。在這群漢人眼中，這裡簡直是異域，一切都讓人感到十分陌生。哈薩克人騎著馬穿越街道，大部分男人都帶著白氈製的高帽。這些中國士兵發現他們很靠近蘇聯，在地軍隊也在抵抗國民黨進逼時受到蘇聯支持。額爾齊斯河（Irtysh river）從這裡流入蘇聯加盟國哈薩克，中國則在附近開挖珍貴礦物，經由布爾津運送至蘇聯。在軍閥及國民黨統治時期，蘇聯依然長年在北疆保有影響力，包括扶植存在於一九四四年至一九四九年間的東突厥斯坦共和國。蘇聯對該地區的意圖讓中國共產黨領袖起了疑心。

雪覆蓋著大地，位於阿勒泰的一個師部派出了由漢族士兵組成的車隊，帶著六輛雪橇去接六名士兵，以及裝滿麵條、米、麵粉、蔬菜、辣椒和茶葉的食物袋。士兵在雪橇旁行走，艱難地在雪中跋涉。一旦累了，他們就坐在雪橇上的食物袋上休憩。他們看著馬匹踏步向前，鼻孔怒張，噴氣中帶著霜。士兵晚上在小站打地鋪就寢，這些停靠站平時供軍用卡車停靠維修，站中間有座煤爐，是這些士兵一整天下來唯一接觸到的熱源。

第四天，他們抵達阿勒泰中心的師部，這是前往終點的另一個暫時停靠站。這個小鎮是由沿著一條街興建的泥磚屋所組成。漢人士兵蓋了一間木屋作為宿舍，新鮮木材的氣味讓父親感到驚訝。部分士兵受派前往挖金礦。父親也很震驚地看到幾位女兵。他跟同伴吃到的早餐有饅頭，以及帶有新鮮羊肉塊的湯麵，上頭還浮著油脂。碗冒著熱氣，父親將手圍著碗取暖。這天是一九五二年一月二十七日，也是水龍年農曆新年的開端。

早餐過後，他們乘著兩輛雪橇，在哈薩克士兵護送下前往騎兵團使用的基地。騎兵團人數約千人，幾乎清一色是哈薩克人。基地原有七名漢人士兵，因此新來的六位讓漢人士兵人數變為近兩倍。父親和其他人被帶到一座泥牆木地建築，跟哈薩克人的宿舍分開。室內靠著煤爐維持溫暖，士兵們成排躺在泥製平台上，在午餐和晚餐前睡了一覺。他們接著吃到更多湯麵，其中一位哈薩克廚師煮了中亞常見的抓飯料理，用米飯搭配羊油、紅蘿蔔、洋蔥和葡萄乾。

如今這群士兵清楚意識到自己遠離了家鄉，因為他們在農曆新年抵達，而哈薩克士兵並不慶祝農曆春節。在往年的一般情況下，父親及同僚此時通常應該要在家與家人吃團圓飯，北方人吃餃子，南方人吃魚，並且在外頭放煙火或鞭炮。如今他們坐在哈薩克覆蓋著白雪的基地中，遙想年輕時期的春節時光。

抵達後不久，士兵就發現頭髮和衣服上出現大批蝨子，使他們全身發癢。父親在水盆中倒入滾水，將軍服和內衣褲浸泡其中。水盆熱氣氤氳，父親深吸一口氣，替鼻腔、喉嚨與肺部驅寒。

這六名士兵安置在和政委及其妻所住的同一棟樓，但不同房間。幾位高級將領已婚，包含組織部、安全部和後勤部的主任。父親懷疑共產黨刻意送女性過來作為高層未來的妻子。

父親跟其他新到的士兵都不知道他們要在基地待多久，他們只被告知自己在這裡的任務是協助政委的工作。接下來幾週，父親跟老兵鄧同志變得熟稔，他們兩人都驚嘆自己竟然在一年當中最酷寒的時節來到這個中國遠方的哨所，被高山與高原圍繞，身處在語言不通的人群中。父親和鄧同志互相分享故事，一起開懷大笑，談論著他們在登上開往西域的卡車之前過著什麼樣的生活。

結果，他們的任務是灌輸思想。每天早晨，哈薩克士兵聚集在一個會堂，漢人政委（同時也是最高指揮領袖）坐在會堂最前方，父親及其他士兵坐在他附近。從頭到尾都由政委發言，透過一位回族口譯，政委講述了共產黨的宣傳內容。他談了共產黨革命，以及革命如何帶領中國進入新時代。他談了舊封建制度的終結，以及階級遭到淘汰。他談了毛澤東的領導，以及進行中的無產階級革命，還有抵抗帝國勢力的必要性，特別是美國。他說，毛澤東的革命願景奠基在農民起義（就如同此地山中的哈薩克遊牧民族一樣），而非僅僅仰賴都市中工人的抗爭。這就是為什麼即使蔣中正獲得了美國的支持，毛澤東依然帶領人民軍打贏國民黨。

政委說，各民族在未來的中國和漢族擁有平等的利益，黨尊重所有民族的文化、信仰和自主權。第五軍除了有哈薩克族，還有維吾爾族、回族和錫伯族。錫伯族雖然在東北滿洲家鄉已經逐漸凋零，但他們依然會說滿語。

每天作息完全相同，早上父親安靜地坐著聽政委發言，他想他對黨的理解還不夠，不能跟其他人討論，也還不能教導他人黨的信條及思想。黨就像一頭神祕的野獸，現在充滿未知，父親也明白需要時間才能理解黨的運行。

這些士兵在午後時間沒有什麼工作，他們通常擠在房間裡，將手靠近煤爐取暖。酷寒的天氣裡，連堆在士兵一旁的羊肉、馬肉和牛肉都未解凍。在休閒時間裡，父親時不時都會試著和其中一名哈薩克士兵說話。他學了他們語言的幾個單字，一開始聽起來完全陌生，但慢慢地父親掌握了這個語言的語調。

一九三三年十一月十二日，大約兩萬人集結到南疆維吾爾城鎮喀什市的圖們江進行示威遊行，當天他們宣布獨立，在深秋乾冷的空中飄揚著一面藍色旗幟，上面寫著一個因想像成真的國名——東突厥斯坦共和國，群眾爆發出呼喊聲。隔年，當地與國民黨結盟的回族軍閥鎮壓了這次的運動。一九四四年，北疆具戰略性地位的伊犁河谷開始反抗，由蘇聯支持的維吾爾民族主義人士以及其他突厥語系的戰士抵抗試圖掌控當地的國民政府。他們聲稱成立第二個東突厥斯坦共和國，當地軍人隔年成立伊犁國民軍。國民政府同意跟突厥共和國一起成立聯合政府，一九四五年八月國民政府跟蘇聯簽署的友好條約[25]更支持了這樣的合作。

25 譯注：《中蘇友好同盟條約》於一九四五年八月簽訂，不僅鞏固了國民黨與蘇聯的政治合作關係，也為國民黨在新疆等邊疆地區的政策提供了戰略支持和正當性。

一九四九年，王震將軍帶著九萬兵力攻進新疆，其中大部分兵力來自大將軍彭德懷麾下的中國人民解放軍第一野戰軍。士兵迅速通過南方，該地區的國民黨軍隊紛紛投降，當地居民大多為維吾爾族，並沒有進行抵抗。王震將軍將司令部設在烏魯木齊。

北邊的共軍則面臨更大的挑戰。一九四九年八月，五位東突厥斯坦共和國的領袖搭乘蘇聯飛機從阿拉木圖（Almaty）飛往北京，準備進行困難重重的政治對話，卻神祕地在貝加爾湖（Lake Baikal）附近墜機失事，機上領袖無一倖存。隔月，其他領導人在北京與毛澤東會面，並接受了共產黨的統治。黨高層隱瞞墜機消息長達數月，好讓他們能夠偷偷在北疆扶植他們偏好的地方領袖。王震將軍的軍隊緩緩進入當地，謹慎地接近伊犁國民軍，觀察是否有反共產黨的派系。

一九四九年八月，毛澤東寫信給黨中和軍中負責監督西北地區的領袖，強調由於當地複雜的民族情況，應該優先使用「政治手段」制服當地組織，最後不得已時再動用軍力。人民解放軍指揮官判斷哪些地方領袖可能反共產黨，背地裡破壞這些領袖的名聲。一九四九年十二月，他們也重整了投靠共軍的國民黨士兵，改編成人民解放軍的一個單位。

月底，他們以同樣手法將伊犁國民軍編入人民解放軍第一野戰軍下新成立的第五軍，並扶植了俄羅斯將軍法鐵依・伊凡諾維奇・列斯肯（Fotii Ivanovich Leskin）作為軍長。父親第一趟任務的重點對象是阿拉木圖的哈薩克騎兵團，而他們就隸屬於第五軍。

雖然共軍瓦解了東突厥斯坦的組織，但共和國之夢依然存續，透過住在中國以及世界各地的維吾爾族人，從塔什干（Tashkent）到伊斯坦堡、柏林，乃至於華盛頓特區，將這個夢想一代代傳下去。

往後二十年，共產黨發起鎮壓並時不時進行處決，軍隊也迅速執行土地改革計畫。軍隊從富裕居民家中及伊斯蘭機構手中奪走土地和牲畜，進行重新分配，這也是共產黨官員在中國各地的作為。沒收土地偶爾會伴隨著暴力。到了一九五四年，父親抵達新疆三年後，官員重新分配了超過一萬一千公頃的土地給六十五萬農戶。到了隔年，當地六三％的農民被分配到農業生產互助組，五％的人加入了初級合作社。比起中國其他地方，這裡的集體化運動進度較為緩慢。

最強烈的抵抗來自漫遊在北疆山上大草原的哈薩克遊牧民族，父親在阿勒泰第一次碰上他們，接下來幾年又將與他們處上大把時間。長老以及宗教領袖強烈反對軍隊工作隊試圖實施的計畫，許多人拒絕參與漢人官員舉辦的批鬥大會。他們也抵制政府徵用土地和牲畜。高層決定退讓，他們理解這些變革必須放緩且循序漸進。

他們的其中一大目標是將遊牧民族集中起來，如同蒙古人和藏人，大多數哈薩克牧民沒有固定領土，隨著季節的變換，從夏轉秋再到冬，隨著風勢加劇和草地變黃，他們將毛氈帳篷從羊群所在的高地上遷移到更溫暖的山谷中，並帶著牲畜移動。共產黨官員不信任遊牧民族和他們四處移動的生活方式，因此要這些遊牧民族冬季時到村裡的泥磚屋過冬，夏天再回到草原。村裡提供飼養牲畜的大型圈欄，而將遊牧民族安置於村落中滿足了共產黨官員控制和整合的願望，這是他們的一大特點。對於遊牧民族來說，他們的生活出現了遽變，而多數人並不樂見。

一九四〇年代，部分哈薩克遊牧民族在蘇聯的幫助下，對漢人軍閥以及國民黨進行武裝抵抗，而後來在共產黨統治下，他們持續爭鬥。一九五一年初，父親抵達阿勒泰的前一年，漢人士兵俘虜了哈薩克叛軍領袖烏斯滿．巴圖爾（Osman Batur），同年四月，將他在烏魯木齊以吊刑處決。烏斯滿．巴圖爾來自阿勒泰，長年在當地為遊牧民族的自治奮鬥。他的數百名同胞翻越喜馬拉雅山逃進印度，最終抵達土耳其。烏斯滿的故事在不斷傳頌下變得豐富，最終他成為哈薩克民族主義的象徵。

共產黨想出一個分類且標記新疆多元人口的辦法，讓他們更容易追蹤各族群且落實控制政策。父親剛抵達新疆時，共產黨沒有任何官方分類來辨別住在這裡數百年的眾多原住民族或各族裔人口。在中國其他地方也一樣。但在一九五五年，中華人民共和國民族事務委員會開始分類各民族。這一年，委員會檢視了五百件申請，由希望獲得中國政府認定的各族裔派代表提出。官員決定將五十五族列為「少數民族」，漢族為主要民族，這個做法成為共產黨時代國家計畫的重要基礎。在這個分類系統下，新疆共有十三個民族。

在前一個世紀，清朝努力鼓吹漢人移居至新疆，如今北京的共產黨官員也如法炮製。共產黨的一大目標，就是削弱此區主要人口維吾爾族和其他民族的勢力。漢人移民的主要手段是兵團，而父親在西北地區的日子將讓他對這項制度非常熟悉。

父親跟我說，漢人和新疆其他民族之間的關係相當和平，大家都處得來。但後來我讀到他寫給沃明的信，日期是一九六三年五月十二日，當時他已經離開新疆多年。他寫道，新疆是「少數民族聚集地」，而他看到的約十五個民族有一個共同點，就是「對漢人極度仇恨」。一九三三年，軍閥盛世才開始統治新疆，一些民族的領袖與盛世才的夥伴蘇聯合作，一同抵抗國民政府。但一九四二年時，盛世才與國民黨攜手合作。一九四六年，國民黨將軍張治中成為新疆省主席，局勢開始惡化：「在他治理下的漢人暴力且激進，主動壓迫各民族，導致北疆（天山以北）的三區揭竿起義。」當時，父親受派到北疆動盪地區，他希望人民解放軍的長官能獲得當地人信任。共產黨的治理肯定會與之前其他人的征服有所不同。

一九五二年三月底，一道命令讓父親猝不及防：收拾行囊，離開阿勒泰。父親兩個月前抵達基地，他很開心能夠告別酷寒氣候。父親跟之前與他一起前往阿勒泰的曾濟澤以及另外兩位他不認識的士兵一同離開。父親與來自山東的好友及共產黨員鄧同志道別。

他們四位跟著一個人數約百人的連一起行走，連上大多為哈薩克人，少數幾位為維吾爾人。他們沿著父親之前前往阿勒泰的路前進，這次沒有雪橇。路面依然結冰。大約四天後，他們抵達一座村莊，搭上前往布爾津的卡車。在那座城鎮裡，他們在一間大會堂的木地板上打地鋪，七十年過後，父親依然記得當下溫暖的感受。接著他們向南行，前往伊寧附近一個漢人軍隊小單位的哨所。卡車在大雪覆蓋的沙漠平原停下，大家下車觀看草原上的一群鹿，一位維吾爾軍官朝牠們開槍卻未擊中，鹿迅速跑開。

他們在幾天後抵達哨所，這裡暖和了許多。雪和冰都已消融，地面鬆軟。哨所的院子裡，父親有生以來第一次看到如此大量的杏桃樹，令人震驚。地上滿是杏桃，父親從樹上摘了幾顆嚐嚐，享受甜甜的滋味。

當晚，他們在室內燒煤升火，但室內沒有適當的煙囪。隔天一早，父親和其他三名士兵生了病，他們的頭和胃都不對勁，跌跌撞撞走出建築物，接觸外頭的冷空氣，最後花了幾天才康復。父親回想起來覺得他們沒有死於一氧化碳中毒實在是萬幸。

受派到烏魯木齊以外單位的士兵要自行從布爾津的這個哨所前往各自的基地，父親和曾同袍被告知要到伊寧報到，從哨所步行的話只要幾個小時，那裡是第五軍司令部所在地。他們開始走過寒冷的土地前往伊寧的基地，就像阿勒泰一樣，這個地區因為靠近蘇聯而格外敏感。

春雪漸融，此地位於準噶爾盆地西緣，土地比北方來的更肥沃。父親行走時看到地上有更多杏桃，他們沿路撿起來吃，嘗起來就跟哨所的一樣肉多味美。

離開阿勒泰的哈薩克士兵有些最終去到烏魯木齊，高級將領解散了第五軍的騎兵團，命令團中的成員加入其他單位。這個特別的單位畫下了句點，這些士兵永遠不會再一同服役。

第十四章

新疆兵團

新疆・一九五二～一九五七年

父親和曾濟澤受派到另一個騎兵團，其基地位於伊寧市中心外，就跟父親在阿勒泰的單位一樣，這個新單位直接回報伊寧的第五軍指揮部。大多數士兵為維吾爾族，伊寧這個城市在他們的語言中叫古爾加（Ghulja）。維吾爾族是新疆人口最多的民族，也是位於天山南部塔里木盆地的沙漠上綠洲城鎮的原住民。歷史學家追溯了他們的印歐與突厥-蒙古根源。清朝皇帝征服新疆之後，將部分維吾爾族轉移到天山北邊的伊犁河谷農耕，過去準噶爾汗國的可汗也採取相同做法。

父親受派到新單位的人事部門，同時也晉升為少尉，顯示高級將領信任他可以肩負更重大的責任，父親因此信心倍增。究竟他為何遭哈爾濱的空軍學校驅逐，且被迫前往西域，至今原因依然不明，但目前的發展讓他重新懷抱希望。

父親抵達後，收到的指令是要步行前往附近的農場，工作到收穫季節結束。一九五二年五月到十月之間，父親在農場上種蔬菜。回到伊寧後，他都待在司令部的木造建築內，步行即可抵達市中心。他的房間就是他的辦公室，一邊擺著床，另一邊擺著書桌。父親還有位維吾爾族室友，他是人事部門的另一位員工，我們姑且稱他為阿力木（Alim）。他們兩人成為工作上的夥伴，父親也開始跟他學習維吾爾語。阿力木會說一些中文，而對父親來說，維吾爾語並不好學，但漸漸的父親跟阿力木可以用維吾爾語簡單對話。

他們所在的建築物裡有六間簡陋的房間供不同部門使用。父親在此並未處理文書，人民解放軍日益增長的官僚制度也沒有出現在這裡，這是因為指揮官下令士兵保持低調，不要做太多。對於父親和阿力木這樣的人來說，這表示他們整天都坐在房間裡。一九五三年就這麼過去了，父親跟世界各地的士兵有了相同的體悟，長時間待命是常態，接著會短暫爆發許多行動。大多時間他百無聊賴，但他跟同僚依然相信更遠大的目標，也就是打造新國家。

指揮官之所以鼓勵無作為的態度，是因為毛澤東下令王震將軍返回北京。一九四九年共產黨戰勝後，王震主政新疆的黨務和軍隊，身為黨書記的他，選擇以強硬手段施政。他的其中一項政策是徵收牧民和宗教領袖的土地和牲畜。到了一九五二年，毛澤東決定改變政策，他想要讓西部地區的人民支持共產黨的計畫，因此他命令王震等人改採懷柔政策。

習近平的父親習仲勳當時擔任中共中央西北局負責人，他率領了這次政策的變革。習仲勳反對突厥民族主義，但他跟毛澤東一樣，認為黨最好拉攏穆斯林領袖。一九五二年五月，他在對黨內的演講中特別提到這點，並且寫了一道特別指示給新疆官員，命令他們不要徵收遊牧民族或宗教機構的土地，並且停止調查「泛突厥主義」及「大回族主義」的相關案件。王震與另一位黨高層鄧力群違抗這道命令，並且公開下令反其道而行。當年七月與八月，習仲勳在烏魯木齊的多場會議上譴責王震與鄧力群。鄧力群因為過度焦慮而爆瘦超過九公斤。在一場小型宴會上，王震喝得醉醺醺的，向習仲勳舉杯，接著潸然淚下。毛澤東命令王震返回北京，另一位將領王恩茂接替了王震的黨書記位置，並且改採更溫和的方針。

父親和阿力木在基層執行命令與任務，離上頭的政治鬥爭十分遙遠。他們聽到高層不合的傳言，也聽說了北京和烏魯木齊間的緊張關係。在新成立的中華人民共和國的各個地區和省分中，新疆是唯一一個處於軍事統治或殖民占領的地區。父親知道政策和治理上一定會有歧見，但並不曉得會如何影響他們的日常。他當下只知道，士兵的一舉一動必須避免引發軍民衝突，或是漢人與維吾爾族、哈薩克族及其他當地民族間的衝突。大部分士兵都為漢人。

父親主要的活動是參加會議，內容是向他和他的同袍灌輸正確意識形態，政委每天跟士兵們開團體會議討論革命內容及理想，也談論毛澤東及新中國。他們以宏大的方式說明軍隊在落實黨的目標上所扮演的角色，根據當時的說法，黨的目標不僅是全國性，還是國際性的，因為終結資本主義剝削及封建經濟制度是一場全球性的奮鬥。這些會議跟父親在阿勒泰參與的並沒有什麼不同，當時分派到哈薩克騎兵團的政委同樣擁護黨的價值。「你可以想像他們講了什麼，」父親數十年後如此對我說，「你知道他們用的是什麼語言。全都同一套。」

父親有時會帶著相機走進伊寧市區，拍下木建築和泥土道路。一九五三年，他去一家相館拍了一張照，當時他穿著人民解放軍冬季制服，帽子上頂著一顆星。這張照片讓父親極度自豪，事後他將照片寄給住在英屬香港的父母，幾十年後他也在亞歷山卓拿給我看。他也曾經穿著夏季制服拍了張照，這兩張是他在軍中僅有的照片。

騎兵團的政委名叫靳保全，他的副手為劉春秀。靳保全的年紀比父親及絕大部分的士兵大上十歲，曾在八路軍中抗日。父親覺得靳保全對他十分禮遇。靳保全的其中一項任務就是將新的政策方針傳達給單位，於是在一九五二年底，士兵們齊聚一堂聽靳保全的演講，內容是關於毛澤東對西北的最新命令，即共產黨要對非漢族採取較溫和的策略。靳保全說道，黨員是為了少數人的福祉而工作，且大家很快就能共享中國即將到來的強盛與繁榮。由於大多士兵為維吾爾族與哈薩克族，因此演講不僅僅是為了告知他們政策方向，也希望說服他們黨代表著他們民族的利益。

父親觀察了靳保全之下的黨制度運作方式，主要有三大部門——組織部、宣傳部和保衛部。組織部負責黨內的人事，例如黨員、升遷、派遣等等。一位漢人主導組織部，另一位則主責保衛部。至於宣傳部則由講突厥語的人負責，可能是哈薩克人或維吾爾人，或許因為伊寧宣傳部的重責大任就是說服新疆當地人黨的治理為何重要。再加上王震因為對當地民族的敵意而遭調回北京，因此漢人官員知道他們應當要確保跟新疆各民族維持良好關係。

但父親的兩位同袍因不明原因出了事，導致他十分不安，開始猜想背後有什麼事情正在醞釀。父親結識了一名同齡漢人士兵，他帶著一把二胡來到基地。某日，父親聽到他在一棟建築裡拉二胡。父親說：「你的二胡拉得真好，」。對方表示可以教父親，於是很快地父親便開始在弦上拉弓，聆聽著旋律中正確的音符。數個月後，這名士兵消失了，聽說他被抓去調查，父親猜想他被捲入毛澤東的鎮壓反革命運動中。但這也令人匪夷所思，高層怎麼會覺得人民解放軍內會出現反革命分子呢？

類似的事情發生在保衛部負責人身上，他是打過中日戰爭的資深漢人官員，但卻遭第五軍司令部的官員調查。就跟前面那位年輕的士兵一樣，這位官員人間蒸發了。謠傳他提供情報給國民黨，但父親很難相信這點，畢竟這名官員已在軍中很長一段時間，而且曾抵抗過日本人，展現了他的貢獻與忠誠。但在體制中，依然有人對他起了疑心。這個案件以及父親拉二胡的友人一案都令人相當驚訝，父親知道這些事件背後另有蹊蹺，但他要等到日後才會真正理解其中意涵。

一九五四年春天，靳保全決定發表一場演說，呈現西北地區的新中國願景，說明邊陲地帶如何以系統化的農牧業建設中國，這裡的人們用自己的雙手在乾旱的土地上翻動土壤。在這裡，國家的變革取決於土地的變革。靳保全想要表揚體現這份願景以及採用現代科技飼養禽畜的勞動模範。可想而知，獲選的勞動模範也要展現對黨的忠誠。

靳保全請父親幫忙準備演講，其中一項工作就是找尋勞動模範，他們預計從在最基層工作的一隊隊士兵中挑選人選，畢竟共產黨在內戰時期的宣傳就是以日常民眾的犧牲為焦點。三月的某一天，父親與兩名官員搭乘馬車出發，目的地是鄰近下級部隊的基地。父親深信自己能在當地找到勞動模範，甚至可能挖掘到其他可作為演講內容的素材。

父親在基地遇到了曾濟澤，就是三年前跟他在伊寧外基地一同前往阿勒泰的年輕士兵。對方就跟父親一樣，極欲為革命貢獻己力。一九五三年底，寒冬肆虐大地，曾濟澤受命前往下級單位。當時他來自四川省的年輕妻子剛抵達，他很擔心她會適應不良。父親當時有兩件厚大衣，遂把其中一件給了曾太太，他們兩人十分感激，很快就出發前往下級單位。

如今數個月後，春日降臨，父親再度與他們相會。他倆對於重逢感到很是開心，但父親發現曾濟澤過得並不愉快。他和太太住在位於山村中的司令部，感覺身處國家最僻遠的一角，一旦發生天災就可能滅村，甚至無人知曉。

父親拜訪期間，曾太太就睡在黨的地方領導人之妻的房間，好讓曾濟澤與父親兩人能共處。父親不知道曾濟澤是如何認識他的太太、兩人認識了多久，或何時結婚。曾濟澤比父親年長，而達到特定年紀的士兵依規定可以成婚，曾濟澤不是唯一一位近期結婚的士兵，早在前一年，伊寧的基地來了大約五名山東女子，準備與父親單位的長官結婚。

這些婚姻由黨的官員推動，有時甚至直接由他們安排，目的就是為了讓士兵們在此屯墾戍邊，黨內的想法是，一旦讓士兵在此成家，他們就會在邊疆落地生根。官員立下了他們鼓勵前往西北地區女性該具備的條件。當地軍政府領袖王震提出三大條件：需為未婚女性或合法離婚之婦女；身體健康且容貌端正，但究竟「端正」的標準為何從未清楚敘明；這些女子甚至可以來自敵對階級家庭，如地主或富農家庭等。許多女子來自毛澤東的家鄉湖南，而且吸引她們前來的宣傳廣告說的是前往蘇聯求學、在中國建造蘇聯式工業農場，或是進入部隊文工團當女星。她們的丈夫通常年紀比她們大上一、二十歲，這個時期流傳著一句話：「組織介紹，個人同意」。

父親知道這都是為了支持王震和其他黨高層努力推動的漢人移民新疆計畫。一九五〇年到一九七八年，大約三百萬漢人移居新疆，父親屬於第一波，而他抵達時曾以為自己將終身落腳於此，這正是黨和軍方官員希望駐地的士兵和百姓採取的定居心態。

父親被派遣前往尋找勞動模範的下級單位基地中，絕大多數士兵都是哈薩克人。曾濟澤告訴父親基地運作的方式，誰負責什麼、哪位官員或士兵才是實際掌權的人、團隊工作氣氛如何。父親提到自己尋找勞動模範的任務，曾濟澤提出了幾位人選。

一位隊長主動提議帶父親前往山谷拜訪哈薩克士兵，父親上了馬背，跟著隊長前往一處據點。這些士兵跟一般哈薩克牧民一樣居住在氈包裡，冬天時住在面東的山谷，如此一來每天早上他們的營地就會沐浴在陽光下。

父親和他們聊聊工作和生活，此時父親已經可以用簡單的維吾爾語對話，而哈薩克人聽得懂他的話，因為他們的語言十分類似。父親依此方式拜訪了十幾個氈包，從這些會面中，他列了一份勞動模範人選名單。

大約兩週後，父親回到伊寧並將名單交給靳保全。他不在的期間，團司令部搬了家。他的同袍已不在同一棟建築裡，他們的房間一片淨空，甚至連父親的行李袋都一併帶走。他們遷移到了名為巴彥岱（Bayandai）的村莊，距離伊寧中心以西大約十公里遠。日後伊寧的範圍將擴張，巴彥岱也會成為伊寧郊區。但在一九五四年時，當地只有一片木造建築。父親走路前往加入他的單位。

巴彥岱的營房位在一棟堅實的建築中，士兵跟村裡大部分的居民一樣大多為維吾爾族。父親發現自己待在新疆的日子裡，常常往返維吾爾與哈薩克地區，並且注意到兩個民族間的異同。他們都使用突厥語系的語言，而且信奉伊斯蘭教。但是哈薩克文化以遊牧為核心，維吾爾人則採定居生活，他們的心臟地帶是幾個綠洲城鎮，位於塔里木盆地及塔克拉瑪干沙漠。

父親繼續跟著靳保全以及其副手劉春秀工作，他最後搬入樓下四個大房間的其中一間，靳保全跟妻子及三個孩子一起住在前面的房間。一位在宣傳部工作的哈薩克人住在第二間，父親常常與他談話，試圖向他學習。另外一位漢人士兵患有肺結核，時不時會咳血，父親則會協助清理。一個月後，該名士兵前往醫院入住。

有時父親和其他士兵會種植瓜果來打發時間，靳保全有時也會加入他們的行列。

巴彥岱一帶的瓜果是父親此生吃過最好吃的，某日，父親嘗了一口哈密瓜，味道類似甜瓜，甜美的滋味令他驚奇。

父親讀了許多他從伊寧一間小書店買來的書，大部分關於共產主義和革命。其中一本是關於內戰時期彭德懷在北方的各項工作。彭德懷是中共的重要軍事將領，一九五四年出任第一任中華人民共和國國防部長。父親的另一本書是關於俄羅斯人。父親與其他士兵也翻閱報紙，試圖掌握毛澤東最新政治動向的相關資訊。中國官員剛進行了始於一九五〇年的鎮壓反革命運動，這是毛澤東治理下首場大型運動，目標是消除黨的敵人——國民黨士兵、地主和富農，這個運動一直到一九五三年才消退。根據官方統計，數百萬人遭逮捕或監禁，至少七十一萬兩千人遭處決。

父親閱讀的書籍清楚寫出偉大願景和歷史目標，但在新疆，氛圍大不相同。時間緩緩流逝，種植瓜果成為標記日子的方式。官僚體系中的變化逐漸引發注意，指揮官決定解散第五軍，這支軍隊原本大多是說著突厥語系語言且抵抗過國民黨的士兵，如今他們遭打散編入新疆其他的單位。父親後來寫信給沃明，談及其獨特的歷史。

某次，父親發現自己的薪資跟其他軍區同階級的軍官不同，他的月俸為一百元人民幣，比鄰近地區其他士兵的平均收入高出一倍，這筆加給是為了因應派駐新疆的艱困生活。

一九五四年秋天，靳保全跟著一個留學團前往俄羅斯，這批留學生即將學習農場和耕作技術，特別是畜牧業。俄羅斯人教導中國官員如何飼養馬匹、羊群、母牛和公牛，以及如何讓牠們在草地上好好吃草、維持健康以及育種。漢人官員就住在遊牧民族之中，這些人數百年來看照著這些動物，並且跟著牠們在中亞的草原移動，但是漢人官員卻跑到俄羅斯跟所謂的專家學習牧場工作。

靳保全回來時，跟父親分享了整趟旅程，他希望將他的所見所聞加入他原本規劃的演講中，演講對象就是父親數個月前挑選的勞動模範。靳保全先前派父親去找人選時，早就打定主意在秋天時帶他們到巴彥岱。如今他的演講找到了新方向，也就是他的俄羅斯行。他請父親撰寫講稿，他事實上已經變成靳保全的助手和祕書了。

那些哈薩克勞動者來到伊寧，靳保全照著父親寫的講稿內容向他們演說。父親認為自他抵達新疆以來，尋找勞動模範以及協助撰寫這份講稿是最有意義的工作，他認為這是他對革命的貢獻，也協助將共產黨理念傳遞給邊疆的居民。在父親看來，大多數在地穆斯林居民支持西北地區的一些規劃，改革土地所有權、肅清貪腐領袖、監督清真寺和伊瑪目，這些都被宣傳為中共任務的核心。

一九五五年春天，勞動模範表彰大會的幾個月過後，父親前往新疆首府烏魯木齊參與一場由人事部門士兵出席的會議，父親在這裡再度遇到鄧同志，他同樣在一個單位的人事部門工作。他們自阿勒泰之後就失去聯繫，當時他們對這片邊陲地帶都還很陌生。父親很開心見到老朋友，他之前其實十分景仰鄧同志，也一直想知道鄧同志如何加入共產黨，因為這也是父親的目標。

一九五五年末，父親在巴彥岱驚訝地發現他的單位正在搬遷。長官告訴他，這個主要由維吾爾士兵組成的單位被編入一個新的軍隊組織，父親如今被派駐到伊寧及伊犁河谷北邊的一個村，名叫溫泉，位於山腰上，俯瞰著與蘇聯加盟國哈薩克接壤的一片廣闊山谷。這裡位於天山的中心地帶，這是亞洲眾多從喜馬拉雅山脈延伸出來的偉大山脈中最北端的一座。溫泉是像阿勒泰一樣的邊境小鎮，但規模更小，也更偏遠。

父親的單位之所以進行重組，是因為新疆各地建立起農業兵團制度，這成為共產黨未來數十年對新疆控制的關鍵。父親在溫泉的新駐點就是其中一個兵團。父親對於組織變動背後的這個新制度或脈絡一無所知，他只知道自己的經驗在漢人士兵中算罕見，因為他短短數年內就為第五軍團轄下的兩個不同單位服務，這個軍團大多由維吾爾士兵或哈薩克士兵組成。但上級已經開始打散第五軍團，部分人轉移到人民解放軍，而大部分人前往農業兵團。第五軍被編入新制度的第四師中。

一九五六年二月，父親調往溫泉的牧場，這表示他被調到軍隊的另一個部門，與負責邊境安全的新疆軍隊指揮部是分開的。新的組織直接回報北京而不是其他地方機關，因此自成一個權力中心，人數與實力得以快速成長。指揮官為前國民黨將領陶峙岳。

過去數百年來，歷代朝廷也曾在西北地區建立農業兵團，以生產糧食提供當地兵力，中國最後一個朝代清朝擴大實施這項政策。共產黨在新疆也保留了單位，同時採用了農業兵團的概念，以餵養士兵，並向全國供應糧食和動物產品。一九五二年起，共產黨開始將復員的軍人編入兵團組織。兩年後，這個組織正式成為「新疆生產建設兵團」，這個名稱沿用至今。根據一九五四年十月七日中央委員會頒布的新令，這支新部隊要招募大量的士兵。委員會當時宣布，位於新疆的十萬四千名人民解放軍會立刻調派進行民事工作。

整個一九五〇年代初期，官員補充各兵團的來源為原國民黨士兵（大多為漢人）以及第五軍的成員（大多為非漢人，父親則例外）。他們也增添了大約兩萬一千名囚犯，大多為政治犯。到了一九五六年初，父親在溫泉的牧場上辛勤地工作，此時兵團制度下的總勞動人數來到了十一萬兩千人，其中五分之四參與農業。

王震內戰時在當地帶領的軍隊依然保有勢力，但是農業兵團這個平行運作的新組織也勢均力敵。父親和他的同事穿著跟軍中一樣的棕色制服，兵團的官員也有軍階，但他們從事的是農場工作，包含犁田、耕作和收割。在北方的人則大多看照羊群和牛群。黨高層和軍事將領希望新疆的農場和牧場可以達到高農業產量，包含玉米、牛奶到羊毛等所有產品。到了一九五〇年中，新疆各處共計有十師，其中為九個農業師，一個工業師。

農四師是父親所屬單位，司令部在伊寧，整個範圍涵蓋北疆。靳保全的副手劉春秀晉升為溫泉單位的領導人，父親跟一群巴彥岱的士兵受指派陪伴劉春秀，這個指令讓父親驚訝不已。父親在烏魯木齊參與會議的同時，他的行李和床（漆成藍或綠的床加上床頭板）被送往溫泉。父親回到巴彥岱才發現自己被調派，於是搭上一輛維吾爾士兵駕駛的軍用卡車往北前進，這輛卡車經常往返於伊寧和溫泉。父親抵達兵團後不久，劉春秀就提拔他為中尉。這對父親來說意義非凡，如今他在這偏遠的高地上看到更美好的未來。

父親在溫泉時跟另外兩名男子住在一間泥房，其中一位同樣是士兵，另一位則是最近剛畢業的獸醫梁鴻儒，被派來新疆照顧動物。這個哈薩克地區的牧人大多養羊，並跟著牧群在夏季牧場和冬季牧場之間往返。父親並不知道這兩人來自中國何處，他們也很少提到抵達新疆前的經歷。

父親工作的地點是農四師以下的其中一處牧場，農四師至少有三處牧場。他們的任務是飼養牲畜，主要為羊。在溫泉，父親居住在牧場司令部，位於城鎮南端山丘上，面向遠方的谷底以及作為蘇聯加盟國哈薩克邊界的山脈屏障。溫泉鎮上只有一條街，從司令部所在的山丘一路往山谷方向延伸。

父親在人事部門工作，透過這個職位他終於有機會一窺自己為何被送到新疆，以及為何自己從來沒有被送上朝鮮的前線，他的生命因為上級的一道命令就此改變。一九五六年的某日，那是父親在新單位的第一年，他在辦公室櫃子裡的一批文件當中發現一個大信封，裡面是軍隊中關於他的檔案，四年前這份檔案從哈爾濱空軍學校送到位於烏魯木齊的新疆司令部，最終抵達父親至今最遠的駐地——溫泉。這份至關重要的祕密文件稱為「檔案」，即政府為每位公民保存的檔案，負責監管每個人的人生階段學習和工作的官員會在裡頭記錄下對該公民的評論，左右這個人的命運。檔案會跟著這個人到各個駐地，大多數人終其一生都不會看到自己的檔案。如今父親緩緩打開寫著自己姓名的信封，緩緩拉出裡頭的文件。其中一張紙上，寫著空軍長官簡短的一句話：「送他到陸軍」。

父親看到了改變他一生的指令，大受衝擊。這些字句就是他軍人生涯的轉捩點，也為他早前的夢想關上大門。他早就接受了自己在新疆生活的現實，並且支持軍隊在這個地區的遠大目標。但在接下來幾年，他的心思都會縈繞在檔案中短短的這句話。

在溫泉，除了在畜牧業工作以供應要送到全國的產品外，幾乎沒有其他實際工作。有時士兵幫羊剃毛，將羊毛裝上貨車。他們也擠牛乳。父親有時走路或騎馬去下級單位查看，他主要與哈薩克人談話，詢問近來畜牧情況如何，他們跟當地人的關係如何等等。父親將他蒐集到的資訊回報給上級長官。

父親一個月會前往建造在溫泉周圍的木造澡堂一次，熱氣滋潤了因為山中空氣與豔陽而乾燥的肌膚，父親將熱氣深深吸入體內。

一年中大部分的時間，天空湛藍且無垠，高地草原十分濃密。父親騎在馬背上行過大草原，感受到抵達新疆以來最大的自由。如今他離香港的家人和中原十分遙遠，北京也遠在天邊，他曾經以為自己有朝一日會在首都從大學畢業。

父親如今在新疆農業兵團的職位讓他感覺自己正在鞏固帝國邊陲地帶，就在這裡，在這些山脈、牧場和河谷之中，以及位於新疆和西藏之間廣闊而荒蕪的高原沙漠中，中國領導人努力確保他們的新社會主義共和國的邊界安全。父親想著他的同袍為了在中國最遙遠的邊陲地帶服務所做出的犧牲。

但父親對於這個集體任務的真正價值依然抱有疑慮，也對於上級看待溫泉牧場勞動者的方式有所懷疑。「之前，我們一直處於士兵和農民之間的灰色地帶；現在，我們都只是農民而已，」他在多年後寫給沃明的信中說道。「我們這些在這裡工作的人獲得職級晉升，而且似乎贏得長官信任。但其實只不過是為了贏得我們信任的手段罷了。

此外，身為在新疆的漢人，我們跟過去的生活完全失去連結，而且沒有任何人脈，所以根本沒人擔心我們會製造麻煩。先前我提到我們這些被送到邊疆的人大多都是被迫前往。誰會真的想要來到這裡？特別是在山區放牧，這全都非常原始。如果身體出了意外，去哪裡找醫生？

儘管如此，我還是努力工作，希望贏得長官信任，等待回內地的機會——回到嘉峪關內的土地。」

政委劉春秀認可父親的奉獻精神，他想要培養一位繼任者，在他退休後接替牧場的最高政治位置。這個人需要加入共產黨。

父親在溫泉待了一年後，在報上讀到黨對年輕士兵採取新政策，邊疆的士兵也不例外。這項政策鼓勵具有特殊知識背景或技能的士兵申請大學，透過從軍以外的其他方式報效中國。父親想起自己曾經夢想就讀大學，以及他在東北曾試圖加入空軍，或許他可以投入飛機工程，這是可能達成的目標，而且中國需要工程師協助進行新國家的建設。雖然共產黨革命起源於農民起義，但毛澤東計畫讓中國工業化，從過去數百年的農耕社會轉型，建立媲美蘇聯、美國和英國的科技實力。

父親寫信給當時在北京市地質研究所教書的堂哥健民，請對方寄課本給他，讓他能準備大學入學考試。一九五六年夏天，書抵達新疆。父親想唸書，但他還有責任在身。他在山區訪視小單位，某日氣候炎熱，父親位於其中一處哨所，他在氈包旁躺平身子，上方是清澈的藍天，父親倚靠馬鞍作為枕頭，在柔軟的草地上入眠，一覺到天明。

同一年，父親到伊寧度假，他帶上課本並認真研讀。他也去了農四師的司令部，並且發現一院之隔的房間住著靳保全，這位曾是父親在巴彥岱的前上司與督導，如今是農四師的副政委。某日，他們在靳保全的房間聊著過去在巴彥岱的日子、兩人目前的工作，也聊到未來，一聊就是數個小時。靳保全問起劉春秀在溫泉兵團擔任政委的情形，也問了其他從巴彥岱前往溫泉的士兵近況。靳保全依然關心他過去的單位，接下來幾十年他在工作上維持同樣的熱忱。一九七〇年代時，居住在華盛頓地區的父親看到一份中文報紙上提到靳保全，報上說他帶領士兵或戍衛隊前往新疆山區打擊犯罪。

父親待在伊寧兩個月，不需要急著趕回溫泉處理公事，但他也很享受在山區的自由時光。相比他抵達新疆後的其他任何駐點，溫泉讓他感覺到自己身處邊疆，擺脫了責任束縛。但在享受這份非凡心情的同時，父親內心十分衝突，因為他希望回中國內地繼續接受教育，也希望可以見見香港的家人。

一日，靳保全請父親參與農四師高層會議，他說：「你可以來從中學點東西。」父親一到場，看到大約二十名官員坐在會議室內。這些人持續執行清帝國的邊疆制度，協助組織屯墾駐軍。後勤補給供應鏈決定了軍隊的實力，而這些人的任務就是餵飽士兵以及中國內地的平民。一位男子起身朗讀毛澤東的新演說，父親跟這些官員一同坐著聆聽。

在一九五七年初的農曆春節假期前，父親往返溫泉與伊寧，搭乘卡車要兩天的時間。出發前，父親發現車上坐著一位四歲小女孩，緊緊裹著厚大衣。當時氣溫零下，是一年當中最冷的時節。他發現小女孩是伊寧政委劉春秀的女兒，當時她就讀省會烏魯木齊的學校，準備回家過節。數十年後，父親每每想起她在旅途中的身影，就會讚嘆這名小女孩是如此獨立，能與士兵一同越過草原與高山，一路前往她父親的駐地。

當年五月，父親前往烏魯木齊參加全國大學招生考試，他想著香港的雙親及其他家人，上次見到他們已是多年前的事。政府只允許他申請西北行政區的學校，即北京附近到新疆這一帶。但至少父親有機會回到中國內地，可以離家人近一點，雖然幾乎不可能回到英屬香港探望他們。

大約在那時候，兩名漢人從其他單位調派到兵團，他們是會計，而且各自帶著妻子同行。他們預計在此養育孩子、養老、死去。他們的生命跟這個邊疆土地已經緊緊相連，但至少他們在協助國家建設的同時還能成家。另外還有其他漢人來到溫泉，包含一位到當地診所工作的護士，以及一位新任宣傳官員。

政府通知父親他考取了西北工業大學的工程系，學校位於過去曾經作為朝廷首都的西安，父親曾在當地轉車。這正是父親希望主修的科目，而且位在離北京不遠的知名歷史首都。父親知道自己必須把握這個機會，他很感謝軍中時光，以及在新疆牧場的日子，但是這裡的生活艱困無比，如今他有機會重返中國核心。

父親全心全意投入考大學的那幾個月，同時有另外一件事正在醞釀：他成為共產黨員的計畫。一九五六年，劉春秀鼓勵父親申請入黨，告訴父親他會支持。父親自從抵達溫泉後就擔任劉春秀的助手，如今父親發現劉春秀希望培養繼承人。劉春秀正值三十多歲，前途一片光明，在黨內和軍隊中步步高升。他離開的時間未定，但他希望確保自己離開後有人接替他執掌溫泉。士兵比平民更有機會成功入黨，只要他們展現忠誠，願意投入提升黨勢力及鞏固祖國的工作。父親相信自己在新疆的服務已做到這點。溫泉的黨書記，以及一位在劉春秀底下工作的政治官員都為父親寫了推薦信。一九五六年十二月，父親為了準備大學入學考試苦讀課本的同時，他聽說自己成功進入共產黨員的預備期，他視之為政治生涯的一大進展，一年內，他就可以成為共產黨正式成員。

好運第二次降臨在父親身上，但這兩個事態發展產生了衝突，一旦父親去西安就讀大學，就表示必須放棄溫泉的派駐工作，也無法成為劉春秀的接班人。但是父親對於這兩者之間的選擇毫不猶豫，六年前，父親來到新疆時，曾經以為自己會在邊疆待上一輩子，而且再也見不上家人一面。這次就讀大學的機會改變了一切。如今他有機會再見到在香港的父母及其他家人，他打算在中國工作及唸書時固定回去拜訪他們。西安的機會也提供一條路徑讓他報效國家並展示對黨的忠誠，不論他學到了什麼樣的工程與科學技術，他都會用來建造未來的中國。

父親和劉春秀談了自己的選擇，劉春秀鼓勵父親前往西安，即便這表示他在溫泉會失去一位他所信任的中尉。劉春秀向父親保證會繼續支持他的入黨申請，在劉春秀看來，父親展現了決心，願意為中國的進步犧牲奉獻，這點足以克服父親的近親待在香港和美國所引發的任何疑慮。父親在多年後寫給沃明的信中提到這次重大的人生轉折：

「結果到了西安，亦算不錯了，六年新疆半流浪式較艱苦生活從此結束。」

第十五章
歸途
新疆和甘肅省・一九五七年

在烏魯木齊時，父親在軍事基地拍了張照，為他的軍旅和兵團時光劃下句點，他將這張照片夾在一本黃冊子中，隨身攜帶了五年，作為他從軍的標誌。

父親在炎熱的八月底搭乘長途巴士，從新疆首府前往鄰近甘肅省的玉門關。他的四周是一望無際的沙漠，他想起數年前經過此地的那一天，恍如隔世。

在這片貧瘠的土地矗立著一座破敗土樓，外觀因為經過數世紀風化而變得光滑。

巴士駛進玉門鎮，父親在旅店過了一夜，隔日早晨快步走到火車站。前往西安的路程要花上數日，路上他會經過長城西端的古老嘉峪關口。父親過去數年想著他重新踏入城牆內土地的那天，想著他要如何爬回那裡，回到中國。如今他成功了，父親對於這個新的開始感到興奮，同時也很焦慮。他剛滿二十五歲，七年前從北京的大學退學了，他不禁擔心自己是否能完成學業，為人生立下新的基礎。

但至少有一件事他可以確定，在邊疆的日子，他贏得了黨的信任，如今是時候踏上歸途了。

第十六章
大漠夢

新疆・一九九九年

木乃伊女子的空洞雙眼從玻璃櫃中回望著我，她全身裹在羊毛布中，她的雙唇曾經訴說過的故事已經溢散在塔里木盆地風颯颯的沙漠中。她突出的顴骨與高挺的鼻子十分有魅力，頭髮映著一絲紅。一九八〇年，中國考古學家在塔里木盆地和塔克拉瑪干沙漠東緣的樓蘭一帶發現她。這些年來專家持續挖出至少兩百具木乃伊，成為中國近數十年來最重要的考古發現。

我於一九九九年第一次拜訪新疆，到了父親曾經過數次的新疆首府烏魯木齊，在這裡的博物館尋覓樓蘭美女。這些木乃伊訴說了新疆的曲折歷史，這是關於人民和文化如何變遷的故事。這些木乃伊講述的歷史與博物館裡的標語以及黨國的宣傳口號格格不入，標語寫著：「新疆是中國自古以來神聖而不可分割的一部分。」我在搭乘夜間巴士前有足夠的時間看一眼木乃伊，接著就前往西北的伊寧與伊犁河谷，這些是父親派駐新疆時曾經待過的地方。當時是研究所畢業後的夏天，我規劃了橫越中國的陸路之旅，一部分是為了親眼見見我父親曾經駐紮的遙遠西北地區。

烏魯木齊就跟新疆許多城市一樣，分為老城區和新城區，維吾爾族區和漢族區。博物館位在新城區，本身是座有著藍綠圓頂的俄羅斯建築。木乃伊位在「少數民族」展示區後的房間，「少數民族」區裡面擺放著穿著新疆不同族群傳統服飾的假人——維吾爾族、哈薩克族、蒙古族、錫伯族、回族等。

木乃伊距今大約三千至四千年，在細沙和乾土下保持良好，因此讓科學家得以深入研究。木乃伊的肌膚如今呈現紅黑色，身體上纏著一塊塊的布。其中一尊為包得緊緊的嬰兒，雙眼上擺著石頭。女性木乃伊有著黑色細髮。這些木乃伊被埋藏在船型木棺中，上頭蓋著牛皮，以木樁或船槳標記，這是屬於這個新疆社會的獨特文化元素。

他們早就定居南疆，早在中國這個政治實體誕生之前，也早在任何代表東方朝廷的軍事將領帶著軍隊踏足此地之前。

多年來，中國官員禁止外國科學家對這些木乃伊從事遺傳學研究，或許因為他們害怕研究結果會重塑他們將新疆稱為自己領土的歷史論述。一九九三年，中國政府原本允許賓夕法尼亞大學的梅維恆（Victor Mair）教授前往新疆採集樣本，事後卻試圖阻止他帶著五十二件組織樣本離開中國，但一位中國研究者偷偷塞給他六罐樣本瓶。

我對木乃伊了解愈透徹，新疆的複雜面貌就愈清晰。在那次參觀博物館的九年後，我認識了當時五十九歲的維吾爾族考古學家伊弟利斯・阿不都熱蘇勒（Idris Abduresul），他負責研究木乃伊。我們坐在烏魯木齊一間飯店的大廳，他告訴我新疆歷史最重要的史實：「歷史上這是一個文化交融之地。」他剛去了小河的一處沙漠地，當地出土三百五十座墓地，最底層的墓可追溯到四千年前。他說，最近的墓葬挖掘發現新證據，當地曾有一個膜拜牛的母系畜牧社會。

這些木乃伊的來源至今眾說紛紜。一九九五年，一位義大利遺傳學家根據梅維恆教授取得的樣本做出結論，至少兩尊木乃伊具有歐洲血統的遺傳標記，不過這不代表這些人來自如今我們所知的歐洲或是黑海和高加索山一帶。二〇〇八年，梅維恆跟我說其中最古老的一尊木乃伊很可能是在數千年前往東遷徙到這裡，他們翻越了帕米爾高原進入塔里木盆地，而後來還有一群說著印歐語系的吐火羅人（Tocharians）居住在盆地北緣，這個古老民族是木乃伊的後代。

二○二一年，一群包含伊弟利斯在內的國際科學家在《自然》（*Nature*）期刊發表了一篇論文質疑前述理論（伊弟利斯的姓名以中文音譯方式列在作者群中）。他們認為基因數據顯示這些木乃伊是來自一個極度基因隔離的群體，與更新世時期（Pleistocene-era）北歐亞基因庫中的人類有著遙遠的關係，該基因庫位於現今的西伯利亞。這群科學家作出了一個結論，塔里木盆地的嚴酷環境導致這些木乃伊族群缺乏基因混合，但當時的社會有來自各地的人，因此吸收了多元文化與經濟元素，還出現跟當地人距離十分遙遠的技術，例如製作起司，培育小麥、大麥和小米，以及使用枝條的墓葬方式。千年過後，這片盆地最古老居民的繼承者稱自己為維吾爾人。

對我來說，顯而易見的是這片沙漠一直保存著無數奇觀。在某處的沙地裡，考古學家發現了一位如樓蘭美女般令人驚豔的女性，他們稱她為小河公主，她甚至連睫毛都完好無損。

當年是我在新疆度過的第一個夏天，看完樓蘭美女後，我搭乘巴士前往烏魯木齊西北方五百六十公里的地方，抵達該地區最大的高山湖岸邊。「誠摯歡迎您」，一塊生鏽的板子以英文寫著這句話，板子綁在桿子上插在清澈的湖水中。雪峰聳立，身在海拔兩千公尺的高原，太陽特別強烈。我脫去外衣，跳入冰冷的湖水中。游了一趟之後，我坐在布滿岩石的沙灘上凝視水面。父親過往在軍事基地和兵團間移動時，數次經過賽里木湖（Sayram Lake）。在他穿越哈薩克高原與較低的山谷和城鎮之間時，這裡曾是他的十字路口，一個過渡地帶。學生時期，我曾經為了拍攝一部影片而以父親從軍時光為題與他進行訪談。研究所畢業後，我決心在以陸路從香港前往德里（Delhi）的路上，親眼看看他提到的一些地點。

兩名男子騎著一匹馬悠悠地向我走來，他們出發自一對回族夫婦經營的破舊汽車站，幾個小時前巴士才在那裡讓我下車。那兩位哈薩克青年下了馬與我握手，他們以普通話告訴我，他們過去四天就騎著馬，漫無目的地到處晃。其中一位拿出幾張他們的拍立得照片，我則遞出我的隨身聽，裡頭是一卷舞曲的卡帶。他們輪流戴上耳機，微笑著跟隨音樂節拍擺頭。

黃昏時分，我爬上車站附近的一座丘陵，天空轉為深紅，接著浮現一片片地中海粉紅。我走到一個哈薩克氈包旁，先前我付了錢請這個哈薩克家庭讓我打地鋪一晚。夜晚的天空點綴著星光，我看到一對情侶坐在湖邊。他們是我在下午遇到的維吾爾情侶，當時他們開著福斯轎車停在氈包旁。他們剛從烏魯木齊的新疆大學畢業，那位女子跟我說她學的是電腦科學，如今她需要開始找工作。我知道這並不容易，因為近年來許多漢人移居到烏魯木齊。通常漢人企業家和高層都傾向雇用自己人，而這些人主宰了主要產業及白領職業。

這對年輕情侶仰望著星空，低聲互訴，或許他們正討論著未來，仔細查看星象尋找徵兆。

隔天早上，幾個男人在氈包旁剝羊皮，我攔下一輛巴士上車。巴士沿著河來到南岸，草地上起伏的山丘間點綴著數十座氈包，哈薩克的男人和女人騎在馬上。父親在這些遊牧民族聚落附近度過了數年光陰。我們持續駛過丘陵，上頭是成群的羊、牛和馬。這裡也有駱駝，在高山草原上顯得格格不入。然後我們陡然下降進入了一座山谷，空氣失去了高山的清新感，夏日的陽光炙熱地照耀著。我們正行駛在一條新鋪道路上前往伊寧外圍，此時巴士猛然暫停，接著停靠在路旁。一名警察上了車跟司機說了幾句話，接著司機叫我們全部下車。空無一人的巴士持續向前開了一段路，幾位警察檢查了乘客。接著警察揮手示意我們回到車上，我們可以繼續前往伊寧。兩年前，這座城因為維吾爾族抗爭和警方武力鎮壓而陷入動盪，我猜這就是警方在路邊設立檢查站的原因。

我看到的伊寧城市景象與父親口中的寧靜街道和小商店樣貌，差了十萬八千里。大道上行駛著計程車，種滿鮮花的圓環兩旁是辦公大樓與購物中心，建築物的藍色玻璃外牆在陽光下閃閃發光。就許多方面來說，這看起來就像另一座中國城市。但是走在街上的人卻是中亞民族——維吾爾人、哈薩克人、吉爾吉斯人、塔吉克人、韃靼人和蒙古人。這裡不像烏魯木齊，漢人比較少。街頭和店鋪的招牌寫著中文和俄羅斯文，我們距離曾經屬於蘇聯的哈薩克邊境不到六十五公里，一九九一年十二月，隨著蘇聯帝國瓦解，哈薩克宣布獨立。中國官員研讀這段歷史並希望引以為鑑。

我在一家維吾爾餐廳吃了燉羊肉和饢餅作為晚餐，接著攔了計程車回飯店。路上經過一個鄧小平的大型廣告牌，鄧小平在接替毛澤東後開始了國家的經濟改革。深圳也有類似的廣告牌，紀念一九九二年鄧小平的訪視，當時他推動了新的市場導向改革。伊寧這塊鄧小平的廣告牌看來是為了連結此地與深圳，把這座城市與典型的中國繁榮城市聯繫起來，背後傳遞著一則清楚的訊息：只要你是中國的一部分，就會繁榮。

我走進網咖坐下時，坐在網咖裡的蘇爾加（Surkat）用他明亮的綠眼盯著我瞧。店主阿卜杜勒是他的朋友，兩人原本正在聊天。蘇爾加在烏魯木齊的新疆大學修過英文，如今他找到練習的機會了。

「美國對我們來說是夢想之地，」他聽到我來自何方後對我說，「有數百名維吾爾族住在那裡。如果可以，我一定會搬過去。」

「我想你會發現很難離開家鄉。」我說。

他降低音量：「這裡應當是維吾爾族的家鄉，但感覺並不像。我們的自治有名無實。他們不讓我們管理自己。他們想要控制我們。」

共產黨接管新疆已經長達半世紀。毛澤東初期向新疆與西藏民眾保證他們將獲得自治，而且共產黨甚至將這裡命名為「新疆維吾爾自治區」。但是這些地區的居民自此就為了爭取自治而奮鬥，即便中國憲法分明保障了他們自治的權力。

過去數十年來，中國官員解散或打壓任何可能鼓勵追求自治與獨立的機構，例如中國軍隊將伊犁國民軍的當地士兵併入第五軍。父親剛抵達新疆時受派到第五軍，接著就親眼看著共產黨解散軍團，將士兵調派到新成立的軍屯制度。

「我不認為我們應該成為一個獨立的國家，」蘇爾加對我說，「獨立運動並沒有獲得很多人的支持。每當我看到阿富汗的情況，就會擔心新疆一旦獨立會重蹈覆轍。基本主義者會掌權。」我很好奇多少人會同意這番話。

我想到一位烏魯木齊的維吾爾計程車司機，他曾經跟我提過隨著漢人移入後城市發生的變化。我也想著在伊寧外將我們趕下車的警力。監視與控管——這些手段簡單且粗暴。我第一次造訪新疆，是在中國將維吾爾族、哈薩克族和其他穆斯林關押進大規模拘留營系統的近二十年前。官方宣稱這些拘留營是職業訓練中心、寄宿學校和再教育單位，而根據被釋放的人的說法，這些機構的用意是抹除他們的文化與宗教根基。我當時拜訪新疆時，還沒有出現安全部門，如今他們利用臉部辨識系統及其他先進監視科技，仔細追蹤每個市民，並在各地城鎮監督特定社群的出入人士。

蘇爾加說，新疆有些地區的人依然虔誠地信奉伊斯蘭教，例如喀什。在喀什的街道和市場上，女性圍著完全遮蓋住頭部的棕色面紗。年老的男子蓄著長長的鬍子。我不禁猜想警方和地方官員如何監控清真寺和伊瑪目。

隔天一早，我揹著背包來到秦尼巴赫飯店（Chini Bagh Hotel），這裡過去是英國領事館，因為英國女皇統治下的大英帝國與沙皇統治下的俄羅斯在「大博弈」（the Great Game）[26]互相競爭對中亞的控制權和影響力。我參加了一趟兩日遊，搭乘巴士沿著喀喇崑崙公路（Karakoram Highway）前往巴基斯坦。這趟車程帶我一路爬上帕米爾高原，前往喀拉庫勒湖（Lake Karakul）湖畔，那裡是吉爾吉斯牧民氈包所在地，他們生活在慕士塔格峰（Muztagh Ata）優美的雪山陰影下。在這裡，就在冰河和冰壁下方，關於歷史與政治的爭論逐漸退去。然而在新疆無法迴避這些議題，十年後這些議題將再度浮現在我眼前，因為一場不明的暴力動盪在喀什的一條街道上演，其餘波一路震盪至超過三千公里外的北京，引發共產黨領袖關注，迫使我再度回到這片沙漠中的綠洲。

26 譯注：這場十九世紀至二十世紀初的地緣政治博弈主要集中在今日的阿富汗、伊朗以及中亞各國，英國主要希望保護印度殖民地，而沙俄則尋求向南擴展影響力。一九〇七年英俄達成協議，劃定各自的勢力範圍，「大博弈」才告一段落。這場競爭影響了新疆的發展，導致當地政治形勢更趨複雜。

第十七章

血染邊疆

新疆・二〇〇八～二〇一四年

二〇〇八年八月，北京夏季奧運開幕前四天，我們從中國國家通訊社新華社的報導得知喀什發生襲擊事件。肇事者駕駛貨車衝撞多名武警，並投擲兩枚爆裂物，造成武警十六人死亡、十六人受傷。最終兩名嫌犯遭到逮捕。

如果報導屬實，這將是中國自一九九〇年代以來最嚴重的襲警案。這起事件發生在新疆動盪不安的政治情勢之下，中共當局試圖打壓部分維吾爾人爭取自治或獨立的訴求。新華社的報導將這起事件定調為疑似恐怖襲擊事件。自一九九〇年代開始，中國政府以及國營媒體將新疆一再發生的暴力事件歸咎於名為「東突厥斯坦伊斯蘭運動」（East Turkestan Islamic Movement, ETIM）的神祕組織。二〇〇二年，在中國的要求之下，美國小布希政府將「東突厥斯坦伊斯蘭運動」列為恐怖組織。

華盛頓當局的做法正與美國官員在九一一事件後發起的「全球反恐戰爭」政策方針不謀而合。

中國領導人將當年的喀什襲擊事件視為可能破壞北京奧運賽事的其中一項戲劇性事件。第一件是青藏高原爆發的騷亂。第二件是造成超過八萬人死亡的汶川大地震。現在，中國西部又發生了第三起動亂。

上週，中國警方宣布，在二〇〇八年上半年，他們於新疆逮捕了八十二人，罪名是預謀策劃恐怖主義襲擊以破壞北京奧運。然而當局並未提供任何證據。

派駐在伊拉克的幾年間，我報導過許多類似喀什襲擊的暴力事件，但我從沒想過這會發生在中國。隔天一早，我就搭上了飛機。沒想到只需短短幾小時的航程，就能抵達中國數一數二偏遠的城鎮，這讓我有種時空錯亂的感覺。畢竟在九年前，我花了將近兩個月的時間從香港經由陸路來到這裡。天山連綿的雪峰就在我們腳下。飛機艙壁上貼著紅色的標語，上面寫著：「今天是八月五日。距二〇〇八北京奧運開幕：倒數三天」。我和一位身穿空服員制服的男子聊天，他說他和另一位男空服員是臥底的安全人員。我意識到他是為了讓我這個漢人感到安心，才這麼對我說的。

秦尼巴赫飯店原為英國領事館的所在地，我曾在此搭上巴士前往巴基斯坦。這座賓館是喀什少數可供外國公民下榻的飯店。所有從北京和上海趕來報導襲擊事件的記者都住在這裡。貼在大廳牆上的告示要我們到行政公署辦公室參加下午的記者會。

街上彷彿一切風平浪靜。蓄著濃密鬍鬚的老人坐在驢子拉著的平板木車上。市集裡人們購買刀具、甜瓜和麵包。這就是我記憶中的喀什。我問了幾位市集裡的維吾爾人，看他們是否知道發生了什麼事，但他們卻別開視線。

官方報告中提到，當時貨車衝進位於色滿路上的怡全賓館門口。到了現場，一塊塑膠防水布蓋在賓館入口處。站在對街的兩位員警告訴我，他們什麼都不知道。我走進塔克拉瑪干旅行社，裡頭一位漢族男子說，我是當天來找他問話的第十個記者。「每次我都告訴他們，我什麼也不知道。」

在記者會上，喀什地委書記史大剛表示，當時兩名男子駕駛貨車，衝撞正在出早操的七十名公安邊防支隊武警。肇事者隨後朝被害人投擲爆裂物並持刀砍傷武警。根據官方說法，其中一名肇事者已事先寫好遺書，宣告他準備發動聖戰。

回到北京報導奧運時，這段插曲始終困擾著我。這起暴力事件極為重大，我卻得不到任何答案。奧運會結束後不到兩週，我接到一封來信，對方是旅居義大利的美國研究生。「我很不幸地目睹了整起事件，」他寫道，「事實與中方的說法有很大的出入。」這位名叫山姆（Sam）的學生在郵件裡附上了二十七張照片，這些照片仔細呈現了喀什襲擊事件發生後每分鐘的景象。我立刻打電話給他。他說，襲擊事件發生前，他正和他的父母、哥哥、嫂嫂、哥哥的岳父母以及一位老友一同遊覽新疆絲綢之路的古鎮。當天早上，他們待在武警部隊駐地對面的塔里木石油邦臣酒店，而山姆四樓房間的窗戶正好讓他清楚目睹事情的經過。

他告訴我，早上八點左右，他正在窗邊收拾行李，一切平靜如常。接著一陣撞擊聲嚇了他一跳。他抬頭一看，一輛貨車撞上了黃色的交通柱，接著衝向對街的一群武警。隨後貨車又撞上更高的柱子，並朝著飯店對面的怡全賓館門口猛衝。此時一名身穿白色短袖襯衫的男子從駕駛座一側滾了出來，摔倒在地。

山姆衝進父母的房間，告訴他們他所看到的一切。所有人衝回山姆的房間。他們從窗戶往外看，不敢相信自己眼前所見的景象。這簡直是恐怖片的場景。約十五名身穿綠色制服的人民武裝警察屍體遍布一地。他們渾身是血，四肢扭曲變形。山姆趕緊用他的尼康數位相機拍下照片。

接下來，情況變得更加血腥。一、兩位身穿綠色武警制服的男子拿出開山刀，砍向其他幾位躺在地上的人。攝影師注意到，有兩位男子跪在地上，面對塔里木石油邦臣酒店，雙手看似反綁在背後。一位男子手持開山刀朝他們砍去。鮮血從傷口汩汩湧出。山姆推測，現在遭受攻擊的人正是當初襲擊警方的人，而武警是在施以報復。

這些手持開山刀的人與其他幾位武警交談。其中一張照片顯示，一位武警手持兩把開山刀到處走來走去。接著，其中一位男子抬頭看了看酒店，注意到拿著相機的山姆，便用手指了指窗戶。這時十幾位武警衝向酒店。山姆從相機裡取出記憶卡並交給他的母親，母親便將卡片藏在內衣裡。山姆把新的記憶卡放入相機，然後要父母將相機拿到他們的房間。武警仔細搜索了每個房間，掀開床墊、端詳茶杯，並要求所有房客出示相機裡的所有照片。

在得知這些細節之後，我感覺自己對整起事件仍毫無頭緒。就像多年來我聽說的許多新疆事件一樣，真相總是撲朔迷離。那天早上，山姆在飯店吃早餐時，看到有人用輪床將白色屍袋推走。警方將酒店封鎖了六個小時。他們終於獲准在下午離開時，這個美國家庭看見工人拿著水管在街上灑水。

前幾次造訪新疆時，我聽到當地居民議論紛紛，說共產黨正在大幅度地管控伊斯蘭的宗教活動。因此在喀什襲擊案發生的兩個月後，我再次回到新疆，想深入了解情況。初秋的寒意籠罩著高山草原和沙漠小鎮。每到此時，國營農場都會迎來一批批採收棉花的工人。漢人移工從中國各地搭乘火車來到新疆，有些人長途跋涉數千公里，來田裡勞動數週，最後在冬季來臨時返回家鄉。

在喀什，我信步走進艾提尕爾清真寺（Id Kah Mosque）。這是一座雅緻的黃色建築，兩旁矗立著宣禮塔，座落在老城廣場上。當時正值禮拜之間的空擋，清真寺內十分靜謐。我注意到內部庭院的入口處上方，橫列的金屬桿上安裝著一排排的監視器。我不記得九年前看過這些監視器。

對於穆斯林而言，齋月的禁食即將展開。齋戒是伊斯蘭信仰的「五功」[27]之一，是宗教活動的核心。但我從維吾爾人那裡聽說，新疆的各個階級都被禁止實施齋戒，包含政府雇員、學生等等。上個月，新疆維吾爾自治區下的幾個縣市政府已經在網站上發布公告。其中有些規定甚至禁止女性戴面紗，要求男性剃掉鬍鬚，並強制餐廳必須在白天

27 譯注：「五功」為穆斯林所需遵守的五項基本原則，即「念、禮、齋、課、朝」。

照常營業。

我聽說喀什大學也採取了進一步的措施。從去年開始，校方就要求學生在齋月期間必須待在校園裡。這種做法是為了阻止他們在傍晚時離開校園，與家人一起參與開齋儀式。學校甚至將大門深鎖，並在校園的圍牆上放置玻璃碎片。過了一段時間後，校方又築起了更高的圍牆。

伊斯蘭教是中國政府承認的五大宗教之一，與佛教、道教、基督教和天主教齊名。每種宗教信仰的主要制度都受到黨國體制的監督及嚴格控管，不過規範與執法力道因宗教而異。針對伊斯蘭教的監管可說是最嚴格的，而在新疆的維吾爾地區更是如此。許多與宗教活動相關的政府法令已存在多年，但新疆居民告訴我，在我那年秋天造訪新疆的前幾週，當地官員發布政府宣傳公告，重申了這些法令規定。

八月初發生喀什襲擊事件後，新疆黨委書記王樂泉發表談話，聲稱一場「你死我活的鬥爭」正在新疆地區展開。數個月後，我在中國最高人民檢察院出版的《檢察日報》上看到一則報導，在二〇〇八年的前十一個月，警方在新疆以「危害國家安全」罪名逮捕了將近一千三百人，而且幾乎所有人都受到正式起訴。這幾乎是去年全中國因同樣罪名遭到逮捕與起訴的兩倍人數。這數字令人震驚。

在飛往喀什之前，我在烏魯木齊老城區的維吾爾社區晃了一個晚上。在另一個社區，烏魯木齊華美達酒店櫃檯的漢族女子告訴我，那裡很危險。漢人計程車司機也說了同樣的話，叮嚀我千萬要小心，並看好我的隨身物品。但我在維吾爾社區散步或坐在人潮洶湧的餐廳裡吃烤羊肉串時，並沒有感受到一絲威脅。引起我注意的是建築物上的標語，上頭寫著伊斯蘭宗教活動的限制。一座清真寺上的標語寫著：「實施有組織、有計畫的朝覲活動。個人不得組織朝覲活動。」

除了少數例外，伊斯蘭教傳統規定，每位健康狀況良好的成年穆斯林在有生之年必須前往沙烏地阿拉伯的麥加朝覲至少一次。根據中國政府規定，參加朝覲活動的公民必須加入官方的旅遊團，不得自行前往。有人告訴我，大約在兩年前，中國官員就會沒收並扣留維吾爾人的護照，藉此限制他們的旅行自由。這項做法不僅限制了能夠前往朝覲的人員，對於經常前往中亞和其他國家工作的維吾爾商人來說，生活也變得更加困難。

如今，想要取得朝覲護照，居民必須先繳納一筆相當於美金六千元的費用。申請朝覲的人數遠多於官方旅遊團提供的名額，而且等待時間超過一年。新疆維吾爾自治區的政府網站近期發布了最新規定，申請者的年齡必須介於五十至七十歲之間，而且必須「愛國守法」。根據國家通訊社新華社報導，二〇〇六至二〇〇七年期間，逾三千一百位來自新疆的穆斯林參加了官方組織的朝覲之旅，比前一年的兩千人有所增加。

除了護照費用以外，當年的朝覲費用相當於美金三千七百元，而有志前往朝覲的信徒往往還需向官員行賄。政府人員會針對申請人進行背景調查。為人父母者必須證明自己的孩子已經到了經濟獨立的年齡。申請人也必須提供銀行財力證明，確保他們擁有大量存款。官員表示，這些要求是為了確保朝覲之旅不會讓信徒陷入貧困。但這更像是確保只有富裕、人脈廣的人才能實現朝覲之旅。

在喀什，我遇到一位名叫阿布杜拉（Abdullah）的年輕人，他在晚餐時告訴我，他的父母正在催促他和他的兄弟姐妹趕緊結婚，這樣他的父母就可以向政府官員證明孩子們已經濟獨立。這將增加父母獲准前往朝覲的機會。「他們最大的心願就是能去一次麥加。」阿布杜拉說。但他的父母必須考慮到潛在的後果。他父親是退休的政府官員和共產黨員，前往朝覲可能會讓他失去他的退休金。

然而，政府試圖掌控的不僅僅是朝覲而已。伊瑪目身為伊斯蘭教的社區領袖，必須得到官員的核准才能在清真寺主持禮拜。實際上，整個地區都有「地下伊瑪目」，但民眾一般會避免公開談論他們。伊瑪目不能私下教授《古蘭經》。只有政府指定的學校才能學習《古蘭經》的正式語言，即阿拉伯文。我在這趟旅行中也得知了其他對於伊斯蘭宗教活動的限制，這些規定已經存在多年，但近來政府又加強了執法力道。我遇到的許多維吾爾人都說，他們感受到一股沉重的壓力。

我沿著絲綢之路的一條主要路線旅行，沿路搭乘公車、共享計程車，依循著古老的商隊路線，跨越一座又一座綠洲小鎮，從喀什來到葉爾羌，最後沿著塔克拉瑪干沙漠的南緣抵達和田。和田曾經以地毯和玉石聞名。在城鎮外圍的乾涸河床上，人們四處尋找著白玉。我造訪了市中心的宏偉清真寺，這座清真寺每週都會吸引成千上萬的維吾爾人前來。清真寺大門前的告示列出了一些規定，例如：在週五的禮拜，伊瑪目的布道不得超過半小時；政府雇員不得進入清真寺；禁止在清真寺以外的公共場所做禮拜；和田的居民不得在城外的清真寺做禮拜。

走進清真寺內，我踏在滿是灰塵的羊毛地毯上，經過一排擺放好的頭巾和無邊便帽，這些是清真寺為沒有自備的男士所提供的頭飾。庭院內一位老師穆罕默德

（Muhammad）告訴我，當地居民對於這些規定不以為然。「這當然讓人生氣，」他說，「激動的民眾認為政府的做法是錯的。他們說，身為穆斯林的政府官員也應該能夠做禮拜。」穆罕默德沒有提到這股憤怒會如何表達出來，也沒有談到最終可能以哪種形式爆發。他沒有提到這些。

在我沿著塔里木盆地的綠洲城鎮遊覽九個月後，烏魯木齊市的暴力衝突事件又讓我重新回到了新疆。我們坐在張愛英（Zhang Aiying，音譯）位於市中心的家裡，她向我描述了兩天前她對著一位表親大吼大叫，要他打電話給她兒子，叫他回家。當時，他們一家人一如往常地在家附近的市集推車賣水果。突然，他們聽說有維吾爾男子手持刀子和棍棒過來這一帶。市集裡的漢族和維吾爾族小販都匆忙打包回家。皆為漢人的張愛英和她兒子盧華坤（Lu Huakun，音譯）推著一輛推車回到他們的公寓大樓，但兒子又跑出去要拿另一輛推車。張愛英聽到了外面傳來的尖叫聲。

「打他的手機，」張愛英告訴她表親，「跟他說我們要他快點回家。不要再跑回去了。」

但盧華坤沒有接電話。三小時後，尖叫聲漸漸平息，張愛英冒險踏出家門。街上遍布著十幾具屍體。她二十五歲的兒子也在其中。他滿頭是血，左臂幾乎被砍成三段。

烏魯木齊的騷亂與屠殺事件發生在星期天。三天後，我在附近社區散步時遇到了張愛英一家，當時我試著了解這起暴力事件的經過，並深入調查官方說法以外的真相。在小小的屋子裡，父親盧思峰（Lu Sifeng，音譯）坐在床上抽著菸，眼裡滿是淚水。張愛英躺在他身邊，神情茫然。他們低聲訴說著當初從中國中部小農村來到這裡所懷抱的希望，以及他們的生活如何支離破碎。

我遇到他們的時候，政府已經宣布，在二〇〇九年七月五日星期天的數小時內，至少有一百五十六人在烏魯木齊遭到殺害，是中國數十年來最嚴重的民族暴力衝突。隨著更多遺體被尋獲並確認身分，官方公布的死亡人數不斷攀升，總數達到約兩百人，多數為漢人居民。而這些只是官方統計數據，很少人相信。住在這裡的漢人告訴我，實際上被維吾爾人殺害的人數遠超過官方數據，他們堅稱政府掩蓋了這場大屠殺的真正規模。維吾爾人則表示，他們聽聞在起初的暴力事件發生後，有維吾爾同胞被公安部隊殺害，或遭到漢人暴民報復屠殺。我目睹一群憤怒的漢人民眾手持木棍走上街頭，要求對維吾爾人展開報復。

在我抵達烏魯木齊的頭幾天，我透過採訪拼湊出大部分的事情經過。在事發的星期天稍早，維吾爾人聚集在廣場上，要求新疆政府將殺害兩位維吾爾工人的凶手繩之以法。這起事件發生在六月二十六日凌晨的韶關市，與我的家鄉廣東省相隔約四千公里。事發地點位於旭日玩具廠，維吾爾族工人與漢族工人鬥毆將近四小時，導致兩名維吾爾族工人死亡。鬥毆發生的原因是當地漢族工人聽聞網路上有匿名貼文指控六名維吾爾人強暴兩名漢族女性，於是雙方爆發激烈衝突。當時約有八百名維吾爾人在工廠內生活和工作，他們在兩個多月前從新疆的偏遠農村來到這裡，背後源自於官方計畫將維吾爾工人從西北地區調遣至中國東部及中部的工廠。

中央及地方政府正著手推動所謂的同化政策，同時也滿足了企業對廉價勞動力的需求。根據官方統計，大約有一百五十萬人從新疆前往東部城市。有些人在工廠做苦工，希望賺取比在家務農更高的收入。但喀什附近村落的其他維吾爾人則提到，當地官員威脅他們，如果他們拒絕離開，將被處以相當於月收入六倍的罰款。對官員來說，他們並不在乎村民對於將年輕女性送往工廠仍保有戒心。

維吾爾人出現在韶關工廠附近引起了當地人的猜疑。計程車司機抱怨他們的言行舉止；商家們互相提醒小心扒手；而在工廠中的一萬六千名漢族工人之中，許多人都在談論部分維吾爾男性具有性暴力傾向，這是一種常見的刻板印象。沒有人知道是誰在網上發布了強暴事件的言論，但這帶來了致命的後果。在工廠爆發的暴力事件中，漢人和維吾爾人用滅火器、地磚和床架上拆下來的鋼條互相攻擊。天亮時，警察抵達現場，兩名維吾爾男子已經死亡，約有一百二十人受傷。一位目擊者表示，約有一千名工人參與這場鬥毆，有些人怒不可遏，甚至不停毀損屍體。

這起事件在韶關以外也引起了迴響。遠在中國另一端的維吾爾人聽聞這起事件時，他們開始組織起來。七月五日下午，抗議群眾開始聚集在烏魯木齊的廣場。約有一千名維吾爾人到場響應。

公安部隊也身穿防暴裝備來到現場。他們開始揮舞警棍，一些警察發射了催淚瓦斯。消息傳開後，維吾爾男子手持刀械和其他武器，衝進老城區的街道，砸毀店家的玻璃，並尋找附近的漢人作為攻擊目標。

當年許多漢族夫婦響應政府號召，前往中國西部尋求財富，並協助當地發展，盧思峰和張愛英就是其中之一。這是中國政府數十年來的政策，延續了一九五〇年代將父親以及他的同袍派往新疆各地軍事基地和屯墾的施政方向。這項政策改變了新疆的人口結構：根據官方數據，二〇〇〇年漢族人口占總人口的四〇％，高於一九四九年的六％。騷亂爆發時，烏魯木齊的漢人居民已占七成以上。盧思峰告訴我，他來到新疆是為了做生意。在他們的故鄉河南省周口市，他們只能在一小塊土地上種植小麥、玉米和大豆，收入微薄。他們聽說有些朋友搬到新疆後，收入足以養活在家鄉的親戚。於是在一九九〇年代末，夫婦倆收拾行囊來到新疆。隨後，他們的兒子也在中學畢業後來到這裡。

盧思峰說，這些年來，他開始相信是漢人推動了新疆地區的經濟成長。「沒有漢人，這裡什麼都不是。」他說。其他來自河南的移民都在賣蔬菜水果，於是這家人也買了木製推車，做起同樣的生意。他們在大灣北路的露天市集找到了一個攤位，就在漢人和維吾爾人社區的交界處。他們住在市集對面的公寓大廈一樓，在公寓內，離夫妻倆的床鋪不到一公尺就是臨時搭建的雙口爐。他們每天早上八點推車出門，直到午夜才收攤。生意好的時候，這家人可賺到相當於美金三百元的收入。

張愛英說，他們日日夜夜都在思念家鄉。「他對這裡的生活不太滿意，」她談到兒子時說，「他在這裡很辛苦，也賺不到什麼錢。」

他們的鄰居大多來自河南或四川。市集裡兩百多個攤商中，約有四分之三來自這個兩個省分。也有少數維吾爾商人在賣水果和羊肉。張愛英說，他們一家人和市集裡的維吾爾人相處融洽。一個維吾爾羊肉攤販就在他們隔壁。有時兒子晚上不想將推車推回家，隔壁的維吾爾人就會問他要不要把水果放在他的攤位。

為了省錢，這家人甚至連農曆春節都沒有返鄉探親。今年冬天，他們終於首度搭上四十小時的火車，回到家鄉。這對父母為兒子安排了一門婚事，對象是一位二十三歲的女子。這對新婚夫婦拍了婚紗照：盧華坤身穿白色高領毛衣，與未婚妻肩並肩躺在一起，背後是沙灘風景的布幕；另一張照片裡，笑容滿面的兩人坐在白色長椅上，膝上都抱著泰迪熊。他們預計將在年底舉行婚禮。

為了成家，盧華坤從此努力存錢。那個星期天一如往常。他和母親、表親推著四輛推車前往市集。父親則前往另一省分批發水果。抗議活動在當天下午持續了幾個小時，但盧華坤對此一無所知。突然在晚上八點，市集的經理通知所有人必須收攤離開。幾分鐘過後，暴徒帶著金屬棍和刀械衝了進來。盧華坤推著一輛推車匆忙回家，他的母親緊跟在後。母親抵達家中時，發現兒子又回去拿另一輛推車了。兒子沒有接電話，母親哭了三個小時。

然後母親鼓起勇氣出去找他，心臟怦怦直跳。她心想，只要沒找到屍體，就代表她兒子還活著。但過沒多久，她就發現了兒子的遺體。

警方在凌晨一點抵達市集，並將遺體運走。父親回到烏魯木齊後趕往警察局，透過一張照片指認了兒子的遺體。隔天我造訪了他們的公寓。我坐在兩老身旁，母親張愛英對我說：「遺體火化後，我們就會帶著骨灰回到老家。」

一旁的父親則直盯著散落一地的菸頭。他說他們再也不回來了。

阿布利米・阿西姆（Abulimit Asim）在一次復仇式攻擊中失去意識，幸好他大難不死。當時由漢人平民組成的游擊隊在烏魯木齊四處展開襲擊，針對七月五日的騷亂展開報復。他還記得，漢人從黎明飯店（Light of Dawn hotel）一樓後面的房間闖了進來，當時他和另一位維吾爾人躲在飯店裡躲避攻擊。那些襲擊者手持刀棍，朝阿布利米猛撲過來，阿布利米感覺到一陣陣重擊和砍傷帶來的劇痛，最後暈了過去。這些暴徒以為他們已將維吾爾人殺死，於是離開了。

我在一家診所遇到阿布利米，當時醫生正在替他更換頭部的紗布。舊的紗布被血浸透，上面的血漬已經凝固。在隔壁的飯店裡，房間內的地板和合成皮沙發上也有乾涸的血跡，前一天他們試圖在此躲避暴徒。漢人團體在城市內遂行私刑正義的消息四處流傳。

阿布利米和家人來自新疆南部的綠洲小鎮，五年前他們離開了家鄉的農地，來到烏魯木齊尋求財富。他們聽說有親戚在這裡過得很好，於是從和田搭上了二十四小時的巴士，橫跨塔克拉瑪干沙漠來到這裡。對於剛到烏魯木齊的人來說，找工作並不容易。阿布利米比多數人幸運：他哥哥在維吾爾區的西邊擁有一座廉價旅館，地點位在天池路以南的死巷內。於是阿布利米在黎明飯店找到了辦公室的工作。他和一家人搬進轉角處一間旅館五樓的狹小房間。

這條巷子是和田玉商的聚集地，因此在騷亂發生的兩天後，這裡自然成了漢人攻擊的目標。下午兩點左右，數十名手持刀棍的男子拐進了巷子口。大約三十名人民武裝警察駐紮在巷口附近，他們負責防暴任務，成員多為漢人。但後來，住在巷子內的便利商店老闆阿布拉江（Abulajan）告訴我，這些武警什麼也沒做。這群暴徒先遇到了阿布拉江，然後開始毆打他。我見到阿布拉江時，他走路一拐一拐的，幾乎沒辦法轉動他的脖子。「我出門的時候，都覺得那些看我的漢人對我恨之入骨。」他說。

然後，暴徒將攻擊目標轉向黎明飯店外手無寸鐵的擦鞋童。阿布利米的舅公穆罕默德・詹（Muhammad Jan）告訴我，他們打傷了那孩子的頭，還用刀捅了他的背部。在飯店內，阿布利米和保全阿布都・拉曼（Abdul Rahman）把自己關在接待櫃台旁的房間裡。他們認為這些攻擊者想置他們於死地，但他們卻無處可逃。這些暴徒在門上砸出一個大洞，接著揮舞著武器朝這兩名維吾爾人猛攻。阿布利米因疼痛過度而昏厥。不久後，這群暴徒便離開了。

我離開診所時，阿布利米仍雙手抱著纏有紗布的頭部，神情茫然。我在那條巷子上遇到一位維吾爾商人，他認為漢人永遠無法接受民族之間的差異，無論在文化、語言、宗教、甚至是服飾上皆是如此。「他們想讓我們完全拋棄這一切，」他說，「他們想讓我們變成漢人。」多年後，中國在各地設立拘留營，對維吾爾人展開文化滅絕運動時，我想起了這句話。

在騷亂發生後以及接下來的幾年內，衝突的種子已經埋下。公安部隊在烏魯木齊以及包含喀什在內的南部綠洲城鎮大舉逮捕了數百位、甚至數千位的維吾爾人。許多漢人認為，多數參與騷亂的維吾爾人都來自這些農村地區，就像阿布利米一樣在烏魯木齊做著卑微的工作。維吾爾男子紛紛消失在拘留制度的深淵當中。在接下來的一年間，自治區政府更封鎖了網際網路，只允許新疆居民瀏覽少數幾個政府網站。官方聲稱，他們必須嚴格控管可能引發暴力事件的資訊及謠言。據說有些居民對於網路控管感到十分沮喪，他們搭上火車往東來到甘肅省，只為了到網咖查看電子郵件、閱讀新聞或玩線上遊戲。

儘管政府實施了管制，但激化民族對立的謠言仍層出不窮。到了九月，也就是騷亂發生的兩個月後，數千名漢人示威者聚集在烏魯木齊的政府大樓外，要求新疆維吾爾自治區黨委書記王樂泉下台。示威者表示，新疆政府一再辜負他們，未能保護他們的安全。同時，有謠言聲稱維吾爾人拿帶有愛滋病毒的針頭扎傷數百名漢人，但這件事完全是子虛烏有。

次月，烏魯木齊市中級人民法院針對七月騷亂做出首批的判決。六位維吾爾人被判處死刑，另外一人被判無期徒刑。在接下來的一年內，法院做出更多的有罪判決與量刑。二〇一〇年四月，中央人民廣播電台維吾爾語部的年輕記者買買提江・阿布杜拉（Memetjan Abdulla）被法院判處無期徒刑，原因是他在網路上發布文章，談論中國南部玩具廠發生漢人與維吾爾人之間的致命衝突事件，而此事正是烏魯木齊騷亂的導火線。

喀什理髮廳的地板上到處都是剪下來的頭髮與鬍鬚。戴著頭巾的婦女走在沙塵飛揚的街道上，手裡拎著塑膠袋，裡面裝滿了從市集裡買來的食物：甜瓜、葡萄、油炸甜食、圓麵包和現宰的羊肉塊。有錢的父母讓孩子穿上新衣，在大街上神氣十足地走來走去：男孩身穿西裝，女孩穿著白裙。

喀什的維吾爾社區正如火如荼地為開齋節做準備，這個為期三天的節日是穆斯林在齋月結束後舉行的慶祝活動。那時是二〇一〇年九月，距離烏魯木齊騷亂以及隨後遍及整個地區的鎮壓行動，已經超過一年之久。在烏魯木齊衝突達到高峰的去年夏天，人民武裝警察封鎖了喀什地區。居民被迫待在家中，商家關門歇業，軍用卡車拖著大砲行駛在街道上。隨後網路遭到封鎖，政府派出更多的公安部隊進駐新疆各地的維吾爾社區。

那一年發生了許多事情。喀什的穆斯林居民似乎下定決心要歡度開齋節。我和法國老友吉爾斯前往喀什，他是長年居住在北京的攝影師。我們剛從吉爾吉斯進入新疆，急需在喀什休息一會。我們花了一個月的時間穿越中亞的帕米爾高原，即將邁入旅程的終點。我和伴侶天香、另一位攝影師好友尼爾森（Nelson）同行，我們徒步橫跨阿富汗的瓦罕走廊（Wakhan Corridor），這是一片與中國接壤的偏遠地帶。接著我們雇用了一位廂型車司機，載我們越過塔吉克東部的高原草原，進入吉爾吉斯。抵達喀什後，感覺就像是重返文明社會。我們需要好好洗個澡，也渴望柔軟的枕頭和熱騰騰的咖啡。

夜市裡瀰漫著中亞食物的濃郁香氣。烤羊肉串、烤雞、羊肉餃子、搭配葡萄乾和胡蘿蔔絲的油飯以及彈牙的麵條，這些在街上或擁擠的餐館裡都找得到。在齋月期間，人們在日落時結束齋戒，享用開齋飯。

在老城區外圍的一棟新建混凝土房屋外，一位年輕女子看到我們經過，便招手示意我們進屋。她的名字叫古麗（Guli），想邀請我們在黃昏時分與她的家人共進晚餐。她們家外面的庭院裡生著火爐。她遞給我們包滿羊肉的餡餅。我們一口咬下餡餅，溫暖的油脂順著我們的手指滑落下來。

我們在艾提尕爾清真寺南側的老巷子裡散步。經過古麗家附近時，我很震驚地發現所有傳統的泥牆住宅都被夷為平地。曾經矗立著一排排房屋的地方，如今成了遍布瓦礫與塵土的空地。我兩年前看到的喀什，也就是上世紀末我初次踏足這裡時讓我著迷的那個喀什，已經消失了。那些雕刻精美的木門，藤蔓花卉裝飾的精緻欄杆，以及一家人坐在木平台上喝茶的內院，全都不見了。建築師曾經稱這個地區為中亞保存得相當完整的中世紀社區。然而，政府在二〇〇九年初展開一項徹底重建該地區的工程。他們以舊建築可能在大地震中倒塌為由，藉此合理化這項政策。一些研究新疆的外國學者推測，中國官員認為這個迷宮般的地方是敵對勢力和顛覆分子的溫床，就像歐洲殖民統治者看待穆斯林世界的古城一樣。

很少有家庭能保住自己的房子。古麗說，她的家得以倖免，是因為她的父母剛在去年花了美金四千四百元建造這棟房子。官員告訴當地居民，這些空地將建起新的房子，而且這些建築將更加穩固。「政府的計畫是將喀什打造為發達的城市，就像中國其他地區一樣。」古麗告訴我們。她的鄰居暫時搬到了其他地方。但古麗說，一旦工程結束，他們就會搬回來，他們很期待能住進新房。我不禁好奇，究竟有多少人會回來這個地方。

我在老城區的另一處遇見一位維吾爾男子，他不認同古麗的看法。他說多數人都反對拆遷。他翻開了一本相簿，給我看一張艾提尕爾清真寺的老照片。照片中，清真寺前方有一座綠色公園，但這座公園在一九九〇年代遭到拆除，後來政府將此處改建為混凝土廣場。但這只是個開始，政府的目的是希望將整個老街區夷為平地。「政府一意孤行，根本不在乎人民的看法，」他說，「我們的歷史正在消失。」

週五的黎明時分，我走到那座廣場上，欣賞著艾提尕爾清真寺優美的弧線和閃耀的黃色瓷磚。這座建築宛如燈塔，矗立在古老的喀什。空氣中瀰漫著初秋的寒意。今天是開齋節的第一天，主要的祈禱儀式即將開始。一輛輛軍用卡車和警車駛過廣場，警車上閃爍著警燈。漢人警察站在各個角落。一位維吾爾男子告訴我，雖然目前情勢不像去年那麼緊張，但警察仍十分警惕。他自己也試著不去想籠罩著新疆地區的緊張局勢。「在這個時候，我們應該感到快樂並記想真主。」他說。

許多維吾爾男子穿越了綠洲城鎮心臟地帶的蜿蜒道路，帶著禮拜毯從四面八方而來。他們先在當地清真寺參加早上的第一場禮拜，接著跟隨他們的伊瑪目來到這裡。禮拜從早上七點半開始，大伊瑪目的話語從清真寺傳到了擴音器，再擴散到整座廣場上。成千上萬的男子同時低下頭，然後跪在地上。

儀式在半小時後結束。之後的廣場上沒有音樂或舞蹈，這也是喀什的傳統。維吾爾男子湧入大街小巷，朝著自己的家走去。這是與家人一同歡慶的時刻，他們終於能在白天一起享用餐點。我們走在街上時，一位維吾爾男子對吉爾斯微笑。「今天是個好日子，」他用英文說，「街上沒有漢人。」

在習近平執政初期，對新疆的控管成了對他的考驗。二〇一四年，也就是習近平上任兩年後，他在新疆訪問時發表談話，顯示出他直接參與了新疆政策的制定，並持續思考中華帝國如何掌控這片西部土地，因為這裡的非漢族居民擁有強烈的文化與身分認同。這是從清朝與國民政府時期延續至今的重要議題，包含習近平父親在內的共產黨領導人自共產黨執政初期就致力於解決這個問題。鑑於幾個世紀以來內地漢人與草原民族之間的權力鬥爭，以及蘇聯解體時期的近代歷史（當時在新疆附近，位於中亞的蘇聯加盟共和國脫離了莫斯科的統治），對共產黨而言，很少有比治理新疆更重要的問題了。

雖然習近平的父親曾考慮對新疆採取不同的治理模式，但習近平很早就採用了強硬的策略並延續至今。舉例而言，他曾暗示新疆當局將實施的大規模拘留營計畫，目的是改變穆斯林的文化與宗教信仰。在新疆南部發表演說時，習近平談到那些已經遭到監禁的人：「要做好犯罪人員教育改造和轉化工作……將來這些人放出來也要繼續教育轉化。」他隨後表示，新疆不同的民族「要像石榴籽那樣緊緊抱在一起」，以新疆地區常見的水果作比喻。

那一年是領導階層處理新疆議題的轉捩點。從年初發生的事件就能看出政府加強控管的趨勢。二〇一四年一月，北京警方逮捕了中央民族大學的教授伊力哈木・土赫提（Ilham Tohti）。這所大學位於首都西部，長期招收來自中國各地的非漢族學生。伊力哈木來自新疆阿圖什，畢業於東北師範大學，後來在中央民族大學攻讀碩士。他的研究領域之一是漢族與維吾爾族之間的關係。他創辦了「維吾爾在線」網站，並發表新疆漢族和維吾爾族居民的文章。依我看來，官員們應該多跟這種人聊聊，以深入了解維吾爾人的不滿情緒。然而，維安機構卻對他心存疑慮。在五年前的烏魯木齊騷亂事件期間，他在北京遭拘留將近兩個月，但沒有遭到起訴。如今，隨著與維吾爾族相關的暴力事件頻傳，當局有意加強控管。在伊力哈木遭正式逮捕一個月後，法院以涉嫌分裂國家罪起訴他。但在他的著作或談話中，並沒有任何跡象顯示他支持維吾爾獨立。

到了二〇一四年，共產黨與政府內部有愈來愈多人要求針對維吾爾族及維吾爾文化（包含伊斯蘭宗教活動）實施更嚴格的限制。加強控管的聲浪沸沸揚揚，如同二〇〇九年騷亂所引發的群情激憤。國營媒體不停地報導維吾爾人攻擊漢人的事件。根據國營媒體報導，去年十月，一輛載有三名維吾爾人的汽車衝向北京天安門廣場上的人群，造成兩名遊客身亡。最終汽車爆炸起火，車內人員全數喪生。二〇一四年五月，新疆檢方對八人提起告訴，指控他們參與這起襲擊事件。

另一件震驚全中國的事件發生在二〇一四年三月一日。在中國西南部的雲南省省會，身穿黑衣的六名男子與兩名女子在人潮洶湧的昆明車站掏出長刀，據官方報導，他們持刀猛砍亂刺，造成三十一位民眾死亡，至少一百四十一人受傷。最終安全人員擊斃其中四名攻擊者，其餘四人遭到逮捕。其中三人在一年後遭到處決，另一位涉案的孕婦帕提古・土赫提（Patigul Tohti）則被判處無期徒刑。昆明與新疆距離遙遠，許多中國人卻將這起屠殺事件與二〇〇一年九月十一日蓋達組織在華盛頓和紐約發動的攻擊相提並論。各國政府都對昆明襲擊事件表示譴責，美國國務院稱這起事件為恐怖主義行為。但一些研究新疆問題的學者和維吾爾權益的倡議者則力勸中國政府重新審視官方政策，以找出暴力事件的真正根源。

但習近平對於流血衝突發生的原因以及如何結束衝突有自己的看法。二〇一四年四月，他首次以中國領導人身分在新疆展開為期四天的訪問，他對官員發表的一系列祕密談話透露出他的想法。習近平呼籲透過「專政機關」，「毫不留情」地展開「反恐怖、反滲透、反分裂鬥爭」。他似乎認為，伊斯蘭極端主義已經在人群中生根，尤其是在維吾爾族聚集的新疆南部。當時，習近平新疆之旅的官方報導中省略了多數的談話內容。五年後，《紐約時報》的同事取得了四百多頁的外洩文件，習近平針對新疆發表的四次談話內容（兩次在烏魯木齊，兩次在北京）才得以公諸於世。

其中一份官方報告公開了習近平在新疆之旅最後一天發表的部分言論。「宗教極端思想對人們的精神影響絕不能低估，」他對烏魯木齊的官員表示，「被宗教極端思想俘獲的人，無論男女老少，都變得良知泯滅、喪失人性、殺人不眨眼！」但習近平並不贊同全面禁止伊斯蘭教。他表示根除伊斯蘭教「這種為淵驅魚的錯誤做法必須堅決防止」。

根據國營媒體報導，就在發表談話的當天，攜帶爆裂物和刀械的襲擊者在烏魯木齊火車站發動攻擊，造成一人死亡，至少七十九人受傷。官方隨後表示，兩名男子最終引爆綁在身上的炸彈裝置，兩人均已死亡。官方將此歸咎於極端宗教思想與活動。到了下個月，襲擊者在五月二十二日駕駛兩輛運動休旅車，衝入烏魯木齊的戶外市集，當地買家和商販多為年長的漢人。官方報導指出，恐怖分子從車上投擲爆裂物，導致三十九人死亡，至少九十四人受傷。《人民日報》發布的照片顯示，街上躺著好幾具屍體。年長的婦女坐在屍體旁，街區外燃燒著熊熊火焰。

國營媒體報導，三個月後，喀什艾提尕爾清真寺七十四歲的伊瑪目剛主持完晨禮，隨即在早上六點五十八分遭三名年輕男子攻擊，他們在清真寺外用斧頭和刀械將他殺害。警方當場擊斃了兩名攻擊者，並將第三人拘留。三名攻擊者皆為維吾爾人。在喀什當局的指派下，伊瑪目居瑪．塔伊爾（Jume Tahir）在清真寺任職多年。他在維吾爾人眼中是個爭議性人物，批評者指控他支持國家的壓迫性政策。攻擊事件發生兩天後，官方報導指出，警方逮捕了一名十八歲的男子，因為他涉嫌在事件發生前播放「恐怖主義影片」，以煽動三名攻擊者。國營電視台的新聞節目播出唯一倖存的十九歲攻擊者努爾買提．阿比迪利（Nurmemet Abidili）在獄中認罪的畫面。「我認為殺害伊瑪目是一件大事，會增加我們的影響力。」他說。我們很難從影片中得出任何結論，因為大家都知道中國警方有時會利用酷刑逼供來取得所謂的自白。

五月二十八日，在戶外市集發生攻擊事件約一週後，習近平在北京主持為期兩天的中央新疆工作座談會，著重探討新疆政策。我在國營媒體的報導中讀到，習近平表示共產黨以及國家可以在各族群眾中牢固樹立「正確的祖國觀、民族觀」。按照共產黨的標準，同化是會議中提出的政策目標。習近平說，政府應該嘗試將更多維吾爾人遷移至漢人居住地擔任勞工，儘管此政策替二〇〇九年中國南部的工廠鬥毆致死事件埋下伏筆，而這起事件又引發了烏魯木齊的示威及暴力動亂。

我在新華社報導中注意到一個奇怪之處。報導提到，習近平在會議上提到將實行「特殊政策」，以支持新疆南部的經濟發展，落實「特事特辦」。報導並沒有提供更多細節，但內容的確呈現了習近平長期對新疆的強硬控管。「實踐證明，我們黨的治疆方略是正確的，必須長期堅持。」他說。

在新疆居民默默抵抗，有時甚至是公然反抗的情況下，習近平開始尋求更極端的控制手法。我同事在二〇一九年取得的外洩文件揭露了更多習近平在中央新疆工作座談會發表的談話細節。習近平從蘇聯及蘇聯解體的視角來看待中國西部的民族問題和不穩定局勢。在一次演講中，習近平指出波羅的海三國[28]曾是蘇聯最發達的地區，卻也最早宣布獨立。

這突顯了習近平的重要觀點：經濟發展並不能解決新疆動盪的問題。這和一些中共前領導人的想法背道而馳。他們認為中國西部的經濟崛起將提升非漢族群體（尤其是維

28　譯注：指波羅的海東岸的愛沙尼亞、拉脫維亞和立陶宛三國。

吾爾人和西藏人）的國家認同。習近平卻不同意這樣的看法。他對新疆官員表示：「新疆這些年發展速度很快、人民生活水平不斷提高，但民族分裂活動和暴力恐怖活動仍然呈上升趨勢。」

「這說明，經濟發展並不能自然而然帶來長治久安。」這項習近平的核心理念在接下來數年間變得愈加顯著，因為他不僅將其應用於新疆地區，更落實在全中國的治理。他認為，某種形式的經濟發展（尤其是民營企業發展）實際上會損害黨的利益，而建立保防國家是確保共產黨統治以及國祚延續的唯一途徑。

習近平在二〇一四年的談話也明確顯示，穆斯林世界發生的事情正在影響他的治理方式。他警告官員們，敘利亞和阿富汗的戰事為激進組織提供充分的訓練和招募理由。他們知道維吾爾人曾前往這些國家。「在敘利亞、阿富汗等地接受實戰化訓練的『東突』恐怖組織人員隨時可能在新疆發動暴力恐怖活動。」他在談話中提到。就在習近平說這番話的同時，由美國在伊拉克戰爭所催生的激進組織「伊斯蘭國」（Islamic State）正在伊拉克和敘利亞攻城掠地，伊斯蘭國領導人隨後也宣布將建立哈里發國。

二〇一四年九月，維吾爾學者伊力哈木．土赫提因分裂國家罪受審。在烏魯木齊，我走到中級人民法院所在的大樓前。身穿黑色制服的警方鎮守在法院外頭和周圍的街道上，有些警察戴著頭盔，手持警棍和防暴盾牌。他們用白色的警示線封鎖了附近的街區。便衣警察在周圍巡邏。他們不可能讓我進入法院旁聽，但我還是覺得自己必須來到這裡。伊力哈木的其中一位律師劉曉原在社群媒體上發布了一些庭審內部的細節。他表示，伊力哈木穿著便服步入法庭，沒有戴手銬。他的妻子古再努爾（Guzelnur）坐在後排，這是她在丈夫被捕九個月後第一次見到他。

我在法院附近的木長椅遇到一對年長的維吾爾夫婦。他們告訴我，他們二十六歲的兒子是與伊力哈木和「維吾爾在線」有關的八名學生之一，這些學生在去年一月在北京遭到拘留，與伊力哈木被捕的時間差不多。官方試圖將伊力哈木描繪為分裂主義團體的首腦，團體成員還包含了他的一些學生。

那對夫婦告訴我，他們的兒子在十年前離開家鄉伊犁，前往中國東部求學。去年，他開始在北京的中央民族大學攻讀碩士。他們在一月聽說兒子遭到拘留後，等了十天都沒有任何消息。他們飛往北京，造訪了學校，但校方沒有告訴他們太多細節。後來他們回到新疆後，接到了烏魯木齊警方的通知，說他們的兒子被控危害國家安全罪。

「我們只想讓兒子成為一位有用的人，」他的母親雷茲萬古（Rezwangul）告訴我，「我兒子沒有做任何違法的事。他離家十年是為了成為更好的人。」

那對夫婦身旁坐著一位身穿黑色外套的年輕男子。他告訴我，他在兩天前從喀什來到這裡，因為他的弟弟是另一位被指控的學生。

雷茲萬古和她的丈夫昨晚搭公車來到這裡，想試著和律師談談。他們問我是否知道他們兒子或其他學生的情況，或者是法庭上的實際情況。他們說得很平靜，語氣中有種聽天由命的感覺。我告訴他們，我沒有任何資訊能告訴他們。

兩天的庭審結束後，法院並沒有立刻宣布判決結果。我前往新疆最北端進行其他採訪工作並處理重要的個人任務。我在阿勒泰市時，法院宣布了判決。法官認定伊力哈木的分裂國家罪成立，並判處他無期徒刑。這是分裂國家罪所訂的最重刑期。在法庭上，伊力哈木高喊：「不服判決，抗議！」隨後被法警押出法庭。他的太太古再努爾放聲大哭。伊力哈木的三個兄弟必須攙扶著她，陪她踉蹌地步出法庭，走到街上。

第十八章

父親的邊城

新疆・二〇一四～二〇一六年

在等待伊力哈木・土赫提的判決期間，我從烏魯木齊來到新疆北部，希望找到父親當年服役的地點。我只去過那裡一次，十五年前我曾短暫停留在賽里木湖和伊寧。但這次我想到更遠的地方，一路深入阿勒泰和中國的西北角。父親曾在那裡與伊犁國民軍的哈薩克士兵共事，當時共產黨正試圖將其意識形態傳播到這片土地的每個角落。或許我可以在阿勒泰郊外的軍事基地更深入了解他的任務與生活。

首先，我從烏魯木齊驅車前往石河子市。父親在新疆從軍期間，軍方開始在石河子建立著名的軍墾地。人們通常將這套制度稱為「兵團」，如今已為全中國所熟知。在進入石河子的通道處，展示著大型的花卉裝飾，以紀念一九五四年第一批軍墾地的成立。黃色鮮花排列成數字「六十」的字樣，因為今年正是六十週年。當時父親被派遣到溫泉縣的小型軍墾地，地點位於遙遠的西北角，地處賽里木湖以外，並與當時隸屬於蘇聯的哈薩克接壤。

在石河子，我開車行駛在空蕩又寬闊的大道上，兩旁是修剪整齊的花卉和灌木叢。這座城市擁有六十五萬人口，但感覺規模比實際上小很多。新疆生產建設兵團的官員將石河子軍墾區視為他們的重要成就並廣為宣傳，他們認為此地是改變新疆的軍墾制度基石。一九五〇年代初期至中期，二十萬名退役士兵成了第一批定居此地的居民。還有一些人來自內陸省分，因為政府以工廠的工作機會以及配備熱水浴與電話的房子吸引他們前來。然而，有些人發現自己只能睡在地上的坑洞裡，每天夜以繼日地工作。

作家盧一萍曾在採訪中提到，王震將軍在接待一些被派往新疆的女性時，曾經對她們說：「同志們，你們要準備把你們的骨頭埋在新疆了。」在我造訪當地時，昔日艱苦的景象已不復見。工廠及農場所生產的商品銷往中國各地，帶動整座城市的蓬勃發展。街道旁林立的房屋與公寓大廈就像中國其他的城市一樣。在新疆各地，有超過兩百六十萬人生活在軍墾制度下，其中九五％以上是漢族。

當然，石河子有一座軍墾博物館。博物館入口處矗立著兩架舊式軍機以及一尊王將軍手持望遠鏡站在駿馬旁的雕像。展覽中的照片與立體模型呈現出軍墾體系多年來的發展，展示了初期的泥牆住宅到城市景觀。這些展品保存得很好，我獨自一人在博物館裡逛著一個又一個展覽。在一樓的展間，我聽到一段錄音，說明了這套制度背後的策略：「毛澤東說我們需要邊疆，我們必須保衛邊疆，而保衛邊疆的唯一方法就是讓人們生活在那裡。他們不能與民爭利，必須白手起家，自行開墾耕種。」

在博物館對面的公園裡，我看到了一座金屬方尖碑。這座方尖碑是為了紀念當年移居到此的居民。這時，突然傳來的陣陣鼓聲引領我走進公園深處。在慶祝這座城市六十歲生日的標語附近，我發現一群人穿著《西遊記》與中國東北民間故事角色的服裝。他們正在為十月一日的國慶演出彩排。在休息時間，我與七十二歲的婦人張桂萍（Zhang Guiping，音譯）聊起來，她身穿綠色長袍，手握搭配好的綠色扇子。她在一九六三年從安徽省來到這裡。

「這裡有來自中國各地的人」她說，「現在這裡的生活好多了。我們以前住在地上的坑洞裡。地洞深得足以讓我們站起來，頭頂上還有木樑。我種植高麗菜、棉花和玉米，一直住在農場裡，直到退休後才搬到這座城市。」父親當年沒有生活在如此艱苦的環境中，但他的一些同袍確實如此，像是在邊境哨所或軍墾農場。這樣的生活條件讓他們許多人更效忠於共產黨，也為他們替祖國犧牲的故事設下敘事基調，日後將流傳後世子孫。

當天晚上七點半，我搭上火車前往克拉瑪依，也就是位於新疆北部的石油生產中心。在金黃色的陽光照耀下，我看到了棉花田，然後是一片片布滿日曬紅色番茄乾的土地，接著是更多的棉花田。這些都是軍墾制度的產物，從父親的年代就有了。這套制度已經達到全球規模：大量的番茄最終成為出口至義大利的罐頭番茄醬，棉花則被世界各地的工廠收購。太陽逐漸落到地平線下，不久後，一切的地貌特徵都在眼前消失了。

當天稍晚，我們在克拉瑪依的餐廳吃烤肉串時，亞迪卡·穆尼夫（Yadikar Munif）告訴我，既然我從北京遠道而來，一定得看一看油井才能離開。火車到站後，我走進這家維吾爾餐廳，亞迪卡和其他四人邀請我坐下來一起吃飯。他們彼此以普通話交談，這群人之中至少有一位漢人和一位維吾爾人。亞迪卡的父親是韃靼人，母親是烏茲別克人。中國境內的韃靼人不到五千人，我記得父親曾告訴我他在新疆遇過一些韃靼人。亞迪卡和他的朋友似乎都是石油工人。其中，三十五歲的維吾爾人梅米特（Mehmet）說，他的父母在一九七五年從喀什來到克拉瑪依，在國營的中國石油天然氣集團工作。梅米特從石河子大學畢業後，就在這裡的油井找到了一份好工作，足以養活妻子和兩位年幼的孩子。他的家人目前正在和田度假。退休後他可以領取養老金。「石油是新疆的命脈。」他說。

油田就在我前往新疆北端的路上。在遇見亞迪卡和梅米特的兩天後，我開車經過油田，看見油泵和高聳的機械設備，讓那些身穿紅色制服、頭戴安全帽的工人顯得十分渺小。一九五五年，克拉瑪依附近發現了中國的第一座大型油田，當時父親還在新疆。這件事改變了政府對這個地區的看法。過去，西北邊疆最大的用途是作為中國內陸與中亞或蘇聯之間緩衝區。如今在北京當局看來，這裡不僅僅是一塊邊緣地帶，也不僅僅是需要政府控管的非漢族聚居地，而是擁有豐富天然資源的土地，能夠為中國的工業成長提供動力。

據估計，新疆的石油儲量達兩百一十億噸，占全國總量的五分之一。但新疆地區的能源資源遠遠不止石油，更擁有全中國最大的天然氣和煤炭儲量，後者占全國總量的四〇%。天然氣管道在這個地區縱橫交錯。

油田位在杳無人煙的準噶爾盆地西緣。我漫步在油井周圍，凝視著平坦而單調的土地。我想起了鬼魂。清朝軍隊在此擊潰了衛拉特蒙古的準噶爾汗國，讓清廷不僅能夠控制新疆，也能掌控鄰近的蒙古和西藏。這片土地一直是兵家必爭之地，地下埋葬著駭人白骨，同時也蘊藏著無盡寶藏。

在中國、俄羅斯、蒙古與哈薩克交界的新疆最北端，我在布爾津的小鎮住了一晚。遙想在某個大雪紛飛的冬日清晨，父親曾在附近的村子裡等著拉雪橇而來的同袍，準備接他去阿勒泰的軍事基地。我想知道他們的任務是什麼，他們去了哪裡，以及他們與當地人有過什麼樣的互動。我在部分新疆地區看到的動盪局勢並非憑空出現。雖然父親曾經告訴我，當時漢族和其他民族之間關係友好，但他很久之前在給伯父的信中提到，他感覺到突厥民族對漢族的敵意。我想知道，今日的緊張局勢有多大的程度是源自於一九五〇年代軍隊的接管以及大批進駐的年輕士兵活動。

隔天天氣晴朗無雲，我雇用了一位司機載我到阿勒泰。沿著高原，我瞥見一位頭戴鮮紅色頭巾、穿著藍色毛衣的女子，她騎著一匹灰馬，在乾燥的草原上放牧數百隻羊。阿勒泰地區的羊聞名全中國：在二〇〇八年夏季奧運期間，這裡的羊肉飛越了兩千四百公里，橫跨蒙古大草原和戈壁沙漠，一路來到北京運動員的餐桌上。我停下來與牧民交談時，艾賈瑪爾（Aijamal）告訴我，她正要從山上的牧場移動到村子裡。她說，今年因為乾旱，羊的價格很低，所以她和其他哈薩克遊牧民族準備休息過冬。

這種季節性遷徙出現在中國遙遠的角落，遊牧民族仍在當地生活著，就像在父親的時代以及幾個世紀前一樣。隨後，離開阿勒泰後，我看見哈薩克的遊牧民族帶領著駱駝商隊，穿越可可托海國家地質公園內陡峭的花崗岩山谷。駱駝背上綑綁著傢俱，沿著兩側的花崗岩峭壁緩緩前行，這裡的花崗岩地貌是由流向北冰洋的額爾齊斯河蝕刻而成。四周的樹木綻放出秋季絢爛的紅色、橘色與黃色。先前哈薩克人拆下了他們的氈製蒙古包，連同傢俱和其他民生物品一同裝在駱駝背上。一頭駱駝身上載著蒙古包的木樑和捲起的白色氈製帳篷，沿著小路緩慢而行。這片從中國延伸至蒙古西部、哈薩克和俄羅斯的山脈景觀就和我在這個國家見過的所有景象一樣美麗。這是父親對新疆的初次印象，往後他在新疆度過的日子也讓他漸漸愛上了這裡。

阿勒泰鎮本身並不起眼，恬靜的街道旁種滿了楊樹，單調的混凝土建築坐落其間。一九五二年，父親在這裡的軍事基地短暫停留時，這裡還是只有一條街道的小鎮，只有一層樓的土坯房，幾乎沒有什麼居民。哈薩克的遊牧民族在鄉間四處遊蕩。對北京當局來說，阿勒泰地處中國邊陲且坐擁金礦及礦場，這點比城鎮本身還來得重要。

我在陽光飯店訂了房間。一旦櫃檯的工作人員將我的護照資訊和簽證頁面影印後送到當地警察局（中國政府要求外國人入住時都必須這麼做），我知道不到幾個小時後，警方就會出現要來盤問我。我每次的新疆行都是如此。有時他們會在半夜來訪，有時他們會開車把我載到警察局。在大廳裡，我觀察著坐在周圍的人。他們看起來不像便衣警察。我心想，如果警察知道我在這裡四處尋找軍事設施，他們不知道會有什麼反應。我不知道舊的哈薩克基地是否仍在運作，也不曉得鎮上有沒有人清楚這段歷史或認識第一批進駐的中國人民解放軍士兵。我意識到自己身為美國記者，在中國偏遠且敏感的角落到處遊蕩，只要一不小心就有可能被當局判定為間諜。

悉心維護的河岸在秋日陽光下熠熠生輝，西面群山環繞。人行道上的哈薩克婦女正在販售大罐的優格。我快步穿越小鎮時，只能匆匆一瞥阿勒泰的風光。當時快要傍晚，辦公室很快就要關門了。我決定先去鎮上的博物館打聽看看舊基地的事。裡面一位先生叫我到對街的民政局問問看。民政局負責管理社會福利工作並執行其他行政庶務，中國的每座城市都有一間民政局。

民政局位於市鎮廣場一側的六層黃色建築內。我一進門，發現員工正陸續離開，我擔心自己來得太晚了。大廳裡相當安靜。到了四樓，我發現兩名男子坐在一間辦公室內，牌子上寫著「古記」（古代紀錄）。其中一人表示他研究過哈薩克的歷史與文化。

「你有聽過一九五〇年代在這裡的哈薩克軍事基地嗎？」我問道。

「很多哈薩克人都曾當過兵。」他回答。

第二個人搖了搖頭。「哈薩克人與軍隊無關。」他說。

我沿著走廊繼續往下走，發現另一個有人的房間。牌子上寫著：「文化科辦公室」。

一位戴眼鏡的男子站在門口抽菸。我問這個辦公室是做什麼的，他說他們負責處理退伍軍人的給付。他悠悠地回答，同時上下打量著我。我告訴他，我想深入了解舊的哈薩克軍事基地。他問我是從哪裡來的，我回答美國。

「你是美國人，而且這涉及軍方事務，所以我們可能必須對你做背景調查，」他說，「這是國家機密。」

一位坐在辦公桌前的年輕女子招手示意我進入房間。她綁著馬尾，毛衣上是鮮豔的橘色、粉紅色與黑色條紋，在單調的環境中格外顯眼。魏陽萱（音譯）告訴我，她在十一年前入伍，當年她只有十六歲。她最近剛離開部隊，現在在民政局工作，負責輔導退伍軍人。

一位哈薩克女子坐在附近的辦公桌，正在查看文件。

我開始和魏陽萱交談時，站在門口的那位男子一直盯著我看。他香菸的煙霧在空中繚繞。我不曉得他的職位，也不清楚他有什麼樣的權力。他又盯著我看了一會兒，然後從走廊離開了。

雖然我對父親在這裡的生活所知甚少，但我盡量把我所知道的一切告訴魏陽萱，說我在尋找曾隸屬於第五軍的哈薩克騎兵基地。她面帶微笑聽我講起這個故事。她似乎能夠理解我想要深入了解父親的軍旅生活。

「我見過很多老兵，」她說，「幾個月前，一群七、八十歲的退伍老兵來到阿勒泰。我聽他們聊起他們在這裡的時光。他們是第一批來到這個地區的士兵。你提到的騎兵隊聽起來很耳熟，但細節我不清楚。或許我可以打電話問問看這件事。」

魏陽萱在手機裡找出一張照片。照片上有一群長者在墓地旁進行焚燒紙錢的儀式。標誌牌上寫著他們在烈士陵園。

「這就是那群老兵來這裡做的事，」她說，「非常感人。」

「他們有沒有人提到曾經與哈薩克士兵共事？」我問道。

她搖了搖頭。

剛剛抽菸的人又走進了房間。他穿上了一件亮藍色的外套，身後跟著一位年輕女孩，看起來像是他女兒。他又盯著我看。

「你得走了，」他跟魏陽萱說，「我得鎖門了。」他全程緊盯著我。

魏陽萱揮了揮手讓他離開。「你先走，」她說，「我來鎖門。」他和女孩離開時回頭看了一眼。

時間不早了，魏陽萱很快就得離開了。如果其他同事看到她在辦公室裡和我談話，可能也會開始問東問西。

我突然發現，現在是美國東岸時間早上七點。我的父母應該都在維吉尼亞的家中。如果我打電話給父親，他可以向魏陽萱描述哈薩克基地，這樣一來她就能確定基地的位置並找出更多資訊。雖然機會渺茫，但時間所剩不多了。

父親接起電話。我告訴他我在阿勒泰。

「你在哪裡？」他說。他聽起來很懷疑的樣子。一九五二年他在這裡的時候，士兵們只能透過寫信與中國其他地區的人聯繫，根本沒辦法與國外的任何人聯絡。

我告訴父親，此時此刻我在鎮上的民政局，正在和一位負責退伍軍人事務的女士交談。我請他向魏陽萱形容一下哈薩克基地的樣子，接著把手機遞給了她。

他們聊了幾分鐘。我朝窗外望去。在下方的廣場上，我看到兩輛警車停在那裡。車子很大，側面有敞開的大窗戶，就像美國城市裡的餐車。車上的藍色警燈閃爍著。警車周圍站著幾位身穿黑色制服和防暴裝備的警察，他們身上配戴著頭盔、警棍和防彈衣。我似乎看見其中一位警察抬頭看了看大樓窗戶。我迅速躲了回來。他們沒辦法從這麼遠的距離判斷我是外來者，但在警察面前我總是感覺很脆弱。

魏陽萱把手機遞給我。

「我剛剛跟她說了第五軍基地的事，」父親對我說，「現在換你告訴我你為什麼在阿勒泰。」

「我幾個小時後再打電話跟你解釋。」我說。

我的時間不多了。我懷疑當地警局已經看到了飯店傳真給他們的旅行文件，他們可能正在找我。

魏陽萱要我再等幾分鐘。她打了幾通電話。我再次望向窗外的移動式警察站。警燈仍持續閃爍，在廣場上投射出變幻莫測的藍色光影。

我聽到魏陽萱在和一個人說話，她稱呼他為陳先生。然後她放下電話，轉向我。

「陳先生是從舊軍事司令部退休的政委，」她說，「他在一九五二年三月來到阿勒泰，跟你父親同年。他說你父親一定是原本隸屬於國民黨軍的騎兵第七師，後來才投靠共產黨軍。」

她停頓了一下，她看出來我一臉疑惑。

「我很確定他不是國民黨軍的，」我說，「他到北京上大學後，在一九五〇年加入人民解放軍。」

「你說他曾經是這裡騎兵團的一員，」魏陽萱說，「那支投誠後駐紮在這裡的國民黨軍有騎兵部隊，陳先生說你父親一定是那個部隊的一員。」

「他一定是搞錯了。」我很確定父親沒有加入國民黨軍。

「陳先生說，那支阿勒泰部隊的領導人是韓有文。那支部隊隸屬於阿勒泰軍分區。軍分區總部就在大街上的隔壁第二間。」

「他還知道那支部隊的其他事情嗎？」魏陽萱搖了搖頭。

「我認識很多像你父親這樣的人，」她說，「不久前我還在部隊服役，和很多退伍老兵聊過。我跟你提過，幾個月前我看到第一批派駐在阿勒泰的士兵再次聚首。我知道當兵的時光在人們心中占有一席之地。當人年紀大了，他們會越常想起年輕時做過的事，這些回憶變得越來越重要。這成了他們生活的中心。所以我想盡可能地幫助這些退伍軍人。」

坐在附近辦公桌的哈薩克女子整理好她的文件。她起身戴上頭巾，然後走了出去。

魏陽萱壓低了聲音。「我們所有的電話都被監聽了，」她說，「這件事情很敏感，所以我不敢多說些什麼。」

她停頓了一下，然後說：「我會試著再多打幾通電話，問問看那個基地的事。」「我明天一早就要走了，」我說，「我能跟陳先生碰個面嗎？」「我幫你問問看，但我認為他不會和一個美國人見面談這件事。」

我們交換了電話號碼。

我走下四層樓梯，離開了大樓。我穿過廣場，漫步在大街上。暮色籠罩著整個小鎮。落日餘暉將天空映照得滿天霞紅。

在我的左邊，我看到了阿勒泰軍分區總部。

總部的正門是灰色的混凝土拱門，周圍搭著竹製鷹架。藍色金屬板在總部前圍成一道施工圍牆。建築物的外牆正在翻修。越過大門，我看到一棟四層樓高的棕褐色建築，大門口上方的紅色圓形標誌寫著「八一」的字樣。這個數字指的是八月一日，也就是一九二七年中國人民解放軍正式成立的日子。

父親告訴我，他在前往哈薩克基地度過兩個月的日子之前，曾在阿勒泰市區的一處小型軍事基地停留了幾個小時。我意識到，這棟軍分區總部一定是那個基地的延伸，或是建立在那個基地的原址上。

我掏出手機，快速拍了幾張照片。我才正準備要走，一位身穿棕褐色迷彩制服的年輕士兵離開了正門的崗哨，快步朝我走來。他的表情看起來很嚴肅。

「你是誰，為什麼在這裡拍照？」他說。「馬上把照片給我看。」

自從踏上阿勒泰這塊土地，我一直擔心這一刻的來臨。我太大意了。我瞥了他身後一眼，以為會有更多他的同事出現。

他再次要求我給他看手機裡的照片。我滑著最近拍的那些照片時，他叫我刪除基地正門和民政局的照片，我就是在民政局遇見魏陽萱的。我照做後，他揮手讓我離開。

隔天早上，警察過來找我。飯店裡有個人告訴我，凌晨時有四位警察來問過我的事。他們沒有到我的房間來訊問我。我打電話給魏陽萱，問她有沒有詢問過退休的政委陳先生，以及我今天是否能和他見面。「如果有他的消息，我會通知你。」她說。她在電話裡聽起來很冷淡。

我決定在城裡多待幾個小時，以免錯過陳先生同意和我見面的機會。我回到博物館，那些警察跟著我。他們一共有四個人，都是高大的男子：兩個看起來是哈薩克人，一個維吾爾人，還有一個漢人。他們身穿普通的外套和深色褲子。其中一人的外套上印有芝加哥公牛的標誌。

我穿梭在展覽之間，想找出任何與一九五〇年代阿勒泰軍隊相關的資訊，但一無所獲。博物館的策展人更熱衷於宣傳這個地區的田園風光。「阿勒泰地區自古以來就是遊牧民族的天堂。」阿勒泰地圖旁的圖說寫道。標示上列出了這裡的民族：敕勒人、斯基泰人、匈奴人、鮮卑人、柔然人、突厥人、蒙古人以及哈薩克人。牌子上寫道，這些民族在「中華民族」的歷史上扮演重要角色，這個說法強化了官方的論述，也就是中亞的這些角落一直隸屬於被稱為中國的政治實體。

在我四處參觀時，兩位警察也假裝在看展覽。後來，他們跟著我來到露天市集和餐廳。我攔了一輛計程車，請司機載我出城到花崗岩山脈的保護區可可托海。但就在我們出發前，跟在後面的警察下了車，揮手示意計程車司機過去。司機上了他們的車。我等了大約半小時，但感覺上更久。他回到計程車上時很安靜。他說他們在問我要去哪裡。我們開車到了阿勒泰郊區，越過一座跨河大橋，離開了這座城市。警察跟著我們來到橋邊，然後停了下來。他們就像美國西部電影裡的警長一樣，把我趕出了城外。我現在成了別人的麻煩了。

兩年後，二〇一六年八月，我再次前往新疆北部，想要看看父親最後兩次駐紮的地方。我在北京搭上飛機時，我意識到這段探索之旅早在二十年前就開始了，當時我搭乘長途巴士前往賽里木湖和伊寧。父親開始和我聊起他的軍旅生涯，那時我對新疆歷史與政治的理解還很膚淺。從此以後，我在新疆（包括父親曾經生活的地方）的旅行與報導經驗讓我了解到這個地區複雜的一面。最令我感到震驚的是國家安全制度對於新疆持續擴大的控制，而且這種控制似乎催化了漢族和其他民族之間緊張關係。父親曾經目睹政府為了瓦解漢族以外其他民族團體所做的努力，包含第五軍的哈薩克和維吾爾部隊。數十年後，這類政策觸及了所有面向，目的在於摧毀新疆基層推動自治的任何微小跡象。

父親在新疆的四個駐紮地中，第三個是伊寧郊外的巴彥岱。我從伊寧市中心出發，請司機載我到巴彥岱。我們行經帖木兒汗陵墓的岔路口，帖木兒曾在此地統治著古老的蒙古帝國。接著，我們沿解放西路抵達巴彥岱市中心。在父親的年代，這裡是個獨立的小鎮。現在，這裡是伊寧西北方的郊區，與市區幾乎沒有區別。混凝土公寓大廈座落在主要的十字路口附近，一樓多為商家。清真寺的金色穹頂在清晨的陽光中閃閃發亮。

在某個轉角處，我看見一大塊人行道被大型金屬柵欄圍了起來，彷彿臨時搭建的監獄牢房。裡面站著身穿迷彩服的安全人員。有些人戴著頭盔，手持盾牌。這一切就像戰區中的景象，而我從未在中國見過這樣的場景。閃著紅藍燈光的白色移動式警察站停在他們附近。商業區裡一處尋常的街角搖身一變成了哨所，就像我在伊拉克街區看到美國軍人與海軍陸戰隊所設立的駐點或檢查哨。這裡的警方想要清楚展示武力，卻又害怕受到攻擊，因此他們加強了自我保護措施，然而這舉動本身就是一種挑釁。從這個角度來看，這與美軍在伊拉克的駐軍如出一轍。

我朝警察站的方向走。一位維吾爾男子在旁邊的人行道上販售綠色迷彩服和黑色靴子。他還有另一個麵包攤。阿布杜拉（Abdullah）從小在巴彥岱長大，他告訴我幾十年來他目睹了許多變化。

「以前這裡有小房子、清真寺和瓜田，」他快速用手比了一下，「一條河流穿過巴彥岱的中心。」

「這裡一直都是維吾爾人居住的區域嗎？」我問道。我記得父親跟我提過，他在伊寧的室友是位維吾爾軍人。

阿布杜拉指著十字路口的中央說：「這裡發生過起義事件，維吾爾人被槍殺後埋葬在這裡。」

我在想他指的是不是一九九七年遭地方公安部隊鎮壓的叛亂事件。一位來自這個地區、現居北京的維吾爾女子曾經告訴我這件事，多年來在新疆南部綠洲城鎮的居民也跟我提過。這場起義和暴力鎮壓已經成為維吾爾人集體記憶的一環，也為二〇〇九年的烏魯木齊衝突事件埋下伏筆。

「這裡原本有一間學校，」阿布杜拉說，「後來有錢人買下了這塊地，蓋起了這些大樓。」

他將一根手指放在嘴唇上。

我們別談這件事了，他說。

在溫泉鎮一端的藍色雙層飯店裡，父親曾經在那裡泡過溫泉。數十年前，這棟簡樸的木製建築就坐落在溫泉區，父親曾在寒冷的日子裡溜進熱氣騰騰的泉水中。溫泉鎮位於山腳下，與蘇聯加盟國哈薩克接壤，地處亞洲大陸的中心。軍事屯墾地（也就是兵團）則位於城鎮的另一端。父親曾在兵團擔任共產黨長官的助手，這也是他回到東部前所待的最後一個駐地。當時溫泉鎮只有一條街道。數十年來，鎮上的某些地區一直維持不變，像是主街道、街道旁的小商店以及在大街上來來往往的蒙古人。我住在有溫泉的飯店裡。第一天晚上，在長時間開車橫跨高原上的賽里木湖後，我來到溫泉池，看見維吾爾族、哈薩克族和蒙古族男子一同在池中休息。那是個萬里無雲的八月夜晚，天氣溫暖而柔和，銀色的月光灑在飯店的庭園裡。

隔天早上，我到鎮上散步。就像在阿勒泰一樣，我身在敏感的邊境地區，但我沒有發現任何警察在跟蹤我。沒有人阻止我進入任何社區，很快我就發現自己穿梭在一棟棟農企業大樓之中，如今這裡已不再是軍墾地，更像是國營農場。這座農場與毗鄰的社區之間沒有明確的界線，與這座城市完美地融合在一起。這裡比我在石河子參觀過的重點軍墾區還小得多，儘管自父親的時代以來，農場規模一定擴張了好幾倍。這座農場占據了將近這座山城的一半。我走在安靜的街道上，看著那些單層混凝土建築，有住宅、商店、學校以及辦公室。這裡人跡罕至，與軍方有關的跡象更是少之又少。人民解放軍在幾十年前就離開了這裡。這些農田、人員和業務都隸屬於新疆生產建設兵團，這是兵團軍墾制度的正式名稱，具有商業目標。但這個組織也在一項祕密任務中扮演重要角色：維持中共對新疆地區的控制。這座農場就是龐大政府體制的一環。這座農場及其漢族居民仍然建立了實質意義上的邊境軍墾區，其名稱也反映出這一點：八十八團。

父親和最初駐紮在這裡的漢族士兵就像是現代版的清朝駐軍。每一位在首都治理天下的征服者都必須在邊疆建立統治正當性。他們的軍隊必須令人畏懼，但也要為人民所接受。父親那一代的人民解放軍駐軍是共產黨內漢族統治者的第一波代理人。數十年後，到了二十一世紀，共產黨仍然在新疆的統治正當性上掙扎。

十八世紀，清朝乾隆皇帝派遣蒙古察哈爾部到西北邊疆駐防。士兵們騎乘馬匹或駱駝長途跋涉而來，溫泉飯店附近主幹道上的石刻浮雕壁畫就描繪了當時的隊伍。察哈爾部在一六七五年起兵反叛，失敗後就被納入清朝的八旗制度。據說察哈爾部擁有成吉思汗流傳下來的御璽，因此被滿清視為重要的合作夥伴。滿清認為，在草原上其他蒙古部落的眼中，滿清與察哈爾部的關係會賦予清廷更大的正當性。北京中國人民大學的蒙古族與滿族歷史教授烏雲畢力格．孛爾只斤（Oyunbilig Borjigidai）告訴我，從成吉思汗、元朝的蒙古統治者到察哈爾萬戶（或部落）是一脈相承的。他說，察哈爾的地位和勢力遠遠超過其他蒙古部落。

我造訪溫泉縣時，當地政府正致力於推廣蒙古族的身分與文化遺產。街道上的標誌以蒙古語和漢語標示。鎮上博物館裡的地圖呈現察哈爾人的三波移民潮。在一面牆上，一首名為〈彩虹之門〉詩向這段歷史致敬。但這些文化保護政策在中國各地方政府之間有所不同，而且可能一夕之間改變。二〇二〇年，數千位來自內蒙古地區（新疆以東的察哈爾人傳統故鄉）的蒙古人抗議官員將學校的某些科目從蒙古語改為普通語教學。

如今內蒙古的漢族人口占多數，這是清朝統治者從十九世紀以來鼓勵漢人在此定居的結果。同樣的殖民化過程並沒有發生在外蒙古的土地上，外蒙古人說的是喀爾喀方言。在一九一一年大清帝國滅亡時，外蒙古的領導人宣布獨立。二〇二〇年內蒙古爆發的示威活動源自於晚清時期的律法以及共產黨的語言政策，這項政策幾年前曾在遙遠的西藏和廣東省等地引起不少抗議。旅途中，我觀察到祖父母與孩子眼裡的憤怒，也感受到老師、店主以及牧民眼裡的憤慨。帝國的縫線正逐漸鬆脫。

在我下榻的飯店，四十八歲的經理秀雲是最早一批察哈爾移民的後代。「我們蒙古人對這段歷史感到非常自豪，」我們在一樓喝茶時她提道，「我會說蒙古話，也可以讀寫。這裡多數的蒙古人都是這樣。」

她有位叔叔替報紙寫察哈爾詩歌，也會演奏「托布秀爾」（topshur），也就是西部蒙古部落流行的兩弦樂器。這位名叫馬德嘎（Madega）的叔叔經營一間製作托布秀爾的公司。但秀雲不確定這裡的察哈爾文化保存得有多好。要讓這裡的語言、習俗和集體記憶延續下去相當困難，尤其是對年輕的蒙古人來說。她有時候比較喜歡用自己的漢名，像是跟我聊天的時候。

在過去十年間，這裡每年夏天都會舉辦傳統節日「那達慕」大會（Naadam），當地居民會舉辦摔跤、射箭以及賽馬等傳統的蒙古運動競賽。去年，負責在溫泉縣舉辦這項活動的官員將節日名稱從「那達慕」（這類節日通用的蒙古語名稱）改為「溫泉節」，希望吸引更多來自中國各地的遊客。八年前，我在蒙古首都烏蘭巴托郊外看過蒙古年度最盛大的那達慕大會。我看到年僅四歲的小騎師在草原上賽馬，體型魁梧的成年男子在草地上摔跤。男男女女都穿上閃閃發亮的絲綢長袍出來觀賞比賽，袍子上繡著祥龍和彩雲花紋。我不禁好奇，這裡的那達慕是否和我當年看到的一樣。

父親沒有參加過任何這類的慶祝活動。儘管他有時候會到鎮上走走，但他的生活範圍侷限在山坡上那棟與同袍共住的泥牆住宅，以及他工作的木造辦公建築。父親經常眺望北方的群山。有人曾告訴他：「只要越過那些山，你就到了俄羅斯。」蘇聯統治下的哈薩克就在另一端。他希望有朝一日能去莫斯科看看。

我踏上溫泉縣的土地時，那棟房子已不復存在，曾與父親一起駐紮在這裡的士兵們也離開了。他們的孩子可能還在鎮上，與秀雲和其他察哈爾軍隊的後代一起住在這裡。溫泉這塊土地見證了一波又一波的軍事征戰，這段歷史也將流傳於世。

即便在軍旅生活的重重限制之下，父親卻感覺獲得解放，和之前在新疆待過的三個駐地不同。這是他待過最偏遠的駐地，甚至比他剛開始服役的阿勒泰地區還要偏遠。這裡的生活很簡樸，他的工作主要是務農，希望從土地中得到豐富的收穫。對父親來說，這裡距離蘇聯加盟國哈薩克很近，加上邊境兩側的山谷與高原多為哈薩克牧民，這讓溫泉縣感覺就像是個真正的邊境哨所。只要站在家門口，父親就能眺望北方，想像著蘇聯一側哈薩克土地上的生活，那裡住著牧民與軍人，而那些軍人也過著與他自己和同袍一樣的生活。

身穿黑色制服的警察指揮著年輕的維吾爾男子在艾提尕爾清真寺前的廣場上排好隊。警方看起來是從喀什市中心的各個地方把這些人帶到這裡。警察仔細地搜身，然後讓他們排成一列，帶他們一路走到警察局。這就和我在伊拉克看到的美軍大規模圍捕一樣。那群人離開後，幾名警察留在廣場上，遠遠駐守在清真寺的另一端。這裡停著移動式警察站。

二〇一六年十二月，我最後一次以《紐約時報》分社社長的身分展開中國之旅。我想再最後一次造訪喀什，再看一眼這座綠洲小鎮。早在我到中國任職以前，喀什一直是我重要的參照點。我追溯了父親在新疆北部的生活軌跡，但我需要看看維吾爾族聚集的新疆南部正在發生什麼樣的變化。這裡曾是中國與歐亞大陸其他地區之間重要的交會點，我在十七年間多次穿越這片土地，橫跨帕米爾高原並往返於巴基斯坦與中亞地區。更重要的是，這裡是一個受孤立的民族所屬的家園。

喀什老城區的重建已經完成，如今有了寬闊的街道和沙色的混凝土房屋。瓦礫和塵土消失了。民眾住進新的房子，晚上我看到整個社區的屋子裡都亮著燈。

但陰影仍然籠罩著這個地區。在這趟旅程中，我注意到最明顯的是警察持續不斷的監控。我一離開秦尼巴赫飯店，就有一位維吾爾人和一位漢人開始跟蹤我，兩位都穿著便服。成群結隊的黑衣警察在街上巡邏，隨機要求人們出示身分證明。我和法國攝影師吉爾斯以及我們分社的中國記者凡妮莎（Vanessa）一起造訪喀什，過去吉爾斯曾多次陪同我造訪中亞地區和中國西部。有一次，巡邏員警在露天食品市集攔下吉爾斯，要求他出示身分證明。吉爾斯出示護照後，他們才讓我們繼續前行。

在小鎮重建好的城牆上，我和兩位旅伴看到另一支街道巡邏隊的成員與一直跟蹤我們的兩名便衣警察搭話。這兩名男子停在通往城牆的樓梯腳下，一直在等我們下來。他們的徘徊引起了巡邏隊的注意。維吾爾族男子掏出錢包，向巡邏警察出示了一張卡片。我們一從城牆上下來，同一批巡邏警察就要求我們三人出示身分證明。但我把旅遊證件留在我的飯店房間。他們叫我們等一下。接著很快就來了一輛警車，他們將我們帶上車。到了附近的警局，他們詢問了我們的身分和來意。先前一直跟蹤我們的年輕維吾爾男子很快就出現了。他自稱麥可（Michael），身分證上的名字是雷薩特・尤瑟夫（Rexat Yusuf）。他用流利的英語問我們在喀什做什麼。我如實以告：這是我回美國前最後一次以駐華記者的身分在中國旅行，我想再看看這個城鎮。

他看了看吉爾斯相機裡的照片。「不要拍任何警察或軍事建築的照片。」他說。

他們開車送我們回飯店，好讓我出示我的證件。我們路過城牆附近的一片草地。

「我在那裡拍過婚紗照。」雷薩特說。在飯店裡，他說為了我們的安全，他會盯著我們。

「喀什對外國人來說可能很危險。我們想確保你們的安全。」

我們離開飯店時，雷薩特和其他四名便衣警察跟著我們。我後來從其他外國記者那裡得知，雷薩特（或麥可）在他們訪問喀什時也跟蹤過他們。在街上，我們回頭看他和他的團隊時，他們就會迅速低頭看手機。

我在附近看到更多的移動式警察站。後來我才知道，在二〇一六年，新疆當局下令在全區部署數千個移動式警察站，並指派數萬名警察來負責營運。當時，新疆維吾爾自治區黨委書記陳全國剛從治理了五年的西藏中部來到這裡，他下定決心要將西藏嚴密的警察制度落實到新疆。

當時，他還開始在新疆地區打造大規模的拘留營和高科技監控系統，目的在限制維吾爾文化與社會。儘管有報導採訪了被關押在拘留營的維吾爾人家屬，也有外國學者針對衛星影像進行研究，共產黨起初還是否認這些拘留營的存在。等到證據累積到一定程度之後，共產黨開始聲稱這些地方是為了「教育轉化」和「職業技能教育」所設計。實際上，官員們利用這些拘留營試圖抹除維吾爾人和漢人之間的文化差異，並壓制伊斯蘭習俗。甚至早在拘留營之前，新疆地區的宗教習俗就已經產生了變化。在我第一次訪問新疆時，我看到女人戴著遮住全臉的面紗，男人蓄著長長的鬍子。但現在我看到女人只戴頭巾，留長鬍子的只有老人和巴基斯坦商人。

到了二〇二〇年，中國境外的分析師估計，在近四年的時間內，已經有至少一百萬的維吾爾人被迫進入拘留營。在華盛頓特區，我遇到了兩位維吾爾女子，她們分別告訴我她們的家人在新疆失蹤或因無端指控而遭到監禁。美國公民茹仙・阿巴斯（Rushan Abbas）告訴我，就在她於華盛頓的研究中心「哈德遜研究所」（Hudson Institute）發表拘留營的演說僅僅六天後，她生病的姐姐和六十四歲的阿姨隨即在新疆遭安全人員拘留。中國的維安機構關押無辜的維吾爾居民，試圖恐嚇和打壓與他們有親屬關係的海外維權人士，阿巴斯就是其中之一。

另一位名叫雷汗・阿薩特（Rayhan Asat）的女子是哈佛法學院的第一位維吾爾族畢業生，她告訴我，她的年輕企業家弟弟伊克帕（Ekpar）在前往美國參加為期三週的國務院交流計畫後，回國就在烏魯木齊遭到拘留。這件事發生在二〇一六年，也就是我最後一次訪問新疆的那年。雷汗說，她在二〇二〇年一月得知，法院以煽動民族仇恨的罪名判處他十五年有期徒刑。在那段期間，中國當局不僅利用拘留營關押維吾爾人，法院也以異乎尋常的速度將維吾爾人送入監獄。《紐約時報》分析發現，在二〇一七和二〇一八年，新疆法院總共判處二十三萬人監禁或施以其他懲罰，遠超過過去數十年來的紀錄。這還不包括遭監禁在拘留營的一百多萬名維吾爾人和穆斯林。

當局還採取了其他措施來控制維吾爾人。維吾爾女性在受訪時表示，官員強迫她們使用侵入性的避孕方法並接受絕育手術。這導致新疆部分地區的出生率急劇下滑。當局還強迫維吾爾人到工廠工作，更夷平了數以千計的清真寺和神殿。

二〇二一年一月二十日，也就是川普政府任期的最後一天，國務卿龐培歐（Mike Pompeo）將中國在新疆的作為認定為「種族滅絕」和「違反人道罪」。一些國務院內部的律師認為，這些行為並不符合種族滅絕的法律定義，但我認識的維吾爾維權人士卻對美國政府的舉措大加讚揚，後來上任的拜登總統也維持了同樣的立場。隨著中美關係惡化，中共對維吾爾人的壓迫儼然成為華盛頓當局的重要議題，但美國首都的官員們對此事的關注卻來得太晚了。早在美國的政治人物開始關注習近平對新疆的強硬政策之前，美國的駐華記者就已經看出了端倪。

在喀什的最後一晚，我最後一次漫步在這座城市。我走進一間賣地毯的店家，店主是阿布都・瓦哈卜（Abdul Wahab）一家人。阿布都是年輕的維吾爾人，我在之前的旅行時認識了他。他經常到中國東部的城市賣地毯。他現在正準備回喀什結婚，但飛機卻因為大霧而被困在烏魯木齊。今晚他的父親阿瑪德（Ahmad）負責看店。雷薩特跟我走了進來，其他幾名警察選擇在外面等候。

阿瑪德攤開一塊漂亮的藍色羊毛地毯，上頭有維吾爾傳統的紅色石榴圖案。

雷薩特站在我身旁仔細地端詳。「我覺得這塊地毯不錯。」他說。但他對阿瑪德開的價錢搖了搖頭。

這是我從雷薩特口中聽到的最後一句話。我走出阿瑪德的店之後，再也沒見過他或他的同伴。不久後我就離開了中國。吉爾斯告訴我，他在接下來兩次的喀什行又見到了雷薩特，但在二〇一八年後卻再也沒有遇過他。這很奇怪，因為多年來雷薩特一直負責處理外國記者的訪問事務。一位年長的維吾爾警察告訴吉爾斯，雷薩特去探親了。我心想，雷薩特是不是被送進了拘留營或監獄，因為就連維吾爾官員或權威人士也難逃遭拘留的命運。許多像雷薩特這樣經常與外國人接觸的人最終都進了監獄或拘禁營，接受他和他同事所說的「教育轉化」。

第十九章
雪獅怒吼

西藏・二〇〇九～二〇一六年

在大經堂裡，身穿深紅色袈裟的藏族僧侶面對面坐成兩排，雪花漸漸飄落在緊貼著山壁而立的白色佛寺裡。這預示著藏曆新年「洛薩」（Losar）[29]的祥瑞開端，二〇〇九年的洛薩落在二月的最後一週。我站在大殿的後方。對面金色祭壇上的酥油燈燭光搖曳。一位坐在祭壇附近的僧侶開始穩定地擊鼓，其他僧侶則低聲吟誦佛經，讀的是隆務寺保存數個世紀的薄薄經書。

一位正在觀看儀式的年輕僧侶走到我身旁。「這不是洛薩，」他說，「他們去年殺了那麼多人。」

他想表達的是，這是守夜儀式，不是新年慶祝活動。根據流亡藏人團體估計，一年前，就在北京夏季奧運的前幾個月，青藏高原各地發生騷亂，中國公安部隊在鎮壓過程中殺害了許多藏人，還有數千人遭到拘留或監禁。這些抗議和騷亂是中國數十年來最大規模的民族

29　譯注：「洛薩」是藏語「新年」的意思。在藏曆新年期間，藏人會舉行為期十五天的慶祝與祈福活動。

動亂。現在，藏人不再走上街頭，但另一種抗議中國統治的方式已經在藏人之間流傳：在洛薩前後不舉辦任何慶祝活動。這次的沉默示威也是為了紀念一九五九年三月在拉薩發生反解放軍占領的騷亂事件屆滿五十週年。當時，人民解放軍朝人群開槍，並對達賴喇嘛的夏宮羅布林卡發射炮彈，迫使達賴喇嘛喬裝成士兵逃離拉薩，一路騎馬穿越喜馬拉雅山脈抵達印度。

生活在共產黨統治下的六百萬名藏人之中，多數都知道今年抗議活動的意義，他們大多生活在草原與山谷等世居的土地上。在整個高原地區，商人、游牧民族與農夫都避免公開慶祝。雖然官員會用金錢來獎勵那些願意慶祝的人，他們也不放鞭炮，街道上空無一人。示威者將原本歡欣鼓舞的洛薩節日奏成一曲輓歌，以紀念去年衝突事件中逝去的人，並表達他們希望現年七十三歲的達賴喇嘛能夠重返西藏。北京的藏族詩人及部落客茨仁唯色（Tsering Woeser）告訴我：「這是整個民族的自我覺醒。」我見到隆務寺的住持夏察（Shartsang）時，他的態度更為謹慎：「政府認為我們應該好好慶祝這個節日。可以肯定的是，今年人們沒有像往年那樣慶祝。」

二〇〇九年二月，在我開車穿越新疆南部的維吾爾穆斯林綠洲城鎮並報導政府如何控制伊斯蘭教的五個月後，我抵達了隆務寺。我想一窺藏人（尤其是神職人員）在青藏高原的騷亂發生一年後，是如何在中國當局的重重限制下生活的。在洛薩期間，我花了三天的時間穿梭在這座擁有七百年歷史的金頂寺院以及蜿蜒的小巷之間。這座寺院住著四百名僧侶。其中一些僧侶警告我要小心，因為寺院周圍安裝了監視器，還有偽裝成僧侶的安全人員在院內走來走去。

一九九九年，在橫跨中國的陸路旅行中，我騎馬穿越游牧草原，並造訪了藏傳佛教中備受尊崇的拉卜楞寺（Labrang Monastery），那時是我第一次接觸到西藏世界。然後在我二十多歲時，當時我是在紐約工作的菜鳥記者，我利用每年的假期到喜馬拉雅山進行長途的徒步旅行，讓我對西藏的情況有更多的了解。二〇〇一年，在為期五週的西藏中部之旅中，我參觀了拉薩，並在甘丹寺和桑耶寺之間的朝聖之路徒步走了四天。在其他的旅程中，我與居住在尼泊爾、印度喜馬拉雅山區的拉達克、錫金、大吉嶺以及喜馬偕爾邦的藏人交談。

這些對話讓我了解到，西藏和新疆是清朝的滿族統治者亟欲征服的內亞區域，也是共產黨試圖控制的當代帝國領地。滿族統治者曾使用不同的手段企圖征服這個地區。清朝政府在西藏保留了一些軍隊，但從未將西藏地區劃分為行省；但在經過多次征服以及長期的軍事占領後，一八八四年清朝正式在新疆建省。清政府與西藏統治者之間存在複雜的權力關係：滿族皇帝將達賴喇嘛和其他如格魯派等教派的神職人員視為宗教顧問，以強化清政府在帝國內佛教徒之中的統治正當性，特別是蒙古人。

搬到中國後不久，我發現自己經常造訪新疆和大西藏，這兩個地區加起來約占中國領土的三分之一。在這些地區，動盪的浪潮一波接著一波，頻繁程度在中國其他地區無法想像。我想知道，這在多大程度上源自於共產黨早期的政策以及人民解放軍在一九五〇年代的軍事占領，當時父親被派駐在西部。數十年來，共產黨就像先前的滿族和國民黨統治者一樣，針對每個地區採取了不同的做法。包含習近平父親習仲勳在內的共產黨官員曾經爭論應該如何強制同化當地人民。他們的結論隨著年代和地區而產生變化。儘管共產黨對西藏和新疆採取截然不同的策略，但在控制的形式上往往極為相似。

共產黨對於西藏問題的焦慮與執迷主要集中在富有魅力的第十四世達賴喇嘛身上，他在藏人中受到的尊崇程度不亞於數個世紀以來透過轉世傳承的歷任領袖。多年來，共產黨公開將他妖魔化，指責他策劃反華陰謀。在二〇〇八年的西藏騷亂期間，西藏自治區黨委書記張慶黎稱他為「披著袈裟的狼」。一九九六年，中國當局下令禁止持有達賴喇嘛的照片，卻激起了藏人強烈的憤怒。在隆務寺，我和一位五十三歲僧侶在他的房間裡交談，他拿起了五個空著的玻璃相框。警察在去年三月的鎮壓行動中查獲了這些照片。「他們闖入我的房間，拿走了所有達賴喇嘛的照片，」他說，「然後他們用鐵絲捆住僧侶的手腕，將他們一個個帶走。」

隆務寺距離丹增嘉措（達賴喇嘛）的出生地紅崖村不到三小時的車程，紅崖村位於西藏東北部的安多地區，也就是中國官方所稱的青海省。紅崖村並非以立場激進的寺廟而聞名，但此地仍然是僧侶抵抗不公平政策的重要據點。甚至在二〇〇八年西藏騷亂之前，這裡的僧侶就曾與附近同仁縣（藏語為熱貢）的藏族居民攜手，抗議官員處理藏族和回族穆斯林之間糾紛的方式。在那次事件中，警察拘留了兩百多名僧侶。然後在去年三月的騷亂期間，包圍寺廟的安全人員遭到僧侶以石塊襲擊。

隨後逮捕行動接連不斷。整個夏天，官員強迫寺院的領導人住進附近的學校並接受「愛國教育」，要求他們學習中國的法律並譴責達賴喇嘛。我發現，此舉根本無法撲滅憤怒的火焰。如今，這座寺院住著約三十位在鎮壓期間逃離拉薩哲蚌寺和色拉寺的僧人。

我行經隆務寺時，發現一些僧人已經將達賴喇嘛的照片重新掛在大經堂和臥室裡。一位僧人拿起了掛在脖子上的達賴喇嘛護身符。

「中國人都說我們是一個國家，」他說，「但我們怎麼想？你們根本不知道我們心裡怎麼想。他們根本不知道我們心裡怎麼想。」他拍了拍他的胸口。

與中國官員的說法相反，達賴喇嘛對藏人的影響相當溫和。在西藏議題上，他主張所謂的「中庸之道」：藏人應該要求在中華民族內實行西藏自治，而非獨立。二〇〇八年十一月，數百名流亡藏人應達賴喇嘛的要求，在達蘭薩拉（Dharamsala）聚集並花了六天的時間討論這項政策，因為中國政府在三月叛亂與鎮壓行動後態度愈趨強硬。我出席了這場祕密會議，並遇到一些希望達賴喇嘛呼籲西藏獨立的年輕藏人。最終，多數與會者對於中庸之道的做法表示肯定。但也有人私下談論達賴喇嘛去世後可能發生的事：一些藏人警告我，青藏高原各地可能會發生暴力起義運動。

在隆務寺和同仁縣待了三天後，我決定是時候離開了。與我同行的旅伴，有藏族司機桑蓋（Sangay）以及兩位《紐約時報》的同事——日本攝影師深田志穗和美國記者強納森（Jonathan）。我們在當地閒晃勢必會引起注意。警察和武警仍持續出沒在整個同仁縣。某天晚上，我們看到一隊身穿防暴裝備的安全人員沿著一條遭封鎖的道路行進。我們聽說有三百名警員在當地體育場進行了一個下午的訓練。

桑蓋沿著高原往東南方行駛，路面都結冰了。我們越過一座座矮小的山脈，經過通往拉卜楞寺的岔路。我們不畏困難繼續前進，目標是抵達格爾登寺（Kirti Monastery）。根據西藏流亡團體的報導，一年前公安部隊在格爾登寺開槍打死了約二十名示威者。接近午夜時分，在白雪皚皚的山間道路上，我們遇到了由六名年輕的人民武裝警察（一種準軍事部隊）所駐守的檢查站。武警用手電筒照我們的車，並要求查看我們的護照。他們看到我們的記者簽證時，便打電話給當地警察局。

那天晚上，警察在走廊盡頭持續盤問桑蓋，我們在警察局的房間裡等了很久。我焦急地打電話給北京的外交部官員。到了早上，一名員警說桑蓋必須開一整天的車送我們到甘肅省省會蘭州，接著我們這些記者必須搭飛機回到北京，而桑蓋將獨自返家。數輛警車護送我們往北開，經過去年發生暴動的西藏城鎮。在這個地區，騎著馬的藏人衝進學校操場，扯下中國國旗，升起有兩隻西藏雪獅的旗幟，高喊「自由西藏」（Free Tibet）。現在這裡處於戒嚴狀態。我們看到成群的武裝警察手持突擊步槍站在街道上，他們以沙袋作為掩護，站在後頭嚴密監視著一切。軍用卡車的車隊在街上隆隆作響。在我們繼續疲憊地驅車前往蘭州之前，警察護送隊的隊長讓我們在鎮上和他一起坐下來享用午宴。

我們住進旅館，等待第二天早上的班機。警察則住進附近的房間。我們上網查看新聞時，發現了為什麼武裝警察會在距離阿壩縣格爾登寺幾小時路程的地方設立檢查站。就在我們開車前往格爾登寺時，一位名叫扎白（Tapey）的年輕僧侶在當地市場自焚。這是近期第一起藏人自焚事件，在接下來的數年間，西藏陸續發生許多起自焚事件，其中許多是來自阿壩的僧侶、前僧侶以及尼姑。這些絕望之舉在整個青藏高原掀起陣陣餘波，一路蔓延至拉薩，因為高原上的人們正想盡辦法抗議共產黨的統治。

在父親曾經駐守的新疆，儘管局勢緊張，但我在中國待的那幾年間，記者進入當地採訪大多不成問題。然而，在西藏中部，也就是藏人稱為「衛藏」、中國政府稱為「西藏自治區」的高原沙漠地區（包含拉薩），則完全是另一回事。中國官方禁止外國記者前往當地，但外交部舉辦的官方旅行團例外。在這些旅程中，隨行人員會帶著記者造訪好幾個地方，每一站都有事先安排好的採訪對象。中國政府試圖在世界屋脊上營造一個充滿假象的「波坦金村」（Potemkin Village）[30]，記者們將這種報導經驗與北韓之旅相提並論，只是空氣更稀薄，食物更糟糕。

我在二〇一〇年七月接到了邀請，那時西藏騷亂已經過了兩年多，新疆暴力事件也過了一年。中國漢族聚居地以西的廣袤土地曾經是清朝的內亞帝國，如今就像是巨大的火藥庫。我接受了邀請，在某天早上與三十位左右的外國記者在北京機場集合，準備搭乘中國國際航空公司的班機前往拉薩，航程約四個半小時。

對我來說，世界上沒有任何自然景觀能像西藏中部的高原沙漠那樣震撼人心。比起我造訪過的高原東北部（也就是隆務寺的所在地），西藏中部更靠近喜馬拉雅山。在海拔將近三千六百公尺的地方下飛機，稀薄的空氣、褐色的山脈以及湛藍的天空立刻喚起了我九年前第一次前往拉薩旅行的回憶。當時我還不是駐華記者，我透過旅行社取得了前往西藏的觀光許可證。在五週的時間內，我在朝聖之路上露營，住在佛寺裡，並搭公車到一處山谷。西藏第一位國王聶赤贊普在那處山谷建造了雍布拉康宮，其巍峨的瞭望塔矗立在山頂上，俯瞰著底下綠油油的農田。我在當地的客棧與僧侶住在一起。

現在，外交部官員將我們趕上巴士，並警告我們不要脫隊。對我來說，這代表接下

30　譯注：據傳俄國女皇凱薩琳大帝出巡時，寵臣格里高利．波坦金（Grigory Potemkin）為了取悅女皇，便在女皇行經的路線建立一個假村落，營造繁榮興盛的景象。在政治領域，「波坦金村」（Potemkin Village）意指給人虛假印象、用來粉飾太平的面子工程。

來五天的旅程會很不一樣。第一天的晚宴更強化了我的看法。在官員的要求下，一群身穿傳統黑色長袍、頭戴珊瑚與綠松石首飾的藏族女子為我們跳起了舞。接著身穿五顏六色長袍的藏族男子也隨之登場。在這波政治宣傳大戲中，中國政府透過這樣的形象，將漢族以外官方承認的五十五個少數民族描繪為身穿傳統服飾、盡情唱歌跳舞的人民，或許是為了表現他們在共產黨的統治下感到滿足。

他們帶我們去有警察站崗的歷史遺址：大昭寺、八廓街的轉經道以及布達拉宮。布達拉宮建於市中心的紅山之巔，裡頭容納了近一千個房間，我走過一座幽暗的大殿，看著歷代達賴喇嘛的靈塔，每座靈塔殿的外觀看起來就像大型的佛舍利塔或佛塔。這裡自十七世紀以來一直是達賴喇嘛的冬宮。我想起一年前在印度與第十四世達賴喇嘛的會面，他是觀世音菩薩的化身，而觀世音菩薩代表慈悲的菩薩，也就是母親與中國南部許多民眾所尊崇的觀音。我在想，如果有一天達賴喇嘛回來了，會怎麼看待自己童年的家園。

流亡藏人推測，一旦達賴喇嘛去世，國際間會因為繼承問題而爭論不休，因為中國政府將出面揭曉他的轉世靈童，即第十五世達賴喇嘛。達賴喇嘛的助手和西藏學者告訴我，中國政府很可能按照傳統程序尋找轉世靈童：指定一個由喇嘛組成的搜查小組，然後造訪神祕的拉姆拉錯湖尋求啟示；向類似乃瓊護法身分的人問卜，乃瓊護法是達賴喇嘛的個人護法，會在被附身時提供預言；並在村莊中尋找在靈授方面表現早熟的孩童。接下來則是金瓶掣籤的流程，乾隆皇帝在一七九二年提出此程序，作為北京朝廷控制高僧遴選的方式。由搜查小組找到的候選人姓名會寫在象牙籤上，然後從金瓶中抽出或搖出其中一個。近年來，中國政府表示他們打算採用金瓶掣籤的程序。流亡藏人相信，最終中國官方認為合適（意指容易操控）的西藏男孩將在拉薩登基，成為第十五世達賴喇嘛。

在數度造訪達蘭薩拉之後，我了解到當地與達賴喇嘛關係緊密的神職人員將會主導另一個截然不同的轉世探訪過程，最終一定會在中國控制的西藏地區以外找到轉世靈童。很難想像他們會冒險在中國的控制範圍內選定一位靈童。雖然共產黨秉持無神論的立場，但他們預料到可能出現兩個對立的達賴喇嘛，因此在二〇〇七年頒布了一項法律，規定所有的轉世活佛需要經由政府批准。

一九九五年，達賴喇嘛發現在西藏指定轉世靈童具有一定的風險。當時他認定一名六歲男童為新任的班禪喇嘛，即格魯派的第二號精神領袖。隨後，中國當局立刻將這位名叫根敦確吉尼瑪（Gedhun Choekyi Nyima）的男孩以及他的父母帶走，並任命了他們自己的班禪喇嘛。如果真正的班禪喇嘛還活著，現在已經三十多歲了，但他至今仍然下落不明。

在造訪西藏中部時，中國官員帶我們搭乘巴士，沿著雅魯藏布江翠綠的河水，前往日喀則市的扎什倫布寺，即歷代班禪喇嘛的駐錫之地。他們請了一位高僧為我們講解寺院的歷史。我們針對失蹤的第十一世班禪喇嘛下落提出疑問，但高僧一一迴避我們的問題，最後官員草草結束了這場講座。

二〇〇九年五月，我和達賴喇嘛在他位於上達蘭薩拉的麥羅甘吉（McLeodganj）小鎮住所交談時，他點出了轉世靈童的各種可能性。這位轉世靈童可能出現在中國以外更廣闊的藏區，或許是在蒙古或尼泊爾，甚至是在美國。下一任達賴喇嘛可能是女性，或者根本就沒有下一任。甚至，轉世靈童可能在現任達賴喇嘛還活著的時候出現。

「這屬於宗教事務，」達賴喇嘛對我說，當時我們在接待大廳裡相鄰而坐，大廳周圍環繞著芬芳的雪松樹。「當然這具有政治意涵，但主要是宗教問題、靈性問題，因此我必須與精神領袖討論。」

在與達賴喇嘛會面一個月後，我獲得了印度當局的許可，前往第六世達賴喇嘛的出生地達旺（Tawang）。達旺位於喜馬拉雅山東部，與不丹接壤，擁有茂密的森林、白色的佛塔和梯田山谷。新德里政府認為這裡是印度極為敏感的地區。在中國和印度之間四千〇五七公里的喜馬拉雅邊界上，達旺是兩個戰略重鎮之一，中國軍隊曾在一九六二年十月入侵此地。中國軍隊占領達旺一個月後撤退。從此以後，印度政府當局一直懷疑中國人民解放軍會再次試圖奪取這個地區，特別是因為達旺與達賴喇嘛世系有直接關係，而且中國政府堅持他們擁有該地的主權。達旺就像臺灣和整個南海一樣，屬於共產黨帝國野心的一環。

行經這個地區時，我看見印度軍用卡車在崎嶇的道路上拖曳著榴彈炮，軍人們在田野裡接受訓練。在主要城鎮北邊的標誌上寫著，這裡距離中國邊境僅三十七公里，拉薩五百〇九公里，北京四千三百〇七公里。在印度大型的藏傳佛教寺院達旺寺，許多僧侶對中國統治的前景表示輕蔑。「我痛恨中國政府，」負責看管寺院博物館的七十歲僧人貢布茨仁（Gombu Tsering）表示，「西藏甚至不是中國的一部分。拉薩也不是中國的一部分。」

就像達旺的其他居民一樣，他是門巴人，他們的語言與藏語密切相關，而且同樣信奉佛教。北京當局知道達賴喇嘛曾多次造訪達旺寺，他們也知道根據一些流亡藏人推測，第十四世達賴喇嘛去世後，可能會在這裡找到他的轉世靈童。

畢竟，第六世達賴喇嘛就在這裡出生。我拜訪了第六世達賴喇嘛童年時期的家園，那是一棟位於鄔堅嶺村莊（藏語稱為烏金林）的簡樸雙層白色建築，四周環繞著樹木。經幡在樹林間的空地隨風飄揚。一位駝背的女士穿著紅色條紋長裙，正在祭壇前倒出黃銅燭臺裡的油。詹帕雷瑪（Jamparema）今年六十歲，從小就負責照顧這個家。

「他是百分之百的門巴人，是唯一成為達賴喇嘛的門巴人。」她談到第六世達賴喇嘛時說道。十七世紀末，倉央嘉措在三歲時被認定為轉世靈童，從此他就被帶往錯那（Tsona），並在喇嘛的監護下生活，隨後於十四歲時在拉薩正式登基。成年後，他並沒有扮演傳統達賴喇嘛的角色：他喝酒，與女性交往，並寫詩讚頌世俗的人生樂趣。即使他的死亡也籠罩著一股反傳統的氣息，因為他的死法眾說紛紜。有一種說法是，他被與清廷結盟的蒙古衛兵綁架並遭到軟禁，直到三百年前圓寂，當時他年僅二十四歲。另一種說法是他獲得了自由，隱姓埋名地在西藏各地遊歷。

一年後，我參加中國政府為記者安排的旅遊行程，在布達拉宮參觀時，我一直在尋找第六世達賴喇嘛在夜晚時偷偷溜出去的通道。他的行為展示了這個職位在本質上具有一定的彈性。達賴喇嘛的制度一直是能順應時代變遷的政治制度，會隨著西藏內部的政治變化以及西藏與蒙古、滿清和中華帝國統治者之間的關係而改變。除了傳統之外，還有許多方法可以賦予繼承人正當性。第十四世達賴喇嘛和他最親近的顧問正在思考這些問題，準備好面對他與中國共產黨在轉世問題上必然會產生的衝突。

我們穿越西藏中部的官方之旅持續進行。外交部官員帶我們到拉薩火車站，這裡是青藏鐵路的南端終點站。這條鐵路在二〇〇六年開通，全長一千九百五十五公里，從西寧橫跨了整個青藏高原。在踏上這次的旅程前，我聽到一些青藏高原的藏人稱讚這條新鐵路，其他人則告訴我，他們擔心這條鐵路會讓住在低地的漢人一波波遷徙而來。

我在整個拉薩都看到漢人愈來愈多的跡象。九年前我來到拉薩時，我遇到了來自四川的移民，他們開計程車或在街上賣蒸包子為生。他們仍然在做這一行，但現在也經營起豪華飯店、建設公司與手機行。他們說，他們一年內只有部分時間待在拉薩，因為他們不習慣高海拔的沙漠環境。他們認為來這裡謀生沒有什麼不對。

官員帶我們到拉薩郊外的嘎巴村，這個村子被視為重新安置計畫的典範，政府規定藏族牧民、農民和遊牧民族可以利用政府補貼，在靠近公路的地方建造新居。混凝土房屋的外牆上裝飾著傳統西藏風格的圖案，點綴在荒涼的褐色鄉間。然而，政府的補貼往往遠低於整體的建設成本。在嘎巴，居民告訴我們，他們不得不將自己的農地出租給漢族工人長達八年，以償還官員鼓勵他們借來建造房屋的銀行貸款，金額約為美金三千至四千五百元。「出租農地是銀行的建議，」村長索朗堅坎（Suolang Jiancan）說，「這是一筆用來償還貸款的保障收益。」

我們離開拉薩，開了幾小時的車來到納木錯，這是海拔四千七百一十八公尺的巨大湖泊，周圍環繞著白雪覆蓋的山峰，吸引了不少漢人遊客。在一望無際的平原上，我看到的黑色羊毛遊牧帳篷比二〇〇一年時還要更少。我想知道，消失的遊牧民族是否屬於一百二十萬藏人中的一部分，這些人幾乎占西藏中部人口的四〇%，在「安居工程」下被安置在新的住房。在湖岸的附近，一棟棟預先蓋好的白色建築拔地而起。當我走近時，我才意識到這些不是用來重新安置的住房，而是漢人企業家臨時蓋的餐廳。在其中一間餐廳，我遇到了來自四川省的熊昭華（Xiong Zhahua，音譯），他一年內有五個月的時間在這個乾旱又風大的地方生活與工作，對此他直接了當地說：「我為什麼來這裡？當然是為了賺錢！」

在為期五天的旅程接近尾聲時，我們開車經過江孜宗山上廢棄的白色城堡。一九〇四年夏天，現代西藏歷史的進程在此改變。當時由英國冒險家榮赫鵬爵士（Sir Francis Younghusband）率領的英國遠征軍在城堡內與西藏軍民展開一場殊死戰，最後英軍贏得勝利，並持續朝拉薩進軍。入侵的軍隊來自英屬印度的錫金，他們部隊的手段極為殘暴：他們使用現代化的步槍和馬克沁機槍，總共屠殺了至少兩千名手持老舊火槍的西藏軍民。他們抵達拉薩時，第十三世達賴喇嘛已逃往蒙古，但榮赫鵬迫使西藏代表簽署條約，要求西藏在貿易和領土議題上讓步。這次入侵促使北京的光緒皇帝在九月英軍離開後出兵西藏，以兩千名士兵占領了拉薩。從清廷的角度來看，榮赫鵬的侵略只是延續了大英帝國在鴉片戰爭中對清朝的所作所為。

在此之前，滿清統治者從未對西藏施加過如此強大的控制，這也使得拉薩和北京之間舊有的庇護關係驟然改變。一九一一年清朝滅亡，西藏脫離滿清的掌控。這段歷史在毛澤東和父親時代的共產黨之間引起了共鳴，於是人民解放軍於一九五〇年向獨立的西藏進軍，就像前一年進軍新疆一樣。

經過江孜宗山城堡後，我們在一座聖湖湖畔停下來吃午餐，暫緩了返回拉薩的行程。我們坐在草地上，享受著陽光的溫暖。我們收拾行囊準備離開時，一位澳洲記者和一位英國記者突然起身，脫光了身上的衣服，裸體跳進了冰冷、藍綠色的羊卓雍錯湖水中。我們的政府隨行人員笑了，護送我們的警察也在反光墨鏡後露出微笑。

在返回拉薩的旅程中，我們穿越高原沙漠，看見雅魯藏布江流經這片土地，此時我思考著西藏的未來，心中想起了六世達賴喇嘛的一首詩：

在那東方山頂上，
升起皎潔的月亮，
年輕姑娘的面容，
浮現在我的心上。

在西藏和新疆各地發生暴亂之後，如果說這兩個地區自二〇一〇年起有什麼共同的經歷，那就是各級政府官員加速推行的同化政策。他們的想法是透過文化改造，將當地人民與漢族及中國漢族聚居地融合在一起：改變他們的語言、宗教習俗，甚至在某些情況下改變他們的服飾，讓他們更接近漢族的習俗與身分認同。這些政策源自於政府高層，習近平在二〇一四年的新疆工作座談會上特別強調了這些政策。父親在軍隊和兵團軍墾期間見識到的西部統治是一種控制形式，同化政策則是另一種。

滿清對於這種重塑帝國的方式一直抱持謹慎態度。直到清朝末期，他們仍然對同化政策小心翼翼，以免將漢族文化強加於邊疆地區。他們清楚漢人遷徙會造成極大的混亂，因此禁止漢人遷往內亞地區，包括他們的故鄉滿洲。即便滿清政府本身採納漢語與漢文化，以建立在臣民眼中的統治正當性，他們在治理策略上仍保持彈性，力求保留這些土地的特色。然而共產黨對西藏和新疆卻採取了不同的策略，即使在兩個地區的縣市及鄉鎮之間實施的政策略有不同，但整體趨勢仍是徹底的同化。在西藏和新疆爆發大規模抗議與暴力事件的多年後，我在採訪中持續發現，對當地居民來說，有件事比任何事情都來得重要：他們的語言逐漸消失，而語言與宗教正是他們身分認同最重要的元素，也是他們文化的支柱。

在青藏高原的一些地方，人們仍然可以找到實質的方法來使用他們的語言，甚至是以古典的形式。我在參觀十八世紀的德格印經院時發現了這一點，工人利用古老的刻印版印製佛經，並分送到整個青藏高原。但在二〇一六年十月的那趟旅程中，我花了兩週的時間開車穿越康區，當時我親眼看見一些人揮舞著電鋸，將人工搭建的棚屋拆毀，而這些棚屋曾是喇榮寺僧侶在山上的住所。這座龐大的喇榮寺是色達縣附近重要的學習中心。中國當局曾下達命令，試圖將數以千計的僧侶從寺院趕走。這座寺院就像西藏各地的佛寺一樣，是保存藏語和藏文化的重要基石。

二〇一〇年十月，在青藏高原東北部的安多地區，數以千計的學生上街抗議，因為他們耳聞中國當局要求在課堂上減少使用藏語。甚至在北京的中央民族大學校園裡，藏族學生也舉行了抗議活動，而這所學校正是遭監禁的維吾爾族教授伊力哈木．土赫提曾經任教的大學。在這些抗議活動發生的三個月前，我的家鄉廣東省就有過類似的撐粵語行動。在西藏，安多擁有豐富的藝術與文學傳統，當地人民對他們文化所受到的威脅特別敏感。

我從扎西文色（Tashi Wangchuk）的眼裡，清楚看見人民對藏語即將消逝的焦慮。他是一位三十歲的店主，住在康區高原的集鎮「結古」，位於拉薩東北方約一千兩百八十七公里。這個小鎮的漢語名稱是玉樹，隸屬青海省。二〇一五年的春天，扎西坐了好幾天的火車來到北京。一位住在北京的朋友在他的家鄉認識了扎西，幾個月後，在五月一個溫暖的日子，朋友將扎西介紹給我和《紐約時報》的攝影記者喬納．凱塞爾（Jonah Kessel）。我們在喬納的公寓裡和扎西坐了下來，聽他講述他的故事。

他告訴我們，當地官員最近強制關閉了一所由僧侶開辦的非正規學校。那裡的僧侶一直在教孩子們藏語，現在扎西的兩個侄女沒有地方學習這門語言了。當局還禁止當地的其他寺院和一所私立學校教俗人藏語。公立學校已經放棄了真正的藏漢雙語教學，只在單一課程中教授藏語，就像教授外國語言一樣。扎西認為，至少要讓西藏的學校實施雙語教育，即利用同等的時間透過兩種語言進行教學。

扎西說得一口流利的普通話，這也是我們能夠互相交談的原因。扎西就像許多年輕的藏人一樣，個性很務實：他知道只要西藏還受到中國的統治，像他這樣的人就必須學好普通話，才能在學習與工作上具備競爭力。但同時，他希望所有的藏人都能說一口流利的母語，並且能在公共場合中使用這種語言。

扎西曾多次向地方政府提出語言教育的問題，但都沒有得到回應。沮喪的他搭上了開往北京的火車，前往中國首都尋求法律協助。從他的角度來看，這些官員違反了法律，必須將他們繩之以法。「這直接損害了藏人的文化，」他告訴我們，「我們民族的文化正逐漸消失並面臨消滅。」

自二〇〇九年僧侶扎白自焚後，至今已經有超過一百四十名藏人透過自焚方式自殺抗議。扎西說，他們的沮喪之情和他一樣，也和他的許多同胞一樣。他說，藏人遭受不公的對待，身為一個普通公民，似乎永遠無法讓一切回到正軌。他下定決心要放手一博，並運用中華人民共和國的最高法律體系來提出辯護。他引述了一九八二年中國通過的憲法第一章第四條條文：「各民族都有使用和發展自己的語言文字的自由，都有保持或者改革自己的風俗習慣的自由。」

他說，中國的憲法向我們做出了承諾。

他的語氣流露出一種信念，我在中國多年來，從全國各地的人民口中聽過無數次：如果習近平知道了地方官員不公不義的行為，他會確保地方政府走上正軌。

然而，以犧牲藏語為代價來推行普通話的做法正在整個青藏高原地區持續上演，而且這項做法是來自中國高層官員的命令。我參加政府規劃的旅行團到西藏中部時，我們參觀了日喀則市上海實驗學校。在這所設有國、高中的學校裡，除了一門藏語課程以外，一千五百名藏族學生的教學完全使用普通話。「我最喜歡的課程是藏語課，因為我們在家就說藏語，」一名十三歲的學生葛桑丹達（Gesang Danda）告訴我，「但我們國家的母語是漢語，所以我們用漢語學習。」

扎西設法在北京尋求法律建議卻沒有太大收穫。我們告訴他，我們會保持聯絡。接著他搭火車回家。

喬納和我決定，如果我們要寫一篇報導，就必須到扎西的家鄉看看，去了解當地的環境並認識當地人。我們要去的地方是青藏高原的東北部，不是西藏中部，所以不需要特別的許可。我和兩位同事在七月搭機抵達西寧，然後花了兩天開車穿越青藏高原前往玉樹，希望這段漸進的旅程能幫助我們適應高海拔的環境。我們抵達時，當地正在舉辦為期數週的賽馬會，吸引了康區各地的騎手前來參加。有一天，我們和扎西一起到寬闊的谷底觀賞賽馬。成千上萬的藏人頂著炙熱的陽光，看著馬匹與騎手以迅雷不及掩耳的速度馳騁在原野上。許多觀眾都是遊牧的康巴族，他們身穿長袍，頭戴紅色絲線織成的傳統頭飾。在某個時刻，二十幾名身穿防暴裝備的武裝警察部隊越過原野，以清楚展示武力。

我們拜訪了扎西位於市中心的家，他與年邁的父母住在一起。其中一個房間裡，有一個很大的木製轉經輪，平常是由他的母親使用。扎西的書架上有達賴喇嘛的照片。他給我們看他練習寫藏文的筆記本。很久以前，他就在哥哥的指導下開始學習藏語。「現在，相較之下，我的漢語寫作能力已經超越了藏語寫作能力。我能感覺到我在運用和理解藏語的能力正逐漸消失。」他說。

扎西是精明的企業家。他透過阿里巴巴（類似亞馬遜的電子商務公司）的線上平台銷售家鄉的產品，包含西藏著名的冬蟲夏草。二〇一四年，阿里巴巴在備受矚目的首次公開募股前，於宣傳活動的影片中特別介紹了扎西。在從商之前，他曾在佛寺裡待了三年，也因此提升了自己的藏語能力。他也遭警察短暫拘留過兩次：一次是因為他想去印度，也就是藏人想見達賴喇嘛的朝聖地；另一次是因為他在網路上發布當地官員強徵土地的貼文。最近他一直在微博上發表文章，表達他對藏語逐漸式微的焦慮。

喬納和我搭機返家，但暫且不做報導。九月，扎西打電話給我們，說他要帶著兩個目標回到北京：向最高人民法院提起訴訟，控告當地官員違反中華人民共和國憲法；接受國營的中央電視台採訪，揭露官員的不法行為。他希望喬納能將他的努力過程記錄下來。他在北京待了好幾天，卻找不到願意接下這個案件的律師事務所，也在中央電視台的總部門口被拒於門外。對此我並不感到驚訝，因為在中國當局眼中，沒有什麼比民族問題更敏感了。但扎西並非激進分子：他說他不支持西藏獨立，並相信西藏可以從中國的經濟進展中獲益。他和達賴喇嘛一樣，希望西藏能享有中華人民共和國憲法所保證的真正自治權，包括語言權利。

扎西與我們進行了兩次長時間的露面採訪。他說即使有入獄的風險，他也希望自己的故事能在《紐約時報》的網站上公諸於世。我們再三向扎西確認他的意思，確保他明白他所說的話相當重要以及可能的後果。他說他明白。

中國政府剝奪了扎西在社會結構下的行動力，現在他想重新奪回這項能力。

《紐約時報》在二〇一五年十一月二十八日發布了喬納拍攝扎西受訪的九分鐘影片，同時刊登了我寫的一篇更廣泛的報導，內容描述藏語教育受到的威脅，文中引用了扎西的話。我們擔心扎西會遭遇不測，因此與他保持聯絡。他說他人在拉薩，目前沒有接到任何當局的消息。他說他很高興看到這些報導刊登出來，他說現在他有了發聲的機會，能夠說出各地藏人的心聲。

然而，我們最擔心的事情還是在冬天發生了。二〇一六年一月二十七日，警察來到扎西家中，並將他拘留。警方非法祕密拘留他，儘管法律規定必須在二十四小時內通知家屬，但他們卻沒有這麼做。直到三月二十四日，警察才將一份文件交給扎西的家人，指控扎西煽動分裂國家。如果罪名成立，他可能會在監獄中度過許多年。隨著幾個月過去，我們與北京的人權律師談過，他們同意替扎西辯護，但態度並不樂觀，他們認為警察不會未經審判就釋放他。律師表示，警察將那段影片作為不利於他的證據。

我們幾乎得不到扎西的任何消息，但我腦海不停浮現他獨自坐在監獄裡的畫面。我不知道他是否正在遭受酷刑，警察是否正試圖逼他招供。我想起在他家見過的年邁父母。有一次，我聽律師說扎西很平靜，他正在讀佛經。

扎西成為全球西藏人權團體關注的焦點。藏人以及支持者在中國大使館外抗議，手裡舉著有扎西照片的牌子。他們寄信給美國國會辦公室。國際特赦組織（Amnesty

International）和人權觀察組織（Human Rights Watch）發表了聲明。但這些完全沒有用。二〇一八年一月，也就是扎西首次遭到拘留的兩年後，在他偏遠的家鄉，法院經過了為期一天的審理。那時我已經回到美國，我的同事儲百亮（Chris Buckley）試圖進入法庭，卻被安全人員擋在門外。來自美國、加拿大、英國、德國和歐盟的外交官也試圖進入法庭，但都無功而返。

扎西的兩位辯護律師之一梁小軍在法院外表示，扎西為自己辯護，主張他復興藏語和藏文化的努力並非犯罪。梁小軍表示，檢方的論據主要仰賴喬納的影片，而這段影片也在法庭上播放。將近六個月後，在五月二十二日，法院以「煽動分裂國家罪」判處扎西五年有期徒刑。扎西在審判前遭受的長期拘留代表他其實已經服了一半的刑期。

這些年來，我不斷在腦海中回想我們的訪談。我想起扎西曾經說過，他能理解為什麼有些藏人選擇自焚。他沒有走上那條路，但他找到了另一種自我犧牲的方式。

第四部

東

第二十章

大饑荒

西安與廣州・一九五七～一九六一年

父親並非獨自一人往東穿越沙漠，千里迢迢來到西安。他的朋友曾駐紮在伊寧的新疆生產建設兵團第四師，一九五七年八月也將離開軍隊去上大學，不過是和父親不同的學校。兩人在西安下了火車，住進了車站附近的旅館。西安市在中國歷史上占有獨特的地位。這裡曾經是赫赫有名的唐朝首都。從七世紀到十世紀的帝國時代，西安因地處絲綢之路的東方起點而繁榮興盛，當時西安與西方聚落和城邦之間的貿易往來絡繹不絕，包含羅馬與君士坦丁堡。這兩座帝國的大城市分別屹立在歐亞大陸的兩端。

隨後在明朝洪武帝統治時期，工程師建造了高聳的城牆，將面積約十四平方公里的西安府圍了起來。這座城牆為西安市城區賦予了神祕的氣息，即使中國各地許多明朝遺留下來的城牆已遭到拆除，西安城牆仍然屹立不搖。在西安求學期間，父親經常去參觀城牆，遙想著那些曾駐守在城牆上的士兵，他們是誓言保衛祖國的軍隊成員。

他與朋友抵達西安的那天，一起去夜市吃了烤雞。那滋味令人印象深刻，父親到了晚年時仍然念念不忘。在那個和煦的傍晚，父親與同樣前往內地的朋友共進晚餐，這頓晚餐也預示了兩人新生活的開始。第二天早上，朋友前往培訓教師的陝西師範大學，而父親則搭乘人力車前往他錄取的西北工業大學。

西北工業大學與中國人民解放軍關係密切，特別是空軍。此外，這所大學也與西安飛機工業集團（Xi'an Aircraft Company）有合作關係，該公司為中國軍方生產類似蘇聯轟炸機的戰略轟炸機。在接下來的數十年間，一直到二十一世紀，西北工業大學仍然是中國重要的軍事航空研究機構。

也許教育官員在閱讀父親的檔案時注意到，他曾在長春和哈爾濱接受過空軍的短期訓練。在父親分發到西北工業大學後不久，他意識到他在這裡所受的教育能讓他以不同的方式實現早年加入空軍的夢想。他已經盡到了軍事義務，那段日子已經過去，但接受教育是協助強化空軍並持續為國家服務的方法。

父親的班上有三十名學生，他們將一起完成五年的學程。他當年二十五歲，比其他同學大了六、七歲。自高中畢業後，他在中國邊疆度過了艱苦的日子。其他同學都是直接從家鄉來這裡唸大學，對許多人來說，這是他們第一次離開父母。其中兩個同學來自廣州。

幾天後，學生被送往咸陽市的校區。相較於西安，咸陽更靠近渭河流域上游。咸陽曾是秦朝的都城，當年秦始皇透過征服與專制統治統一全中國，建立了秦朝，被視為中國第一位皇帝。一年級學生都是在課堂上學習，主要研讀物理、化學、數學和機械製圖等科目。他們還沒有接觸到真正的飛機。老師告訴他們那是以後的事，何況還有敏感的國安考量。父親知道他必須耐心等待。

到了十一月，父親透過他的父母寄了一封信給沃明，這是六年來他第一次嘗試通信。他寫道，「由於工作上的問題」，他被派往新疆，但現在他在西安上大學。

「哥哥：

不知話從何說起，執起了筆來，無限的感慨！百感交集！

十年了，我清楚的記得，你是一九四八年春離去的，當年的情景還非常清晰的歷歷在目，那時我們都還很年青，可以說是剛剛懂事的孩子。而現在呢，已經開始進入中年階段了。如果我沒記錯的話，你今年已經是三十歲了，而我呢，二十六歲了。十年的別離，漫長的歲月，時代發生了不少的變化……但我仍然非常想念你，想到遙遠的將來，我們見面的一天。

現在，我又決定重新執起筆來，我希望今後我們能有聯繫，互相得到了線，增進我們兄弟間之情，珍惜我們的手足之情。

我的情況大致是這樣。

一九五一年因為工作問題，我到了邊境新疆，一直工作了幾年，到了今年我考入了西北工業大學（西安市），將來就是一個工程技術人員。這幾年各方面都有了一些進展。個人來說，增強了自己的修養，但在學業上落了一步了。二十六歲才進大學好像晚了一點，但已經成了事實了，那就只好盡自己最大努力趕上去……

祖國面貌現在已大大改變……一切都是新的。有的東西不親眼看見是不大會相信的。」

一九五七年二月，毛澤東在最高國務會議第十一次會議上發表了《關於正確處理人民內部矛盾的問題》的談話。其中一句話深深烙印在全國人民的集體意識中：「百花齊放」。這句話指的是中國古典文學作品中提到的「百家爭鳴」。在新疆服役的最後幾個月，父親聽說百花運動已經展開，這場運動似乎旨在促進辯論和反傳統主義，並引導共產黨走上自由的道路。

到了一九五七年春天，全中國的知識分子都提出了他們的批評意見，許多人寫信給政府高層，包含總理。在北京大學校園，學生打造了一座「民主牆」，呼籲政府徹底改革。在全國各地，部分知識分子呼籲逐步結束一黨專政。

但這對毛澤東與他的同志們來說太過火了。六月，毛澤東發起反右運動，首先由高層官員迫害那些被視為社會主義革命敵人的黨員。後來擴大到任何對共產黨懷有批判思想的知識分子。許多人被送往再教育營，其他人則遭處決。這場運動一直持續到一九五九年，期間估計有兩百萬人遭受迫害，規模堪比一九五〇至一九五二年的鎮壓反革命運動。

鎮壓行動迅速展開。一九五七年底，父親剛到西北工業大學就讀不到幾個月，就有約三十萬人民受到迫害。那年秋天，鎮壓行動深入校園，儘管與其他院校相比，父親的學校所受到的影響較小。父親和他的同學從學校官員口中聽說另一名學生是右派時，他們開始在小組會議上譴責那名學生。他們強迫那名學生在房間裡連續罰站八小時，並輪流看守他。每當他們允許他出去時，父親會應其他學生的要求監視他。他們信任父親能做好這件事，因為他有軍隊的經驗。兩、三週後，那名學生被送走了，他們再也沒有見過他。數十年後，父親反思這段插曲是多麼荒謬：一個十八歲的年輕人怎麼可能是死忠的右派？但當時鎮壓行動正如火如荼，學校官員以及學生不得不採取行動。

一九五八年二月農曆春節期間，父親搭火車到北京去看他的堂哥和兒時玩伴健民。他們一起寫信給沃明。儘管他們知道伯父最近娶了華裔美國女子時仙（Ruth），但他們在信中談到他們的家庭應該團結起來，共同建設新中國，並實現國家雄心勃勃的工業目標。

「親愛的哥哥：

今天是大年初二，按照我們的老習慣就是開年之日，雖然已經過了十年了，但十年前的一切，記憶猶新，十年的別離，發生了多少的變化呀！

今年的舊曆年我們是在北京過的。很好，很美滿。我們已經給你寄了好幾次信了，但猶如石沉大海，真是使人穿望秋水呀！好吧！現在我們再一次來談談吧！

祖國一日千里，不斷的突飛猛進，我們滿懷信心的準備在十五年內趕上英國，這是完全可能的事情，過去，我們做了很多很多的工作，有些事情你是很難想像得到的，長江大橋已經全部完工並通車了，從廣州可以坐火車直達到東北滿州里，這是世界上數一數二的橋梁。還有一條鐵路是從西安修到新疆邊上，貫穿中國之東西，今年可通車到新疆哈密，根治黃河的工程已於去年動工，這是非常鉅大的工程，在一九六二年完工後，西北地區將成為四面環海的地方，發電站可供許多大城市之用，其他也在各個城市裡不斷的出現。農業已經全部集體化了，而且大部份已經是高級合作化，使用機器的集體生產，私營商業、工業已經公私合營業，還有其他產業。這些種種都是我們經過八年的努力而得到的，祖國的面貌已經煥然一新。

而我們的生活又怎樣呢！一句話很美滿很幸福，我們這幾年並沒有白過，八年的經歷使我們知道了許多東西，曾為祖國盡了一切力量，生活也得到很大的提高，總之，一切都令人滿意，這些都不是我們胡說的。事實的的確確如此，我們再一次說吧，事實的的確確是這樣的，還有許多許多的事情我不能一一描述。

哥哥，你想想吧，作為一個中國的公民，應該有什麼感想呢！自己應該盡一些什麼責任呢！是等到將來一切都建成了以後，回來享受呢！還是現在為祖國貢獻出自己的力量呢！任何一個有良心的人都應該選擇正面一條道路的！

一九四八年你出國去了，現在已經學成了，學會了很多科學技術知識，那麼，就回來吧！首先，回來後，工作不成問題，有發揮你的工作能力的地方，祖國的建設，到處需要人，特別需要有學問的人，生活呢！我們相信一定沒有問題，你將會滿意的，一切將會非常理想，舒適與滿意，許多科學家與學生，已經比你先走了一步了，他們回來後，不是一切都很滿意嗎！雖然有些人故意胡說八道，但事實駁倒他們了，對他們不應輕信，而應該相信我們。

我們初步計算了一下，我們一家人，大大小小的共有三十三個，從高齡的祖母到素民的兒子，整整四代人，但是，現在變得四分五裂，不能享受真正的天倫之樂，為什麼呢！難道你們一點也不想回來嗎！我們為什麼不可以通過人為的力量來使我們一大家人歡聚堂，要記得一句古語：梁園雖好，但終不是久戀之家，也許你們現在生活得不錯，但畢竟不是在祖國，更重要的，應該將眼光放遠一點，看看將來，我們的孩子們將來會怎樣呢？也要為他們想一想呀！

話已經說了很多了，一句話，回來吧！我們等著你們回來，最好全部回來，我們保證你們回來後生活一定過得很好！

但是要想回來就要堅決，下決心，不怕任何阻撓，幸福是須要經過鬥爭才得來的，還有一條途徑，你們可通過印度大使館幫助這樣會方便得多的，日內瓦會議會談結果是雙方僑民均可申請回國，印度大使館作中間人。

最後，還是那樣說，回來吧！愈快愈好，我們希望今年內在祖國可以見面，過年時來一個大團團。

時仙怎樣，順問她好，並順問其他各人安好！

祝

安好，一切順利，如意。

健民在北京地質學院任教。

沃強在西安西北工業大學學航空。

這些在前次信中好像提到了。

時仙是何許人也，姓什麼，也讓我們認識一下好嗎？」

一週後，父親寫了封短信給沃明，並隨信附上兩張在北京拍的照片，照片上有他、健民以及健民的新婚妻子。「當你接到照片時有何感想呢？『歸去來兮，歸去來兮，雙親年邁吾應歸』我希望你想想雙親年已大矣！」父親引用了陶淵明的一首古詩，伯父認得這首詩。父親說希望明年農曆春節能見到沃明。

但假期回來後不久，父親與校方共產黨官員的談話讓他心生動搖了。他們說父親的家庭狀況不明，他們無法進行全面的調查。他們指責父親固守過時的傳統家庭觀念，並認為他的意識形態立場似乎搖擺不定。父親成為預備黨員已經一年多了，現在應該要晉升為正式黨員了，但官員表示他們還要將預備期延長一年。

這對父親來說是沉重的打擊。在新疆的最後幾個月直到讀大學的第一學期，他緊緊抱持著入黨的希望。他希望藉此彌補他在十年前被空軍哈爾濱飛行學院勒令退學的遺憾，並在西安完成學業後發展新的目標。父親想在蘇聯攻讀碩士學位，他認為成為共產黨黨員可以幫助他實現這個夢想。現在他開始重新考慮這些計畫，並仔細思考他所遇到的許多複雜情況。一直到學年結束時，他都在努力想辦法解決這個問題。

暑假開始時，老師告訴一年級的學生，他們必須留在校園裡度過暑假，協助重建附近村莊的泥牆。他們可以藉此實踐黨的口號：「為人民服務」。但在夏天的雨季來臨時，他們就無法繼續工作了。父親請求校長讓他回廣州探望他的父母，希望他們能從香港前來和他會合。

「我已經七年沒有見到他們了。」父親在會議上提到。「你可以走了。」學校官員告訴他。

父親抓住了這個機會。他在八月時打包好行李，搭火車南下廣州。他可以用政府每個月發給他的四十元人民幣積蓄來支付旅費，這筆錢是為上大學的退伍軍人所提供的津貼，相當於普通工人的月薪。在一九五〇年，他從南方搭火車到北京時，必須經過武漢這座長江沿岸的繁華城市。但如今，中共政府的指標性工程——跨越長江的雙層鋼桁梁橋，已經完工。這座南京長江大橋於去年十月開通，父親在寫給伯父的兩封信中稱讚這座橋是中國不斷進步的明證。這座大橋的上層供車輛行駛，火車則在下層通行。父親的列車向南疾駛，先是穿越湖北省，接著經過毛澤東童年時期生活的湖南省，沿路的景致變得愈加欣欣向榮。望向窗外，父親很快就看到了廣東省熟悉的稻田與香蕉樹。

列車駛入廣州時，父親聽到車廂內響起粵劇歌曲。他已經八年沒有聽過這些歌了。突然間，一個念頭鋪天蓋地襲來：他意識到自己回到了年少時期的家。他也發現，自己再也無法不假思索地說台山話了。他離開太久了。

父親在旅館待了一晚，接著又在叔叔家待了一晚。他的母親帶著一位年長的阿姨從香港過來，那位阿姨在廣州擁有一間公寓。這是父親八年來第一次見到他的母親。他們欣喜若狂。他們都以各自的方式老去，但仍然是彼此記憶裡的那個人。他們在廣州的親戚家一起住了幾個星期。他的母親鬆了一口氣，因為他已經離開了軍隊，也不必駐紮在新疆。她經常擔心，他在蘇聯和蒙古的邊疆地帶可能會發生什麼事情。當時父親甚至想去打仗，但在他的母親看來，他很幸運沒有被派往韓國前線。後來，我和父親談起這次的重逢時，我問說他的母親有沒有哭。「她沒哭。她從來沒哭過。」他告訴我。他的母親用一種中國女性常見的方式來表達她對孩子的愛：她為他煮飯，就像她在香港的公寓和合和村的家裡煮過的無數頓飯一樣。父親已經很久沒有吃到廣東菜了。廣東菜比他在北方吃習慣的味道更甜、更清淡，北方菜帶有中亞和穆斯林世界的風味與口感。

這些南方的滋味勾起了他們的回憶。

菜市場上的食物琳瑯滿目，像是蔬菜、水果、肉類、海鮮和米。食物的種類和新鮮度都超越了中國北方。即使是和母親在攤位間閒逛，也感覺像是穿梭在既陌生又熟悉的土地。幾年後，在大饑荒時期，父親仍然記得他在這裡看到的豐饒景象。

百貨公司裡有各式各樣的衣飾和民生用品，而且都是政府定價。中國的經濟看似正在改善，人民享受著新社會主義政策帶來的美好果實。中國經濟起飛只是遲早的事。

電影院開張了。許多電影院都在放映彩色的俄羅斯電影。父親和他的母親去看改編自契訶夫劇作《三姊妹》（*Three Sisters*）的電影。這個故事講述了一個家庭多年來所經歷的變化——破滅的夢想、敵人以及歲月的流逝。許多受過良好教育的中國人都相當熟悉俄羅斯文學，但在共產黨持續的宣傳之下，即使是教育程度較低的人也聽過其中的一些故事。

他的母親很少談到他的父親，當時他父親仍在經營中藥生意。但她確實告訴他，他們都很想念他，而且他的家人和家都在香港，他應該回來。他的父母年紀大了，現在他有機會和他們團聚。父親感受到這股拉力。他想起與家人分隔兩地的八年時光，想起這段時間的變化，想起再次回到家鄉的感受，也想起在家鄉生活的意義。但父親仍深信自己能贏得校方共產黨官員的信任，順利撐過第二年的預備期。

他還沒有準備好放棄這一切。

他告訴他母親，他在中國會過得很好，而且這個國家會愈來愈強盛。父親告訴她，近十年來，毛澤東和共產黨一直在領導這個國家。

「別為我擔心，」他說，「我最好還是在中國完成大學學業，這樣我就能獲得學位，在國家快速發展的時期更容易找到工作。再過三到五年，中國的經濟就會出現轉機。共產黨只是需要更多的時間。」

父親一邊思考著他母親的懇求，一邊到市區探望幾位高中同學。在廣州待了兩個多禮拜之後，父親目送他的母親和阿姨搭上回香港的早班列車。火車緩緩駛出車站時，他揮了揮手。隨後他搭上了開往西安的火車。父親再度橫越長江上的新大橋，這座閃閃發光的大橋象徵著毛澤東領導下的中國工業實力。但他不斷想起南方和他母親的話，或許計畫回香港是有道理的。「我內心的轉變就是在那時候開始的。」他後來在寫給伯父的信中提到。他當時並不知道，毛澤東在北京赤色宮廷裡的種種陰謀詭計很快就會讓全中國陷入自國共內戰以來規模最大、最致命的混亂局勢之中。

到了二年級，工程系的學生終於開始學習製造飛機的技術細節。現在學生開始在西安的主校區上課，課程內容包含如何組裝飛機，並從各個系統開始學起，像是引擎、冷卻、電力與機械系統。對父親來說，這離他八年前入伍時所想像的報效國家更近了一步。在北京西南方的古城，也就是毛澤東和同志們在國共內戰失利後重建勢力的黃土丘陵附近，父親比在空軍哈爾濱飛行學院時期走得更遠。

父親班上的三十多位同學都住在宿舍裡，八人一間，分成上下鋪。他們班被分配到第七部門，必須接受為期一年的訓練，學會製造引擎的各項零件。他們在小工廠裡親手製作零件。因此，父親學會了焊接並操作多軸車床來切割鋼材。他知道，如果他能證明自己技術純熟，最終就會獲准在廠房內實習，從事實際的飛機製造工作。這些都是他計畫中的一部分。

大約在這個時候，毛澤東發起了一項新的運動：除四害。這個口號聽起來像是政治肅清，但毛澤東有更大的野心——他想對付的是自然界本身。他宣布，每位中國人民都必須盡自己的力量來消滅老鼠、蒼蠅、蚊子與麻雀。除四害運動與反右運動同時展開。毛澤東似乎認為敵人與威脅無所不在，而且每場運動都有其理由。四害中的三害會傳播疾病，因此必須將牠們從中國根除。至於麻雀，毛澤東認為牠們會吃掉穀物和水果，造成國家的糧食欠收。

事實證明，這只是個開始。毛澤東發動規模最大的運動「大躍進」即將展開。一九五七年，中國的第一個五年計畫結束，國營企業獲得大量投資，毛澤東希望以新的願景推動第二個五年計畫。此計畫的核心是推動農業生產工業化。他認為只要有適當的紀律和組織，農場就能像工廠一樣有效率。國家為農民制定了更具野心的產量目標。政府將全國各地的人民組織為龐大的「人民公社」，奉行集體生活制度，並將農民的私人土地併入公社。然而，早在幾年前，政府才從地主手中收回許多土地，將這些土地分給農民。在公社裡，人民住在政府打造的住房，在大食堂裡一起吃飯。這些工業計畫著重在提升糧食產量和鋼鐵生產。按照毛澤東的說法，中國正逐步邁向社會主義烏托邦，未來中國的工業進展不僅將超越蘇聯，也會趕上美國和英國。人民公社的制度延續了早期蘇聯所推動的集體化政策，但毛澤東決定將此發揚光大。一旦他成功了，中國將更接近共產主義擁護者心目中的理想社會。每個公社平均有五千戶人家。自從一九四九年共產黨勝利以來，沒有任何政策像大躍進一樣，如此雄心勃勃地試圖全面改造中國社會。

大躍進的展開並沒有改變西北工業大學的校園生活。學生從報紙和宣傳廣播中聽說了第二個五年計畫，他們明白毛澤東一幫人已直接將中國推上了大規模工業化的道路。但是，如果要讓祖國超越西方帝國主義強國以及蘇聯，就需要全國人民的參與。

在一九五九年的春夏，隨著大躍進進入第二個年頭，黨內高層人事出現了變動。父親仍在等待他成為正式黨員的消息。父親和他的同學透過政府宣傳公告和國營媒體的報導密切關注黨內的各項變化。一九五九年四月，毛澤東宣布卸任中華人民共和國主席職務。他任命劉少奇為他的繼任者，多年來，劉少奇一直是僅次於毛澤東和周恩來總理的中國第三號人物。他是中國共產黨的元老級成員。二十出頭時，劉少奇赴莫斯科接受共產國際的培訓。一九二一年中國共產黨成立後，他正式入黨。在國共內戰與抗日戰爭期間，劉少奇深受毛澤東的信賴，負責在華北和華中地區執行共產黨任務，並在革命根據地延安待過一段時間。

劉少奇是少數具有足夠正當性能落實毛澤東願景的政治領袖。毛澤東的公告中也提到，劉少奇將與另一位革命初期的重要人物鄧小平展開密切合作。父親看到報導，說毛澤東要卸下國家主席的職務，專心處理黨內事務。他認為毛澤東在中國發展的關鍵時期做出這樣的舉動很奇怪，而且媒體的解釋似乎也沒有完全說明原因。但劉少奇和鄧小平都是跟隨毛澤東數十年的忠心副手，而且他們在去年的第八次全國代表大會第二次會議上就表示支持大躍進。

領導階層出現了重大的變化，但與一九五九年八月的廬山會議相比，就顯得微不足道了。共產黨中央政治局於七月召開會議，後續又召開了更大規模的中央委員會會議。會議接近尾聲時，傳出了驚人的消息：國防部長彭德懷遭到肅清。由於彭德懷在國共內戰期間的軍事經歷，以及他對共產主義和毛澤東的忠貞不渝，他曾經是中國備受尊敬的領導者。彭德懷曾在韓戰期間領導中國軍隊，並成功將麥克阿瑟（Douglas MacArthur）將軍率領的美軍從中韓邊境逼退到三十八度線。直到二十一世紀，三十八度線仍作為南北韓的停戰線。從這個意義上來說，彭德懷可以說比一九五〇年代任何的軍事指揮官都更能影響東亞地區的未來。他的手下尊崇他傑出的能力及判斷力。父親也相當崇拜他。

但很顯然地，毛澤東認為彭德懷沒有展現足夠的忠誠度，至少對毛澤東個人沒有。彭德懷開始對大躍進以及中國的經濟轉型提出一些疑問。彭德懷寫了一封信給毛澤東，建議高層重新考慮這些政策，並警告大饑荒即將來臨。在廬山會議上，毛澤東當眾朗讀了彭德懷的信，並下令將他免除職務。廬山會議就此劃下句點。事實證明此舉是重要的轉捩點，毛澤東藉此鞏固了他的權力並向各界展示他將剷除任何的異議份子。如果有人懷疑中國是否為專制國家，那麼毛澤東對彭德懷的肅清就是最好的證明。

父親從國營媒體上聽說了這次的肅清。他很難理解這起事件，也很難面對這件事所帶來的影響。父親就像多數軍人一樣，一直以為毛澤東無條件支持彭德懷這位中國最偉大的軍事家。一九三五年十月，紅軍在長征末期擊潰了陝西省的國民黨部隊和馬家軍騎兵部隊後，毛澤東寫了一首詩贈予彭德懷，詩中提到：「誰敢橫刀立馬？唯我彭大將軍！」如今毛澤東卻指控他的最高軍事將領背叛了中國以及共產黨。

父親第一次開始質疑黨的領導及其帶領中國前進的方向。彭德懷絕對不會是最後一位被毛澤東趕下臺的高級官員。毛澤東的權力似乎沒有受到任何力量的制衡，這點與革命的理想背道而馳。父親認為毛澤東不可能一直都是對的。他是人，不是神。

父親無法壓抑心中的疑慮，但他不敢讓其他人知道。他是班上唯一當過兵的學生，多年來一直在觀察權力和階級的運作。

他知道共產黨的運作方式。遵守正確的思想和行為是最重要的，任何沒有表現出這一點的人都會受到懷疑。黨要求絕對的忠誠。父親認為自己在政治方面的想法並不天真。他還記得在伊寧發生的兩段插曲，他的同袍接受訊問，接著就失蹤了。他看到了在百花運動中挺身而出並批判政府的知識分子有什麼樣的下場。在第一學期時，他曾與其他學生一起迫害一位被打成右派的同學。然而，政府對他心目中的英雄彭德懷展開肅清，讓他開始以全新的角度思考這些事情，也讓他看見了隱藏在這些事件背後的陰影。

一九五九年夏天，學校官員勸父親別南下探望父母。他在七月時寫信跟父母解釋說假期太短了。九月時他再次寫信說自己很忙，會試著在明年夏天去探望他們。「我特別希望大哥能盡快回來，這樣你們就可以享受一家團聚的樂趣了。」他還說振鈞叔叔和他的妻子應該從美國回來，因為他們的兒子健民已經結婚了，能夠在他們年老時照顧他們。「回想起過去的十幾年，我似乎一無所獲，這樣的想法讓我感到無比惆悵。通常我和別人談起這段經歷時，我會隱瞞我曾經當過兵或試圖入黨的事實。我只說我在廣州的高中畢業後，被政府徵召到新疆建立基礎建設、從事生產與勞動，為期五年；一直要到一九五七年才到西安讀大學。這在某種程度上是事實：畢竟在一九五一年，許多高中生甚至中學生都被半強迫、半徵召地前往新疆。」

在西安的校園裡，父親比農村的居民更不受大躍進帶來的影響。大學裡沒有組織公社，學生也不必像農民那樣擔心達不到農業產量目標。但父親確實目睹了另一股推動大躍進的主要動力，彭德懷在寫給毛澤東的信裡警告過這股動力將帶來災難。彭德懷指的是旨在提升全國鋼鐵產量的全民大煉鋼運動，其中一項做法是號召全民收集各種金屬物品，並帶到當地臨時建立的土高爐集中熔化，然後將這些物品煉成鋼鐵。毛澤東鼓勵民眾在後院建造土高爐，他說中國的未來就取決於這些高爐了。

大學校園裡的學生用泥土建造高爐，然後將所有收集到的金屬物品投入火堆中。這些高爐散布在校園各處，像是運動場上、宿舍旁或食堂附近。學生稱這些高爐為「摩登爐」，「摩登」即為英語「現代」之意。這些自製高爐將帶領中國躋身世界工業強國之列。舉凡窗框、門把、炒菜鍋、刀具以及各種工具，各式各樣的家庭用品都被丟入火堆中。父親將物品扔進火堆中時，他能感受到陣陣熱氣溫暖著他的肌膚。那熾熱的火焰令人目眩神迷。在中國各地的農村公社，農民也在做同樣的事，他們讓高爐徹夜不停地燃燒。全國各地的人民砍伐樹木來維持火勢。

當然，這些金屬並沒有煉成鋼鐵。這場全國性運動完全是在浪費資源。在父親的校園裡，運動展開不過數天後，已經找不到其他金屬物品能夠投入高爐中了，因此這轟轟烈烈的煉鋼運動也宣告結束。父親在上課時經常得處理金屬，他很清楚無論爐子的溫度有多高，僅僅將金屬物品扔進高爐裡是無法鍊出鋼鐵的。

後來，父親在文章中讀到這些煉鋼運動竟然在全國遍地開花。即便這項運動很明顯是徒勞無功的，人們還是以某種方式將自己的行為合理化。二〇〇九年，我第一次到廣東的祖籍村落探訪，回來後我給父親看了一些照片，父親指著老家窗外的金屬防護欄，抗日戰爭期間他和伯父就住在那棟房子裡。他驚訝地叫了出來。他原本以為村民會在大躍進期間將這些防護欄拆下來扔進高爐。或許這些金屬板太難從房子上拆下來，於是這些防護欄連同房子一起保留了將近一個世紀。

父親注意到，逐漸減少的不只是校園裡的金屬供給而已。每頓飯也不再有豐盛的米飯、肉和蔬菜了。學生只能吃到三顆白饅頭，配上一些高麗菜或青椒。餐點裡既沒有肉，也沒有油來增添食物的味道。父親經過西安的市場時，他意識到糧食匱乏的情況不僅存在於他的校園。市場上幾乎沒有食物可以買。就在一年前，他與母親在廣州團聚時，才注意到菜市場上食物琳瑯滿目，而且他們還到餐廳裡用餐。現在，他似乎穿越到了另一個蕭條寥落的世界。

在中國各地的城鎮與村莊，民眾在家中奄奄一息。許多死者從未下葬，任由老鼠啃食著他們的臉，其他人則被扔進亂葬崗。瘦骨嶙峋的人民從土裡拔出青草、雜草和野生草藥來吃，啃著剝下的樹皮，甚至狼吞虎咽地吃起鳥糞。

隨著秋意漸濃，父親躺在床上瑟瑟發抖。他變得消瘦許多，薄薄的肌膚下肋骨清晰可見。他注意到他的同學也出現了同樣的變化。他們在夜晚寒意中感受到一絲苦澀。一九六〇年初的某個晚上，父親進城去尋找據說仍有營業的夜市。他帶著現金，決定要買些食物。但他抵達夜市時，發現那裡什麼都沒有，攤販上空空如也。如果他想要食物，就必須到黑市去找，據說那裡有時候買得到物資。

父親躺在床上，注意到自己的雙腳開始腫脹。由於營養不良，他感到渾身疲倦無力。如今他無法阻止病情惡化。他曾經在新疆度過嚴酷的冬天，甚至野外過夜，他以為自己的身體能撐得過最嚴苛的情況。但現在身體卻背叛了他，他的身體就像其他人一樣的脆弱不堪，不過是一堆皮肉、骨頭和血液罷了。他去看了校醫。校醫聽父親敘述他的家庭背景、學習經歷以及他來到西安的原因。她摸了摸父親腫脹的雙腳，診斷他患有水腫，原因是飲食中缺乏維他命。

「你在海外有家人，」她說，「叫他們寄一些維他命B群給你。我會想辦法幫你注射。」

但要和香港或美國的家人聯繫上並不容易。伯父和父親的兩個叔叔住在華盛頓，他們的父母在香港。他可以寫信給他們，但不保證他們會收到。此外，任何有價值的包裹不可能一路穿越中國內地，順利來到他的手裡，特別是在這個舉國民不聊生的時期。

儘管動作緩慢，但父親還能走路。他的宿舍房間裡住著八位學生，父親開始盯著上海同學帶來的一瓶醬油。那位同學把醬油放在桌上。父親盯著它看，渴望嚐上一口，心想只要在舌尖上沾一點就好。有一天，趁同寢的室友都在外面或不注意時，他拿起玻璃瓶，湊到嘴邊。他嚐了一小口，然後迅速把瓶子放回原處。他環顧四周，然後從桌子旁退開。

幾個月後，父親腳上的腫脹消退了。但飢餓與虛弱的感覺仍持續存在，校園裡的食物供應量也不見改善。他們擁有的食物只能勉強糊口。但不知為何，學校的課程一切照常。在持續了四年的大饑荒期間，父親經常想起他喜愛的一道廣東菜，也就是他高中時在廣州吃過的燒鵝。那金黃酥脆的外皮和肥美多汁的肉質令人吮指回味。他還想起了香港連鎖藥妝店屈臣氏賣的罐裝蘇打。那款蘇打在廣州也買得到，父親對冰淇淋蘇打的甜蜜滋味記憶猶新。

在那個年代的宣傳海報、照片和電影中，共產黨持續展示公社裡歡慶豐收的農民，他們聚集在寬敞的食堂裡吃著大碗的米飯。每個人都面帶微笑。臉頰圓潤的快樂孩童是常見的宣傳形象。

但實際上，數百萬人正在餓死。

由於北京高層經營不善，中國各地公社的農場都面臨歉收，而乾旱更使災情雪上加霜。消滅麻雀的行動也導致生態失衡，造成蝗蟲激增，吞噬了農作物。在整個中國北方，昔日的麥田變得荒蕪。在南方地區，貧瘠的稻田點綴著大地。整個中國成了一片無垠的荒漠。那時，父親回想起他在公社看到的標語：「敞開肚皮吃，甩開膀子幹。」饑荒開始後，他再也沒有看過這句標語。

後來歷史學家估計，在一九五八至一九六二年期間，共有三千萬至四千萬人死亡。人民在尋找食物的路上倒下，或暈倒在田野間。陷入絕境的民眾甚至被迫吃人肉。外面再也見不到任何動物的蹤影。數十年後，父親說他讀到人民因絕望而吃起狗、鳥以及老鼠的報導，令他震驚不已。在新疆的伊犁州，父親曾與哈薩克和維吾爾軍人共事多年，在一九六二年的春夏，當地有超過六萬名住在邊境地區的居民逃往蘇聯。

這場大饑荒是現代史上極為嚴重的人為災害。彭德懷曾試圖警告毛澤東和其他共產黨高層，結果卻遭到譴責與肅清。彭德懷就像許多被毛澤東視為敵人的黨內菁英一樣，最終在毛澤東主導的文化大革命期間死於獄中。這場動亂始於一九六六年，持續了十年之久。

一九五九年末，中國迎來嚴酷的冬天，各地的饑荒仍然讓人民苦不堪言，此時父親接到了令人震驚的消息。大學的黨支部負責人和幾位左派學生告訴父親，他加入共產黨的申請遭到拒絕了，他的預備黨員資格也被徹底取消。他們說，調查人員無法對他在美國的家人進行全面的調查，所以官員不讓他正式入黨。父親無言以對。儘管他對共產黨和黨的領導人已經開始產生質疑，但自從他在新疆待了幾年後，他就一直堅持著入黨的夢想。他在西北地區最後一個駐地的上司劉春秀和其他黨內官員都支持他入黨。在大學一年級時，他得知他的預備期被延長了，但他以為黨的官員最終將看到他對黨堅定不移的忠誠。他在高中畢業後就加入了軍隊，並在新疆的艱苦崗位上度過了六年，去了大多數中國人都害怕去的地方。他曾試著在當地散播共產主義革命的理念，並嘗試與哈薩克人和維吾爾人交朋友。他把最美好的青春歲月奉獻給了自己的國家，沒有任何的怨言。

如果說父親還對當局對他的看法有任何疑問，幾個月後，這些疑慮就煙消雲散了。一九六〇年，在大學三年級的春季學期末，學生被分配到工廠內展開飛機修護的工作。父親從一年級開始就一直期盼著這件事。他和他的同學終於可以將所學的知識化為實務經驗，以強化中國的國防實力。或許有一天，他甚至能負責修護蘇聯轟炸機的引擎，也就是中國軍方在韓戰期間用來執行遠程任務的飛機。

然而，一位老師卻突然告訴父親，他不能和同學一起去工廠了。官方不願授權讓父親和其他幾位同學進入工廠。儘管中央政府在一九五七年（也就是父親入學的那一年）

已經將這所大學指定為中國的國防工業基地，但父親從來沒有得到任何暗示，表示校方將禁止他進入下一個學習階段。現在，官方明確表示他們對於父親接觸任何國家安全事務抱持懷疑的態度。對父親來說，在申請入黨遭到拒絕後，新的禁令讓他更心灰意冷，也喚起了他在九年前被哈爾濱空軍學院拒於門外的痛苦回憶。

父親終於意識到，無論他再怎麼努力付出或做出什麼犧牲，黨永遠不會信任他。他告訴他的同袍與同學，他想協助建設新中國，當時他深信著這些政策背後的意識形態，而不僅僅是一味地幫政府宣傳而已。一九五八年，父親寫信懇求伯父從美國回到中國，運用他的才能來報效祖國時，他真心相信著共產主義信念。但黨內的官員顯然懷疑他的忠誠。他贏得了曾與他共事的官員的友誼與支持，但在黨內的官僚體制中，有些人卻根據一些片面事實對他產生了負面的看法。父親知道問題一定出在他的家庭背景上：他的父母住在香港，伯父和他的叔叔們則在美國。他確信這就是為什麼軍方強迫他離開空軍哈爾濱飛行學院，並阻止他前往韓國服役。現在看來，他在新疆的任何貢獻都不足以抹去黨加諸於他的汙名。

父親沒有在毛澤東的任何政治運動中受到迫害。但他在溫泉縣看到的那份檔案顯示，他剛開始服役時，空軍哈爾濱飛行學院官員就對他懷有疑慮。檔案中沒有直接的說明。他推測他們對他的懷疑是出自於他的家庭背景。他曾目睹全國各地殘酷的政治運動，他知道黨和政府官員會根據個人的家庭背景作出判斷。

毛澤東曾經談到他與其他共產黨領導人如何結束了中國舊有的封建制度，以及他們如何推翻了幾個世紀以來的階級制度。他們當初的想法是，中國社會以及全國六百六十七萬人民終於可以擺脫桎梏，因為這些桎梏讓他們終其一生都侷限在由家世背景所決定的狹窄軌道上。在這個制度下，就像在中世紀的歐洲一樣，你出生在哪個家庭比你的才能、思想或工作道德還重要。在一九一一年的革命後，孫中山與國民黨曾經試圖塑造一個現代共和國，卻被迫在日本入侵以及與共產黨的內戰下治理即將面臨崩潰的中國。他們內部也面臨貪腐的危機。如今共產黨聲稱，他們終於根據毛澤東、馬克思和列寧的思想與願景，為社會帶來平等並廢除舊有的體制。

學期結束時，父親留在校園裡，他的同學則開始到工廠實習。他想像著他們爬過駕駛艙，拆開引擎，抬頭仰望著寬闊的機翼。他們在工廠的時間並不長，回到校園宿舍後就回家過暑假了。父親沒有問他們在工廠做了什麼。所有人都離開後，他搭火車南下廣州，再次去探望他的母親。

上個暑假，二年級的課程結束後，校方阻止他去香港探望父親，這加深了他對共產黨的疑慮。在得知他父親因高血壓住院後，他向學校校長請假。學校的行政人員也在軍中待過，父親認為這點可能讓他對自己抱有好感，答應讓他請假。

「你不必回家，」他這麼說，「如果你父親病了，你在那裡什麼也做不了。如果你父親死了，你在那裡也什麼都做不了。你不必回香港。」

會面結束時，父親覺得這些人根本不在乎他或他的家人。他感覺不到他們的同理心。黨內有什麼力量在鼓勵這種態度嗎？一定有些地方不對勁，有些地方出了問題。

一年後的今天，經歷了許多痛苦的事件後，父親意識到黨的領導人已經發展出他們自己的評判制度。這是一套新的秩序，新的社會控制形式，也是新的權力分配方式。但在這個制度的核心，仍保留了舊有的封建階級元素。一個人無法擺脫自己的過去和家族歷史。父親無法改變他的父母與哥哥的身分以及他們所做的選擇。多年來他始終相信，只要能證明自己對黨及其革命理想的忠誠，就能克服這些問題。但現在他意識到這還不夠，而且永遠不夠。

他也反思了毛澤東在過去十年間領導的運動，也就是對平民百姓的大規模迫害。其中的受害者像是那位被打成右派的學生，父親和他的同學在西安的第一年對他窮追不捨。他還記得那兩位在新疆的士兵，他們在接受調查後不久就消失了。他想起了彭德懷的肅清事件，彭德懷在抗日戰爭和國共內戰期間成為軍人心目中的英雄指揮官，多年後卻遭毛澤東公開譴責。這種陰謀論思維以及四處獵捕敵人的有毒心態源自於黨的本質，源自於祕密的列寧主義式結構，而這套結構當初是為了革命所建立。但問題的根本在於權力集中在一個人的手裡。毛澤東對權力有無止境的渴求，並以最冷酷無情的方式行使權力，完全不顧數百萬百姓的死活。這一點在漫長的饑荒期間表露無遺。

父親現在明白，無論對他或是他的國家來說，前方的道路都困難重重。他必須另闢蹊徑。

那年夏天，父親搭火車回到廣州。他的病已經痊癒，走路時不再感到疼痛或困難，但仍然長期處於飢餓的狀態。他的心志必須像鋼鐵般堅強，才能抵擋飢餓的煎熬。今年夏天，饑荒正達到高峰，火車上的氣氛與他兩年前回到他讀高中的城市時不同。乘客之間的閒聊與寒暄消失了。人們變得安靜、孤僻，也更加憂鬱、易怒。父親也有同樣的感覺。

他的母親再次來到車站迎接他。他們去了表親雲香的夫家，這位表親在香港時住在父親家的樓上，喜歡唱愛國歌曲。這棟兩層樓的房子有足夠的空間招待客人。他的母親從香港帶來了大包小包的食物，這些都是在英國殖民地能買到的簡單食物，就算體弱的婦女也扛得動。父親盡情享用著餅乾、糖果以及罐裝煉乳。糖份讓他恢復了精力。他母親還帶來了包有皮蛋的包子，也就是婚禮上會吃的那種。一直到老年時他都還記得那味道。

廣州的一切都變了。父親在一九五八年從新疆回來時看到的市場都關閉了。餐廳也都關門大吉。路上的行人變少了，車輛也減少了。廣州似乎被掏空了，不再是昔日被視為中國商業重鎮的繁榮港口，也不再是西方列強和滿清統治者競相爭奪的城市。父親原本以為南方物產豐饒的地帶可能躲過了大躍進和饑荒的蹂躪，但實際上，中國的每個角落都無一倖免。

父親與他的母親在家中促膝長談。他與母親談到了他接下來的打算。他告訴她，在春天的時候，他說服了西安的大學行政人員，讓他轉學到廣州的學校，但是廣州唯一的工程學院不接受他。他終於明白了最好的出路是什麼：他將試著重新回到英屬香港定居。

共產黨統治中國已經十幾年了，中國當局讓前往香港變得困難。但父親認為他仍有機會獲准回到香港，畢竟那是他的家鄉。一九六〇年秋天回到學校後，父親進入到五年制課程的第四年。期間他多次申請到香港探望父母或試圖請假，每次都被拒絕了。學校官員告訴他，因為陝西省公安廳將西北工業大學列為國防機構，所以學校的學生都不能前往香港。

一九六一年的農曆新年期間，父親開始與家人商量一個祕密計畫。他必須騙過大學的老師和行政人員，分階段實施計畫。他還得瞞著廣州的官員和軍方。他毫不懷疑他們會試圖阻止他逃離中國，而且會懲罰他。那年夏天，他搭火車回到廣州時，他很清楚自己正踏出危險的一步。但在經歷了這一切之後，他已準備好接受這個風險。

第二十一章
越洋重生

廣州、澳門、香港以及華盛頓・
一九六一～一九七一年

他的母親再度與他在廣州重逢，他們在晚上討論了這個計畫。這一切取決於雲香丈夫的表親，那位表親是警察。父親相信這位表親最終能幫助他取得所需的文件，讓他能離開中國前往香港。不過，這個過程可能要花不少時間，特別是在旅行禁令的管制之下。在此之前，父親必須想辦法留在廣州而不引起懷疑。如果他回到西安的校園，他必須得編個故事說服校方讓他南下。

官僚體制的重重障礙令人望而生畏。除了需要請警察向警察總部申請旅行文件之外，父親還必須獲得官方正式的許可才能留在廣州，同時祕密實施他的離開計畫。在中國各地，當局透過稱為「戶口」的居住許可證制度來控制人民的居住地。民眾必須出示他們的居住證才能獲得食物和配給。這個制度讓官員可以隨時追蹤人口，並限制誰可以住在哪個地方。父親知道他必須取得廣州的居住證，而第一步就是要獲得大學的正式批准，讓他得以休學。

父親有位表親設法弄到了一張蓋有醫院官方印章的白紙。然後那位表親寫了一份假的醫療報告，表示父親因神經衰弱而感到焦慮、身體不適，因此必須休學。父親寫信給學校，告訴校方他必須留在廣州養病，也一併把那封蓋有醫院印章的信寄給他們。為了增加可信度，父親還告訴同學他在廣州看醫生，而這消息也在西安的校園裡傳開了。校方知道他曾經罹患水腫，他們回信說他可以休學一年。

父親向廣州東山派出所的女警出示了學校寄來的信。父親的表親還介紹他認識一位退伍軍人，這位退伍軍人願意在警察局為父親作保，條件是父親把他母親從香港帶來的罐頭食品給他。他們倆也因為過去在人民解放軍服役的經歷而建立起友誼。一切努力都得到了回報。那位女警幫父親辦好了廣州的戶口，接著他在雲香和她丈夫家裡度過接下來的一年。除了種菜和打理前院外，他沒有什麼事可做。

一九六二年夏天，隨著居住證的到期日逼近，父親到城裡去看了醫生。醫生寫了一封信給西安的大學，說父親的病情惡化，必須無限期留在廣州。讓父親如釋重負的是，大學的行政人員說沒關係，因為父親已經完成了四年的學業，只要再讀一年就可以拿到工程學位。

現在父親在等待雲香和她丈夫傳來那位表親的消息，那位警察表親欠雲香丈夫人情。雲香的夫家會幫貧困的親戚在城裡找工作，藉此協助他們的生計。當初就是他們幫這位表親在廣州東部的東山區找到了低階員警的工作。父親請這位員警向警察總部提出申請，以獲得離開中國的許可。父親最初的請求是去香港，因為他在香港出生，如果他能離開中國，進入香港應該不會有多大的困難。他隨身帶著香港的出生證明。但後來他把目的地改成了葡萄牙的殖民地澳門，因為要取得前往香港的出境許可證可能需要很長的時間，也許要好幾個月。一九六二年十一月，那位員警帶來了好消息：總部官員批准了父親的旅行許可。

父親預計在一九六二年十一月十五日帶著那份要求他必須返回的文件前往澳門。前往澳門的中國民眾不得攜帶太多物品。父親扔掉了退伍時軍隊發給他的黃色小冊子。他為自己多年的從軍生涯感到驕傲，他到西安和廣州時都帶著這本小冊子，冊子裡還有軍隊在他搭車離開新疆前在烏魯木齊為他拍攝的照片。但父親不希望中國邊境的官員在他身上發現這本小冊子。他擔心他們會懷疑為什麼一位退伍軍人要離開中國。

早上，父親在廣州搭上了巴士。南下到邊境的車程花了六、七個小時。在中國海關站，官員在父親的旅行許可證上列出了三件物品，並註明因為父親打算把這些物品帶回來，所以不需要徵收關稅。數十年後，父親笑著向我展示那張許可證，並指著上面列出的物品。上面寫著一隻歐米茄（Omega）手錶和一對鋼筆，但這些東西父親一樣也沒有。海關人員顯然希望父親把這些東西從澳門帶回來，當作禮物或是賄賂送給他。父親實際上帶了兩元港幣、一袋衣物和一些粵劇唱片。

巴士抵達澳門邊境的海關辦公室時，一位葡萄牙官員上了車。他走過通道，要求每個人出示身分證或許可證。那位官員看到父親來自中國，便用流利的廣東話跟他說：「這裡跟北方不一樣。你要小心點。」他的意思是，與中國相比，澳門的犯罪活動猖獗，三合會與其他犯罪集團在澳門幾乎不受任何管制。

漫長的一天結束後，巴士抵達了澳門。在離開廣州之前，父親打電話給他在香港的父親，他父親叫他一到澳門就去一位朋友的店裡看看。現在父親走進那家商店，那位家族友人遞給他一百元港幣。他直接到餐廳去吃燒鵝。在饑荒期間，他最想吃的東西就是燒鵝，現在他打算每天晚餐都吃燒鵝。吃飽後，他走到渡輪碼頭，去找父親提過的一位表親。那位表親名叫徐霑，在往返澳門與香港的渡輪上工作。他為父親在一間小飯店訂了房間。

在澳門的香港領事館，父親提交了前往殖民地香港的申請。他向領事館官員出示了出生證明。領事館官員還要求他提供兩名在英屬香港可以替他擔保的證人。在他提供了當地家人的姓名後，使館官員便叫他回去等待批准。

飽受磨難、絕望與飢餓的民眾紛紛前往英屬香港。

許多人從廣東省寶安縣蛇口地區的鹹水沼澤和森林展開他們前往香港的驚險旅程。他們利用卡車輪胎、浮標、塑膠製品，甚至是保險套製成的氣球渡海。為了避免被守衛邊境的中國士兵發現，有些人用西瓜皮蓋在頭上。無法或不願意游泳的人則花了一大筆錢僱用船隻，這些人包含婦女、兒童與老人。許多船隻在波濤洶湧的水域翻覆，造成無數人溺斃。而成功抵達香港海岸的人則必須躲避哨兵、絆網與警犬。有些移民甚至在身上塗上動物園裡老虎的糞便來嚇跑警犬。

從一九五六至一九五八年間，有兩萬多人從寶安縣逃到香港。在隨後的全國大饑荒期間，逃往香港的人數急劇上升。人民從全國各地來到香港，坊間開始流傳一句話：

「好好練身體，日後去香港。」僅僅在一九六二年四月至五月之間，就有約十一萬人試圖越過廣東與英屬香港之間的邊界。在成功逃往香港的六萬人中，英國官員遣返了其中的三分之二。那些抵達香港市區的人可以留下來。人民解放軍在中國邊境派駐了更多士兵。這些邊防部隊有時會開槍射殺移民，儘管這種情形在一九五〇年代更為普遍。

與大多數試圖逃亡的人相比，父親的日子還算好過。他可以仰賴他在廣州的家族關係。他離開中國的方式是透過提交申請文件、手持船票搭上渡輪，而不是冒險穿越險惡的邊境以及中國南方的水域。但他就像其他踏上這趟旅程的人一樣，一心想要抵達英屬香港。他或許比大多數人更堅決，因為他的家人、他的根在那裡等著他。

一九六二年的初冬，父親正在前往澳門的路上時，伯父與他的三位同事飛往沖繩，協助美國陸軍解決鷹式防空飛彈的問題。伯父在一九五四年畢業於喬治華盛頓大學電機工程學系，隨後在一九六〇年取得布魯克林理工學院碩士學位。一九六二年，他開始為美國陸軍工作。這支美國軍隊被中國視為敵軍，父親也曾準備在韓戰中與之對戰。伯父被維吉尼亞州貝爾沃堡（Fort Belvoir）的主管派往沖繩的美軍基地，當時他才在美國陸軍工作僅僅六個月。他們非常信任伯父，並任命他為鷹式飛彈計畫的主任工程師，必須負責解決為飛彈系統提供動力的柴油引擎發電機組問題。

伯父在新工作中累積了五天的假期，便提出了去香港探望父母的要求。自從搬到美國後，他只回去過一次。巧合的是，電機部門的主管需要有人在香港安排採購和運送面板設備。因此伯父獲准前往香港。他甚至有一位表親在香港經營傢俱生意，可以協助採購設備。

在聖誕節的前幾天，伯父抵達香港，他的父母立刻叫他到澳門看他的弟弟。伯父不清楚父親具體的計畫，但他們的父母告訴他，父親正試著離開中國。他知道，在大饑荒和毛澤東掌權的那段時期，很少有人能夠離開中國。如果父親被抓，他很可能消失在中國監獄制度的深淵之中，再也沒有人能見到他。即使是在澳門也很危險。雖然澳門是葡萄牙的殖民地，但中國政府在當地有很大的影響力，與香港的情況不同。伯父必須迅速行動，他們的會面必須簡短而且完全保密，他們甚至不敢告訴其他家人。

徐霑是祖父的表親，在往返香港與澳門的渡輪上工作，他協助安排了行程並陪同伯父搭船。伯父和徐霑在上午十一點下了船。澳門市中心有狹窄的鵝卵石街道和廣場，讓人想起歐洲的景觀。徐霑帶著伯父穿越這些街道，來到父親下榻的飯店。伯父踏進飯店，走上樓梯。父親開門時，伯父驚訝地發現父親看起來仍然是那位記憶中的弟弟。他們已經十四年沒有見面了。父親看起來很瘦，他才剛從饑荒中倖存下來。但伯父記得，在台山縣和廣州的那幾年，父親一直是位瘦弱、有時病懨懨的少年。

兩人在飯店房間裡坐下來交談。他們有很多話要聊，但都刻意避開政治和其他敏感的話題。他們都知道近年來中國所發生的災難，但他們覺得沒有必要仔細討論這些事情。他們聊到父親即將前往香港的計畫，但沒有聊到他之後的打算。那時伯父還不是美國公民，因此不能為父親申請美國移民簽證。現在能到香港已經算不錯了，若父親繼續生活在共產主義制度下，等待他的將是黯淡無光的未來。

伯父也不想問父親這些年來在中國北方和中亞邊境到底發生了什麼事。他知道那裡的生活一定很艱苦。父親還設法回中國內地繼續完成他的學業，卻遇上了饑荒。但父親那時還不知道饑荒的規模究竟有多大，在他心目中，那段時間身體所承受的痛苦，還比不上得知共產黨對他極度不信任時那樣痛苦。伯父知道發現這樣的事實可能會令人痛不欲生，但他看得出父親已經準備好拋下他過去的生活。

父親從廣州警察局拿到的旅行許可證上寫道，他必須在一九六三年二月之前回到中國。父親不打算回去，他也不知道一旦他錯過了期限，當局會怎麼處置他。他很快就會被視為逃跑的退役軍人。他們會派安全人員到澳門緝捕他嗎？他知道黨內官員可能會採取嚴密的措施來對付他，但他沒有辦法讓香港政府加速核發入境許可。

他買了武俠小說，在飯店房間裡讀。市中心的一家電影院同時放映五、六部電影，他去看了幾部。其中一部是寇克・道格拉斯（Kirk Douglas）和珍・西蒙絲（Jean Simmons）主演的《萬夫莫敵》（*Spartacus*）。這部電影讓父親留下深刻的印象，以至到了數十年後，八十九歲的他還能清楚地回憶起在澳門看電影的那一天，以及劇情的種種細節。雖然羅馬共和的士兵最終殺死了斯巴達克斯，但他們饒了這位奴隸角鬥士的妻子以及孩子，並將他們流放。父親也看了史賓塞・屈賽（Spencer Tracy）主演的《紐倫堡大審》（*Judgment at Nuremberg*）。這些電影在中國遭到禁播，而在共產黨革命之後，戲院更停止放映美國電影。

一九六三年一月下旬，就在農曆新年前，父親終於得到消息，他已獲准永久留在香港。他感到如釋重負。現在他必須採取行動，緊抓著獲得自由的機會。離開澳門的飯店時，他只帶了裝有衣服和粵劇唱片的袋子。

父親登上開往香港的輪船那天，天氣涼爽。船在水面上緩緩前行。父親回頭望著遠處逐漸消失的中國。他將自己十幾年的生活拋在身後。那是一段只有年輕人才願意犧牲奉獻的時光。渡輪停靠在上環，也就是他父親開中藥行的地方。他的父母親在碼頭等他。他快步走向他們。他們臉上綻放出燦爛的笑容，他也笑了。他們沒有哭。他已經將近十三年沒見過他的父親了。他一度以為自己再也見不到父母了。一九五九年，他父親生病住院時，他感到六神無主，學校也不准他在那年夏天到香港探望父親。現在他們三人終於又團聚了。他的父母走起路來步履蹣跚，身子看起來弱不禁風，頭髮也變得灰白了。這些年來他在中國獨自一人生活，錯過了與父母相處的時光，而那些日子再也回不來了。但現在，他們有機會重新開始。

他們走過幾個街區，穿過熙熙攘攘的街道來到中藥行。在日本入侵與共產黨革命期間，他父親的生意經歷了種種波折，但中藥行仍舊在那裡。他的父母現在就住在這裡。他走上二樓，環顧四周。一九五〇年的夏天，他在香港的最後一夜就是睡在這裡，當時他在搭火車北上到北京前最後一次來這裡探望父母。他們試圖勸他不要去。但後來他們發現他已經下定決心要走自己的路，他父親叮嚀他要小心、努力學習，為將來做好準備。

五月八日，父親回到香港的幾個月後，他的外公過世了。他母親在靈堂守了兩天兩夜，累得筋疲力盡。喪禮有超過百人前來弔唁，四天後，父親在寫給伯父的信中稱之為「盛大的場合」。「人到了一定的年紀就會死去，母親並沒有過度悲傷，而是很豁達地看待這一切。」

那封信是父親在那年春天寫給伯父的其中一封信，信中描述了他在一九五〇年高中畢業後在中國各地將近十三年的旅程。在澳門的時候，他們兩人沒有談到太多父親的遭遇。現在，他用淺白的語言將這段經歷化為文字。他在六月十二日的信中寫下了他最終的反思。他原本以為自己的人生會走上設定好的道路，但一些他從未見過、也永遠不會認識的人所做的決定卻迫使他踏上另一條路。同樣的事情也發生在毛澤東統治下的數億人身上，他們都是被迫在這個國家展開苦難旅程的人。但他成功逃了出來，重新掌握了自己的人生。

「十幾年時間過去了，回憶往事，一無所就。有時感到不勝悵惘。

一般來講，我對別人都是隱瞞了入團、入黨及參軍之經歷，只說在廣州高中畢業後，五年就被政府召到新疆參加邊疆建設，生產、勞動至一九五七年才回到西安入大學讀書，因為一九五一年的確有許多高中或初中學生被半強半迫的踏上新疆之路去的。」

回到英屬香港的第一年，他努力尋找自己的立足點。那年七月，他即將年滿三十一歲，卻還沒有完成大學學業。他很擔心該如何展開新的職涯。他與父母搬到跑馬地的新公寓，晚上在公寓對面上英文課。他穿梭在這座城市的街道上，漸漸適應自從他離開後發生的各種變化，也造訪那些他從小就熟悉的地方，像是露天市集、海濱以及香港島上的龍脊。那年秋天，他們全家搬到香港島的西邊，位在上環和西環之間。

一九六四年一月，回到香港一年後，他的父親很快就因為肺癌過世。祖父當年六十三歲，事前沒有任何生病的跡象。祖父被埋葬在俯瞰南海的山丘上，在三十三年後，我將造訪他的墳墓。這對父子共度了最後一年的時光，分享著日常生活的儀式。

那年秋天，父親到臺灣政府開辦的夜校辦理入學。他選修了土木工程和經濟學的課程。白天他在伯父友人的成衣廠上班，負責看管用來熨燙毛衣的蒸氣鍋爐。

他在西北工業大學的那段經歷讓他可以更快地完成大學學業。兩年後，他拿到了土木工程的學位。

他完成了在西安展開的大學學業，現在他希望自己能繼續建造東西。自一九五七年從西北邊疆回到中國內地後，這一直是他的計畫。當時他還不知道，他必須踏上返鄉之路，將革命拋諸腦後，才能完成他的學業。

一九六六年十二月，他的母親在伯父的擔保下，以移民身分飛往華盛頓特區，伯父在去年剛成為美國公民。一九六五年的移民與國籍法（Immigration and Nationality Act）徹底改變了美國華裔居民的生活，他們之中許多來自台山縣的村落。這項法令也改變了美國的人口結構：在此之前，美國政府對世界上大多數地區（包含香港）的移民人數都設有上限，主要是為了限制來自西歐與北歐以外國家的移民。這項法案取消了名額限制的規定，使得許多在美國的移民更容易替家人申請移民簽證，讓家庭能夠團聚。

父親在一九六七年三月拿到由伯父擔保的移民簽證。五月初，在他準備飛往美國之前，香港爆發了反英國統治的抗議和暴亂。這些抗議活動起初只是針對工廠工作條件的勞工行動，後來很快就得到親毛澤東人士的支持。一些示威者在街上揮舞紅色的《毛語錄》，他們受到中國文化大革命中年輕紅衛兵的啟發。在一九六六年，這些紅衛兵在毛澤東的指示下開始迫害所有權威人物，甚至連黨內高層及其家人也不放過。毛澤東下令「炮打司令部」。

文化大革命是毛澤東最後一次發起的政治運動，也是他奪取權力的最後一搏。長達十年的動盪讓中國陷入混亂，每個家庭都在某種程度上遭到破壞，父親認為自己很幸運，能在文化大革命展開之前逃離中國。他的家族與美國和香港都有聯繫，如果他留在中國，他一定會遭受迫害。或許他根本活不下去。

過了許久，父親聽說了一位表親的命運，當年那位表親在上海擔任科學家。父親還記得他們童年時期的情景。鎮榆的綽號叫做矮子，在香港時曾與姊姊雲香與哥哥鎮和住在父親與伯父家的樓上。在日本入侵之前的年代，他們會一起走路上學。一九八〇年，伯父造訪上海時，聽鎮榆的妻子說他遭到紅衛兵批鬥，並被指控為美國中情局探員。紅衛兵要求他把住在香港的父母遷居到上海，以證明他的忠誠。一九六九年，他自殺身亡，享年三十九歲。

鎮榆的兩個兒子後來搬到長島讀研究所。父親有時候會想，如果他留在中國，在文化大革命期間是否會遭受與他表親同樣的命運。他要感謝雲香和她丈夫幫助他取得警方的旅行許可證，讓他得以逃離中國。

五月中旬，英國警察正向街頭暴動的毛澤東支持者發射催淚瓦斯時，父親搭上了日本航空的班機離開香港。他將近九十歲的祖母坐在他旁邊，他們將永遠留在美國。在夏威夷的機場海關與移民櫃檯，一位美國官員將綠卡遞給他們。他們繼續飛往洛杉磯，接著再到華盛頓。

他們在母親節當天抵達華盛頓杜勒斯國際機場（Dulles International Airport）。他的母親、哥哥以及其他家人在機場等著他們，當天晚上他們在華盛頓西北部喬治亞大道上的東方之星咖啡館舉辦了慶祝晚宴。這間咖啡館由國鈞叔叔和振鈞叔叔共同經營。他的祖母搬到國鈞叔叔家住。父親和他的母親在伯父家住了兩個月，接著他們前往紐約的唐人街，因為他們在那裡還有其他的家人，也比較容易找到工作。父親在餐廳裡當服務生和洗碗工，他的母親則在成衣廠工作。一九六八年十二月，他們搬回華盛頓，住進唐人街的公寓。父親在翠園皇宮（Jade Palace）餐廳擔任服務生。

一九七〇年，他回到香港尋找合適的妻子。大約四年前的某個週末晚上，他在同學威廉（William）家打麻將時，結識了一位年輕貌美的女子。這位名叫勞蘭芳（Daisy

Lo）的女子是威廉的妹妹，她的工作是在律師事務所審核房地產合約。為了躲避共產黨的迫害，她的家人在一九五四年逃離廣東省，因此她從小在英屬香港長大。如今有位朋友建議父親回到那棟公寓，重新向蘭芳介紹自己。

一九七一年八月五日，父親和母親在政府機關公證結婚，十天後在北角（North Point）的新都餐廳（New Capital）宴請了兩百位賓客。父親於九月飛回華盛頓，母親不久後也跟著過來。他們在唐人街展開了新的生活。十一個月後，我在水鼠年[31]出生了。

31 譯注：亦即壬子年，西元一九七二年。

第二十二章

各奔東西

北京、甘肅省以及四川省・二〇一六年

沒想到離開中國出乎意料地容易。二〇一六年夏天，我和天香訂好啟程日期後，旅行社用電郵寄給我三張聯合航空直飛華盛頓的機票。我們選擇了七月十六日，這正好是個吉日，因為「六」音同「溜」，有「順利」之意。

要做出離開的決定並不容易。北京是我八年多來的家，自從成年後，我住在這裡的時間是其他地方的兩倍。我在這裡結婚，我們的女兒也在這裡出生。愛月永遠是個北京人，而且是土生土長的北京人。我們看過不少好友搬走了，但我們也交到了新朋友，他們的孩子也和愛月變成親密的玩伴。他們在小巷、公園和購物中心裡跑來跑去。愛月現在快四歲了，能說一口流利的中文，因為她大部分時間都是與活潑的張阿姨（Zhang Ayi）待在一起，張阿姨自從她出生就開始照顧她了。愛

月也喜歡和笑臉迎人的孟廚師（Chef Meng）聊天，我們偶爾會請孟廚師來幫我們下廚。

然而，我和天香覺得是時候做出改變了。中國北方持續的空氣汙染是世界上數一數二嚴重，這讓我們對孩子的健康感到焦慮，許多父母也是如此。我們在家裡安裝了六台空氣濾清器。如果手機上的應用程式告訴我們當天北京的空氣汙染指標超標，我們就會讓愛月待在家裡，或是在外出時要她戴上口罩。多年來，由於氣候條件的關係，中國北方許多燃煤工廠產生的汙染物一直被困在北京的周圍地區，導致長達數天的霧霾，也就是我們所說的「空氣末日」（airpocalypse）。就在去年十二月，北京政府首度發布了空氣汙染紅色預警，當局關閉學校、限制交通，並禁止戶外燒烤兩天。

在中國養大愛月讓我非常關注中國的環境問題。我花了更多時間來報導這些議題，但我看到的情況並不樂觀。雖然中國在潔淨能源科技方面的投資比世界上其他國家都還要多，但中國仍堅持使用煤炭，這也是導致空汙的關鍵因素。在未來的幾年內，中國的空氣、水資源以及土壤的惡化情形可能會持續下去，中國也很可能會成為世界上最大的溫室氣體排放國。中國沿襲了美國的發展模式，如今兩國已成為全球氣候危機的最大元兇。

在過去半年的採訪中，我感受到災難步步進逼。這些危機在中國邊疆地區最為嚴重，也就是帝國的邊陲。在內蒙古戈壁，居住在騰格里沙漠擴張地帶的蒙古人告訴我，乾旱的情況正在惡化。寧夏地區的回族穆斯林居民向我抱怨，當地政府強迫他們離開已遭砍伐殆盡的家園，搬到由灰暗混凝土房屋組成的新社區。在雲南省廣闊的怒江流域，村民抗議政府興建大壩的計畫，警告此舉將破壞生態平衡。

在祁連山脈的透明夢柯冰川徒步健行時，一位中國科學家跟我說，這座中國的大冰川正以每年十六公尺的驚人速度退縮。

在我的冰川報導刊登之後，那位科學家秦翔打電話告訴我，警方已經聯絡過他，問他為什麼要接受我的訪問。這是另一個驅使我離開中國的徵兆。在中國的新聞工作變得更加困難，消息來源和從業人員都面臨更大的風險。幾年前，一篇冰川的報導並不會被當局視為敏感議題。現在，經濟、環境和娛樂產業等議題都可能觸動政府的敏感神經。共產黨試圖加強管控各項議題的敘事框架。在接下來的幾年間，習近平更下令要「講好中國故事」，向外界展示良好的中國形象。

願意接受訪問的消息來源越來越少，即使是那些通常熱衷於邊喝咖啡邊對政策與歷史發表高見的大學教授和智庫研究員也是如此。要在不危及他人的情況下與他們取得聯繫變得更加困難。我們知道警方會監控微信上的訊息，而微信是中國人日常交流的重要工具。警方對我們分社的年輕中國記者也更咄咄逼人，警方頻繁地請他們「喝茶」，以審問我們的工作內容，甚至向他們的父母提出警告，讓我們所有人都感到憤怒不已。

在北京，我們身邊的友人也被迫做出艱難的抉擇。有些中國朋友因為空汙而離開北京，搬到中國西南部雲南省的山林與湖泊之間。在我們家附近巷子賣饅頭和麵食的移工也因為城市高昂的生活成本而回到家鄉。幫我們家打掃的鄭阿姨（Cheng Ayi）被迫搬家，因為市府官員拆除了機場附近的移民安置區。

段萌和珍妮是我們最早在北京認識的一對夫妻，他們準備關閉在鼓樓和鐘樓旁的咖啡館，因為他們沒有正式的戶籍證明讓女兒在北京上學。他們要搬到段萌的老家山東省，而我們常去的逸茲咖啡廳將化為帝國首都的一縷魅影。他們送了我們一幅咖啡館門口的畫作當作是餞別禮物，讓我們在各奔東西之後仍然記得他們。

六月底，我、天香以及搬家工人迅速將我們位於后永康胡同一巷九號的房子收拾好。這裡是我們住過的第二個四合院。搬出去之後，我們會在朋友強納森和李雪柏（Amy）家暫住幾個星期，然後飛往紐澤西（New Jersey），天香將在普林斯頓大學（Princeton University）攻讀碩士學程。我打算在我們的新家和中國之間往返並撰寫一些報導，接著在明年春天到普林斯頓教書。

在我們離開家前的最後一個早上，我們走到附近的巷子裡吃我們最愛的街頭小吃——煎餅，然後繼續回家收拾行李。我們正在封箱時，抬頭一看，只見一位身形消瘦的男子揹著黑色的肩背包，站在我們家的門廊。我們在等搬家公司的人來搬最後的箱子，所以大門沒關。他對我們咧嘴一笑，他有一頭濃密的白髮，身穿筆挺的條紋襯衫，脖子上還掛了副眼鏡，神情看起來一派輕鬆。

「就是這裡，就是這所學校。」他說。

我起初感到很疑惑。後來我才恍然大悟：這座四合院建築在改建為私人住宅前，曾經是一所醫學院。門口上方的黑色匾額上還寫著學校的名字，在這裡的三年間，我一直對此感到好奇。

他說他曾經在這裡教書。他遞給我一張名片，上面寫著：孟竞壁，中醫學博士。我和天香帶他參觀了房子。除了幾個剩下的箱子以及零散的燈具與枕頭之外，屋內空空如也。我告訴他，很抱歉他來訪時屋子裡這麼凌亂。我指著院子裡的石榴樹，問他是否還記得。但他只是不停地走來走去，眼中閃爍著光芒。

「這裡以前是主教室，」他邊說邊緩步走進我們的臥室，「學生在這裡排排坐，我就站在那裡教課。」

這段對話讓我想起我和父親在北京和廣州的日子。或許這位博士在這裡教書已經是數十年前的事了。但在他的腦海裡，一切歷歷在目。

回到客廳後，他從肩背包裡拿出一本厚厚的精裝書給我們看。這是一本中醫教科書，是他行醫多年後寫成的作品。他快速翻閱了前幾頁，然後放回包包裡。後來我在網路上查到他是共產黨員，曾經在附近的醫院擔任院長，並獲得多項殊榮。他從一九五〇年開始在哈爾濱醫科大學就讀，與父親進入空軍哈爾濱飛行學院的時間差不多。畢業後，他加入了衛生部。在共產黨獲得勝利後的幾年間，他找到了報效國家的方式，並持續貫徹在他的職業生涯之中。

孟博士走進巷子。「謝謝你們讓我再次看到這一切。」他說。他大步走進七月炎熱的早晨，我們則繼續打包行李。

隨著我們離開的日子越來越近，我和家人展開最後一次的旅行。我想讓他們看看西部地區，這些地方從我早期在中國旅行時就讓我著迷不已。我們飛往甘肅省，開車進入藏人稱之為安多的地區。我們住在海拔三千公尺高的桑科草原營地，那裡有堅固的小木屋和犛牛毛帳篷。

藏族夫妻德芊（Dechen）和丈夫伊達姆（Yidam）在伊達姆祖先的家園附近建造了這個營地。他們告訴我，所謂「豪華露營」的生意收入支持了織物品牌「諾樂」（Norlha），該品牌僱用了附近游牧村落仁多瑪（Ritoma）的女性。在一望無際的湛藍天空下，愛月在黃色的野花間奔跑。我帶她和天香去參觀拉卜楞寺，我在十七年前首次造訪這間寺院。我們站在白色佛塔旁的屋頂上，俯瞰著穿梭在寬闊巷子間的僧侶。「這裡是中國嗎？」愛月問道。

我們飛到了炎熱的四川成都平原，二〇〇八年我剛抵達中國不久，就來到這裡採訪那場嚴重的大地震，三年後我在這裡看到拜登和習近平共進晚餐。但這些都與我此行的目的無關。我們帶愛月造訪這座城市著名的大熊貓繁育研究基地。她看著熊貓在戶外的圍欄裡爬樹、攀登巨石、啃食竹子。在北京，她很喜歡談論熊貓，每天晚上都抱著那隻名為「潘迪」（Pandy）的熊貓玩偶睡覺。我知道這趟旅程將成為她對中國的難忘回憶。這也是我從父母身上學到的：離開的時候，我們每個人都會緊抓著不同的東西。我們會找到心中的定錨點，因為我們需要它。

第二十三章
最後一戰

香港・二〇一九年

二〇一九年十一月的溫暖午後，身穿黑色忍者服裝的年輕女子站在大學校園裡空蕩的戶外游泳池池底，將玻璃瓶一個接一個扔向牆壁。每個瓶子都碎開來，玻璃碎片散落一地。她每扔一次都會調整目標。牆上的其他地方也有黑色的痕跡，那位女子的同伴用他們自己的瓶子在這裡朝牆壁練習投擲。他們將那些瓶子裝滿汽油並用火點燃了。牆上的燒焦痕跡顯示出這些自製炸彈擊中的位置。這些都是為了模擬真正的目標：香港警察。

在泳池邊緣的地面上，有兩位學生正朝靶心射箭。他們就像那位女子一樣，身穿黑色服裝，戴著口罩。我一早在香港理工大學散步時注意到的氣味，這裡也聞得到。那是汽油的味道。在校園的幾個地方，學生堆滿了裝有汽油的瓶子，裡頭塞著布條或是報紙。我曾看到許多紙箱裡裝滿了上千個汽油彈，準備讓人點燃並投擲出去。

在學生眼中，他們的敵人是曾經備受香港市民愛戴的香港警隊。示威者表示，警察現在是依照中國共產黨和遠在北京的統治者行事。自一九九七年以來，這些統治者強化了對香港警隊的控制，起初是漸進式的，但近年來速度不斷加快。他們肆無忌憚的舉動導致香港居民的憤怒和恐懼持續升溫，例如二〇一五年中國的國安人員綁架了香港的五名書商。現在看來，中國曾經向英國和香港居民承諾的「一國兩制」似乎將在二〇四七年（也就是英國政府將殖民地移交給中國領導人的五十年後）正式結束之前就面臨瓦解。

我看到地上寫著「Fuck the Popo」的英文標語。這裡的「Popo」指的是警察，校園裡的學生李傲然（Owan Li）解釋道。

「示威者必須面對警察的暴行，」他說，「中國共產黨是完全獨裁的政權。他們的心態是要維持完整的主權與統一。他們會說只有政府及其統一與主權才是最重要的。談到人權、人民的權利或人民的生活時，他們不屑一顧。而維護主權的唯一方式就是獨裁統治。」

在校園的其他地方，我看見兩位年輕人正在將金屬把手焊接到大塊的黑色金屬板上。他們在打造盾牌。有人在牆上用噴漆畫上了反法西斯圖像小說與電影《V怪客》中的V符號。在另一面牆上，學生們噴上了「如果我們毀滅，你們也將與我們同歸於盡」（If we burn, you burn with us）的字樣。這是《飢餓遊戲》（*The Hunger Games*）小說中的弓箭手女主角凱妮絲・艾佛丁（Katniss Everdeen）所說的台詞，這本小說講述的是反抗威權國家的故事。我到處在校園裡閒逛，看到更多學生在練習射箭。

在過去一週，學生和其他示威者占領了香港各地，目的是擾亂交通，強化他們反警察和反共產黨的訴求，希望香港或北京的官員能做出讓步。但警方已經展開反擊，他們毫無顧忌地用警棍和催淚瓦斯直接對付示威者。到了週末，學生在香港各地的五所大學校園築起了路障，其中反抗意志最堅決的一群學生聚集在香港理工大學。他們準備展開最後一戰。數個月來的抗議、高喊口號和街頭衝突，最終演變成了這樣的局面。

五個月前，在六月的時候，這座城市的居民開始上街抗議，人數之多是數十年來從未見過的。他們對行政長官林鄭月娥希望立法會通過的《逃犯條例》感到憤怒。許多香港居民擔心，如果中國的安全機構想要緝捕香港的特定人士，無論是批評共產黨的人或是企業主管，這項法案將為地方當局開闢一條新的途徑，讓當局能夠將香港居民送往中國大陸接受起訴和監禁。在示威者眼中，這項法案是共產黨用來破壞香港法治的工具。在今年夏天的示威活動中，參與者並不僅限於學生，不同於五年前我曾經目睹的雨傘運動示威。那時候，示威活動圍繞在學生於金鐘地區建立的營地。今年夏天，遍及全城的示威遊行吸引了年輕人、老人、高中生、上班族以及退休人士。

整個夏天，警方與示威者之間的衝突規模和暴力程度不斷升級。警察發射催淚瓦斯，並逮捕了許多人。一名女子被警察發射的布袋彈擊中臉部，導致眼睛嚴重受傷。這些事件廣為人知，許多示威者都描述了這些事件，顯示出警察採取的殘酷手段。林鄭月娥在九月時宣布撤回《逃犯條例》，但到了那個時候，引發抗議事件的原因已經遠遠不止於此。示威者要求整個警隊必須承擔責任，而這支警隊曾經受到多數香港居民的敬重。示威者持續提出五大政治訴求，包含全面落實雙真普選、撤銷被捕示威者控罪，以及成立獨立調查委員會以徹查警方濫權。

我在華盛頓觀察情勢的發展，當時我在《紐約時報》擔任外交記者。我一心想要回到香港的街頭，而不是和政府官員一起喝咖啡或參加大使館晚宴。在普林斯頓大學教授新聞學，接著到哈佛大學擔任研究員之後，我在二〇一八年搬到華盛頓報導川普政府，這是許多美國新聞機構當時最關注的新聞。這是一趟返鄉之旅，我可以再次與父母共度時光，而愛月也在開始上小學時認識了她的祖父母以及堂兄弟姊妹。從我的國際新聞報導職涯來看，這種發展也有其邏輯：首先報導美帝在伊拉克計畫的重大挫敗；接著關注美國最大挑戰者中國的崛起；現在則探討美國民主從內部權力核心遭到侵蝕的問題。然而我也感到失落：我不再是真正意義上地「身臨其境」，在報導美國外交政策時，也不再沉浸於其中所涉及的國家與文化之中。

在二〇一九年十月一日中國國慶日前夕，中國大使館批准了我為期一週的簽證，讓我前往北京採訪國慶的重頭戲，也就是習近平即將主持的天安門廣場閱兵儀式。這是中華人民共和國建國七十週年的宣傳大秀，但我認為這或許是能讓我一窺習近平權力的機會。更重要的是，結束後我可以前往香港，親自了解這場運動。

十月一日，北京城仍在沉睡時，我在廣場西側的軍事博物館搭上了官方巴士。太陽升起時，我們越過廣場，來到我們的座位。昨天晚上睡前，我打電話給父親，想聽他描述他當年在一週年閱兵儀式上於毛澤東面前遊行的事情。我在二〇一五年參加習近平的第一次閱兵儀式時，我們還沒有談過這件事。現在我知道了父親在這裡的經歷，我感覺自己就像跟隨他數十年的幻影，化身為他早年在帝國中心廣場上存在的迴響。

自毛澤東以來，共產黨領導人從未在四年內舉辦過兩次閱兵儀式。此舉本身就突顯了習近平的野心。去年，共產黨將「習近平思想」寫入黨章，這是另一個與毛澤東的相似之處。這次的閱兵儀式與二〇一五年大致相同。習近平身穿傳統的無領外套，搭乘黑色轎車從天安門出發，經過一列長長的軍隊隊伍。他檢閱了戰車、飛彈與無人機，其中有些是首次公開亮相。他們揭開了東風-41型導彈的神祕面紗，這是一種能夠攜載核彈頭的洲際彈道飛彈。

在臺上發表演說時，習近平引用了毛澤東的名言：「中國人民站起來了。」他繼續說道：「沒有任何力量能夠撼動我們偉大祖國的地位，沒有任何力量能夠阻擋中國人民和中華民族的前進步伐。」

然後我發現了她。香港特別行政區行政長官林鄭月娥身穿灰色粗花呢套裝，站在習近平身旁。中國領導人在告訴全世界，他全力支持林鄭月娥和她的警隊。這種忠誠度的展示對林鄭月娥來說如此重要，以至於她選擇在多數香港居民預期將出現緊張情勢的一天離開香港。示威者計畫要反制習近平在北京舉行的國慶宣傳活動。閱兵遊行結束後，香港居民在街上集結。數萬人在購物商場和摩天大樓間遊行，高呼「光復香港，時代革命」。在某些地區，示威者向警察投擲燃燒彈，並砸毀那些被視為與中共立場一致的店家櫥窗。

在荃灣區，警察與揮舞著金屬棍的年輕示威者大打出手。一名警察被推倒在地時，另一名警察背靠著停業的商店門口，拔出了槍。一名示威者朝他揮擊。這名警察近距離開槍，擊中這名十八歲男子的左肩。這是自六月抗議活動展開以來警方第一次射傷平民。記錄下這起暴力事件的手機影片迅速流傳，導致更多人譴責警方，並聲稱林鄭月娥放任香港變成戰區。這些事件彷彿一九六七年父親前往美國前夕在香港爆發的衝突，當時英屬香港警方手持警棍和催淚槍對抗左派示威者。

在習近平閱兵儀式的三天後，我在潮濕的週五早晨搭上高鐵列車。這班列車疾速橫越中國，停靠在長江岸邊的武漢，穿越南方的丘陵和稻田，最後駛入香港。九個小時內，列車跨越了兩千四百多公里。想當年，父親的旅程需要花好幾天的時間。

我拎著行李從金鐘的地鐵站出來時，天已經黑了。金鐘位於香港島中心，充滿了高級購物商場和辦公大樓。我正要穿越主要幹道前往飯店時，一位年輕人在距離我九十公尺的街上朝著廣告看板噴漆，然後迅速逃走。噴漆寫的是一句咒罵林鄭月娥的話。午夜過後，我聽到飯店周圍的街道上傳來喊叫聲。數以百計身穿黑衣、戴著口罩或頭套的人剛從示威現場離開，他們經過這個地區，同時高喊著口號。

近年來，金鐘一直是吸引示威者集結的地方。金鐘是香港立法會的所在地。今年初夏，示威者曾闖入空無一人的立法會會議廳。在香港官員眼裡，這表示抗議行動已經提升到新的層次。這些辦公大樓也讓金鐘成為二〇一四年雨傘運動的集會地點，當時的民主示威運動持續了數週之久。那年十月，我經過夏慤道上龐大的營地，採訪那些擔心公民自由遭北京領導人剝奪的學生。當時北京當局宣布改革香港選舉制度，因而觸發了這場運動。這場運動持續了數週，特定的象徵符號在全球的關注下格外顯眼：黃色雨傘，因為示威者曾共同撐起雨傘形成防護牆，以抵擋警察使用的催淚瓦斯；還有黃之鋒，他是身型瘦弱的十八歲學生，創立了民主團體「學民思潮」（Scholarism）。但當局最終消磨了示威者的意志，拒絕回應他們的訴求，這場運動也逐漸式微。

在接下來的五年間，年輕的社運人士研究了二〇一四年發生的事件以及雨傘運動中的弱點。現在，到了二〇一九年，他們以不同的方式來組織示威運動。這場運動沒有明顯的領導者。示威者加入Telegram上的聊天群組，透過一連串的來回訊息進行交流，針對每天的行動達成共識。在外人看來，看似是雜亂無章的聲音。示威者還採用了香港武術家與電影明星李小龍的經典口號，聽起來簡潔而優雅：「如水聚散」（be water）。這個口號的目的是避免發生正面衝突，以免讓警察占上風。如果眼看暴力衝突一觸即發，示威者會衝進香港的大街小巷，進入商店、公寓大樓以及地鐵站，然後在其他遠離公安部隊的地點重新現身。示威者不會像雨傘運動時那樣建立營地，集會地點也會在最後一刻才決定。他們的目標是讓示威行動變得難以預測，避免成為當局鎖定的目標。

露西・江（Lucy Kong）坐在高架道路下的街道上，正在用水沖洗她小腿上的傷口，其他示威者從她身旁走過。她是在與示威者同行時摔傷的。我們在金鐘，也就是靠近中環和皇后像廣場的地方，皇后像廣場的集結將是這次遊行的高潮。露西像所有示威者一樣身穿全黑服裝，她還戴著黑色的Patagonia帽子和肩背小包。她在銀行上班，已經受夠了香港的公民自由不斷受到侵害。她告訴我，在這裡看到年輕的抗議者很鼓舞人心，但他們需要外部力量來協助他們抵抗共產黨。「另一種形式的冷戰可能即將來臨，」她說，「這是文明世界與共產世界的對抗。」

她說的文明世界是指美國。在香港的這幾天裡，我不斷聽到這句話。就在遇到露西之前，我和示威者一起走在街上，看到一個人穿著美國隊長的服裝，還帶著盾牌。有些示威者揮舞著美國國旗或掛在木桿上的山姆大叔海報。像露西這種三十歲以上的香港居民，還記得在一九九七年親眼目睹大英帝國將香港移交給另一個帝國，過程中英國人完全漠視香港居民的意見。但是現在，他們又將希望寄託在另一個遙遠的帝國身上。露西說，他們別無選擇：共產黨以及中國太強大了，只有美國能夠對抗他們，並替示威者捍衛他們的權益。川普是美國總統，有些示威者深信他會伸出援手。

「如果川普總統發表更多相關言論，就會製造更多壓力。」露西說。

我不知道該跟她說什麼。川普政府的一些官員曾經告訴我，他們擔心北京可能會出動人民解放軍來鎮壓示威活動。但很明顯的是，川普本人根本不關心示威者。川普是個商人，交易和利潤是他看待世界的方式。更重要的是，川普希望他的手下與習近平達成貿易協議，他甚至很欽佩中國領導人能徹底掌控一個擁有十四億人口的國家。

對美國抱有信心的示威者正關注著一項在美國國會審議的法案，即《香港人權與民主法》（Hong Kong Human Rights and Democracy Act）。美國國會議員利用香港議題來展現他們的反中立場。這項法案一旦通過，將促使美國政府針對試圖鎮壓示威活動的中國官員實施經濟制裁與旅遊禁令。但美國的政府官員本來就擁有這項權力，卻遲遲沒有行使。「制裁香港官員將有所幫助，」露西說，「這會讓林鄭月娥三思而後行。這些官員都有親屬具備美國公民身分。」

我想到所有華盛頓當局實施制裁的國家，像是俄羅斯、伊朗和北韓，但此舉似乎對這些領導人的行為沒有什麼影響。在露西和我交談時，示威者開始從我們身邊匆匆跑過，互相喊著要繼續前進。我聞到一陣催淚瓦斯的味道。在附近的某個地方，警察正朝人群發射催淚彈。我跟著人群跑向皇后像廣場。示威者很快就放慢了腳步，試圖弄清楚警察在哪裡。有人告訴我附近有間教堂，數十名被催淚彈擊中的示威者在那裡避難。接著突然下起雨來，人們在陰暗的天空下返回家中。當天的遊行就此劃下句點，但大家都知道這一切尚未結束。

我在臉書上收到表親潔西（Jessie）的訊息，她從小在香港長大。潔西是南希的女兒，南希是我母親的表親，一九九七年我第一次來香港時和南希一起吃過點心。潔西和她的父母參加了我在北京舉辦的婚禮，我最後幾次來香港時還和她一起喝過酒。她告訴我，現在她對自己家鄉所發生的一切感到心碎，她希望國際新聞媒體的報導能對香港以及北京當局施加壓力。「這裡的情況越來越糟糕，而且似乎看不到盡頭，更不用說是正面的結局了。」

抗議活動就這樣持續到秋天。所謂的前線社運人士與警方之間的衝突愈演愈烈。在香港市中心，人群在催淚瓦斯中冒險前進的場面屢見不鮮。示威者戴著各式各樣的面罩，像是外科口罩、大圍巾、防毒面具以及護目鏡。我也隨身攜帶了一套防護裝備。香港政府試圖禁止市民在集會遊行時蒙面，但示威者無視了這項命令。

十一月四日凌晨，二十二歲的大學生周梓樂從停車場的三樓墜落，四天後在醫院離世。示威者表示他遭到警察追捕，但沒有證據能證實這項說法。周梓樂是首位在抗議現場身亡的示威者，這讓社運人士群情激憤。他的照片遍布了整座城市，人們在大學校園、街角處和公園留下字條與蠟燭追悼他。十一月的第二個週末，人們在公園舉行了大型的燭光悼念儀式，紀念墜樓身亡的周梓樂。

為了重振士氣，第一線的社運人士呼籲大眾在下週一（十一月十一日）上街遊行。他們的目標是在上班日讓香港的多數地區陷入停擺，實施大規模關閉。這是示威者自八月以來首度嘗試的升級策略。

週一，我搭地鐵到將軍澳，也就是周梓樂去世的地方。當時正值通勤高峰，人們沿著主要幹道步行上班。接著，一小群年輕人開始聚集在十字路口。我看到其中兩個人把藍色腳踏車推到路口中間，然後丟在那裡。這些人朝街上扔了些垃圾，並放下塑膠交通錐。司機停下車，無奈地按著喇叭。然後，一輛貨車很快停了下來。六名警察跳下車，衝進十字路口，把腳踏車拖到一邊，清理街道。車輛又開始繼續前進。有些司機大聲表示感謝。警察衝向站在人行道上的幾個人，他們一直在用手機拍照和錄影。「不要打人！」一位女士喊道。

同樣的情況發生了好幾次，示威者將更多的腳踏車和雜物搬到十字路口，警察則快速衝過來移除這些物品。有些警察身上帶著貼有螢光橘貼紙的步槍。有人警告我，這些步槍裡裝有海綿彈。有一次，一名警察衝向街上的一名示威者，舉起手裡的步槍，朝男子的背部開了一槍。站在人行道上的數十人對著警察大吼：「不要開槍！」、「你真的朝人開槍？」

辦公室主任奈森・譚（Nathan Tam）在被封鎖的十字路口下了車。「我對這些示威者並不感到憤怒，」他告訴我，「我知道這是政府的錯。但對於有家庭和工作的普通人來說，我們能做些什麼呢？我在六月時參加過遊行，但結果又如何呢？如果政府不願意聽你的意見，除了移民之外你什麼也做不了。現在，我非常慶幸去年就把兒子送到英國。否則，以他的個性，他現在可能正在外頭抗議，還可能挨子彈。如果這裡的情況變得非常糟糕，我會想辦法讓我的家人離開這裡。」

過了一會兒，警察忍無可忍了。在我們的北邊，一群警察開始向示威者發射催淚瓦斯。我看到了濃煙，也聞到了刺鼻的瓦斯味。我衝進購物中心的一樓。我周圍的人都在咳嗽，商店店員拿著瓶裝水衝了出來，讓大家趕緊用水沖洗眼睛。

我搭上巴士和地鐵前往中環，發現辦公大樓、百貨公司和殖民時代的政府大樓之間也上演著類似的場面。警方與示威者對峙，其中包含身穿西裝、戴著口罩的上班族。發射出的催淚彈在空中畫出一道道弧線，落在街道上。隨著警方陣營持續推進，社運人士持續後退並逐漸散去。示威者也讓這裡的交通陷入癱瘓，他們用交通錐、竹竿以及磚塊沿著主要幹道建立了臨時路障。在干諾道上方的天橋，有人懸掛了巨大的白色標語，上面印有肯塔基州共和黨政治家、美國參議院多數黨領袖米奇·麥康奈（Mitch

McConnell）的臉孔。標語上寫著「參議院該採取行動了」。這個標語強烈要求麥康奈協助通過正在院會審議的《香港人權與民主法》。

在那之前，兩部令人震驚的影片已經廣為流傳。其中一部影片顯示，一名身穿黑衣的年輕人在人潮洶湧的十字路口走向一名警察，接著那名警察舉起手槍，近距離射擊示威者的胸部。在另一部影片中，一名看似支持中國政府的年長男子在行人天橋上嘲笑著示威者，後來有人朝他身上潑灑汽油，另一人則朝他扔了一根點燃的火柴。那名年長男子隨即全身著火。到了傍晚，這兩起暴力事件的受害者都躺在醫院病床上，情況十分危急，性命垂危。情勢不斷地惡化。很少有社運人士希望暴力衝突演變到現在這樣的程度。

我搭乘地鐵回到九龍。彌敦道是香港相當熱鬧的商業區，也是香港重商主義的象徵，人行道上總是擠滿了前往珠寶店和電子商場的消費者。但現在卻出奇地冷清。商店全部關門，數以百計的示威者在街上遊蕩，街上沒有任何車輛在行駛。人們在路上放置了磚塊，阻止汽車與其他車輛通行，封鎖了香港極為重要的地區。在彌敦道的一個街區，六輛雙層巴士被棄置在街道中央。這一幕就像末日電影中的場景，彷彿文明世界突然陷入停滯。

我聞到了橡膠燃燒的味道。隔壁街區傳來的爆炸聲響讓我嚇了一跳。我走近時，發現示威者放火燒了電線杆上的配電箱。附近有一群人將他們在別處砍下來的樹幹拖到馬路中央。還有一些人手持長棍和磚塊，正在砸中國建設銀行分行的鐵門，這間銀行是總部設在北京的國營企業。有人大喊警察帶著水炮車來了。所有人迅速散去。我從清晨就開始奔波於各個地區，突然感覺一陣筋疲力盡。我走到地鐵站的入口處，準備下樓時卻停下了腳步，因為我看到示威者正試圖拉下鐵門。他們對著地鐵站大喊，說工人沒有關閉地鐵站是叛徒。我開始跑向下一站。我知道政府已經宣布宵禁，要求人們離開街頭，警方很快就會開始搜捕滯留在街上的人。

在接下來的幾天內，城市的部分地區仍然處於癱瘓狀態，主要幹道上堆滿了障礙物。示威活動依循著固定的模式。人們會在中午時於中環舉行集會，然後就地解散。但在十一月中旬的那一週，最重要的示威行動轉移到大學校園。警方首次試圖闖入校園，顯然是為了追捕示威活動的領袖和其他知名的社運人士。到了週一，也就是全城爆發動亂的那天，警方在中環山上香港大學（簡稱港大）校園週邊的宿舍裡拘留了一名學生。當天晚上，動亂逐漸平息，但緊張情勢持續升溫，有消息指出在城市另一端的香港中文大學附近有幾名學生被捕。也有消息傳出，警察開始進入校園。在此之前，香港的校園一直被視為神聖不可侵犯的空間。學生在校園內能夠感到安全，不必擔心遭到報復，他們集會與發聲的權利也受到保護。

香港的公立大學總共有超過八萬六千名大學生和將近一萬一千名研究生。由於週一爆發的動亂，市政府宣布停課一週。現在學生可以整天在街頭參與示威活動，然後重新集結並制定計畫，睡上幾個小時，天一亮就準備再次出動。

週二，我來到香港大學。在他們的同學遭到拘留後，學生們接管了校園。我和一位二年級的學生加百列．馮（Gabriel Fung）一同走在幾乎空無一人的校園。「人們已經意識到，抗議、運動和衝突是不可避免的，」他告訴我，「無論你身在何處，這些事情都會在某些時刻影響到你。」這裡和其他學校的中國大陸學生大部分都離開了香港，至少是暫時離開。第二天，警察護送數十名學生越過邊境前往深圳，深圳的飯店也為他們提供免費房間。

香港的大學各有特色。香港大學創立於一九一一年，是香港歷史最悠久、最具聲望的大學。香港大學在建制派人士之間占有重要地位。許多香港大學的學生都是曾經就讀國際學校的外國人或香港居民，英語是他們主要的語言，其校友包含警務處處長和行政長官林鄭月娥。

但政府與警方的行動卻讓學生變得激進。在學生遭到拘留的消息傳開後不久，有人在網路上發布了影片：兩位自由派法學教授傅華伶和陳文敏在校園內用英語對一群憤怒的學生發表演說，懇求他們不要訴諸於暴力。一位蒙面的女子高喊，他們別無選擇。「我們要犧牲多少人？」她問道。

「我們更好，我們和他們不同。」傅華伶說。

「但我們不會原諒他們，」一位年輕人說。「我們不會忘記。」

週一晚間和週二早上，警方再度來到校園，試圖清除路障。在學生的反抗下，他們發射了催淚瓦斯，然後撤退。校園的神聖性得以維持。我在下午抵達時，看見戴著口罩的學生守在路障前，各個小組封鎖了從遠處薄扶林道通往校園的不同路徑。在其中一些入口處，電梯連接著校園與道路。教授和行政人員走到學生守衛身邊聊天。隨著夜幕降臨，學生們交換輪班。

我漫步在校園的主要建築之間。在慶祝二〇一九年畢業生的室內標語上，有人漆上了「明德革命」的字樣，這句標語結合了革命的精神以及學校的校訓[32]。在戶外，一名蒙面的學生坐在牆邊，用手機看著影片，牆上的標語寫著「我反抗，故我存在」(Je me révolte, donc je suis)，即法國存在主義哲學家卡繆（Albert Camus）的名言。其他塗鴉就沒那麼高雅了，這些圖畫和標語指控香港警察輪姦、雞姦和謀殺。

我走進一座中央露天庭院，抬頭仰望著高聳的血橙色方尖碑。雕塑上呈現了數十具扭曲、赤裸的軀體以及變形的臉孔，糾纏在一起的屍體在尖叫聲中凝結。這簡直就是但丁筆下的地獄。我突然驚訝地意識我看到了什麼。這座名為「國殤之柱」的雕塑是由丹麥藝術家所設計，並於一九九七年六月四日放置在維多利亞公園，當時許多香港居民都認為這可能是最後一次為一九八九年六四屠殺受難者舉行大型燭光晚會。二十二年後，在我凝視著那些受苦的面孔時，我的思緒又回到了那個潮濕的夜晚，當時我站在公園裡凝視著同一座雕塑，人們手持點燃的蠟燭從雕塑旁經過，悼念那些在天安門廣場喪生的人。

當時，這座銅像不僅象徵著中國早期那段噩夢般的歷史，也代表著香港居民在英國將殖民地移交給中國時的那份恐懼。多年來，這座雕塑逐漸成為國家恐怖主義以及對抗

32 譯注：香港大學的校訓為「明德格物」（Sapientia et Virtus）。

國家恐怖主義的象徵。如今，在香港的山丘上，身著黑衣的蒙面學生行經這座雕塑，前往剛築起的路障。雕塑底座上刻著「老人豈能夠殺光年輕人」（The old cannot kill the young forever）的中英文字樣。

週二下午，警方試圖衝進通往香港中文大學校園的二號橋路障，該校區位於新界高地。這座行人天橋建於吐露港公路和東鐵線之上，在全城行動的號召下，學生向下投擲磚塊與其他物品，導致當地交通和火車被迫停止。

香港中文大學校園被視為整座城市示威活動最激烈的地方。許多學生積極參與夏天的示威活動，他們的學校因此被稱為「暴動大學」，學生也對這個稱號引以為傲。這座校園裡的兩萬名學生大多以粵語為主要語言，許多人與父母住在擁擠的公寓大樓裡。校園的位置相對偏僻，從市中心搭地鐵到學校需要一小時。學生已經開始在道路的入口處建造磚牆。一些從其他地方來的示威者也加入了學生的行列。

週二，警方為了爭奪行人天橋的控制權而展開攻擊，導致了一整週連續的示威活動中最戲劇性的衝突。警方發射了數百枚催淚彈和橡膠子彈，學生則投擲汽油彈和磚塊。超過一百名受傷的學生被送往體育館內臨時設立的急救診所。校長段崇智一度試圖與警方協商，但暴力衝突再度爆發。學生並沒有退縮，警方則在逮捕了數人後被迫撤退。

到了十一月十五日星期五，學生仍占據了香港各地的五所大學，準備迎接警方即將展開的一連串攻勢。就在當天，我造訪了香港理工大學，看著學生在空蕩的游泳池裡練習投擲汽油彈和射箭。就像香港中文大學一樣，香港理工大學也坐落在交通要道上。與校園相連的高架道路橫跨在通往紅磡海底隧道的多線道之上，而這座海底隧道可讓車輛往返於九龍與香港島之間。政府必須控制大學，才能讓隧道再次恢復運作。

然後一夜之間，其他四座校園內的學生都逐漸散去了。週六破曉時，築起的路障已遭到棄置。附近的居民與警察開始清理學生留在路上的雜物。唯一堅持下去的是理工大學，學生已準備與警方展開最後的對抗。我與這些學生交談時，感覺到有些人渴望成為烈士。各地校園裡最狂熱的學生都集結在這裡，準備參與最後一戰。

週六晚上，警方開始試圖突破外圍路障。舉著防暴盾牌的警察與裝甲車並肩前行。他們沿著一條寬闊的大道朝學校前進，然後在接近路障時放慢了速度。學生拋擲汽油彈、朝警方射箭。週日破曉時，警方出動了他們在城市各地使用過的武器：水砲車、橡膠子彈和催淚瓦斯。學生堅守陣地，一次又一次擊退警察的進攻。一名警察腿部中箭。

學生領袖表示，示威者遭水炮擊中後，出現眼部受傷和失溫的情況。警方試圖從學校後門突破防線。一輛裝甲車緩緩駛向後門的路障。示威者朝裝甲車投擲汽油彈，車輛陷入火海。裝甲車駕駛儘速後退。在校園的那一側，靠近紅磡海底隧道的高架道路都因燃燒彈爆炸而留下焦黑的痕跡。玻璃散落一地。在北京，《環球時報》總編輯胡錫進在社群媒體上發布了警車著火的影片。《環球時報》是在中國流行且與共產黨有關聯的民族主義媒體。「在這種情況下，警察應該獲准發射實彈以制伏暴徒。」胡錫進寫道。

警方威脅將在週日晚上對示威者使用致命武力。接近午夜時，二十二歲的學生威廉·劉（William Lau）告訴我的同事：「我知道今晚警察有可能會向我們開槍，但現在我們別無選擇」。他說校園內仍有約五百名示威者。在校外，一些學生的支持者試圖突破警方的封鎖線進入校園，卻無功而返，其中包含夏志誠主教（Bishop Joseph Ha）和來自布朗克斯（Bronx）的美國牧師威廉·德夫林（William Devlin）。我在兩天前進入校園時遇到了德夫林牧師。現在他在電話中告訴我，他在經歷了四個小時的對峙後離開校園。他說示威者並沒有被警方嚇倒，他們已經做好了被逮捕的準備。香港各地的居民都從社群網路和電視新聞報導中聽說了這場圍城。民眾從香港各地趕來，聚集在大學校園附近，試圖把警察從校園引開。

香港的醫院管理局表示，週日的衝突中至少有三十八人受傷。圍城持續到第二天，傷亡人數增加了三倍。在一些街區，警察站在學生群體旁邊，這些學生坐在人行道上，雙手反綁在身後。他們在離開校園時遭拘留。泣不成聲的家長在警方的封鎖線外舉行燭光守夜，為仍在校園內的子女求情。這些孩子試著尋找逃跑路線。有些人將繩索綁在行人天橋上，沿著繩子搖搖晃晃地移動到下方的道路，接著騎摩托車而來的同伴將他們接走。其他人則爬過下水道逃走。

仍留在校園裡的一百多位示威者感到恐懼與疲憊。眼看黎明就要來臨，有些人陸續離開。這一切有種即將落幕的感覺。這是香港數十年來規模最大的示威運動，在這最動盪的一週，抗爭的餘燼就此熄滅。在接下來的幾天內，有更多的學生悄悄溜走或在離開時投降。留守的學生漸漸變得虛弱，餓得奄奄一息。警方在十一月二十八日進入校園，也就是爆發最激烈衝突的十一天後。他們發現學校裡沒有人。

後來的示威活動再也沒有達到如此劇烈的程度。在那一週之後，只要民眾在街上聚集，就會遭到警方迅速逮捕。美國政府頒布了許多香港居民所希望的懲罰性法令，但這並沒有帶來任何改變。香港的地方官員和北京的統治高層對此置之不理。然後香港迎來了冬天與農曆新年假期。有人推測示威活動可能在過年後再次升溫。但到了二月，首次在武漢出現的新型冠狀病毒迅速蔓延全世界。世界各國紛紛在三月進入封鎖狀態，關閉國境。一夜之間，中國化身為與外界隔絕的龐大堡壘，香港則成為堡壘中孤立的封地。

二〇二〇年六月，共產黨對香港施以致命一擊。而早在一年前，林鄭月娥推動的《逃犯條例》修訂案就已經引發香港的大規模抗議。北京的全國人民代表大會常務委員會通過了《香港國安法》，這是比《逃犯條例》更嚴厲的法案。《香港國安法》於六月三十日晚間十一點生效，比英國將香港移交給中國的二十三週年紀念日還早一小時。新的《香港國安法》賦予香港安全機構更廣泛的權力，允許北京的中央政府繞過香港法院，介入所謂的國家安全案件，並直接監督具有政治性質的新國家安全機構。當然，國家安全的定義十分模糊且容易受中共操縱，當局能夠以任何方式加以運用。

新法案通過後，異議分子很快就遭到拘留。今年夏天，最引人注目的案件是《蘋果日報》創辦人黎智英遭到逮捕。在將近一年後，二〇二一年六月，《蘋果日報》被迫關閉，使得這份香港重要的民主派報刊結束了長達二十六年的運作。隔年，黎智英因兩項詐欺罪成立，遭法院判處五年九個月徒刑。

許多外國記者紛紛離開香港，因為他們擔心公安部隊和法院可能會用新法令對付他們。有些教授和學者也選擇出走。學校老師不知道他們在課堂上還能說些什麼。

二〇二一年十二月二十二日，香港大學校方在放置「國殤之柱」的大樓周邊設置了警戒線。保安人員和工人在接近午夜時抵達現場。附近的居民看到卡車，他們拍下的照片顯示，工人搬出了一件裹在白色包材中的物體。第二天，學生進入這棟大樓時，他們看到曾經矗立著雕塑的中庭如今空無一物。

隨著這些事件的發展，我想起了一九九七年夏天正在轉變中的香港，當時是我第一次造訪香港。我看到這座城市經歷了日本侵略、毛澤東時期由中國大陸蔓延過來的緊張局勢，以及在倫敦與北京當局達成祕密協議之後，英國政府逐漸交出香港主權的過程。我還記得在那次訪問時與黎智英的會面，以及在維多利亞公園的燭光晚會中第一次親眼看到「國殤之柱」。英國將香港主權移交給中國的過程看似困難重重，但也蘊含了無限可能。當時，樂觀主義者認為香港有望改變中國，而非香港被迫接受中國的改變。

我也想相信香港和這座城市的無限可能。我的家族史根植於這座城市的理念之中，而香港遠遠不止是一座城市而已。香港曾經是各個帝國關注的焦點，但香港人民創造出自己的身分，也塑造了自己的主體性。父親、母親與他們的家人就是其中的創造者。香港曾經是他們和許多中國人的避風港，這些中國人在大陸的動盪不安之中尋求庇護。因此，他們把香港變成了自己的家，將他們的夢想和慾望寄託在這座城市。

目前看來，共產黨似乎已經澆熄了最後一絲希望。習近平和他的同志們認為，根據他們自己的方式控制香港是讓西方帝國主義時代走向終結的必要之舉。雖然香港在一九九七年已經歸北京當局所控制，但某些制度和理念仍然存在。習近平試圖強行將這些制度和理念連根拔起。他在上一次的鎮壓行動中取得了某種勝利，但他不知道革命的火苗仍在何處燃燒。

在許多中國以外的人眼中，香港變得與新疆和西藏一樣，成為共產黨壓迫的象徵，也是共產黨試圖建立新中華帝國下的犧牲品。北京當局透過控制邊疆地區來界定國家的勢力範圍，這些邊疆地區曾經是父親生活及勞動的地方，也是他的家族（也就是我的家族）的祖籍地。政府的控制影響了數百萬人的生活，彷彿一股巨大的平衡力量，旨在建立橫跨時空的偉大帝國，確保臣民都安於其位。父親和母親都明白這一點。有些人對這種統治方式嗤之以鼻，有些人則欣然接受，並認為這是實現中華民族偉大復興的必要手段。我在這片土地上許多不同的角落，透過各式各樣的視角，親眼目睹了這一切。我看到人民認真扮演自己的角色，努力耕耘自己的土地，並盡力超越統治者對他們的期待。

在中國生活的那幾年，我曾經想像有朝一日我會搬到香港，與父母親一起走在街頭，透過他們的視角以及記憶，盡情體驗這座城市。我們會在城市裡過上悠閒的生活。我們會逛市集，在餐廳裡吃點心，然後坐電車穿越香港島的心臟地帶。他們會指給我看他們年輕時去過的地方，然後講故事給我聽。或者我會與父親一起飛往新疆，一同穿越草原、高原以及高山峽谷，然後他會談起他數十年前對此地的印象。我曾有幸在他與高中同學重聚時與他一起造訪廣州。我希望在中國與他們共享更多的體驗，因為我認為這樣既能更深入了解我的家族，也能洞察中華文明的核心。在示威活動那年離開香港後，我知道這一切都不會發生了。父親年紀大了，不適合長途飛行。他的身體與心智都變得遲緩。即便不考慮這些，這些城市、這個國家、這片土地都不復以往。一起旅行的時機已經過去了。他還有他的回憶可以分享，他的故事也還沒有被人遺忘，如今這樣就夠了。

第二十四章
大國博弈
北京與華盛頓・二〇二三年

二〇二三年的父親節，我時隔四年首次飛抵北京。美國空軍的波音757飛機掠過層巒疊嶂的山丘與萬里長城，一排排公寓大樓在褐色的平原上延伸，機場跑道旁的建築掛著飄揚的五星紅旗。雖然我搭乘過數十次前往中國的班機，但這次不一樣：我是陪同布林肯（Antony J. Blinken）訪華的記者團成員，這是五年來美國國務卿首次訪問中國。自二〇二〇年三月疫情爆發以來，中國便與外界隔絕。今年冬天，在中國未能抵禦新型冠狀病毒Omicron變異株入侵，且經濟一蹶不振之際，習近平與他的手下向全世界宣布，他們將重新敞開國門。如今，外國官員和商人正小心翼翼地重返中國並試探形勢。

在馬里蘭州（Maryland）的安德魯聯合基地（Joint Base Andrews）登機之前，父親有幾件事要告訴我。他要我把帝國首都的照片寄給他，他已經十一年沒見過那個地方了，上次去是在愛月出生時。「中國有句諺語：『老馬識途』，意思是老馬認得走過的路，」他在電郵中寫道，「你就是北京的一匹老馬」。在另一封電郵中，他寫道：「你將在飛機上慶祝父親節。我想廚師會為你們準備豐盛的餐點。」我錯過了在馬里蘭州公園舉辦的黃氏家族年度聚會與父親節慶祝活動，到時出席的成員從祖父母到小嬰兒都有，共有數十位親戚一同野餐。九十歲的父親、九十四歲的伯父以及他們的表親素民是其中最年長的家族成員。

先前布林肯在二月取消了原定的訪華行程，因為當時美國國防部發現一個中國的間諜氣球盤旋在美國上空並將其擊落。數週後，布林肯公開表示中國正在考慮向俄羅斯提供武器，以協助俄羅斯總統普丁的烏克蘭戰爭。這些事件反映出影響全球局勢的更大趨勢：自從習近平執政以及川普政府上任以來，美中關係急劇惡化，並持續至拜登總統任內。美國官員稱之為「大國競爭」（great power competition）的新時代。一些歷史學家表示，兩國關係正處於一九七九年兩國關係正常化以來的最低點。美中關係的惡化讓布林肯與他的手下為這次訪問設定了最低的期望：他們告訴記者，他們的主要目標是重建高層之間的溝通管道，以便在危機爆發時緩解緊張局勢。

這代表拜登總統和他的手下希望確保，萬一在臺灣海峽、南海以及東海發生海軍艦艇或戰機之間的意外或暴力衝突，他們可以聯繫到中方的相關單位。中美兩國的軍事接觸日益頻繁，近期也差點擦槍走火。中國在該地區的軍事野心與美國維持軍事優勢的目標並不相容。雙方都在試著弄清楚對方為了確保自身地位願意做到什麼程度。拜登的手下希望向中國當局傳達他們的意圖，也希望能解讀中國的意圖。他們知道雙方的誤解可能導致戰爭。

現在，華盛頓或北京當局在討論雙邊關係時，戰爭的話題總是不遠。儘管兩國都擁有傳統上被視為嚇阻手段的核彈頭，而且兩國之間的貿易額也創下歷史新高，但他們最常談論的議題是未來可能因為臺灣問題發生戰爭。這些事實看似矛盾，而且與冷戰時期的情況截然不同。美中兩大強權的關係比任何時期的美蘇關係都還要緊密。然而在華盛頓，人們卻不斷追問美國是否會很快與中國開戰。兩國政府對於這個議題早已見怪不怪，而這現象令人不安。我的朋友王立德（Alex）是美籍華裔的法學教授，他也在六月的同一週訪問北京。他在喝酒時告訴我，他認識多年的中國環境律師與學者告訴他，他們已經準備好為了臺灣與美國作戰。我在想，這種說法會不會讓父親想起他在韓戰期間聽到的言論。

布林肯在釣魚台國賓館綠意盎然的別墅裡與中國的高級外交官會面。在一九七一年季辛吉執行祕密外交任務時用餐的同一個房間，中國外交部長秦剛為布林肯舉辦了宴會。菜單上的菜名寫著「相互尊重」、「解決分歧」以及「防止衝突」，最後一樣是季辛吉曾吃過的炸蝦。在為期兩天的最後一次會議中，布林肯在人民大會堂與習近平會面。習近平表示希望盡快見到拜登總統，但對於布林肯的前提表示異議，即兩國必須就公平競爭的規則達成協議。習近平已經對美國的意圖有了自己的解讀：美國不是要和中國競爭，而是對中國實施「全方位的遏制、圍堵、打壓」，正如他在三月的演講中所提出的評論。

布林肯獲得了他所尋求的重啟高層對話。但他當時並不知道，中國的政治體制已開始出現震盪。習近平下令調查軍方高層的貪腐問題。外交部長秦剛在下個月遭到免職，但官方沒有給出任何解釋。中國當局暗指是健康因素，但沒有人相信，各界懷疑秦剛是否遭到拘留。華盛頓的官員和記者都認識秦剛，因為他在升任外交部長前曾擔任駐美大使。據傳秦剛在華盛頓擔任大使期間，可能與一名中國電視台記者發生婚外情。謠言指出兩人還育有一子，那個孩子在美國出生，因此是美國公民。美國官員告訴我，他們認為這些傳聞是可信的。中國高層官員在一夜之間從公眾的視野消失，這令人感到震驚，但以習近平的行事風格來看，卻又不完全令人意外。這次的肅清喚起了毛澤東時期的陰影。

北京和華盛頓的官員列出了一長串美中緊張局勢下的犧牲品：商業、學生交流以及科學合作。還有華盛頓國家動物園裡人見人愛的熊貓，距離我們家只有幾個街區。兩隻年長的成年熊貓「美香」、「添添」以及牠們三歲大的幼崽「小奇蹟」原定於秋天返回中國，因為牠們都到了適合返鄉的年齡。但當時雙方並沒有協議要讓中國再送一批毛茸茸的熊貓到華盛頓。除了短暫的空窗期外，自從一九七二年尼克森總統劃時代的北京之旅以來，動物園就一直飼養著熊貓。當年尼克森的夫人派翠西亞（Patricia）在晚宴上告訴中國總理周恩來她非常喜歡熊貓。那年四月，中國將一對大熊貓玲玲和興興當作禮物送給華府。在我成長的過程中，當地的電視新聞節目經常報導牠們的趣事。牠們是中國天生的外交官。我的父母很喜歡在華盛頓看到這兩隻毛茸茸的動物，這是他們與祖國實實在在的聯繫。

離開中國後，愛月對熊貓的熱愛從未減退，也許是因為我們在中國的最後一次家庭旅遊時參觀了成都的大熊貓繁育研究基地。在華盛頓，我經常帶她去動物園散步。到了十一月，也就是我隨布林肯的外交使團從北京回來的五個月後，在一個溫暖的週日早上，我和天香帶著愛月去和熊貓道別。我們看著牠們啃竹子、玩塑膠球。愛月向我滔滔不絕地說起熊貓的冷知識：「你知道牠們每天要吃十四個小時嗎？」現場人潮洶湧，我和一些遊客交談，得知他們開車數百公里只為了來看熊貓最後一眼。三天後，我又回到動物園，看到牠們分別裝在不同的金屬籠裡，由堆高機推到等候的聯邦快遞貨車上。然後，就像總統車隊穿越華盛頓一樣，熊貓車隊在警察的護送下駛向杜勒斯國際機場。熊貓一家登上了名為「熊貓特快車」（Panda Express）的波音777飛機，展開了十九小時的飛行，目的地是位於中國西南部霧氣繚繞的山間新居，隨行的還有一位獸醫、兩位動物園管理員以及一百公斤的竹子。

我不禁想，熊貓外交的時代是否就要結束了。但在下一週，習近平前往舊金山與拜登參與亞太經合會（APEC）高峰會（由布林肯訪華所促成）時，他在與商界領袖交流的晚宴上表示，中國將繼續與美國在熊貓保護方面合作。他說，這些毛茸茸的動物是

「中美人民的友誼使者」。

稍早在六月時，布林肯離開中國後，我又在北京多待了四個晚上。某天晚上，我沿著飯店附近的運河散步。運河兩岸霓虹燈閃爍，餐廳與酒吧座無虛席，自從我上次來北京後，這條河道已經變得更加美麗。中國的經濟正逐漸復甦，但成長的速度比疫情之前緩慢了許多。我和朋友們一起吃飯。他們告訴我，中國的疫情初期感覺一切正常，中國政府在遏制了二〇一九年底在武漢市爆發的致命疫情後，成功將病毒阻擋在國境之外。但隨著omicron變異株在二〇二二年持續擴散，一座又一座城市試圖採取封城措施。但這些政策無法阻擋病毒傳播，反而徹底顛覆了民眾的生活。

擁有數百萬或數千萬人口的城市遭封鎖數週或數個月，如果官員認定城市內爆發疫情，幾乎不允許當地任何火車、飛機或汽車離開城市。民眾在早上時離開社區，一旦出現新冠肺炎病例導致封城，有時到了晚上就無法再進入社區。一些被下令住進隔離中心的父母和孩子被迫分開。我聽說有些富有的中國民眾在二〇二二年時逃離中國，決定在海外旅行直到禁令結束。在那時候進入中國（尤其是北京）是一項耐力的考驗。我的朋友湯荻告訴我，她前夫在那年十月為了回北京與家人團聚經歷種種煎熬。他不得不從義大利搭飛機到內蒙古的呼和浩特，然後在當地隔離了三週，再搭飛機到河北省。接著他從河北省坐了兩趟火車才抵達首都。走出車站時，他忍不住哭了出來。

這一切的情況導致了十一月的大規模抗議，當時民眾高舉白紙表示他們對清零政策的不滿，這項防疫政策號稱是由習近平一人拍板決定。但最終，中國政府既無法抵擋病毒，也無法為許多民眾提供安定感。經濟成長陷入停滯。就在一個月前，習近平迫使共產黨延長他的任期至第三任期，也就是至少再五年。自毛澤東以來，沒有任何領導人這麼做過。此舉讓我許多自由派的中國友人感到不安。他們很清楚年邁的毛澤東為中國帶來了多大的恐懼，儘管習近平目前只有六十九歲。他們擔心的情況在秋天發生了，習近平採取錯誤的封城與疫苗政策且未能遏止新冠疫情擴散，再加上二〇一九年底與二〇二〇年初武漢地方官員犯下的過失，中央與地方的決策失誤讓病毒傳遍了全中國以及全世界。

二〇二二年底爆發的抗議事件讓我感到震驚。我從未料到中國的不滿情緒會如此大規模地沸騰。烏魯木齊在十一月下旬爆發了第一起示威活動。在此之前，維吾爾族家庭在公寓大樓火災中喪生，因為大門遭防控人員從外面鎖上而無法逃生。城市居民聽到這件事時，憤而走上街頭，他們對於封城和監控措施的不滿達到了臨界點。隨著消息傳開，中國各地都發生了示威活動。

習近平在十二月結束清零政策時，因為很少人擁有抵抗力或注射了有效的疫苗，新冠病毒在各地迅速蔓延。一位攝影記者朋友在那幾週造訪了醫院、殯儀館和火葬場，他在北京和我吃晚飯時告訴我，他看到醫院大廳裡擠滿了數十位躺在輪床上的病人。一月中旬，他去了上海的一家殯儀館，從清晨一直到傍晚，那裡的十幾個房間裡每十分鐘就為一具大體舉行儀式。殯儀館後方的倉庫也堆滿了大體，每隔一段時間就由卡車載往火葬場。中國當局停止公布火化統計數據。美國在上一波新冠疫情期間災難性的應對措施導致超過一百萬人死亡，如今同樣的情況也在中國上演。中國境外的流行病學家在仔細檢視數據後向《紐約時報》估計，在二〇二三年一月達到高峰的新冠疫情期間，中國約有一百萬到一百五十萬人死亡。儘管中國各地禁止公開火化統計數據，仍有人將浙江省東部的數據短暫地發布到網路上，為這個估計數字提供了佐證。

我從朋友口中聽到一些創傷的故事，但在北京的街道上卻看不出任何創傷的痕跡，這裡仍保留著我記憶中那繁華熱鬧的活力。我想去天安門廣場，看看宏偉的廣場和紫禁城，但朋友告訴我，警方在疫情期間設置了檢查站，任何護照上有記者簽證的人都不得進入。在那個地方，父親曾在毛澤東面前遊行，我也在北京的第一個夏天與同學在黎明時坐在一起看士兵升起中華人民共和國國旗，如今我再也無緣造訪。

但沒關係。我一如既往地在老城區找到了這座城市的心臟。我站在我曾住過的兩座四合院的門外，心想在我成年後，我在這座城市度過的時間比在其他城市都還要多。我和天香在這兩座四合院度過了早期的婚姻生活，也在這裡養育我們的女兒。這裡生活的節奏似乎與我上次造訪時沒有太大的不同。小巷裡仍然有與鄰居聊天的老人、騎著電動自行車的送貨員以及追逐嬉戲的學童。在這匹老馬眼中，疫情改變了一切，卻也什麼都沒變。

在我的第二個家附近，我走過雍和宮，那是宏偉的藏傳佛教寺院，民眾會來此燒香、低聲祈禱。二〇一五年，一位朋友就是在這裡介紹我認識了扎西文色。二〇二一年一月，在遭囚禁五年之後，扎西出獄了。我很快就得知，他的意志並沒有被擊垮。他造訪高原各地，再次公開提倡藏語教育。此舉引起了地方官員的威脅，二〇二三年八月，一群蒙面歹徒闖入他的旅館房間毆打他。

我在北京認識的一些人失蹤了。我想見董郁玉，他是我十六年前認識的記者，當時他和天香一起在哈佛大學擔任研究員。我在中國的時候，我們一直保持聯繫，我們的家人也會一起聚餐。郁玉在文章中談到中國必須繼續走自由化的道路，持續接受來自外部的思想。二〇二二年二月，他與一位日本外交官在餐廳共進午餐時遭到國安人員拘留。他們以間諜罪起訴他，讓他的妻子、兒子以及許多朋友大感震驚。

這或許是毛澤東式反間諜運動的前奏，中國政府預計在二〇二三年展開一系列的反間諜運動。又或許是狂熱的政府官員在按照習近平對新聞工作的著名指示行事：黨和政府主辦的媒體必須「姓黨」，即在工作中完全效忠於共產黨。

曾經與我在《紐約時報》共事的中國記者中，很少有人留在中國。大部分的人都出國攻讀研究所或到海外工作。留下來的其中一位是凡妮莎。有天晚上，我和她在蘇蘇（Susu）越南餐廳吃晚餐，這間餐廳位在我第一個家旁邊的窄巷裡。凡妮莎在哈佛甘迺迪學院（Harvard Kennedy School）取得碩士學位後，於二〇一九年來到中國，原本打算很快就會回到美國。但她在新冠疫情期間被困在了這裡。她與一位美國商人的婚約告吹。有一段時間，她在網路上賣進口的奢侈品牌包包。

幾個月前，一位前輩告訴她，廣東省珠海的一所大學有個教新聞學的職缺。她拿到了這份工作，現在她正準備南下，前往我的家鄉。中國的經濟尚未復甦，好工作也很難找：根據官方估計，在我訪問北京的那個月，青年失業率為二一%。但凡妮莎看起來對她的新工作很滿意，這樣就夠了。

我在北京的最後一天是六月史上最熱的一天，氣溫超過攝氏四十一度，接近華氏一百〇六度。我在街上漫步。空氣汙染已經減弱，但全球暖化正在影響中國。多年前，我曾目睹喜馬拉雅山與中國其他山脈的冰川正在退縮，而現在城市裡的熱浪已無法避免，世界各地都是如此。中國與美國仍然是全球最大的兩個溫室氣體排放國。

無論這兩個國家、這些帝國強權做出什麼決定，全世界都會為之震動。在這些強權之間，他們的領導人必須建立一套和平共存的模式，以避免戰爭的發生。他們必須嘗試，他們別無選擇。

那天清晨，在熱浪襲來之前，我漫步在日壇公園，那裡是古代帝王祭祀太陽的地方。我看到一群婦女在打太極，另一群則拿著扇子跳慢舞。我經過一處遊樂場，愛月剛學會走路時曾在那裡和朋友嬉戲。我在附近徘徊，回想起那些日子。我在湖邊的柳樹蔭下漫步。一位朋友曾在這裡拍下我和天香的訂婚照片。我繞著公園走了一圈，接著我走進公園中央處，來到圍繞著祭壇的朱紅色圓牆前。我穿過矮牆的西門，踏入一座簡樸的庭院，庭院中央有座圓形的石臺。這就是日壇。在四個主要方位，各有一小段的階梯通往祭臺。古代的帝王每年都會來這裡舉辦祭日儀式。皇帝是宇宙的中心人物，他希望藉由這個儀式為宇宙帶來秩序與和諧。至少故事裡是這麼說的。

結語

我們在伯父家的餐桌上擺好蝦餃、豆皮卷和米粉。父母從父親工作了二十三年的海記中餐廳買好點心，準備帶去和伯父和他妻子時仙家共進午餐。那是個明亮又溫暖的初夏午後，距離我飛往北京報導布林肯外交使團還有三週。

我想起了在維吉尼亞州春田（Springfield）這棟房子裡度過的童年時光。伯父和時仙伯母就像我的父母一樣，現在仍住在他們將孩子撫養長大的老房子裡，他們的四個小孩年紀都比我大。他們在這裡住了六十年，父親在一九六七年第一次來到美國時，也曾在這裡住過兩個月。在我的童年時期，伯父一直是個重要人物，經常主持盛大的家族聚會。他會開車到馬里蘭州東岸，用籠子捕捉一堆藍蟹，然後帶回來讓大家在報紙上享用。我和父親有時候會和伯父一起去乞沙比克灣（Chesapeake

Bay），在碼頭上共度午後時光。伯父在美國海軍當了二十七年的工程師，後來又在陸軍工作了四年，最後於一九九三年退休。

因為新冠疫情的關係，自從五年前我和天香與愛月搬回華盛頓後，我只見過他六次。二〇二〇年世界各地開始實施封城措施時，我刻意與自己的父母保持距離。在疫情的第一年，我和父母在亞歷山卓家中的後院一起吃了幾頓飯。從武漢散播開來的新型冠狀病毒改變了每個人的社交關係。我搬回華盛頓，部分原因是在海外生活十三年後想多陪陪我的父母，也想讓我的女兒愛月在我的父母變老之前多與他們相處。但在疫情的影響下，我與他們見面的次數甚至比我每年從北京回維吉尼亞州的時候還要少。我住在離他們十六公里遠的地方，但感覺卻不如我在世界另一端的時候。

我們都接種了疫苗之後，我和父母去伯父和伯母家吃了兩次午餐。每次我都看到他們在家中忙東忙西，精力充沛得令人驚訝。二〇二一年十月第一次造訪時，伯父與我坐在他家後院的露臺上，給我看他從文件中找到的香港老照片。這些黑白照片記錄下以前的跑馬地以及他們小學所在的銅鑼灣街區。一九四一年十二月，他們在那所小學看見防空炮射向港口上空的日本戰機。他們在日本占領期間離開香港並前往中國後，再也沒有回到那所學校，也沒有在兒時的家過夜了。這件事決定了他們邁向成年的人生道路。

伯父為我影印了這些照片。他說，你需要這些來寫書。伯父是家族裡的歷史學家。數十年來，他蒐集了許多文件。他發現我正在寫書時，他給了我一些文件，包含父親在兩個不同時期寫給他的信件副本，分別是父親在一九五七年離開新疆後以及一九六三年逃往香港後不久。這些早期的信件內容敦促伯父回到中國，協助建設中華人民共和國，並再次探望他的家人。多年前，伯父為我們的家族撰寫了自費出版的回憶錄，名為《不容遺忘之往事》（*Stories Not to Be Forgotten*）。將故事流傳下去對他來說很重要。

母親看著香港的照片。她說，香港以前就是這個樣子。那時很平靜，不像現在這樣。

上次我父母一起來香港已經是二十五年前的事了，當時他們和我妹妹一起踏上中國之旅，親眼看到了北京的反美示威活動。父母很高興再次在香港見到親戚與老朋友，但他們卻說現在再也無法住在那裡了，因為那裡太吵、太擁擠又太累人了。他們第一次來北京參加我的婚禮，以及後來在我女兒出生時過來探望我們時，也說了同樣的話。起初我以為在維吉尼亞州郊區生活了數十年讓他們習慣了安逸的日子。後來我發現，我所認識的中國，那個令我著迷的中國，與他們記憶中的中國已經不一樣了。

我把伯父給我的照片放進文件夾裡。

十九個月後，在我回北京前不久，我和父母再次去探望伯父和時仙伯母，我們坐在餐桌上一起吃點心。伯父接受了心臟節律器的替換手術，身體恢復得很好。我們聊起了上個世紀中國的轉變、共產革命後的變化，以及後來經濟蓬勃發展帶來的影響。時仙伯母告訴我她父親在毛澤東時期的遭遇。一九四八年，國民政府派她父親到華盛頓的中國大使館擔任助理商務參事。隔年，國民黨在國共內戰失利後，他留在華盛頓，很快就加入布魯金斯學會（Brookings Institution）擔任研究員。但他在一九五九年決定返回中國，認為他可以幫助共產黨重振國家士氣。然而，在文化大革命展開時，他被指控為美國中情局的間諜，並將他監禁了十年之久。

多年來，伯父一直想著這個故事。他一直想著我們家族的所有故事。

他說，如果你在中國，你就必須服從共產黨。你別無選擇。在民主制度下，你有選擇，你有自由。民主制度容許改變。相反地，共產主義則毫無彈性，不允許自由思考。在共產制度下，你必須展現出對黨的忠誠。如果你不是黨員，你就無法出人頭地。

看看你父親的下場吧，他說。

但這不完全正確。父親已經盡其所能地表現出他的忠誠，表明他想為赤色宮廷中的新統治者效力，共同為中國的未來而努力。父親為他們踏入了帝國的邊疆。但中共當局卻無法信任他。他們陷入了自己的恐懼、自己的權力觀以及自己創造的迷宮之中，沒有信任、信念或慷慨的餘地。

我問父親怎麼看伯父對黨的評價。他搖了搖頭。這些我已經說過了，他說。我不想再談了。

我看著他和伯父，試著想像兩人在年輕時所見過的一切，他們幫助彼此度過了日本入侵與國共內戰時期。當一人留在中國，另一人到美國建立新生活時，雙方便失去了聯繫。然後兩人在澳門的飯店重逢，當時父親決定離開中國是獲得美好未來的唯一機會。

吃完午餐後，我們到客廳裡喝茶。伯父和伯母在收拾餐桌時，父親走到我身邊。他一直在思考我對他提出的問題。

共產黨能夠控制中國，他說。他們是唯一能夠控制中國的人。你需要他們這種人來統治像中國這麼大的國家。沒有其他人能做到。國民黨失敗了，他們太腐敗了。看看民國軍閥時代，當時中國四分五裂。要控制這個國家太難了。

但他們畢竟也是人。毛澤東也是人，他也犯過錯。毛澤東掌權太久了，他變得腐敗。習近平應該了解這點，他應該交出權力，他應該下台。自從毛澤東的時代過後，共產黨認為領導人必須為了國家而放棄權力。但習近平改變了這一點，這將產生問題。

父親知道得夠多，也經歷得夠多，因此他說得很有把握。

母親說是的，這是真的。

國家有自己的發展道路，他們也有自己的人生道路。

我父母踏出祖國的每一步都無法回頭。他們無法逆轉時光，他們也不想這麼做。我搬到中國的時候，我做了自己的選擇，而這個選擇從很久以前就開始了，這一切源自於我小時候從父母和伯父口中聽到的故事。這些故事引發了無數的想法、意象以及探索。這就是傳承。在中國生活時，我盡可能地吸收這個國家與文化的方方面面。我在中國成家立業，中國對我的意義不僅僅是我工作過一段時間的地方，也不僅僅是我年輕時透過父母的故事、書本、電影以及課堂而在腦海裡形成的那片土地。我自己的故事也從這片土地上生長出來。

那天下午，我坐在伯父家中，聽著他們談論過去的日子，我突然意識到自己彷彿他們的另一個化身，過著他們來到美國後從未體驗過的人生。在眾多不同的人生岔路中，我只是其中一條。我是他們在美國的化身，能夠自由地往返祖國，盡情體驗所有的矛盾之處。我在想，如果有一天，我的女兒收拾行囊、搭上飛機，在機上俯瞰著漸漸遠去的大地時，我是否也會以同樣的方式想起她。我們每個人身上都承載著比自己更偉大的事物。

喝茶的時候，我們聊了更多，午後的影子變得更長了。母親說我們該走了。現在父親和伯父每天都要小睡幾次，他們很快就會想休息了。我們走到前門。我們告訴彼此要保重身體，我們很快會再見面了。

在回家的路上，金色的夕陽照耀著大地。每當父親談到坐在軍用卡車車斗穿越中國西部的道路、廢墟以及沙漠時，我都會想起同樣的顏色。樹上的柿子垂掛在他的頭頂，一切籠罩在落日餘暉之中，沙地上捲起一陣神祕的風。

少年不識愁滋味，
愛上層樓，

愛上層樓，
為賦新詞強說愁。
而今識盡愁滋味，
欲說還休，
欲說還休，
卻道天涼好個秋。
辛棄疾（一一四〇—一二〇七年）

致謝

這本書始於家庭，也終於家庭。我最想感謝我的家人。我的父母黃沃強與黃勞蘭芳（Daisy Wong）在撫養我的過程中，讓我學會用記者與作家的視角看待人們的生活。他們也花了許多時間與我分享他們的故事，包含那些痛苦的故事。我父親在我挖掘他的過去時特別有耐心，多年來他對我的任何問題總是保持開放的態度。如果沒有他的幫助，這本書根本不可能完成。他的哥哥黃沃明欣然接受我的出書計畫，並與我分享了他的回憶和檔案材料，其中多數是他在撰寫回憶錄時所蒐集的資料。從第一次採訪我的表親馬以正開始，他在二十年間持續為我解答了各式各樣的家族史問題。多年來，我的許多家族成員也為本書做出了貢獻。

身為《紐約時報》的駐華記者，我的許多消息來源也是本書的重要基礎。我非常感謝他們所有人，尤其是有些人必須冒著風險接受美國記者的採訪。其中許多人的名字都是在徵得他們的同意後才公開刊登，也有些人因為生活在世界上最大威權國家下的敏感狀態，希望保持匿名。

這本書是在維京圖書（Viking Books）的引領下才得以問世。溫迪・沃夫（Wendy Wolf）在將近六年的時間裡證明了她是業界名聲顯赫的編輯。她從一開始就對這本書充滿信心，並在整個過程中貢獻了她的智慧與精闢的編輯。隨著她從維京圖書退休，出版界就此失去了一位優秀的編輯人才。艾莉森・洛倫岑（Allison Lorentzen）充滿熱情地接下了這本書，她一直是本書值得信賴的守護者。帕洛瑪・魯伊茲（Paloma Ruiz）和卡蜜兒・勒布朗（Camille LeBlanc）則協助整個過程順利進行。希拉・穆迪（Sheila Moody）以嚴謹的態度為本書審稿，妮娜・布朗（Nina Brown）、梅根・卡瓦諾（Meighan Cavanaugh）以及卡琳・奇羅納（Carlynn Chironna）則認真地監督製作與設計過程。切尼經紀公司（Cheney Agency）的伊麗莎・切尼（Elyse Cheney）和亞當・伊格林（Adam Eaglin）捕捉到我想法中的可能性，亞當也協助我了解出版界的大小事，並在提案與寫作階段提供寶貴的指導。形象圖書（Profile Books）的安德魯・富蘭克林（Andrew Franklin）從大西洋彼岸提供我鼓勵與建議，喬治亞・波普利特（Georgia Poplett）則確保我的工作順利進行。

在我的成年時期，《紐約時報》除了是我工作的地方，也像是我的大家庭一樣。我很幸運能在研究所畢業後以實習生的身分開始為這間世界頂尖的新聞機構撰寫報導。當時我無法預料，我會把這裡當作我的第二個家，一待就是二十五年，並為此奔波數十個國家。我開始寫這本書時，迪恩．巴奎特（Dean Baquet）擔任執行編輯，他很寬容地讓我休假來完成大部分的初稿。繼迪恩之後，周看（Joseph Kahn）在許多方面都扮演了關鍵的角色——他身為北京分社的前社長，甚至在我到中國之前就給了我很多建議，後來他擔任國際新聞部編輯和總編輯時也幫了我很多忙。我在伊拉克與中國的工作期間，其他國際新聞部編輯訓練我並讓我的報導更具洞見：羅傑．科恩（Roger Cohen）、蘇珊．琪拉（Susan Chira）以及與葛雷格．溫特（Greg Winter）合作的麥可．史萊克曼（Michael Slackman）。在我擔任北京分社社長期間，潘公凱（Philip Pan）擔任亞洲新聞部編輯並持續地指導我，我在報導中國與其他許多議題時都會找他討論，現在他是國際新聞部編輯。

我無法充分用言語表達我對《紐約時報》北京分社的感激之情，在近九年的時間裡，我深深體會到同事之間的情誼與陪伴。多年來，我們與許多精力充沛的中國記者和研究人員合作，讓我們的報導更具深度。他們每個人都讓我更了解這個國家。其中幾位陪我踏上了書中提到的採訪之旅：黃元夕（Huang Yuanxi）、李碧波（Li Bibo）、米亞・李（Mia Li）和朴寧子（Vanessa Piao）。楊晞昀（Xiyun Yang）是我們分社裡的美國研究員，她的活力也讓我獲益良多。柳楊（Grace Liu）是認真負責的辦公室主任，任何分社社長都希望有她的加入。曹海麗（Haili Cao）和倪青青在經營《紐約時報》中文網站時也和我分享了重要的見解。

派駐在中國時，我從所有駐北京、上海與香港的《紐約時報》記者身上學習到很多：安思喬（Jonathan Ansfield）、張大衛（David Barboza）、柏凱斯（Keith Bradsher）、儲百亮（Chris Buckley）、傅才德（Michael Forsythe）、赫海威（Javier Hernandez）、傑安迪（Andrew Jacobs）、張彥（Ian Johnson）、莎倫・拉弗蘭尼婭（Sharon LaFraniere）、丹・萊文（Dan Levin）、孟建國（Paul Mozur）、裴若思（Jane Perlez）、秦穎（Amy Qin）、王霜舟（Austin Ramzy）、狄雨霏（Didi Kirsten Tatlow）、黃瑞黎（Sui-Lee Wee）、萬墨柯（Michael Wines）和楊金新（Jim Yardley）。沒有人比安思喬更大方地提供他的時間與知識，他還分享了他在中國生活的許多事情。

秦穎在成為新手媽媽後，仍然對當代新疆與香港的章節草稿提供了回饋。

我很敬佩所有與我共事過的攝影師，特別感謝吉爾斯・薩布里耶（Gilles Sabrié）與深田志穗（Shiho Fukada）經常與我一同踏上採訪之旅。吉爾斯讀了整本書的原稿，並提供了意見。我很感謝陳本儒在巴格達、巴斯拉、台山期間的友誼與攝影，以及在我北京婚禮上的攝影。我們曾多次聊到台山，他也看過這些章節的草稿。身為攝影記者，喬納・凱塞爾（Jonah Kessel）在重大報導上扮演了重要的合作角色。

我很感激我第一次派駐海外時的巴格達分社同事，他們教會我所有關於駐外記者以及生死問題的一切。

華盛頓分社社長伊麗莎白・巴米勒（Elisabeth Bumiller）容許我離開一段時間來撰寫這本書，並鼓勵我廣泛地撰寫外交與中美關係的內容。理查・史蒂文森（Richard Stevenson）、比爾・漢密爾頓（Bill Hamilton）、蒂芬妮・哈內斯（Tiffany Harness）、雅拉・巴尤米（Yara Bayoumy）和托姆・尚克（Thom Shanker）都透過他們的細心編輯磨練了我的思維。彼得・貝克（Peter Baker）、朱利安・巴恩斯（Julian Barnes）、海倫・庫珀（Helene Cooper）、麥可・克勞利（Michael Crowley）、亞當・恩托斯（Adam

Entous）、湯瑪斯・吉本斯－奈夫（Thomas Gibbons-Neff）、約翰・伊斯梅（John Ismay）、勞拉・傑克斯（Lara Jakes）、馬克・馬澤蒂（Mark Mazzetti）、大衛・桑格（David Sanger）、艾瑞克・施密特（Eric Schmitt）和安娜・史旺森（Ana Swanson）是我在外交政策報導上不可或缺的夥伴。除了《紐約時報》以外，在我多次與美國國務卿的海外訪問中，再也找不到比外號「國務院牛棚」（State Department bullpen）的外交記者團更好的夥伴了。

哈佛大學的尼曼新聞基金會（Nieman Foundation for Journalism）的研究獎學金提供了新聞工作者最豐富的經驗。在哈佛的這段時間，讓我能夠思考與本書相關的歷史、政治與社會等更廣泛的議題。安・瑪麗・利平斯基（Ann Marie Lipinski）的領導能力啟發了我。詹姆斯・吉爾里（James Geary）與其他尼曼新聞基金會的工作人員為我與其他二〇一八年畢業班的記者提供了所需的刺激與支持。史蒂夫・艾爾蒙德（Steve Almond）是卓越的寫作教練，並經營了培育無數人才的工作坊。尼曼新聞基金會的其他研究員參加了他的春季工作坊，對本書的前言以及第十八章阿勒泰部分的初稿提供了寶貴的意見。我也很感謝我在費正清中國研究中心（Fairbank Center for Chinese Studies）、甘迺迪學院（Kennedy School）以及哈佛其他機構與許多人的交流互動。

在我結束了《紐約時報》在中國的報導工作時，普林斯頓大學（Princeton University）的人文學科委員會（Humanities Council）給了我機會，讓我以費里斯新聞學客座教授的身分為大學生上課，讓我重新振作了起來。在那個學期，喬・史蒂芬斯（Joe Stephens）為我提供了許多寶貴的教學建議，當時我剛開始構思這本書。我很感謝凱瑟琳・克朗（Kathleen Crown）對人文學科委員會的監督，也感謝瑪戈・布雷斯南（Margo Bresnan）在新聞學科的工作。其他的費里斯新聞學教授也是很棒的夥伴。

如果沒有威爾遜國際學人中心（Woodrow Wilson International Center for Scholars）的幫助，我不可能完成這本書。在我向《紐約時報》華盛頓分社請假以完成這本書時，他們提供的獎學金支持了我。我很感激羅伯・利特瓦克（Robert Litwak）的慷慨大方，也感謝戴博（Robert Daly）、芮效儉（Stapleton Roy）以及鐘瑞（Rui Zhong）與我在威爾遜中心的季辛吉中美研究所（Kissinger Institute on China and the United States）所展開的對話。儘管疫情打斷了我和其他威爾遜中心研究員的相處時光，但他們仍以豐富的學識滋養了我。

周成蔭（Eileen Cheng-yin Chow）大方地付出她的時間、專業知識以及抒情的筆調，為我翻譯父親的信件，並允許我使用她翻譯的三首詩。在研究方面，我想感謝趙思樂（Alison Chen）、羅維（Josh Luo）、娜塔莉・納戈斯基（Natalie Nagorski）以及布萊恩・許（Brian Xu）。丹・史匹奈利（Dan Spinelli）是一流的事實核查員。

我很感謝幾位研究中國、新疆以及西藏的歷史學家為這本書所付出的時間。汶川大地震期間，我第一次在成都見到魯樂漢（John Delury），他閱讀了整本書的後期草稿，並提供了回饋意見。在寫這本書的過程中，無論我們談論的主題是乾隆、毛澤東或尼布爾，我們的對話都對我的思考有所啟發。米華健（James Millward）在閱讀前言與新疆的章節後，也提供了豐富的歷史見解，他鼓勵我對中國歷史的常見假設提出質疑。格雷・塔特爾（Gray Tuttle）對西藏的章節提出了很棒的建議。

歐逸文（Evan Osnos）和芭芭拉・德米克（Barbara Demick，中文名白思卉）是我在中國與美國的親密好友，他們為我提供無價的寫作建議，並審閱了本書的後期草稿。艾遠徵（Gady Epstein）、歐蕾珊（Alexa Olesen）、麥可・唐納霍（Michael Donohue）、杜恩・勞倫斯（Dune Lawrence）和王立德（Alex Wang）也讀過草稿的部分章節。無論多麼短暫，我們都在中國度過了特別的時光。

多年來，影響我對中國看法的學者、記者以及其他人士實在太多了，無法一一列舉。我很感謝他們所有人，在許多情況下，他們的慷慨大方讓我們建立了深厚的友誼。在此，我想提及其中一些人，我待在中國時，他們多數人也住在中國：奧德拉・安格（Audra Ang）、艾美・安斯菲爾德（Amy Ansfield）、亞歷克・艾許（Alec Ash）、艾倫・巴賓頓–史密斯（Alan Babington-Smith）、張貝安吉（Angie Baecker）、羅伯特・巴奈特（Robert Barnett）、山姆・比蒂（Sam Beattie）、畢韓娜（Hannah Beech）、白莉娟（Jan Berris）、利明璋（Bill Bishop）、白明（Jude Blanchette）、塔尼亞・布拉尼根（Tania Branigan）、班安祖（Andrew Browne）、尼古拉斯・伯恩斯（R. Nicholas Burns）、張欣（Anita Chang）、張彤禾（Leslie Chang）、陳子儁（Jennifer Chen）、陳若平（Ruoping Chen）、鄭子揚（Jonathan Cheng）、錢盈（Karen Chien）、李肇華（Josh Chin）、程孟倫（Nelson Ching）、朱賁兰（Lenora Chu）、郭丹青（Donald Clarke）、查爾斯・克洛弗（Charles Clover）、馬克・戴維（Mark Davey）、樊嘉揚（Jiayang Fan）、馮哲芸（Emily Feng）、洪理達（Leta Hong Fincher）、卡琳・芬

克斯頓（Karin Finkelston）、珍妮絲・麥基・弗雷爾（Janis Mackey Frayer）、凱文・弗雷爾（Kevin Frayer）、傅好文（Howard French）、方美昂（Alison Friedman）、高雨莘（Helene Gao）、愛德華・蓋根（Edward Gargan）、約翰・加諾特（John Garnaut）、米雪爾・加諾特（Michelle Garnaut）、山姆・吉爾（Sam Geall）、布雷特・格森（Brett Gerson）、傑里米・戈德考恩（Jeremy Goldkorn）、豪爾赫・瓜哈爾多（Jorge Guajardo）、戴麗翠（Elizabeth Haenle）、韓磊（Paul Haenle）、何瑞恩（Ryan Hass）、何偉（Peter Hessler）、露西・霍恩比（Lucy Hornby）、闞超群（Karoline Kan）、湯姆・凱洛格（Tom Kellogg）、高倩倩（Elizabeth Knup）、謝楓（Shelly Kraicer）、阿南特・克里希南（Ananth Krishnan）、葛藝豪（Arthur Kroeber）、郭怡廣（Kaiser Kuo）、喬納森・蘭德雷斯（Jonathan Landreth）、布魯克・拉默（Brook Larmer）、克里斯蒂娜・拉森（Christina Larson）、湯姆・拉塞特（Tom Lasseter）、史都華・利文沃思（Stuart Leavenworth）、李宇（Woo Lee）、劉易士（Leo Lewis）、林慕蓮（Louisa Lim）、劉香成（H. S. Liu）、劉美遠（Melinda Liu）、林留清怡（Jen Liu-Liu）、周海倫（Jo Lusby）、馬凱琳（Karen Ma）、馬潔濤（Mary Kay

Magistad）、馬克·馬尼爾（Mark Magnier）、馬瑞欣（Neysun Mahboubi）、米凱拉·馬西米諾（Micaela Massimino）、彼得·麥提斯（Peter Mattis）、馬利德（Richard McGregor）、麥艾文（Evan Medeiros）、蒙毅群（Adrienne Mong）、孟希酩（Simon Montlake）、艾琳·溫·穆尼（Eileen Wen Mooney）、保羅·穆尼（Paul Mooney）、瑞秋·莫拉吉（Rachel Morarjee）、莫禮時（Paul Morris）、歐倫斯（Steve Orlins）、裴傑（Jeremy Page）、詹姆斯·帕默（James Palmer）、埃爾維·波澤（Hervé Pauze）、范培美（Pamela Phan）、尚－路易·皮爾（Jean-Louis Piel）、潘文（John Pomfret）、博明（Matthew Pottinger）、蒲杰夫（Jeffrey Prescott）、歐陽德（Simon Rabinovitch）、瑪麗亞·雷普尼科娃（Maria Repnikova）、盧炫周（Hyeon-Ju Rho）、葛洛麗亞·里維拉（Gloria Riviera）、麗莎·羅賓斯（Lisa Robins）、吳健（John Ruwitch）、寶拉·薩達（Paola Sada）、凱特·桑德斯（Kate Saunders）、史明智（Rob Schmitz）、麥可·舒曼（Michael Schuman）、吉姆·修托（Jim Sciutto）、克拉麗莎·塞巴格－蒙特菲奧（Clarissa Sebag-Montefiore）、史宗瀚（Victor Shih）、謝淑麗（Susan Shirk）、賽星浩（Craig Simons）、凱倫·史密斯（Karen Smith）、史傑鵬（J. P. Sniadecki）、卡拉·史

奈德（Carla Snyder）、尼可拉斯・史奈德（Nicholas Snyder）、梅根・史塔克（Megan Stack）、凱蒂・史塔拉德（Katie Stallard）、宋怡明（Michael Szonyi）、湯荻（Tang Di）、科米諾・田村（Comino Tamura）、沙魯爾（Ishaan Tharoor）、田霏宇（Philip Tinari）、亞歷克斯・特拉維利（Alex Travelli）、張安（Anh Truong）、傅高義（Ezra Vogel）、尼克・瓦姆斯（Nick Wadhams）、王亦瑋（Ivy Wang）、魏紅岩（Hongyan Wei）、白潔曦（Jessica Chen Weiss）、黃敬齡（Gillian Wong）、任國光（Lambert Yam）、楊紫燁（Ruby Yang）、葉之宇（Andrew Yeh）、尹哉媛（Eunice Yoon）、于困困（Kunkun Yu）、張玫（Mei Zhang）和張玉華（Zhang Yuhua）。

我的母校加州大學柏克萊分校新聞學研究所聘請我教授年度的中國報導課程，幫助我建立更完整的中國視角。感謝姬塔・阿南德（Geeta Anand）和傑瑞米・芮（Jeremy Rue）給我這個機會，而我再也找不到比秦穎和莎拉・雪弗（Sarah Schafer）更好的合作教師了。我在研究所教授中國報導的課程，讓我重新回到人生的起點：二十幾年前，我還是新聞研究所的學生，當時我寫下了第一批中國報導的作業。我非常感謝當年夏偉（Orville Schell）與卡洛琳・韋克曼（Carolyn Wakeman）對我的指導。魏斐德（Frederic

Wakeman）的課堂啟發了我，他栩栩如生地描繪了中國的歷史。

在華盛頓，如果沒有歐伊斯特－亞當斯雙語學校（Oyster-Adams Bilingual School）的家長和社區的友誼，我不可能在疫情期間完成我的書。

最後，一切又回歸到家人身上。黃安瑩、傑瑞德・卡茲曼（Jared Katzman）、奈森（Nathan）和昆恩（Quinn）在華盛頓與我分享了家庭的溫暖，陳氏家族也在休士頓與其他地方給予我同樣的關懷。我每天都感謝陳天香對我的愛與支持，自從我們在伊拉克底格里斯河畔相遇的那個晚上起，她與我共同經歷了每一場冒險。她將愛月帶入我們的人生，愛月則教會我永遠不要失去對世界的好奇與敬畏之心。她們為我揭開了世界的無限可能。

第二十四章　大國博弈

我讀了 Ryan Hass, *Stronger: Adapting America's China Strategy in an Age of Competitive Interdependence* (New Haven, CT: Yale University Press, 2021) 以深入了解美中關係的重要議題。Bob Woodward, *Fear: Trump in the White House* (New York: Simon & Schuster, 2019) 以及 John R. Bolton, *The Room Where It Happened* (New York: Simon & Schuster, 2020) 對川普政府的中國政策提出了一些見解。

Ian Johnson, *Sparks: China's Underground Historians and Their Battle for the Future* (Oxford: Oxford University Press, 2023) 深入探討了中國內部對於新冠疫情論述的掙扎，以及一般中國民眾記錄下的歷史事件，這些事件與黨國宣傳背道而馳。

參與布林肯北京之旅的國務院官員在接受我的採訪時透露了會面的一些細節。

結語

我極力推薦 Jonathan Spence, *To Change China* (New York: Penguin Books, 2002)，這本書記錄了幾個世紀以來在中國生活與工作的外國人。這本書教我們最重要的一課，就是在接觸中國時必須保持謙卑。

China's Most Devastating Catastrophe, 1958–1962 (London: Bloomsbury, 2011).

第二十一章　越洋重生

關於文化大革命的完整歷史，請參閱 Roderick MacFarquhar and Michael Schoenhals, *Mao's Last Revolution* (Cambridge, MA: Belknap Press, 2008). 近期由記者撰寫的作品為 Tania Branigan, *Red Memory: The Afterlives of China's Cultural Revolution* (New York: W. W. Norton, 2023).

關於毛澤東時代動盪局勢的口述歷史，詳見 Yue Daiyun and Carolyn Wakeman, *To the Storm* (Berkeley: University of California Press, 1987).

第二十二章　各奔東西

關於西藏織物品牌諾樂的歷史，詳見 Kim Yeshi, *Norlha: The Beginnings of an Extraordinary Enterprise* (Ritoma, Tibet: Norlha, 2015).

第二十三章　最後一戰

我採訪了香港的民眾，以了解示威活動期間我沒有親眼目睹的細節。當時在香港中文大學任教的董一夫（Yifu Dong）向我描述了校園裡發生的事件。《紐約時報》的同事提供了即時報導。

Louisa Lim, *Indelible City: Dispossession and Defiance in Hong Kong* (New York: Riverhead Books, 2023), Jeffrey Wasserstrom, *Vigil: Hong Kong on the Brink* (New York: Columbia Global Reports, 2020), 以及 Antony Dapiran, *City of Protest: A Recent History of Dissent in Hong Kong* (Sydney: Penguin Australia, 2017) 對香港的反抗與示威運動歷史提供了寶貴的洞見。Antony Dapiran, *City on Fire: The Fight for Hong Kong* (Melbourne: Scribe, 2020) 詳細記述了二〇一九年的示威活動，如同 Shibani Mahtani and Timothy McLaughlin, *Among the Braves: Hope, Struggle, and Exile in the Battle for Hong Kong and the Future of Global Democracy* (New York: Hachette Books, 2023).

by Joshua L. Freeman, *Waiting to Be Arrested at Night: A Uyghur Poet's Memoir of China's Genocide* (New York: Penguin Press, 2023).

第十九章　雪獅怒吼

我參考了以下的史料：Tsering Shakya, The Dragon in the Land of Snows: *A History of Modern Tibet since 1947* (New York: Penguin Books, 2000).

關於第十四世達賴喇嘛的生活細節，請參閱 Dalai Lama XIV, *Freedom in Exile* (New York: Harper Perennial, 1991); John F. Avedon, *In Exile from the Land of Snows* (New York: Harper Perennial, 1997); and Heinrich Harrer, *Seven Years in Tibet* (New York: TarcherPerigee, 2009).

Robert Barnett, *Lhasa: Streets with Memories* (New York: Columbia University Press, 2010) 描述了西藏自治區首府拉薩的重要歷史。

我讀了 Barbara Demick, *Eat the Buddha* (New York: Random House, 2020)，以了解二〇〇九年開始在西藏各地發生的自焚事件。

關於第十一世班禪喇嘛失蹤的記載，詳見 Isabel Hilton, *The Search for the Panchen Lama* (New York: W. W. Norton, 2001).

關於榮赫鵬遠征西藏的細節，我參考了 Peter Hopkirk, *Trespassers on the Roof of the World: The Secret Exploration of Tibet* (Tokyo: Kodansha Globe, 1995) 以及 Charles Allen, *Duel in the Snows: The True Story of the Younghusband Mission to Lhasa* (London: John Murray, 2004).

關於二十世紀初期在西藏旅行的記載，請參見 Sven Hedin, *My Life as an Explorer* (New York: Kodansha USA, 1996).

第六世達賴喇嘛詩作的英語譯者是 Nathan Hill 與 Toby Fee，此處經授權引用。

第二十章　大饑荒

目前描寫一九五八至一九六二年大饑荒最具權威性的著作為 Yang Jisheng, *Tombstone: The Great Chinese Famine, 1958–1962* (New York: Farrar, Straus and Giroux, 2013).我運用了這本書中的材料。另一本記錄這段歷史的書籍是 Frank Dikötter, *Mao's Great Famine: The History of*

Tartary (Evanston, IL: Marlboro Press, 1999).

第十七章　血染邊疆

關於中國穆斯林民族主義的發展背景，參見 Dru C. Gladney, *Muslim Chinese: Ethnic Nationalism in the People's Republic* (Cambridge, MA: Council on East Asian Studies at Harvard University, 1996).

關於新疆的民族衝突，詳見 Gardner Bovingdon, "Autonomy in Xinjiang: Han Nationalist Imperatives and Uyghur Discontent," *Policy Studies*, Vol. 11 (2004): 23.

我從以下的著作了解到中國如何將針對維吾爾族的政策定調為反恐戰爭：Sean R. Roberts, *The War on the Uyghurs: China's Internal Campaign against a Muslim Minority* (Princeton, NJ: Princeton University Press, 2020).

關於二〇〇九年衝突事件的細節（尤其是廣東韶關旭日玩具廠的暴力事件），部分源自於《紐約時報》同事傑安迪（Andrew Jacobs）的報導。傑安迪和我一樣，在北京分社任職期間曾多次造訪新疆。他在新疆和中國各地的報導為本書的幾個章節提供了素材。

第十八章　父親的邊城

關於新疆近期大規模拘留與監控政策的研究，詳見 Darren Byler, Ivan Franceschini, and Nicholas Loubere, editors, *Xinjiang Year Zero* (Canberra: Australian National University Press, 2022).另外兩本重要的研究著作為 Darren Byler, *In the Camps: China's High-Tech Penal Colony* (New York: Columbia Global Reports, 2021)，以及 Darren Byler, *Terror Capitalism: Uyghur Dispossession and Masculinity in a Chinese City* (Durham, NC: Duke University Press, 2022).

關於移動式警察站的細節與數據，我參考了 James Leibold and Adrian Zenz, "Beijing's Eyes and Ears Grow Sharper in Xinjiang," *Foreign Affairs*, Dec. 23, 2016.

關於一位維吾爾詩人對於壓迫的描述，參見 Tahir Hamut Izgil, translation

Construction Corps, and the Sinification of Eastern Turkestan," *Inner Asia*, Vol. 2, No. 2, Special Issue: Xinjiang (2000): 171–93. 一九五〇年代的勞動人力數據來自該論文。本章及其他章節的新疆研究，我參考了下列學術著作的其中幾章：S. Frederick Starr, editor, *Xinjiang: China's Muslim Borderland* (Armonk, NY: M. E. Sharpe, 2004)。

這些關於兵團制度、當地經濟以及民族人口組成的章節對本章大有裨益：Yitzhak Shichor, "The Great Wall of Steel: Military and Strategy in Xinjiang," 120–60; Calla Wiemer, "The Economy of Xinjiang," 163–89; Stanley W. Toops, "The Demography of Xinjiang," 241–63.

第十五章　歸途

歷代絲綢之路的旅人都提過玉門關。「我們最為熟知的通向西方的道路是那條經典道路，至今依然存在，通常被稱為御道。如今從京漢鐵路（連接首都與長江流域）出發，經過中國古代最偉大的都城之一——西安，穿過陝西和甘肅省，直達玉門關附近的安西，這是古代中國在所有偉大時代中通往西方的起點。」Owen Lattimore, *The Desert Road to Turkestan* (Boston: Little, Brown, 1929).

第十六章　大漠夢

塔里木木乃伊的挖掘歷史以及起源理論，我參考了J. P. Mallory and Victor H. Mair, *The Tarim Mummies: Ancient China and the Mystery of the Earliest Peoples from the West* (London: Thames & Hudson, 2008)。另外一本論述這些木乃伊的是Elizabeth Wayland Barber, *The Mummies of Ürümchi* (New York: W. W. Norton, 2000)。近期關於木乃伊遺傳分析的重要論文是Fan Zhang et al., "The Genomic Origins of the Bronze Age Tarim Basin Mummies," *Nature*, Vol. 599 (2021): 256–61.

關於塔里木盆地周圍維吾爾社群的研究，我參考了Justin Jon Rudelson, *Oasis Identities* (New York: Columbia University Press, 1998).

二十世紀初期新疆地區的英文記載，請見Owen Latti- more, *High Tartary* (New York: Kodansha America, 1994), and Peter Fleming, *News from*

資料。

經作者許可，我使用了有關毛澤東早期對新疆政策的研究，該研究將刊登於即將出版的Joseph Torigian, *The Party's Interests Come First: The Life of Xi Zhongxun, Father of Xi Jinping* (Palo Alto: Stanford University Press).

清朝治理與征服的重要學術論著：Peter Perdue, *China Marches West: The Qing Conquest of Central Eurasia* (Cambridge, MA: Belknap Press, 2010); Mark C. Elliott, *The Manchu Way* (Redwood City: Stanford University Press, 2001); Mark C. Elliott, *Emperor Qianlong: Son of Heaven, Man of the World* (London: Pearson, 2009); Pamela Kyle Crossley, *A Translucent Mirror: History and Identity in Qing Imperial Ideology* (Berkeley: University of California Press, 2002); James Millward, *Beyond the Pass: Economy, Ethnicity, and Empire in Qing Central Asia, 1759–1864* (Redwood City: Stanford University Press, 2016); Evelyn Rawski, *The Last Emperors: A Social History of Qing Imperial Institutions* (Berkeley: University of California Press, 2001); and Eric Schluessel, *Land of Strangers: The Civilizing Project in Qing Cen- tral Asia* (New York: Columbia University Press, 2020).

清帝國邊界的中國國家認同建立記載於James Leibold, *Reconfiguring Chinese Nationalism: How the Qing Frontier and Its Indigenes Became Chinese* (London: Palgrave Macmillan, 2008).

中國民族分類系統的歷史記載於Thomas S. Mullaney, *Coming to Terms with the Nation: Ethnic Classification in Modern China* (Berkeley: University of California Press, 2011). For insight into ideas on race and ethnicity in China, I read Frank Dikötter, *The Discourse of Race in Modern China* (Oxford: Oxford University Press, 2015).

第十四章　新疆兵團

經作者許可，習仲勳在新疆政策扮演的角色參考自即將出版的*The Party's Interests Come First: The Life of Xi Zhongxun, Father of Xi Jinping.*

關於新疆兵團歷史，我讀了James D. Seymour, "Xinjiang's Production and

Walker (New York: Anchor Books, 2009)。
二十一世紀重振中國勢力的思想，請參考*The China Dream* (New York: CN Times Books, 2015).
中國外交部網站提供了與美國進行貝爾格勒大使館轟炸的談話摘要。文件名為 "U.S.-led NATO's Attack on the Chinese Embassy in the Federal Republic of Yugoslavia"，可見於 fmprc.gov.cn.
為了更理解一九九〇年代末期中國的局勢，以及從民眾角度理解二十一世紀初期的情況，我讀了下列記者的書：Peter Hessler, *River Town: Two Years on the Yangtze* (New York: Harper Perennial, 2006), and *Oracle Bones: A Journey through Time in China*, and *Country Driving: A Chinese Road Trip* (New York: Harper Perennial, 2011); Philip P. Pan, *Out of Mao's Shadow: The Struggle for the Soul of a New China* (New York: Simon & Schuster, 2009); Ian Johnson, *Wild Grass: Three Portraits of Change in Modern China* (New York: Vintage, 2005); and John Pomfret, *Chinese Lessons: Five Classmates and the Story of the New China* (New York: Henry Holt, 2007).

第十二章　紫禁城

本章節中的歷史軼事來自Barmé, *The Forbidden City.*

第十三章　玉門關

關於絲路的近代歷史，請見Valerie Hansen, *The Silk Road: A New History with Documents* (Oxford: Oxford University Press, 2016)。另一篇全新學術著作請見Peter Frankopan, *The Silk Roads: A New History of the World* (London: Bloomsbury, 2015)。我也讀了Susan Whitfield, *Life along the Silk Road* (Berkeley: University of California Press, 1999).
一九八〇年代一名中國藝術家的旅遊記事請參考Ma Jian, *Red Dust* (London: Vintage Books, 2002).
我參考James Millward, *Eurasian Crossroads: A History of Xinjiang* (New York: Columbia University Press, 2009)，以獲得本章及後續章節的新疆歷史

2002): 80–105.

韓戰期間中國的宣傳內容參考自Katie Stallard, *Dancing on Bones: History and Power in China, Russia, and North Korea* (Oxford: Oxford University Press, 2022)。

日本占領長春時的建築歷史，請參考Qinghua Guo, "Changchun: Unfinished Capital Planning of Manzhouguo, 1932–1942," *Urban History*, Vol. 31, No. 1 (May 2004): 100–17. 部分細節來自 Michael Meyer, "Welcome to the Most Japanese City in China," *Foreign Policy*, September 2, 2015.

紅軍長春圍城的訪談及近期學術研究包含*White Snow, Red Blood* by Zhang Zhenglu等內容收藏於Andrew Jacobs, "China Is Wordless on Traumas of Communists' Rise," *The New York Times*, October 1, 2009.

滿洲當代記述以及近代歷史資料，請見For contemporary accounts and recent history of Manchuria, see Michael Meyer, *In Manchu- ria: A Village Called Wasteland and the Transformation of Rural China* (London: Bloomsbury Press, 2016).

第十一章　當代民族主義

我讀了Evan Osnos, *Age of Ambition: Chasing Fortune, Truth, and Faith in the New China* (New York: Farrar, Straus and Giroux, 2014)，以了解民族主義在本章所述之年代的崛起。本書也記載了我的訪談對象的簡介，包含艾未未。

我參考Jessica Chen Weiss, *Powerful Patriots: Nationalist Protest in China's Foreign Relations* (Oxford: Oxford University Press, 2014)，以了解一九九九年中國的反美示威以及近年民族主義的表現。

Geremie R. Barmé, *In the Red* (New York: Columbia University Press, 2000)一書剖析了共產黨控制文化產品以及制衡中國藝術家的歷史。

我讀了Jianying Zha, *China Pop* (New York: New Press, 1996)，以了解一九八〇和九〇年代的中國文化產品。

關於這個時期眾多中國居民的口述歷史，請參考Liao Yiwu, *The Corpse*

The Party: The Secret World of China's Communist Rulers (New York: HarperCollins, 2012).

關於胡錦濤與習近平統治下的政策及威權狀況，我參考了Carl Minzner, *End of an Era: How China's Authoritarian Revival Is Undermining Its Rise* (Oxford: Oxford University Press, 2018); Susan L. Shirk, *Overreach: How China Derailed Its Peaceful Rise* (Oxford: Oxford University Press, 2022); and Richard McGregor, *Xi Jinping: The Backlash* (Sydney: Penguin, 2019).

關於西周全新出土的一批甲骨，可參見 Ma Lie, "Record Find of Oracle Bones in Shaanxi," *China Daily*, November 12, 2008.

第十章　四面受敵

關於共產黨治理初期的政策與政治運動，我參考了Frank Dikötter, *The Tragedy of Liberation: A History of the Chinese Revolution, 1945–1957* (London: Bloomsbury Paperbacks, 2018)。

關於中國加入韓戰的歷史，請參考Zhihua Shen and Yafeng Xia, *A Misunderstood Friendship: Mao Zedong, Kim Il-sung, and Sino–North Korean Relations, 1949–1976* (New York: Columbia University Press, 2020), and Chen Jian, *China's Road to the Korean War* (New York: Columbia University Press, 1994).更多細節也載於Charles Kraus, "China, North Korea, and the Origins of the Korean War,"可見於Wilson Center 官網，wilsoncenter.org.

關於中國在韓戰期間的反顛覆運動以及反間諜的措施，請見 John Delury, *Agents of Subversion: The Fate of John T. Downey and the CIA's Covert War in China* (Ithaca, NY: Cornell University Press, 2022). 一九五〇年遊行中據稱刺殺毛澤東的計畫來自這本書。

關於鎮壓反革命的處決、逮捕和監禁人數，請見Julia C. Strauss, "Paternalist Terror: The Campaign to Suppress Counterrevolutionaries and Regime Consolidation in the People's Republic of China, 1950– 1953," *Comparative Studies in Society and History*, Vol. 44, No. 1 (January

30, 2015. 至今這依然是英文雜誌中最優秀的習近平專題。習近平接受*Washington Post*訪談的內容取自Lena H. Sun, "Post for a 'Princeling,'" *The Washington Post*, June 8, 1992.

習近平與拜登在成都晚宴的細節，來自二〇二三年六月我為了撰寫本書而訪談Evan Medeiros所獲得的內容，他是歐巴馬任內美國國家安全委員會的中國政策顧問與亞洲事務資深主任，當天出席了晚宴。

關於習近平背景與意識形態分析，請參考Joseph Torigian, "Historical Legacies and Leaders' Worldviews: Communist Party History and Xi's Learned (and Unlearned) Lessons," *China Perspectives* 1–2 (2018): 7–15.

共產黨高層鬥爭的學術研究，請參考Joseph Torigian, *Prestige, Manipulation, and Coercion: Elite Power Struggles in the Soviet Union and China after Stalin and Mao* (New Haven, CT: Yale University Press, 2022).

為了更理解中國共產黨意識形態話語體系復興的現象，我參考了Jude Blanchette, *China's New Red Guards: The Return of Radicalism and the Rebirth of Mao Ze- dong* (Oxford: Oxford University Press, 2022).

胡木英及其他紅二代的發言可參考 "Tigers Explain Tigers," *China Story Yearbook 2014: Shared Destiny* (2014)，可見於thechinastory.org.

二〇一二年薄熙來垮台和菁英權力鬥爭紀錄在Pin Ho and Wenguang Huang, *A Death in the Lucky Holiday Hotel* (New York: PublicAffairs, 2013). 眾多主流媒體也在二〇一二年一整年詳實報導這樁醜聞，包括Jeremy Page 在 *The Wall Street Journal*上的爆料。

二〇一二年，兩則開創性的調查報導仔細檢視了黨領導人的家族財務情形，揭示了習近平及其同僚的財務狀況：David Barboza 在 *The New York Times* 上一系列關於溫家寶家庭的報導，以及Michael Forsythe 團隊在Bloomberg News 上關於習近平家庭的報導。中國官員在新聞發出後封鎖這兩家媒體的網站，並威脅將兩家媒體的記者從中國驅逐出境。

對於習近平一生更詳盡報導的podcast，可參考 Sue-Lin Wong, "The Prince: Searching for Xi Jinping," *Economist*, www.economist.com/audio/podcasts/the-prince, September 28, 2022.

在習近平擔任總書記之前的共產黨分析，請參考Richard McGregor,

這些書目鉅細靡遺地記載了毛澤東的一生：Alexander V. Pantsov with Steven I. Levine, *Mao: The Real Story* (New York: Simon & Schuster, 2013); Philip Short, *Mao: The Man Who Made China* (London: Bloomsbury Academic, 2023); Jonathan Spence, *Mao Zedong: A Life* (New York: Penguin Books, 2006); Li Zhisui, *The Private Life of Chairman Mao* (New York: Random House, 1996); and Schell and Delury, *Wealth and Power.*

毛澤東關於自己傳奇故事的描述可見於Snow, *Red Star Over China.*

毛澤東於一九四九年十月一日三點鐘按下按鈕，在天安門廣場前三十萬名士兵和平民眼前升旗的那面旗幟收藏於中國國家博物館。根據博物館網站敘述，毛澤東藉由升旗一舉示意中華人民共和國的成立。

中國空軍早期訓練相關紀錄取自Lu Xiaoping, *The PLA Air Force* (New York: CN Times Books, 2014).

韓戰在校園的宣傳細節參考自Masuda Hajimu, "The Korean War through the Prism of Chinese Society: Public Reactions and the Shaping of 'Reality' in the Communist State, October–December 1950," *Journal of Cold War Studies*, Vol. 14, No. 3 (2012): 3–38.

北京學生在戰時的示威參考自Zhao Ma, "Preaching Anti-Americanism on Campus: College Students and the Propaganda State in Revolutionary China," in Jeff Kyong-McClain and Joseph Tse-Hei Lee, editors, *From Missionary Education to Confucius Institutes: Historical Reflections on Sino-American Cultural Exchange* (New York: Routledge, 2023), chapter 8. 我也在Zhao Ma的文中找到一九四九年初北京學生入學的數據。

第九章　領導人

關於習近平的詳細分析來自習近平的匿名前好友，這位消息來源後來成為美國一間大學的政治科學教授，這份分析記載在美國駐北京大使館政治官員的國務院外交電報，識別號碼為09BEIJING3128_a. 文字內容取自WikiLeaks 取得的機密檔案，並且可見於wikileaks.org。電報內容提及關於習近平「比紅色還更紅」的敘述。

我採用的習近平生平內容來自Evan Osnos, "Born Red," *New Yorker*, March

Ezra Vogel, *Deng Xiaoping and the Transformation of China* (Cambridge, MA: Belknap Press, 2011) 敘述了這位見證並開展改革開放時代的中國領導人的一生。Ezra Vogel, *One Step Ahead in China: Guangdong under Reform* (Cambridge, MA: Harvard University Press, 1989) 探討了一九八八年之前的經濟自由化對廣東有何影響。

關於習近平在廣東發表的黨內演說，高瑜是第一個獲得該演說內容流出版本的記者。在那場演說中他談到了蘇聯的解體。德國之聲（Deutsche Welle）的網站 dw.com 上有她對該演說的原版中文分析。中國數字時代（China Digital Times）的網站 chinadigitaltimes.net 上則有該分析的英文摘要，其中習近平所說的幾句重要的話被翻譯成了英文，包括「竟無一人是男兒，沒什麼人出來抗爭。」（"nobody was man enough to stand up and resist"）。

第八章　紅色首都

關於共產黨接管後北京的生活細節，我參考的是Jasper Becker, *City of Heavenly Tranquility* (New York: Penguin Books, 2009)，以及 Lillian Li, Alison Dray-Novey, and Haili Kong, *Beijing: From Imperial Capital to Olympic City* (New York: Palgrave Macmillan, 2007).

Geremie R. Barmé, *The Forbidden City* (London: Profile Books, 2009) 一書中對紫禁城內外的帝國歷史描述精彩絕倫，提供了本章節及本書其他部分的資訊。

馬可波羅關於北京的描述取自線上版的Yule-Cordier edition of *The Travels of Marco Polo, Volumes One and Two* (Project Gutenberg, 2004). 歷史學家曾對馬可波羅敘述內容的正確性提出質疑。

毛澤東在天安門閱兵的歷史脈絡與敘述可以參考Geremie R. Barmé and Sang Ye, "Parading the People's Republic," *China Story Journal*, August 31, 2015，以及Chang-tai Hung, "Mao's Parades: State Spectacles in China in the 1950s," *China Quarterly*, No. 190 (June 2007): 411–31. 這篇文章附有一幅照片，並且提供一九五〇年遊行的細節："1950 National Day Military Parade," *China Daily*, August 26, 2009.

Gold Mountain.

陳本儒在我們一起遊歷台山時，提供了寶貴的見解。我們之間多次的對話幫助我釐清了本章以及關於廣州和香港的章節中的一些想法。

第六章　國共內戰

關於國共內戰期間和共產黨統治初期在廣州的生活細節，我參考了Ezra Vogel, *Canton under Communism: Programs and Politics in a Provincial Capital, 1949– 1968* (Cambridge, MA: Harvard University Press, 1969).

在我獲頒尼曼獎學金，到哈佛大學研究進修的那一年，傅高義教授跟我聊過中國，他給了我上述那本書的簽名書。他當時並不知道這本書對我的研究有多麼重要，我真希望能在他於二〇二〇年過世之前就跟他說這件事。

關於太平天國之亂，請參閱Stephen Platt, *Autumn in the Heavenly Kingdom* (New York: Vintage, 2012)和Jonathan Spence, *God's Chinese Son: The Taiping Heavenly Kingdom of Hong Xiuquan* (New York: W. W. Norton, 1996).

關於一九四八年燒毀英國駐廣州領事館的記載，請參閱"Canton Mob Burns British Consulate," *The New York Times*, January 17, 1948.

關於廣雅中學校園政治思想教育的詳情，請參閱"广州市广雅中学是怎样进行时事学习的?" 华南青年 (1950)。

第七章　重聚

習近平於二〇一二年十一月在中國國家博物館發表的「實現中華民族偉大復興的中國夢」的演說全文，可見於隸屬中國共產黨中央委員會統一戰線工作部的國家民族事務委員會網站：neac.gov.cn.

以下兩篇文章精準地描述了外來移工的生活以及廣東省和深圳的工業城鎮：Leslie Chang, *Factory Girls* (New York: Random House, 2009) 以及在*Oracle Bones: A Journey through Time in China* (New York: Harper Perennial, 2007)一書中以稍微不同的形式出現的Peter Hessler, "Boomtown Girl," New Yorker, May 20, 2001.

加蘇打水，馬球、網球和閒話家常，他們無憂無慮地活在這道隔絕了外界的沉默城牆內，對於牆外人們所生活的世界一無所知——許多人也確實就是這樣生活的。」

第四章　祖籍村莊

關於台山縣的歷史細節和台山人移民美國的歷史，我參考了Madeline Y. Hsu, *Dreaming of Gold, Dreaming of Home: Transnationalism and Migration between the United States and South China, 1882– 943* (Palo Alto, CA: Stanford University Press, 2000)和Gordon Chang, *Ghosts of Gold Mountain: The Epic Story of the Chinese Who Built the Transcontinental Railroad* (Boston: Mariner Books, 2020).

僑刊的歷史則參考自Madeline Y. Hsu, "Qiaokan and the Transnational Community of Taishan County," *China Review*, Vol. 4, No. 1 (Spring 2004): 123– 4.

關於第二次世界大戰背景之下的中國和抗日戰爭，請參閱Rana Mitter, *Forgotten Ally: China's World War II, 1937– 945* (Boston: Mariner Books, 2014).

中華人民共和國政府的國務院在www.gov.cn.上有二〇二一年統計的黃／王姓中國公民資料。美國國家檔案館的網站archives.gov.上有一八八二年《排華法案》的全文。

香港中藥聯商會網站上介紹的成立日期為一九二八年。然而，沃明伯父給我看了一份較舊的文件，上面寫說該團體成立於一九二六年。我在本書中選擇採用一九二六年的說法。

我在本章中提到的涉及駱家輝大使的危機事件是重慶市公安局局長王立軍逃到美國駐成都總領事館，以及維權律師陳光誠逃入北京的美國駐華大使館。這兩起事件都發生在二〇一二年，該年是對中國和中國新聞界具有紀念意義的一年。

第五章　返鄉之旅

在歷史研究的方面，我參考了Hsu, *Dreaming of Gold*和 Chang, *Ghosts of*

A Modern History of Hong Kong (London: I. B. Tauris, 2007)、Frank Welsh, *A History of Hong Kong* (New York: HarperCollins, 1997)和Morris, *Hong Kong*.

關於鴉片戰爭和清朝的租界，請參閱Julia Lovell, *The Opium War* (London: Picador, 2011)和Stephen Platt, *Imperial Twilight: The Opium War and the End of China's Last Golden Age* (New York: Knopf, 2018).

關於一九八〇年代末和九〇年代中國各大事件的新聞報導，包括一九八九年天安門廣場周圍的抗議行動與屠殺，請參閱：Orville Schell, *Mandate of Heaven: The Legacy of Tiananmen Square and the Next Generation of China's Leaders* (New York: Simon & Schuster, 1995)、Nicholas Kristof and Sheryl WuDunn, *China Wakes: The Struggle for the Soul of a Rising Power* (New York: Vintage, 1995)和Janet Wong, *Red China Blues* (New York: Anchor Books, 1997).

我讀了Zhao Ziyang, *Prisoner of the State* (New York: Simon & Schuster, 2009)，以了解一位黨內人士對於一九八九大屠殺相關事件的描述。

Eugene Mahr人生故事的內容最早出現在我於一九九七年在香港為《洛杉磯時報》撰寫的一篇文章中。關於我參觀我祖父墳墓的內容則被刊登於加州大學柏克萊分校的一本雜誌上。

我的女兒愛月在二〇二二年就讀位於華府的Oyster-Adams Bilingual School四年級，為了做一個關於移民的課堂專題報告，她在二〇二二年採訪了她的祖母黃勞蘭芳。我將她的採訪過程錄成影片並從中汲取素材，寫成關於我母親於一九七一年移居美國的故事。

第三章　帝國的中心

Edgar Snow, *Red Star Over China* (New York: Grove Press, 1994)提供了一個美國記者在一九三六年對北京的看法：「當時是六月初，北京還披著春天的綠色薄紗，數以千計的柳樹和巍然屹立的柏樹令紫禁城成為一個充滿魅力的奇境。在許多涼快的花園中，人們很難相信在那些閃閃發亮的宮殿屋頂之外，還有一個充滿勞苦、飢餓、革命和外敵侵略的中國。衣食無憂的外國人可以生活在他們自己小小的世外桃源中，這裡有威士忌

A Rebuttal of Evelyn Rawski's 'Reenvisioning the Qing,' " *Journal of Asian Studies*, Vol. 57, No. 1 (Feb. 1998): 123– 55.

關於民族主義和民族國家形成的觀點，我參考了Benedict Anderson, *Imagined Communities: Reflections on the Origin and Spread of Nationalism* (London: Verso, 2016).

Reinhold Niebuhr, "The Irony of American History," in Reinhold Niebuhr: *Major Works on Religion and Politics* (New York: Library Classics of the United States, 2015)為理解美國外交政策的矛盾與問題，提供了一個基礎的框架。關於美國涉入伊拉克戰爭的生動描述，請參閱Dexter Filkins, *The Forever War* (New York: Knopf, 2008).

其他關於這場戰爭的重要著作還有George Packer, *The Assassins' Gate: America in Iraq* (New York: Farrar, Straus and Giroux, 2005)和Thomas E. Ricks, Fiasco: *The American Military Adventure in Iraq* (New York: Penguin Press, 2006).

〈東方紅〉的翻譯取自史密森尼學會的音樂網站：music.si.edu/video/east-red-东方红-english-subtitles。

第一章　殖民地

除了訪談之外，本章節及後續以香港和廣東省為背景的章節中許多資料均來自Sam Wong, *Stories Not to Be Forgotten* (2005).

我參考了G. B. Endacott, *Hong Kong Eclipse* (Oxford: Oxford University Press, 1978)一書中關於日本侵略以及占領香港的敘述。Endacott早期的著作*A History of Hong Kong* (Oxford: Oxford University Press, 1958)也提供了相關的歷史背景。

我在Jan Morris, *Hong Kong* (New York: Vintage, 1997)一書中找到更多關於日本占領香港的細節，以及英國殖民統治香港時一些豐富多彩的軼事與事實。

第二章　移交

為了了解香港在一九九七年移交之前的歷史背景，我閱讀了Steve Tsang,

夠自由地表達自己的想法，而無須擔憂遭受迫害。

我針對中國所做的學術研究和我所認識的傑出學者都對本書的撰寫有所啟發。我曾在加州大學柏克萊分校讀研究所，並且在北京語言大學、國立臺灣大學和明德學院（Middlebury College）學習語言。

前言

由美國學者撰寫的數本中國歷史經典著作加深了我對中國的理解，包括John K. Fairbank and Merle Goldman, *China: A New History* (Cambridge, MA: Belknap Press, 2006)、Jonathan Spence, *The Search for Modern China* (New York: W. W. Norton, 2012)和and Jonathan Spence, *The Gate of Heavenly Peace: The Chinese and Their Revolution, 1895– 1980* (New York: Penguin Books, 1982).

為了更深入了解內亞與中國的人民和社會的交流史，我讀了Owen Lattimore, *Inner Asian Frontiers of China* (Hong Kong: Oxford University Press, 1988).

為了更了解現代中國領導人和知識分子的野心，我讀了Orville Schell and John Delury, *Wealth and Power: China's Long March to the Twenty-First Century* (New York: Random House, 2013).

我從Odd Arne Westad, *Restless Empire* (New York: Basic Books, 2015)汲取了關於中華帝國的思想與史實。有關當代中國社會與政治的觀點，請參閱Yu Hua, *China in Ten Words* (New York: Pantheon Books, 2011).

關於清朝歷史觀點的概述，我參考了William T. Rowe, *China's Last Empire: The Great Qing* (Cambridge, MA: Belknap Press, 2009).

關於元朝和明朝的研究，我讀了Timothy Brook, *The Troubled Empire* (Cambridge, MA: Belknap Press, 2013).

關於思考如何建構中國歷史，或者更確切地說是「中國的」歷史，我認為有兩篇論文所提出的論點相當重要。一篇是Evelyn S. Rawski, "Presidential Address: Reenvisioning the Qing: The Significance of the Qing Period in Chinese History," *Journal of Asian Studies*, Vol. 55, No. 4 (Nov. 1996): 829– 50；另一篇則是Ti Ho, "In Defense of Sinicization:

章節備註

本書是根據我在過去這近三十年來所做的採訪和報導而寫成的，其中最重要的是與我父親的訪談。我從一九九六年開始與他對話，那時我才剛開始就讀研究所，我們的對話一直持續到這本書完稿。我錄下了大部分的對話。我也跟我母親聊過她家族在中國的故事，雖然她在中國共產黨統治下生活的時間比父親還短。還有其他家人提供了寶貴的第一手資料，其中最重要的是我父親的哥哥黃沃明，他是我們家族的歷史學家，我花了很多時間採訪他。他在多年前曾自費出版了一本回憶錄，書名為《不容遺忘之往事》（*Stories Not to Be Forgotten:My Journey Through a Chinese Village*），那本書是我書中前面章節的重要資料來源。沃明伯父還跟我分享了父親在一九五七年至一九六三年間寫給他和他們父母的信件。我寫下這些文字的時候，他已經高齡九十五歲了，卻仍為我提供資訊並核實細節。

我從二〇〇八年四月到二〇一六年十二月擔任《紐約時報》的駐北京記者和北京分社社長，其他重要的研究調查來自於我那段時間在北京生活和工作時所做的報導。我後來曾於二〇一九年和二〇二三年再次回到北京，也於二〇一九年前往香港報導抗議遊行活動。我在採訪和觀察時都做了筆記並且錄下對話，也拍攝照片和影片。

本書中的一些報導曾出現在《紐約時報》和其他出版刊物的文章中。在這種情況下，我有時候還使用了我筆記本中關於同一事件所記錄下來的額外資訊。

我參考了旅行日記，包括我在一九九六年至一九九九年間每年前往中國和香港的旅行記錄，當時的我正在加州大學柏克萊分校讀研究所。

我在《紐約時報》的同事們的工作令我獲益良多。我在這本書中參考了他們的一些報導和文章，尤其是《紐約時報》北京分社的中國記者，他們提供了寶貴的幫助，協助我和其他同事收集報導資料。

由於在中國（尤其是新疆、西藏和香港）的安全性與保全性問題，我無法一一列名某些多年來給予我許多幫助的人。我希望有一天那裡的人們都能

國家圖書館出版品預行編目 (CIP) 資料

我逃離的帝國 : 從毛澤東到習近平 , 橫亙兩代人的覺醒之路 / 黃安偉 (Edward Wong) 著 ; 薄文承 , 王琳茱 , 黃瑜安譯 . -- 初版 . -- 新北市 : 遠足文化事業股份有限公司 , 2025.01
面 ;14.8X21 公分
譯自 : At the edge of empire : a family's reckoning with China
ISBN 978-986-508-331-1(平裝)

1.CST: 黃氏家族 (Wong family) 2.CST: 回憶錄 3.CST: 家族史 4.CST: 中國史

785.27　　113017327

我逃離的帝國：
從毛澤東到習近平，橫亙兩代人的覺醒之路

作者——黃安偉（Edward Wong）
譯者——薄文承、王琳茱、黃瑜安

副總編輯——賴譽夫
資深主編——賴虹伶
封面設計——鄭宇斌
排版——立全電腦排版有限公司
行銷總監——陳雅雯
行銷企劃——張詠晶、趙鴻祐

出版——遠足文化事業股份有限公司
發行——遠足文化事業股份有限公司（讀書共和國出版集團）
地址——231 新北市新店區民權路 108 之 2 號 9 樓
郵撥帳號——19504465 遠足文化事業股份有限公司
電話——(02) 2218-1417
信箱——service@bookrep.com.tw

法律顧問——華洋法律事務所 蘇文生律師
印製——呈靖有限公司

出版日期——2025 年 1 月 初版一刷
定價——720 元
ISBN 978-986-508-331-1（紙本）；
978-986-508-333-5（PDF）；978-986-508-332-8（EPUB）
書號 0WSE0014

Copyright © 2024 by Edward Wong
Published by arrangement with The Cheney Agency, through The Grayhawk Agency

有著作權 侵害必究 All rights reserved

特別聲明：有關本書中的言論內容，不代表本公司 / 出版集團之立場與意見，文責由作者自行承擔